以研究促进学校发展

山西省长治市
校长班学员论文集

北京师范大学教育培训中心 ◎ 主编

国际文化出版公司
·北京·

图书在版编目（CIP）数据

以研究促进学校发展：山西省长治市校长班学员论
文集／北京师范大学教育培训中心主编. —北京：国
际文化出版公司，2021.7
ISBN 978-7-5125-1312-9

I. ①以… II. ①北… III. ①中小学－校长－学校管
理－文集 IV. ① G637.1-53

中国版本图书馆 CIP 数据核字（2021）第 111462 号

以研究促进学校发展：山西省长治市校长班学员论文集

主　　编	北京师范大学教育培训中心
责任编辑	侯娟雅
出版发行	国际文化出版公司
经　　销	全国新华书店
印　　刷	天津中印联印务有限公司
开　　本	710 毫米 ×1000 毫米　　16 开
	26 印张　　　　　425 千字
版　　次	2021 年 7 月第 1 版
	2021 年 7 月第 1 次印刷
书　　号	ISBN 978-7-5125-1312-9
定　　价	78.00 元

国际文化出版公司
北京朝阳区东土城路乙 9 号　　　　邮编：100013
总编室：（010）64271551　　　　传真：（010）64271578
销售热线：（010）64271187
传真：（010）64271187-800
E-mail：icpc@95777.sina.net

2018年11月5日，山西省长治市教育局委托北京师范大学教育培训中心开办为期两年的校长培养项目——"北京师范大学长治后备校长培养工程"。这是北京师范大学教育培训中心继山西省晋中市校长培养工程、广东省广州市番禺区校长培养工程之后第三个完成的校长培养项目。本论文集，就是山西省长治市后备校长班全体学员的学习成果之一。

虽然名为"后备校长班"，实际在2018年11月入学时，学员中有12位已经是校长，其余为学校的副校长及中层干部，来自长治市直和13个区县，是从长治市各个学校45岁以下110多名自愿报名的人选中遴选出来的。

北京师范大学教育培训中心在总结提炼前两期成功经验的基础上，提高了政治站位，完善了课程框架，优化了项目管理，成功实施了3.0版的北京师范大学"励耘好校长"项目。双方成立了"北京师范大学后备校长培训班"领导机构：长治方面由长治市教育局党委书记、局长牛玉书担任组长，教育局副局长李亚东任副组长，教育局人事科科长张春燕担任项目负责人，教育局人事科冯红伟担任行政班主任；北京师范大学教育培训中心方面由北京师范大学教育集团附校管理委员会执行主任刘增利担任组长，北京市委党校教授李罡担任副组长，北京师范大学教育培训中心张亚南担任项目负责人，北京师范大学教育培训中心黄秀英担任学术班主任。

项目组为长治校长班配备了8位理论导师和7位实践导师，每位学员都有一位理论导师和一位实践导师，形成了双导师制培养机制。

在两年的学习时间里，每位学员都要选取一个主题作为贯穿两年的研究方向，分为学校文化与学校规划、学校德育、课程与教学、教师专业发展四个专题。理论导师主要指导学员们的理论学习和专题研究，理论导师由北京市政府原督学宋宝璋、北京师范大学教育学部洪成文教授、北京师范大学北京文化发展研究院程光泉教授、首都师范大学教育学院书记张增田教授、北京师范大学教师教育研究所胡艳教授、北京师范大学教育基本理论研究院副院长班建武教授、首都师范大学初等教育学院李敏教授、北京教科院课程中心暴生君教研员组成。

实践导师主要指导学员们解决实际管理工作中遇到的难题，提供在其学校跟岗实习期间的指导。实践导师成员有：全国优秀校长、北京八中固安分校马熙玲校长，国家督学、特级校长、特级教师、对外经济贸易大学附属中学刘国雄校长，北京师范大学教授、北京师范大学天津生态城附属学校程凤春校长，中国农业大学附属中学王军校长，北京市海淀区西苑小学李辉校长，燕山教委副主任、北京师范大学燕化附中车丽梅校长。

从2018年11月在北京师范大学昌平校区开启了主题为"理念重启——为更好的教育出发"的第一次培训，后续两年中，先后开展了"依法治校、国际教育视野、中外教育史、课程论、沙盘管理课程"等系列理论专题研修，"课题立项、开题论证报告指导、开题预答辩与辅导、课题中期总结、课题结题答辩、教育研究方法"等科研能力提升专题研修，"北京名校跟岗学习""导师长治入校指导""党建引领下的自我诊断研学活动""大数据对教育的深度重构""国际教育视野拓展"等专题考察学习，连续两年参与"励耘好校长"暑期研修营及论坛活动、"领导形象塑造与政务礼仪""学校心理健康教育"等专题研修。两年来，全体学员一共进行了16期集中学习，完成了整体课程504学时，足迹遍及全国7个城市25所学校。15位导师和两位学术班主任两年来全程跟随指导。截至2020年8月，有42%的学员在岗位和职称得到提升。

两年中，我们非常欣喜地见证了学员们的成长，也看到了学习和研究带给他们个人的变化、带给他们所在学校的变化，乃至带来整个区域教育生态的变化。2020年10月22日，教育部在山西省长治市召开全国基础教育综合改革暨教学工作会议，总结近年来各地基础教育综合改革和教学工作经验，分析当前我国基础教育面临的新形势新任务，部署下一步深化综合改革、加强教学工作，推动基础教育高质量发展的工作。长子县东方红学校作为长治教育的代表，接受了教育部部长陈宝生的深入调研。友谊小学从厚植"红色基因"的根本方向出发，分层实施"1+X"思政教育模式，在更学习、更欣赏、更发展的追求中诗意友谊教育成长文化。黎城县东阳关镇中学原先学生流失严重，学校制定了"以特色，抓亮点，带全面"的办学思路和"用管理赢民心，以团结促发展"的办学理念，改善教育教学条件，开设系列特色课程，让红色文化进校园，培养学生热爱祖国、热爱家乡的情怀，多名学生荣获国家级，省、市级奖项，回流学生逐年上升。潞城一中借鉴所考察学校的经验，因校制宜求发展，与中国矿大潞城石膏实验基地合作，成立了"潞城一中学生实践活动基地"；在高二年级选取数理、化、生、政治五门学科，积极推进信息技术与学科融合教学，充分运用大数据分层分类，来精准把控学科教学，提升教育教学质量。正如长治教育局牛玉书局长于2020年12月11日在长治学员们的总结大会上所言："学员们有了合作意识，长治的教育生态会更好。"这也正是我们开办校长培养工程的初衷，那就是选取一个区域的校长做整体、连续、体系化的培养，通过区域部分校长群体的成长与进步，带动校长所在学校的发展，从而带动整个区域教育改革和发展。经过十年的时间，这种培养模式的途径越来越清晰，产生的效果也越来越好。

这本论文集只是学员们以研究促进学校发展成果的一个侧面。所有学员在两年的时间里都至少完成了15篇研究报告、学习笔记，有的学员两年里共撰写5万多字的学习论文和报告，有的学员把学习来的经验用于改进学校的管理上，有的学员把课题研究成果应用在学校德育、教学和课程建设上，有的学员制订了学校教师专业发展规划。相信这只是一个开始。两年的科学探究精神、学习习惯的养成，会带给他们更多的教育思考和探索。

这本书是长治教育局及长治班学员们、项目专家、项目团队共同努力的结果，我想借此机会对他们的辛勤工作表示敬意和感谢！在此还要特别感谢首都师范大学教育学院丁永为副教授，浙江省优秀教研员、嵊州市教师进修学校卢祥富校长的审稿工作。

李罡

（"励耘好校长"项目组核心专家、中共北京市委党校教授）

2020年12月22日

Contents 目录

第一篇　学校发展规划和文化建设

基于SWOT分析法的特色高中发展战略探析

　　——以长治市第七中学校为例　　　　　　　　　　崔翔 002

"师生共读"推动薄弱学校特色发展的有效策略

　　——以长治市潞州区站前路小学为例　　　　　　　王红 009

信息技术条件下智慧课堂探索与实践研究　　　　　　石爱忠 017

学校文化的研究综述　　　　　　　　　　　　　　　宋亚丽 028

集团化办学中文化融合路径的探索与实践

　　——以长治市实验中学教育集团为例　　　　　　　王维平 036

学校文化建设引领学校管理提升路径研究　　　　　　王长生 045

农村中小学班级互助文化的建设路径探究　　　　　　常青 053

乡村学校红色文化进校园的策略研究

　　——以黎城县东阳关学校为例　　　　　　　　　　范少云 061

中小学传承民族传统体育文化的思考与实践

　　——以长治师范附属友谊小学为例　　　　　　　　崔晓飞 071

中学教师团队凝聚力的现状、问题和对策研究

  ——以长治市第十九中学校为例   郭志刚 078

上党地域文化的校本化实施路径研究

  ——以长治市潞州区八一路小学校为例   吴晓荣 086

中小学开展红色文化教育的意义与途径研究

  ——以长治市黎城县第一中学校为例   张立青 097

第二篇　学校课程与教学

王陶小学篮球文化特色学校建设的行动研究   辛江 104

中学生操行评定完善策略

  ——以长治市第七中学校为例   连安刚 113

小学STEM校本课程从社团到普及   王艳飞 121

"以点带面"式校本课程开发探究

  ——以长治市火炬中学为例   李卫华 132

五年制师范历史教学存在问题成因探究   吴艮堂 140

基于《普通高中课程方案》的课程体系建构研究

  ——以长治市潞城区第一中学校为例   郝世俊 149

校本课程开发的现状、问题及改进研究

  ——以长治市第九中学校为例   李向东 157

长治市第十中学校初中化学校本课程开发   魏峰 166

学校文化与课程一体化建构研究

  ——以长治市潞州区东街小学校为例   郭丽娟 175

节日育人的班本实施策略研究   郑亚旷 183

初高中数学教学衔接的对策研究   任杰仁 190

基于学生关键能力培养的生本课堂实践研究

  ——以长治市第九中学校为例   李瑞芳 200

基于核心素养的高中化学课程校本化实施的规划方案研究

  ——以长治市第四中学校为例   郭晓伟 209

第三篇　学校德育

当前中小学劳动教育的实施对策初探   李勇 222

平顺县中小学校长道德领导改善对策研究   曹晶 230

幼儿师范生就业实践基地内涵建设策略研究   马越昆 236

城市学校转化农村"后进生"策略研究   常华女 244

小学生养成教育途径与策略研究

  ——以长治市实验小学校为例   乔元南 253

家园协同培养幼儿责任心的有效策略   韩仁玲 261

关于自媒体时代中学生的公民媒介素养研究   李文强 268

学校和家庭协同教育的策略研究

  ——以长治市第八中学校为例   张针鸿 276

中职学校德育课实施中的问题及对策探究

  ——以襄垣县职业学校为例   孙中 285

普通高中"优秀"学生思想品德现状调查与对策研究

  ——以长治市第二中学校为例   王强 294

高中学生干部自主管理能力的培养策略

  ——以长治市武乡中学校为例   赵小玲 301

初中语文教学高效课堂的策略研究

　　——以长治市壶关县龙泉镇城南初级中学校为例　靳文军　310

乡村特岗教师专业成长状况分析

　　——以长治市沁县特岗教师为例　　　　　　　　彭志飞　317

提升初中教师职业幸福感的途径研究

　　——以长治市实验教育集团为例　　　　　　　　乔少东　326

新课程理念下高中语文课堂导入的对比研究

　　——以长治市潞城区第四中学校为例　　　　　　王丽　334

初中化学概念教学中的思维导图运用研究　　　　　　王奋红　344

专业学习共同体视角下学科教研组建设的策略研究

　　——以长治市上党区第一中学校英语学科教研组为例　冯伟　355

中等职业学校教师职称晋升对教师工作积极性的影响因素

　　——以晋东南幼儿师范学校为例　　　　　　　　杨凯　363

普通高中青年教师专业发展中存在的问题与提升策略研究

　　——以长治市Z中学校为例　　　　　　　　　　张强国　370

高中数学形式逻辑思维教学策略的研究　　　　　　　周伟　377

以校本研修促高中教师教学能力提升的行动研究

　　——以长治市第十七中学校为例　　　　　　　　申雷波　387

一位高中班主任专业成长的教育故事　　　　　　　　武斌　396

第一篇

学校发展规划和
文化建设

基于SWOT分析法的特色高中发展战略探析

——以长治市第七中学校为例

长治市第二中学校　崔翔

【摘要】本文对长治市第七中学（以下简称长治七中）进行SWOT分析的基础上，认真研究分析学校自身的优势、劣势和目前所面临的机遇和不利因素，有针对性地提出发展战略目标，制订符合长治七中自身发展需求、可行性强的战略实施方案，以及相应配套的战略思维。随着战略管理理论日益完善，相关理论和已有研究有助于学校发展战略的制定。本文使用SWOT分析法分别从优势、劣势、机遇、风险四个方面对影响和制约特色学校发展的各项要素进行分析。结合SWOT分析结果，提出了"十三五"期间长治七中的战略目标和定位。本文围绕所提出的学校发展战略目标，制定了三大战略实施措施：1.自主创新，优势入手，推进管理改革，增强办学活力；2.重点突破，形成特色，合理专业布局，形成优质培养体系；3.长期坚持，整体提升，以点带面，逐步实现特色高效发展态势。

【关键词】SWOT；特色高中；发展战略

当今国际社会的竞争日益激烈，对我国教育提出了更高要求，2018年全国教育大会的召开，为我国教育事业指明了方向。2019年2月教育部发布《中国教育现代化2035》和《加快推进教育现代化实施方案（2018—2022年）》，鼓励普通高中多样化特色发展，提升高中阶段教育普及水平。本研究选取长治七中特色高中发展为例，总结长治七中特色发展办学的经验成果以及存在的问题，探析普通高中办学特色建设的基本策略与实践路径。多年来，普通高中生源质量不高，高考升学率较低，学校发展处于"瓶颈"状态，而社会对普通高中办学又寄予很高期望。如何因校办学？如何从实际出发，发挥学校办学传统、文化优势，落实以育人为本的办学理念？这些问题的解决也许可以从普通高中特色办学方面找到一些思路。希望通过这次课题研究给学校今后的战略发展提供有效的理论依据，提出更有针对性的建议，能对创建高中办学特色给出有益的参照，为当前中国基础教育改革发展探索深层的可行策略，并尝试为本地区高中特色发展的创建、实施提供一些建议。

SWOT分析法又称态势分析法，是一种能够比较客观准确地分析和研究一个单位现实情况的方法。SWOT分析是把组织内外环境所形成的优势（Strengths）、劣势（Weaknesses）、机会（Opportunities）、风险（Threats）四个方面的情况结合起来进行分析，以寻找制订适合组织实际情况的运行战略的方法。SWOT分析法是一种非常好的研究工具，它把研究对象以几个要素的形式分解，用系统的思想将这些似乎独立的因素相互匹配起来进行综合客观的分析，使制定者更加科学全面。通过这次课题研究，要熟练把握好此项研究工具，为我所用，为生活所用。运用SWOT分析方法从优势、劣势、机会和不利因素四个方面进行校情分析，具有一定的合理性和必要性。

一、长治七中内、外部环境SWOT分析

（一）机会

国家政策的支持。改革开放以来，党和国家对学校特色办学高度重视，特别是2019年《中国教育现代化2035》颁布，要求"提升高中阶段教育普及水平，推进普通高中教育协调发展，鼓励普通高中多样化有特色发展"，更加主推普通高中特色办学工作。社会经济高速发展，高考升学渠道扩宽，社会艺术专业学生需求增加。人们对物质生活追求的同时，精神文化的需求也在增加，这直接导致全社会从事艺术专业的人员增多。学校生源数量优势。近几年，长治城乡改造力度加大，城市人口剧增，长治七中作为本市唯一一所艺术类普通高中，已在全市小有名气，凡是选择艺术专业的学生，都愿意中考后选择长治七中就读。交通便利。长治七中地处山西省长治市中心西部，周边城市居民配套场所齐全。

（二）不利因素

学校财政经费不足。竞争压力大，目前长治市有六所学校同时开展艺术特色高中创建，学校之间的竞争压力将不断加剧。

学校周边环境复杂。学校地处市中心西侧，周边城中村较多，村户、闲散居住人员复杂，给学生上下学交通带来许多安全隐患，学生的饮食安全也存在隐患。

（三）优势

校本特色课程积累丰富。学校一直把特色课程开发放在重要位置上，多年来，以学校实情为基础，在认真落实国家课程要求的基础上，自发、主动参与课程研发，持续动态地利用校内外一切可利用资源，有效地增强了普通高中特色建设的针对性，真正做到校本课程的内容与办学特色建设相吻合。

专业教师队伍能满足学校特色教育发展。到目前为止学校专业教师人数达45人，占全体教师人数的21.8%，提供了专业教师队伍数量上的优势。

特色办学思路得到师生广泛认同。多年来，学校始终坚持自下而上的办学研讨策略，让教师发自内心地感觉到学校的发展与自身发展相一致，同时用实践经验中得来的总结去提升到理论高度，让全体教师思想和行动更加统一，让广大教师亲身感受到创建办学特色与个人的发展和利益密切相关。

特色育人模式坚持不懈。通过深入了解，学校多年来开展特色创建，充分发挥美育功能，使学生不仅能在专业素养上得到提升，更能很好地融入生活中去。学校领导同志深入研究，提高学生艺术专业素养的同时，潜移默化地促进了学生的信心、理想道德教育。此两者相辅相成，经过多年的实践，无论在学生德育活动还是专业素养提升方面，都能很好地相互协调和促进。

校际联合办学成效显著。学生专业素养的提高决定了特色办学的质量，多年来，长治七中借助校外培训机构，很好地助推了学校特色专业发展办学。2019年7月，长治市教育局发布《长治市深化基础教育改革十大行动》，明确提出补齐特色高中学校专业教师短板，实现特色学校自主办学。

（四）劣势

顶层设计定位不系统。多年来，学校始终没有形成完整的办学体系，尤其是在办学特色发展的短期目标上，学校领导层之间还存在一些争议，思想上不够统一，而且社区、家长、教师、学生各有期望，但在办学策略上各方意见不太一致。教学管理重点摇摆不定。多年来学校内部一直存在教学管理上的分歧，在文化课与专业课的管理权重哪个更为凸显一些、在不同的教学管理时期怎样侧重等问题一直没有彻底解决。

优质生培养模式简单、低效。数量上的高考成绩优势，已让长治七中成为长治地区小有名气的特色学校，但是学校的发展要想更进一步，必须在山西省众多普通高中之中占有一席之地，这就需要学校在优质生考入名牌大学的路径中，探索一条更为有效的实施策略。

办学硬件设施不足。许多普通高中身处五线城市，要想取得令人刮目相看的发展，光靠自身的努力还远远不够。长治七中办学场地小，全校占地面积只有2800平方米，现代化教学设施还不够齐全，比如文化课教室设施简单；教室办公环境条件简陋；录音室、录播室、演播室、报告厅还没有建设；物、生、化各科实验室设施老化陈旧；学校公用网络不稳定，网速有待提高。

艺术特色文化氛围不浓。长治七中因办学经费的紧张，在学校文化氛围投入方面财力不多，思想上不够重视，实地走进校园，明显感觉到艺术氛围的场景并不多见，特色氛围的打造还有待提高。

长治七中内、外部环境SWOT分析如表1所示。

表1　长治七中特色高中发展SWOT分析矩阵

内部环境　　　　　外部环境	优势（S）1. 根本课程积累丰富；2. 专业教师队伍强大；3. 办学思路广泛认可；4. 育人模式坚持不懈；5. 校际联合办学初见成效。	劣势（W）1. 顶层设计定位不系统；2. 教学管理侧重点模糊；3. 优质生培养模式简单；4. 办学硬件设施不足；5. 艺术特色文化氛围不浓。
机会（O）1. 国家政策支持；2. 社会经济高速发展；3. 社会艺术专业学生需求增加；4. 学生生源数量优势；5. 交通便利。	1. 利用国家政策支持，加强校本课程研发，努力培养青年教师队伍（O1, S1）；2. 通过社会艺术专业学生需求量大，广泛宣传，提高学校认可度（O1, O2, S3）；3. 以学校交通便利为优势，广泛加强校际联合办学（O5, S5）。	1. 在改革中寻求国家政策支持点，广泛研讨，及时找准学校顶层设计（W1, O1）；2. 加强学校艺术特色氛围建设，大力宣传，提高学校优质生数量（W5, O4）。
不利因素（T）1. 财政经费不足；2. 竞争压力大；3. 社会认可度不高；4. 周边环境复杂。	1. 以特色专业课程为主渠道，打造学校专业培养模式（S1, T3）；2. 大力宣传学校专业办学模式，提高学校社会认可度（S3, T3）。	打造学校艺术文化特色氛围，提高学校知名度、影响力，吸引上级财政经费支持，改善学校硬件设施（W4, W5, T3, T1）。

二、长治七中发展战略

长治七中想要创建成特色普通高中学校，就必须适应学校外部环境条件的变化，对自身条件做出相应的调整，形成自身的优势和特色，充分发挥和整合各种因素，实现特色普通高中学校可持续发展。

（一）战略目标

阶段性目标，通过3年至5年的努力，学校在文化课教育教学水平上有更大的提升，在专业特色发展上创新理念，培养出更多的艺术专业拔尖人才，基本构建起党总支全面领导，处室按章管理，学校自主办学，社会广泛参与，各方共同推进的学校发展方式，呈现"轻负担，高质量，高满意度"的良好教育生态。

（二）战略实施

1. 自主创新，优势入手

建设普通高中特色办学必然选择自主创新。长治七中如何自主创新呢？结合前期SWOT分析，应该做到以下三点：一是继续坚持开放办学。只有实行开放办学，才能真正把好的东西请进来和让自己走出去。只顾低头办学，一味追求升学率，这样的办学是永远也办不出学校特色的。他们应该不仅是走出学校、走出山西，更重要的是，让学生在"德智体美劳"培养上有更为广阔的学习平台。二是要从办学的实际出发。20年前，长治七中坚持培养艺术专业，也是从学校的实际发展考虑，既不好高骛远，又不急功近利。长治七中1978年建校，办学时间短，文化处于积累期，学生处于观望中，这样的一所普通学校如何去和其他优秀的学校相竞争？比人长，不如发展自己的优势。基于这样的考虑，学校坚定了走艺术特色发展的道路，尽管什么都是从零开始，结合实际，方向选对，剩下的就是怎么干的问题了。三是要建立自主创新的体制机制。要自主创新办学特色，必须打破原有的体制机制，建立适应自主创新的环境和条件。自主创新的选择要充分听取广大师生员工的意见。

学校自主创新必须从学校优势着手。学校的发展不可能一无是处，总有自身的优势。不管学校在发展中遇到了多少困难，一定可以找到它的优势。这个优势就有可能成为特色建设的突破口。学校在选择自己的办学优势探索中，为最近几任校长大刀阔斧地实行艺术专业课程改革奠定了坚实基础。学校共2000

多名学生，教师有多年从事艺术专业教学的经验和能力，可以培养学生按个人兴趣选择艺术专业的课程体系和价值认同，全面促进了学生的个性发展。这样的改革之所以被师生认可，就是因为学校选择了从办学的优势入手。现在学校的改革不仅受到了教育局的充分肯定，更关键的是让许多中考成绩平平的孩子找回了自信、考取了大学。这就是挖掘自身优势，体现出了特色思路。创建办学特色不能盲目冒进，更不能选择学校的弱势入手。

2. 重点突破，形成特色

重点突破应该是创建办学特色的关键环节。一是在内容上的突破。长治七中的专业课教学，应该每个年级都把新的课本打散，重新按照较难、一般、容易三个层次进行编写，为长治七中这样的生源能力有待加强的学生提供适合的教学内容，让学生由简单到复杂，逐步提高，不让学生在学习中感觉到困难较大，以全面提升学生学习的积极性。另外，全面系统开发文化课校本教材也是行之有效的办法。二是在方法上的突破。学校创建办学特色要从方法上突破。从技术的层面分析，主要讲究它的科学性和规范性。三是在体制机制上的突破。在体制机制上的突破，要学习以前的长治七中校长曹满才。当年曹校长为了解决学校办学经费不足和学校发展问题，坚持走艺术发展的管理道路，艺术教育教学统归校长直接管理，经过后任几届校长的努力改革，生源范围扩大了，优质生源增多了，经费有保障了，学校有了长期发展的方向和动力。在对现任校长的调查中发现，学校领导班子已经意识到学校在体制机制方面存在许多问题，相信这是有效突破的开始，也为下一步学校体制机制的重大改革埋下了伏笔。

形成特点是创建办学特色的重要前提。一是寻找创建内容的特质。就像长治七中艺术教师一样，凭借他们对艺术学科的尝试和探索，把现有教材分层分类改编成适合高中学生学习的课程，为学生顺利掌握艺术高考专业学习任务提供了切合实际的课程。这些艺术骨干教师就是能够孕育出某种办学特色的基本保证。二是努力促进学校办学特点的形成。如：长治七中最初是由几个学生对艺术感兴趣影响到一批学生对艺术感兴趣，学校为了把个别学生的这种兴趣保留下来并扩大影响，专门组建了艺术工作室，为全校师生提供专业的场地和教学保障，最终形成学校和学生的普遍特点，为创建办学特色奠定了重要基础。三是促进办学特色的成熟。长治七中当初办艺术专业培训，那时候仅仅是几个有爱好、有特长的学生去学习，时间长了，慢慢组建成一个班，在部分领导和老师的努力下，艺术专业成绩逐步提升，学校领导及时发现这种发展特点，深入研究，多方考证，结合校情，最终下决心发展艺术专业特色，由原来几个学生的艺术学习，到现在一个年级的艺术专业培养，这种育人思路上的改革、推广，到现在高中所有的班级，所有的学科都在围绕进行艺术专业教育开展教育教学工作，并逐渐形成该校风格的改变，长治七中的办学特色已经初步形成。

3. 长期坚持，整体提升

特色高中创建的基本路径是长期坚持，长治七中长期坚持的内涵体现在两个方面。一是时间的长期性。学校办学特色的形成是学校领导和全体员工在某一方面长期有计划、有步骤、坚持不懈地努力的结果。二是特点的持久性。办学特色是由办学特点持续发展而形成的。如果学校教育教学中的某些优异特点时隐时现，缺乏长期坚持，它就不可能产生由量变到质变的提高。三是影响的深远性。只有那些经得起历史的检验而又影响深远的办学特色才是社会、学校所需要的。办学特色影响的深远性是学校发展取之不尽、用之不竭的思想源泉。

参考文献

[1] 左萍. 薄弱学校改造与建设 [M]. 长春: 东北师范大学出版社, 2009: 50.

[2] 梁歆, 黄显华. 学校改进理论和实证研究 [M]. 上海: 华东师范大学出版社, 2010: 175.

[3] 张俊华. 教育领导学 [M]. 上海: 华东师范大学出版社, 2006: 72.

[4] 王道俊, 王汉澜. 教育学 [M]. 北京: 人民教育出版社, 1999: 242.

[5] 朱永新. 我的教育理想 [M]. 桂林: 漓江出版社, 2009: 4-6.

[6] 陈丽, 柴纯青. 普通高中特色建设、谋划与实施 [M]. 北京: 北京师范大学出版社, 2014: 75-76.

[7] 高洪源. 学校战略管理 [M]. 重庆: 重庆大学出版社, 2006.

[8] 刘居富. 校长怎样抓特色创建 [M]. 天津: 天津出版社, 2010: 83.

[9] 孙孔懿. 学校特色论 [M]. 北京: 人民教育出版社, 1998: 127.

[10] 黄晓玲. 普通高中学校特色课程建设的实践路径 [J]. 教学与管理, 2012(10).

[11] 中国教育报刊社人民教育编辑部, 中国教育报刊社·中教传媒智库. 2019中国基础教育年度报告 [J]. 人民教育, 2020(02).

"师生共读"推动薄弱学校特色发展的有效策略

——以长治市潞州区站前路小学为例

长治市潞州区建设东路小学　　王红

【摘要】"师生共读"推动薄弱学校特色发展的策略研究，是基于山西省长治市潞州区2017年迈入全国义务教育发展基本均衡县区行列的时间节点上，当学校向优质均衡迈进的时候，相对薄弱学校的发展会面临更大的困难与挑战。主要表现在：一是学校缺乏内在精神动力；二是教育行为存在不规范现象；三是未形成特色的校园文化。基于上面的观点，办出特色就成为薄弱学校摆脱困境，提高社会声誉的途径之一。特色不是凭空想象的，也不是简单的模仿与移植，而应该基于学校的历史文化底蕴、地理环境、发展需求等多种原因分析。以站前路小学为例，学校正是基于多种原因分析，最终将目标聚焦到"阅读"上，以"师生共读"为载体，打造书香校园，推动学校优质发展。

【关键词】薄弱学校；特色发展；师生共读；有效策略

特色是学校永恒的生命力，是学校不竭的竞争力。特色发展的前提和基础基于每个学生的全面发展和最优发展。薄弱学校如何以特色求发展，"阅读"无疑是最好的突破口，而"师生共读"是最好的载体。其一，"师生共读"能推动学校特色品牌的创立。薄弱学校之"薄"在于学校文化建设上不求更新，显得学校发展没有活力，不知不觉中就落后于现代教育的快速发展。即使有些薄弱学校进行了校园文化建设，却未形成自己的文化风格，不能通过文化建设形成学校的凝聚力和内在活力。因此，一所学校要想改变薄弱的状况，最主要的一点是明确自己的办学目标，打造自己的办学特色。其二，"师生共读"能推动教师和学生的发展和成长。众所周知，阅读对一个人的全面发展起着至关重要的作用。"师生共读"活动不仅为教师和学生的阅读提供了时间的保障，还提供了高质量的经典书籍，坚持"师生共读"活动，就会全面提升教师和学生的素养。其三，"师生共读"的做法可以辐射其他学校环节薄弱。

以站前路小学为例，从2014年3月开始，学校启动了"书香溢满校园 经典浸润人生"的"师生共读"活动，把打造书香校园作为学校的特色工作来抓，逐渐形成了一套相对成熟的可操作流程。

一、做好动员，让"共读"成为共识

推广阅读是一件好事，也是一件难事，更是一件需要长期坚持的事。如何让阅读的种子根植于每一位师生的思想中，最终变成他们自觉自愿的事需要认真筹谋。学校在推广活动前，做了大量的动员工作，利用全体教师大会、周一升国旗、校务会、教研工作会等多种形式，宣传阅读的重要性与必要性，以及学校以"书香"为突破口进行优质发展的可行性与紧迫性，让全体教师从思想上认可，从行动上重视，最终上下一心，达成共识，形成合力。

二、纳入课程，让"共读"有时间

阅读是需要时间的，如果没有一定的时间为前提，阅读只能成为一句空话。而"师生共读"更需要时间去保障，因为它需要有一段共同的时间是属于师生的，而这段时间只能用来阅读。为了保障"师生共读"活动的效果，学校将它纳入课程体系，作为校本课程进入学校的课表中，这样就有了时间的保障。以站前路小学为例，"师生共读"的时间放到每天下午第三节课，利用四十分钟进行阅读。而且，阅读书目由学校统一为学生推荐与购买，这样做就能避免活动流于形式，长期坚持之后，阅读成为师生的一种习惯。

三、推荐经典，让"共读"更有内涵

"师生共读"除了有时间作保障，读什么，也需要慎重选择。为学生推荐图书时，一是要推荐经典名著，让学生利用六年的"共读"时间，与经典同行，与名著为伴；二是要根据不同年级学生的年龄特点、认知水平、阅读能力、生活阅历等，选择适合阅读，又能激发阅读兴趣的图书；三是要考虑书籍的范围及深度，既要有经典的文学类书籍，又要有自然科学、历史地理、军事类书籍，这样的阅读能让孩子获取的知识更全面；四是要考虑到图书的品质，必须买正版书籍，以防阅读盗版书籍对学生带来的不利影响。

（一）低年级

一、二年级的学生年龄小、识字少，阅读能力相对偏弱，同时，这个年龄阶段的学生观察能力强，想象力丰富，因此，针对这个阶段孩子的特点，可以推荐这样的书籍：

一是推荐经典的图画书即绘本。如《猜猜我有多爱你》《我有友情要出租》等。这类书的特点是以图画为主，文字为辅。它画面精美，故事情节丰富，能快速吸引孩子们的注意力。即使识字不多的孩子，也能通过看图"读"懂书中大意。

二是推荐一些短故事集的童话故事、寓言故事、成语故事。如《小巴掌童话》《安徒生童话》《格林童话》。

三是推荐一些自然科学类，如拼音版《少儿百科知识精读》、拼音版《十万个为什么》，通过阅读这样的书籍，让孩子们对自己生活的世界有个简单的认识。

四是推荐中华传统优秀文化类的书籍，如《百岁童谣》《图说二十四节气》等，通过阅读这样的书籍，让孩子们从小就了解自己国家的优秀文化，帮助他们树立民族自信心。

（二）中年级

三、四年级在小学阶段是过渡年级，是孩子跨入中高年级的起始年级。这时的孩子有了一定的识字量，有了一定的知识积累，也开始有了自己的主见，但他们的认知能力、阅读能力、独立自主能力有待于提高。针对这个阶段孩子的特点，可以推荐这样的书籍：

一是推荐童话故事、寓言故事、民间故事等短故事组成的书籍。如《装在口袋里的爸爸》《狐狸列那的故事》等，这样的故事书是由一个一个故事组成的，故事内容相对独立，故事情节相对浅显，适合中年级的学生阅读与理解。同时，独立的故事内容又便于他们去做好读书计划，能准确规划每天的阅读量，这样帮助他们培养良好的阅读习惯。

二是推荐《绿野仙踪》《苹果树上的外婆》等童话故事书籍，这样的图书，故事情节完整，内容通俗易懂，想象大胆奇特，富有梦幻，既能提升学生的阅读能力，又能极大地拓展学生的想象空间。

三是推荐与课文内容相关的拓展阅读的书籍，如《小英雄雨来》《希腊神话故事》。通过课内与课外的整合，让学生加深对人物的了解。

四是推荐有一定含金量的科普类读物，如《物种起源》少儿彩绘版，《万物简史》少儿彩绘版，帮助他们更好地探知与了解自己生活的世界。

（三）高年级

五、六年级的学生知识储备更丰富，抽象思维进一步发展，有了一定的生活阅历，能够从多种角度看待一个问题。此时，他们在阅读方面会表现出一定的倾向，会开始对人类及命运表示关心，他们会好奇人类的历史以及未来，他们会喜欢阅读以历史为主轴的小说。因此，给他们推荐的阅读书籍有：

一是以友情为题材的长篇小说，如《草房子》《汤姆·索亚历险记》等。

二是侦探、推理小说，如《福尔摩斯探案全集》《纸牌的秘密》等。

三是对知识相关的书籍产生兴趣，如《诺贝尔奖获得者与儿童的对话》《十万个为什么》等。

四是对人类的历史感兴趣，如《写给孩子的世界历史、世界地理、天文奥秘》《我们的祖国叫母亲》等。

五是科幻类、探险类小说，如《鲁滨逊漂流记》《八十天环游地球》等。

四、跟进制度，让"共读"更有效果

每一项活动的顺利推进，除了要制订详细的方案，更要有合理的评价制度为其保驾护航。因此，为使"师生共读"这项活动开展得更加有效，让阅读真正融入师生的生活中，最终养成阅读的习惯，可以制定合理的制度。

（一）巡查制度

巡查制度，顾名思义，就是每天选派专人巡查各班读书情况，从时间的保证、教师的到岗、图书的发放、读书的效果、读书的姿势等，督促好每班的读书活动。同时设计出配套的巡查记录表，作好记录。

（二）奖励制度

为了激发师生的阅读兴趣，积极推动读书活动，学校可制定出相对应的奖励制度。以站前路小学为例，学校根据每天的巡查从高、中、低段各选出两个读书情况良好的班级，到月末进行汇总统计。每月月初，利用周一的升国旗时间颁发书香流动红旗。学期末，学校可根据每个班师生参与读书的总体情况，如班级读书交流情况、读书成长手册完成情况、班级读书总结情况、学生的读书心得评选情况，综合评选出校级书香班级、书香教师、读书小明星。除了一定的物质奖励，还可以将其纳入学校的评模评优制度中。

五、指导阅读，让"共读"更有深度

"师生共读"活动的开展，是为了更好地落实《课程标准》：培养学生广泛的阅读兴趣，扩大阅读面，增加阅读量，提倡少做题、多读书、好读书、读好书、读整本书，鼓励学生自主选择阅读材料。通过六年的阅读，达到甚至超额完成课程标准所要求的150万字的课外阅读量。最终全面提高学生的阅读能力，并培养学生终身阅读的习惯。

"师生共读"活动极大地激发了学生的阅读兴趣，但随着活动的深入，阅读过程越来越趋于"高耗低效"。如果学生阅读随意，缺乏方法指导，就会导致他们的阅读始终停留在浅层次阅读上。为了搭建语文教学与课外阅读的桥梁，真正提高学生的阅读能力，提升学生的文学素养，还需要将泛读与精读结合起来。

以站前路小学为例，学校每个学期从必读的6~8本图书中挑选出一本书，利用20天的时间，由教师指导学生去精读。通过四种阅读课例，教师教给学生如何更好地读懂一本书。而学生通过举一反三，用精读课上习得的阅读方法去读更多的课外书，最终形成一定的阅读能力。

四种课例如下：

（一）读前推荐课

阅读一本书前，教师可以为学生上一节推荐课。其目的就是设计悬念，激发学生的阅读兴趣，让他们自觉走入书中去一探究竟。其次，教师要教会学生关注书的细节，如封面、目录、梗概、作者简介等信息，让学生明白它们的作用及意义；最后，教师要引导学生学会制订读书计划，帮助学生学会合理地规划阅读，提高阅读效果。

（二）读中指导课

学生要从浅层次的阅读过渡到深层次的阅读，就必须掌握一定的阅读策略及方法。因此，教师要通过阅读指导课，教会学生有效的阅读策略及方法，如教学生学会做批注，学会抓住重点语段去感悟书的思想内涵、人物的性格特点，学会分析写作特点，学会关注不同体裁作品的表达方式等。通过这样的指导，可以使学生积累一定的阅读策略及方法，形成一定的阅读能力，养成良好的阅读习惯，最终通过阅读更多的书籍，提升文学素养。

（三）读后交流课

在教师的指导下，学生深入细致地读完一本书后，应该进行一次班级读书交流，汇报整本书的阅读收获。在交流的过程中，我们可以把握几点原则：一是把握学生年龄及学段特点，确定交流内容；二是把握学生的阅读水平差异，设计活动形式；三是师生互动分享，提升阅读效果。

（四）图画书指导课

图画书是一种图文并茂的书，它最大的特点是文字少，图画多。这样的书浅显易懂，但学生拿到书也容易走马观花式地读。这就需要教师指导孩子们如何去读懂一本图画书。通过指导，让孩子们明白读懂一本图画书不仅仅要读文字，更应该读图。

六、开展活动，让"共读"有形式

为了更好地推动"师生共读"活动，学校可以开展多种形式的活动，提供各种平台让全校师生一学期的读书情况得以展示。

（一）评选最佳读书成长手册

为了记录学生的读书足迹，学校可以根据学生年龄特点，分年级为学生设计读书笔记——《读书成长手册》。手册内容可包括：读书寄语、必读书目、选读书目、读书计划、读书格言、好词好句记录卡、画一画最喜欢的书中人物（一、二年级）；续编故事（三、四年级）；读后感（五、六年级）、读书小结（四、五、六年级）、读书小报（五、六年级）、好书推荐（五、六年级）、小驿站（读书评价、自评、家长评、老师评）等。

随着一学期读书活动结束，每个孩子完成属于自己的读书成长手册。学校出台相应的评比方案，从每一个年级中选出最佳读书成长手册，被评选出的个人纳入读书小明星的评选活动中，评选人数最多的班级纳入书香班级的评选活动中。同时，全校评出的最佳读书成长手册，到新学期的家长会上予以展示。

（二）开展校际读书交流活动

每学期，学校可以开展校际读书交流活动，以班级为单位汇报读书成果。在交流会上，班级可以根据学生年龄特点、本学期所读书目，选择不同的交流形式，如好书推荐、读书心得分享、讲故事、创编故事、课本剧展演等，在活动中，孩子们尽情展示读书的成果，享受读书的喜悦。

（三）开展亲子阅读活动

亲子阅读，又称"亲子共读"，就是以书为媒，以阅读为纽带，让孩子和家长共同分享多种形式的阅读过程，在学生课外阅读当中起到重要的作用。学校可以开展亲子阅读活动，做到不同的年级开展不同的活动形式。如：邀请一、二年级的家长，每周一天走进课堂，为学生读绘本讲故事；中高年级的家长可以走进课堂与学生共读一本书，或分享精彩片段，或分享读后感悟，或是在读书交流活动中进行课本剧展演。通过亲子共读活动，为父母创造与孩子沟通的机会，分享读书的感动和乐趣，带给孩子欢喜、智慧、希望、勇气、热情和信心。

（四）开展教师读书沙龙活动

在书香校园的建设中，不仅仅要带领学生开展读书活动，更要带领教师读书。为了激发教师读书的兴趣，促进教师读书的效果，为教师读书搭建平台。学校可以定期举行教师读书沙龙活动，活动可以以教研组为单位，交流的书目与交流的形式都由各教研组自行选择。在每一次的沙龙活动前，学校要求读书交流的小组以海报的形式知会学生及家长。通过这种形式，让教师们在形式不一的读书交流中共赴一场场精神的盛宴，从一本本有深度有内涵的书中，共享读书的快乐。

七、营造氛围，让校园有书香

为了营造学校浓厚的读书氛围，可以对校园文化进行整体设计，设计核心就是书香。无论是内容，还是构图，都要进行精心的布置，力争让每一面墙、每一个楼道、每一个角落都散发出浓浓的书香，让师生走入校园就沐浴在浓浓的书香氛围中。

以站前路小学为例，根据学生的年龄特点，教学楼每个楼层采用了不同的设计风格，一层为科幻风格，二层是线条与色彩组合的现代风格，三层是采用传统的青花元素，四层是中国红风格。各个楼层在内容编排上既有一脉相通的，如必读书目与选读书目；也有各具特点的，如一层的绘本推荐，二层的汉字的演变、我们的传统节日，三层的成语故事、名人故事，四层的京剧脸谱、中国画、剪纸艺术。

特别是每个楼层的开放式读书角，一楼绘本馆，二楼童话屋，三楼书香阁，四楼博雅轩，更为孩子们的课余时间提供了方便舒适的读书环境。

八、结束语

通过"师生共读"活动的开展，学生的阅读总量会远远超过语文课程标准中要求的150万字。在各种各样的读书活动中，学生通过制作书签、制作读书报、续编故事、讲故事、写读后感、分享读书收获、演课本剧等活动，提高了表达能力，提升了写作水平，阅读让他们变得更智慧，更加自信。"师生共读"活动让教师也受益匪浅，数百篇的读后感，数十个精彩的课外阅读课例，丰富多彩的读书交流分享，使教师的专业水平有了明显的提高。师生的成长也带动了学校的书香特色发展。"师生共读"从读书活动走向读书课程，又从读书课程走向书香文化，学校的大书香特色已然形成，特色理念已深入每一位师生的心中，书香文化推动了学校的优质内涵发展。

参考文献

［1］杨志强. 以"师生共读一本书"为载体推进农村小学课外阅读［C］. 江苏省苏州市吴江区庙港实验小学.

［2］郑立群, 胡颖哲. 薄弱学校改造对策研究［J］. 中国教育发展与减贫研究, 2019(01).

［3］姚永强, 范先佐. 内生发展: 薄弱学校改造路径选择［J］. 现代学校领导与管理, (中国教育学刊). 2013(04).

［4］孙静, 吴志辉, 郭敏嘉. 以阅读文化助推学校特色发展［J］. 江苏教育研究, 2010(11).

信息技术条件下智慧课堂探索与实践研究

长治市平顺县第二中学校　石爱忠

【摘要】2019年6月23日，中共中央、国务院下发的《关于深化教育教学改革全面提高义务教育质量的意见》中强调：要大力推进"教育+互联网"发展模式，促进信息技术与教育教学融合应用。这将引发教育的深刻变革，推动教育理念更新、教育模式变革、教育体系重构。促进信息技术与教育的深度融合，主要体现为与课堂的融合。本文以实践研究为主，紧密结合平顺县第二中学校的实际，对实施智慧课堂的策略进行了研究。论文共分三个部分。第一部分是智慧课堂交互策略，第二部分是智慧课堂评价策略，第三部分是智慧课堂优化策略。通过策略研究进一步促进智慧课堂的发展与完善，让孩子们感受幸福在智慧的课堂里流淌、智慧在幸福的体验里浸润、智慧课堂与幸福教育相融共生。

【关键词】信息技术；智慧课堂；实践研究

互联网逐渐与社会各领域深度融合，为社会各领域的发展注入了新的活力。大数据、物联网、在线学习等计算机技术已然逐渐渗透到教育领域。党的十九大报告提出要顺应时代需求，加快推进教育信息化、加快建设教育强国的重大战略部署。近年来，教育部印发了《教育信息化2.0行动计划》等一系列文件，强调了教育信息化是教育现代化的重要标志，要积极推动信息技术与教育的深度融合。

智慧课堂是从"智慧教育"一词衍生而来，目前对于"智慧课堂"的概念并没有形成统一的论断。智慧课堂的内涵总体上分为两类：一类是教育视角，认为智慧课堂不同于传统知识的课堂，注重学生智慧的生成；一类是信息化视角，强调信息技术的应用能够有效促进技术和课堂的深度融合，旨在打造数字化、智能化的高效课堂。孙曙辉等学者在梳理了信息化智慧课堂的模型和概念后，提出智慧课堂的概念"即以建构主义学习理论为依据，利用大数据、云计算、物联网和移动互联网等新一代信息技术打造的，实现课前、课中、课后全过程应用的智能、高效的课堂"。本文在梳理了前人对智慧课堂的研究成果后，认为智慧课堂是以先进的教育理论为基础，是信息技术与传统课堂的深度融合，它拓展了教育时空，是有利于个性化教学和学生主动学习的高效课堂，是信息技术赋能传统课堂的新课堂。

顺应教育发展潮流、响应国家号召，近年来，我校千方百计加大对教育信息化建设的投入。2016年我校开通"三通两平台"，校园局域网覆盖全部教室和办公室，教师教学和办公基本实现了无纸化。2017年9月，我校引入"优学派电子书包"，自主建立优学派智慧课堂、人教数字校园和希沃云平台等。2018年9月，我校现代化录播室、校园电视台正式投入使用，为教师观课议课和教研创造了有利条件。为了加快现代信息技术与教育的深度融合，加快建立和完善信息技术支撑下的智慧课堂，我校成立了课题组，系统研究开展智慧课堂的有效策略，引导学生自主合作、探究学习，点燃学生激情，激发学生潜能，促进学生个性化发展。

一、智慧课堂交互策略

"教学交互的核心交互类型包括学习者与学习资源的交互、学习者与学习者的交互、学习者与教师的交互以及学习者与界面的交互"，智慧课堂实施的关键在于交互，也就是把教与学的过程看成动态生成的过程，交互强调信息在教与学之间双向流动，注重反馈的重要性，追求在交互过程中生成智慧。

（一）师生交互

智慧课堂实施的关键在于交互，把教与学的过程看成动态生成的过程，强调信息在教与学之间双向流动，在交互中生成智慧。从课堂形式说，传统课堂的师生交互主要是通过问答、表情、肢体语言等方式实现，部分学生出于内向或心理因素的影响，消极被动，教师无法关注到这部分学生。智慧课堂上师生交互借助智能设备，拓宽了师生交互的方式。通过抢答、连麦、实物展台、投屏等多种教学工具，实时高效的分享学生答题与讨论情况。在进行课堂达标检测时，教师可以充分利用及时反馈系统，从学生在规定时间内完成并提交的信息中看到每个题目的正确率，了解学生知识掌握情况。但知识的巩固和消化需要学生课下继续完成，此时，教师可以利用平台的作业功能，精选题目，达到巩固所学知识的目的。

信息技术的支持使课堂上师生交互的内容丰富化，传统课堂主要依靠PPT、视频、音频、图片以及教师讲解进行交互，而智慧课堂在此基础上将交互的内容扩大化。以往上课前学生主要通过阅读教材以及辅导资料进行预习，预习过程中的问题无法得到及时解答。而借助智能设备，教师可以有针对性地推送对应资源，学生预习过程中提出的问题教师可以在课前进行有针对性的讲解，为课堂教学提供有力支撑。教师充分利用多媒体技术，以新颖直观的形式呈现教学内容，能够更加吸引学生的注意力。如教师利用视频软件制作数字故事，尤其是在讲述励志人物故事时，能够使学生快速了解人物的事迹及其品质，还能有效渗透本节课的情感、态度、价值观。

（二）生生交互

新课标倡导"自主、合作、探究"的学习方式，旨在培养学生的合作、分享、组织能力。目前，各中小学积极在课堂上开展小组谈论，但是仍存在小组成员不固定、分组不合理等问题，导致无法生成实质性的讨论结果。传统课堂上每位学生的发言是串联式的，一位学生发言，其余同学只能听完再举手回答，一堂课发言的学生有限。智慧课堂上教师利用电子设备可以为每位学生提供表达、交流的机会，为小组之间的竞争、协作提供渠道。智慧课堂进一步明确小组分工与职责，注重小组之间的评论与交流。例如，班级开展共读一本书活动，教师可以在智能设备上设置分组讨论区和时间，公布小组交流的时间、顺序、分工和结论性报告。教师需要注重引导，建议学生从主题、典型人物、个人感悟等方面讨论。在每一个讨论区，小组成员的观点以缩进结构显示，讨论的层次越多，该话题的讨论越深入。

智慧课堂能给予学生丰富的展示和交流平台，学生遇到问题时，教师除了面对面进行解答和引导之外，还可以利用互联网等网络平台，鼓励其他学生参与问题的解答。良好的生生互动能有效解决学生在学习中的问题，促进学生协作能力的培养，帮助学生个性化的成长。例如在物理实验课上巧用移动展台和手机随时拍照上传功能，发现问题和不当的操作方法及时拍照，投屏对比，让学生互评对错，并加以改正。两个或四个画面进行多屏对比教学，在点评的过程中，学生间可以互赏互评，彼此间互相激励成长，取长补短。

（三）家校交互

学生的成长需要家庭、学校和社会的共同努力，三者有机配合才是促进学生成长的关键。目前家校沟通主要通过家长会、电话、微信等形式实现，而家长对学生在校的学习生活无法全面了解。互联网为家校合作提供了新的途径，出现了即时通信工具，将教师与家长置于群组中，大大缩短教师查找联系方式的时间，实现家校高效沟通。互联网开启了数据时代，使得一切均可以量化呈现，量化考核与教学相融合，可以有效搜集、整理和储存学生的各类信息，为学校与家庭教育之间的协调沟通提供便利。教师利用平台分享学生整体状况，家长则通过沟通和反馈，促进教师的深度思考。

信息技术丰富了"家长会"的形式，线上与线下相结合，在一系列活动中密切家校联系。线上活动能够按照学校、年级、班级展开，省时省力，宣传范围广，避免一些家长受客观因素影响而缺席。线上会议注重活动的时间、目的、准备工作等，而线下活动开展则注重体验，如学校开展"研学旅行"活动，前期可以通过线上宣传，线下则主要带领学生实地体验。我校开展了以活动课程为主体的"第二课堂"，定期开展不同形式的活动，提高了学生兴趣，为家长了解学校、促进家校合作提供了基础，家长提出的意见和建议，将进一步优化学校的教学和管理。

（四）远程交互

互联网的普及为远程教学提供了技术支持，使教学打破了时空的限制。传统的教学局限于一间教室，受教师、学生、教学环境的影响，教学效果不理想。远程交互系统可以通过实时交互、实现课件同步、电子白板、文件传输、录制视频等，为教师实现远程交互式教学提供了便利。在学校内部可以实现异室同课，轻松实现集体备课，发挥优质师资力量，为全年级学生上同一堂课，其余教师可以观摩学习，促进教师之间的交流和进步。此外，利用远程视频会议的方式能够实现一对一个性化的辅导，弥补学生在传统课堂上的不足，提高自我学习能力，满足学生日益增长的辅导需求。

二、智慧课堂评价策略

评价是指挥棒，指引着教育教学改革和发展的方向。知名的课程教学论专家拉尔夫·泰勒曾提出，在课程教学实施过程中，评价是检测课程目标是否得到落实、落实到何种程度，并以此矫正课程教学活动的重要方式。传统的评价由于目标的单一、方法的唯量、功能的偏移、技术的滞后，很难全面客观地对教师的教、对学生的学进行准确评价。随着智慧课堂的落地、发展，与之相适应的评价体系形成和完善，才能更好地推动智慧课堂的发展。智慧课堂的评价将着眼于学生的综合素质和持续发展，将更加全面、及时、准确，它是促进学生智慧生成、教师专业发展和促进课堂向智慧型方向转变的重要手段。

（一）及时评价

在传统的评价中往往依靠一学期一次或两次的考试对学生的学业情况进行评价，这种终结性评价很难及时对学生的学习情况进行反馈，学生也不能很好地发现自己的不足，从而及时弥补并校正自我学习中的偏差。比如学生作文批改，一个初中语文教师往往要带两个班的语文课，一个班五十人，一个负责任的语文教师全批全改至少也需要三天或五天，到时学生自己写的什么也记不清了。然而根据艾滨浩斯遗忘曲线，及时评价、及时反馈，才能起到事半功倍的效果。

信息技术条件下的智慧课堂利用一些先进的平台和软件，能够及时收集学生的学习信息，及时作出判断，时时作出汇总。例如我校试用的优学派，在教师讲解后，及时发布作业测试，到时统一上传作业，及时做出判断，及时反馈给学生。形成性评价与终结性评价相互融通，一天、一周、一月、一学期、一学年的详细学习评价，利用云空间、大数据能够随时调取。

（二）全面评价

评价全面才能科学地诊断教学质量。全面评价需要评价主体多元化、评价方式多样化。信息技术条件下的智慧课堂评价不仅能方便地定量评价学科考试成绩，还能利用AI技术实时捕捉学生课堂上的表情变化、坐姿、参与度、交流合作等情况，然后利用后台云计算，科学地评价学生的学习态度、学习习惯和学习情况。随着未来5G、AI、人脸识别、指纹识别和智能穿戴新技术的发展，对学生课堂的表现能进行更加全面、深入的评价。信息技术支撑的智慧课堂能够轻松地实现评价主体多元化、评价标准多维化、评价结果等级化、评价内容全面化、评价手段多样化。例如，2018年3月30日，我国恒坐标教育科技集团发布了FaceMind表情分析教学评估系统。这是世界教育和人工智能结合发展的有益尝试。FaceMind系统把学生的学习过程交由人工智能系统进行智慧评估，能全面地量化评估学生的综合素质。

（三）以学评教

按照马斯洛的需求层次理论和加德纳的多元智能理论，课堂评价应该从关注知识与技能到关注创新和实践能力，从关注个别人的发展到满足团队的发展需求，从关注分数到关注体验、自尊与自信、交流与合作。我们进行了多年的课改，但评价教师课堂表现更多的还是着眼于教师的教，着眼于教师备、讲、辅、改、考各个教学环节的表现。

信息技术条件下的智慧课堂能更好地实现以学评教、以学定教、以学论教。在现代信息技术条件下，课堂上学生的表现信息能及时方便地进行采集、处理、存储、分享交流，这为以学评教创造了条件。课堂将不再聚焦于教师，而是关注学生的表现、"学生参与度"与"目标达成率"，从而判断学生的"自主程度、合作效果、探究深度"，从而实现以学评教。

（四）个性化评价

没有一个评价标准、一套评价方案能科学地评价不同年龄的学生，也很难对同一个学生不同学科的掌握情况进行科学的评价。信息技术与人工智能对学生的评价能够充分考虑到年龄、爱好、学科特点和认知基础。信息技术支撑下的智慧课堂能够轻松地为每一个学生制订一套个性化的评价方案，并且利用自己、同学、家长、任课教师、班主任、学校领导和人工智能设备及时、全面地对学生进行评价。繁杂的数据储存、数据分析与汇总可以交给设备和软件来完成。离开了信息技术，如此大量细致的工作教师几乎是不可能完成的。智慧课堂利用AI人工智能设备能够分析每个学生的学习情况，及时进行在线测试，实时反馈学生掌握的情况，根据反馈情况推送个性化学习资源，然后再进行测试、反馈与矫正，直至达到掌握程度，再进入下一个知识点的学习。这较好地实现了因人施策、分层教学，使每个学生都能得到相对于自己的发展。例如腾讯的K12在线教育产品——企鹅辅导，引入了AI评价系统，它会自动分析学生的上课状况，生成个人学情报告。通过专属的"错题本"和匹配的学习计划，学生可以实现自我发现和自我辅导。

（五）拓展评价时空和主体

拓展了评价的时空。传统课堂对学生的评价主要集中在课堂，而信息技术条件下的智慧课堂却能够对学生的课前进行有效的评价。课前预习是上好课的重要一环，对学生课前的认知进行评价，了解学生的认知基础，能够对上课内容和进度进行科学的调整。例如平顺二中利用学校的资源平台和学习软件，课前给学生推送大量的学习资源，在正式上课前对每个学生的课前学习情况进行检测、分析，把检测结果推送给学生本人、教师和相关人员，学生及相关人员能够反思总结，养成良好的预习习惯，教师也能够更加科学地安排课堂学习内容。同样，信息技术条件下的智慧课堂也能对学生的课后学习进行有效评价。我校利用管理平台和相关软件，不仅能对学生传统的课后作业进行评价，还能对学生的阅读情况、课外活动、家庭情况等进行评价，促进学生综合素质的提升。

拓展评价主体。传统课堂评价主要由教师完成，而信息技术条件下的智慧课堂却对学生的评价主体实现了多元，评价不再仅仅是教师的事和教师的特权。互联网、云计算、大数据等参与了学生的评价，并且对学生的综合表现、长期表现进行科学的评价。传统评价结果主要由师生共享，现代智慧课堂下的评价结果却能及时地供学生、教师、家长、学校领导、教育主管部门和科研机构共享，从而能更好地帮助学生进步。加德纳指出：智慧是"在一种文化环境中个体处理信息的生理和心理潜能"。智慧课堂评价顺理成章地需要正视潜能及其引发的条件，它需要突出对潜能的发现。

三、智慧课堂优化策略

（一）激发学习兴趣

爱因斯坦曾经说过："兴趣是孩子最好的老师。"由此可见，在教育教学过程中，只有想方设法激发学生的学习兴趣，激发其内部学习动机，变"要我学"为"我要学"，才能提高教学效率。例如，在讲授七年级地理"地球和地球仪"时，教师可以利用Google earth将地球的动态图呈现出来，便于学生识别经纬线以及东西半球。学生可以更加直观地看到地球，使课堂教学的趣味性、交互性、探究性逐渐加强。

在课堂教学的各个环节，教师可以利用信息技术更好地激发学生的学习兴趣。在导入环节，教师可以利用多媒体展示与教学内容有关的音频、视频、文字，在上课伊始就牢牢抓住学生的注意力，从而为讲好整堂课做好铺垫。在讲授环节，教师可以通过希沃白板制作简易游戏，使学生在玩游戏的过程中掌握知识，增强学生的学习体验。在练习环节，教师可以利用优学派发布测试题，回收快捷，反馈及时，从而高效完成教学评价。

（二）扩大课堂容量

在智慧课堂教学过程中，由于信息技术的广泛应用，教师讲授知识的广度和深度较传统课堂都有大幅增加，随堂练习更高效，反馈也更及时。传统课堂受时间限制往往练习的题目数量有限，教师利用优学派一键下发数十道题到学生端，增加学生练习数量，课堂容量也得到增加。例如在数学几何教学过程中，传统课堂教师在黑板上画图或呈现在PPT上，学生需要在作业本上抄写题目并画图，往往需要耗费很长时间。借助智能设备，教师使用几何画板或在希沃白板中直接绘图，节省了大量时间，使学生可以做更多的习题，课堂容量得到提高。

大数据技术的应用为提高教学容量提供了新的途径。我校引进优学派平板教学，自带优质数据库和在线组卷功能，教师可以在题库中选取试题，组成不同难度的试题，下发至不同的学生，达到分层布置作业的目的。较传统教学而言，在线组卷节省了教师的时间，自动批改客观题进一步节省了机械重复的时间，老师可以将更多的精力投入教学。在同等时间下，学生做题量大大增加，教师收到的反馈更及时，课堂教学容量显著增加。

（三）化解教学难点

教学重、难点是教师每节课必须关注的，化解重、难点的方法需要教师的智慧，教师运用信息技术，可以将复杂的知识简单化，枯燥的知识趣味化，抽象的知识形象化，让学生更加直观地理解，从而巧妙化解教学重难点。夸美纽斯在《大教学论》一书中强调了直观教学的重要性，认为给学生呈现直观的教学内容有助于其加深对知识的理解，符合学生的认知规律。美国哈佛大学研究人员的研究发现，人的大脑主要通过嗅觉、味觉、触觉、听觉、视觉五种感官接受外部信息，其中通过视觉接收信息占比最高，达83%左右。所以教师应注重直观式教学，教师利用视频剪辑工作、音频工具，注重创建直观的教学情境，调动学生情绪，创设氛围，营造环境，为学生展示图片、文字、表格、视频等直观的学习内容，从而化解教学难点。例如化学实验中一些具有危险性的实验，教师可以建议学生在具有互动功能的白板上以人机交互的方式进行展示，使学生自己在操作过程中观察实验现象，理解实验原理。

（四）解决教学疑问

智慧课堂上教师可以利用多种教学软件对学生的问题进行及时有效的解答，并及时反馈，加深学生对知识的掌握程度。一是答疑方式更加灵活。传统教学中，教师只能在固定场所固定时间为学生解决教学疑问，一般利用自习课在教室答疑，学生在家里完成课后作业遇到问题，一般由家长辅导或学生上网寻求解答，这不利于学生从根本上解决问题。以优学派为代表的智能设备可以有效解决这个问题，学生在学习过程中遇到问题，可以立即通过视频、照片、语音电话等方式与教师取得联系，快速解决问题。二是答疑更具针对性。教师利用平板电脑等智能设备可以实时在线解决每位学生提出的问题，真正做到因材施教，个性化教学，同时软件数据库会自动为学生推送类似题目，使学生举一反三，真正学懂。教师应用信息技术答疑，对于一些具有共性的简单的问题，教师可以通过钉钉等教学软件发送微课或者直播授课来解决，对于难题，则留到课上，集中精力解决，以大大提高答疑效率。

由于智慧课堂的创建，现代化教学设备和丰富的教学资源将走进课堂，但我们不能过度依赖设备和技术。在2020年疫情期间，应教育部"停课不停学""停课不停教"的要求，教师人人都学会上网课，极大地提升了全国广大教育工作者的信息素养。在疫情后返校的研讨会上，教育工作者也对网上授课的不足达成了共识。一是师生间的情感交流不足。教育的过程是复杂和多维的，教师可以通过眼神、体态语、表情甚至一个动作来教育管理学生，而信息技术条件下的智慧课堂目前还很难做好这一点。二是师生间的合作学习不易实现。我们都有过这样的体验，某一个知识点给求教的同学讲一遍，不仅帮助了别人，自己也对该知识点的理解也更加清晰。和同学一起探究合作学到的东西，记忆将更加深刻。三是缺乏有效的监督。居家上网课，家长知识和育人水平千差万别，学生受到的监督指导差异很大。一部分学生注意力难以集中，自控能力差，上课走神、瞌睡、玩游戏等，教师精心设计的教学无法收到良好的教学效果。四是能力、情感态度、价值观评价不到位。利用网络和软件评价学生的学习效果，主要通过试卷测评的形式，检验学生知识和技能的掌握情况。很难对学生分析解决问题的能力、合作学习的能力和情感态度价值观做出科学全面的评价。五、损害学生身体健康。长时间的线上学习，甚至连测试都移至网上进行，导致学生眼睛长时间对着电脑或手机屏幕，出现视力下降、心理压力增加等一系列危害身心健康的因素。六、激励效果下降。自主学习网上优秀教师的讲课视频，学生受到表扬激励的机会减少。当着全班同学们的面，恰如其分地表扬一个学生可以很好地激发学生的内在学习动机。七、书写水平下降。疫情期间的网上教学在特殊时期发挥了巨大的作用，但它的不足也是显而易见的。智慧课堂的建立与完善不是一蹴而就的，教育信息化的发展是一项长期而艰巨的任务，需要国家政策指导和财政资金支持、企业和社会各界人士的共同推动。智慧课堂从无到有，从质疑到认可，本身是一个缓慢而阵痛的过程，我们静待花开。

当我们谈未来的时候，未来已来。智慧课堂的构建、教育信息化既是国家意志，也是生产力发展的必然要求，是不可阻挡的时代潮流。我们每一个教育工作者都应该张开双臂欢迎它，拥抱它，让技术为我们的教育插上翅膀，让孩子们在课堂上感受幸福在智慧的课堂里流淌、智慧在幸福的体验里浸润、智慧课堂与幸福教育相融共生。

参考文献

［1］孙曙辉, 刘邦奇, 李鑫. 面向智慧课堂的数据挖掘与学习分析框架及应用［J］. 中国电化教育, 2018(02).

［2］张启发. 智慧课堂在高中地理教学中的应用调查研究［D］. 华中师范大学, 2018.

［3］朱嫣洁. 教育信息化背景下智慧课堂的教学效果研究［D］. 华东师范大学, 2019.

［4］王志军. 远程教育中"教学交互"本质及相关概念再辨析［J］. 电化教育研究, 2016(04).

［5］朱梦涛. "互联网+"时代的智慧课堂构建研究［D］. 湖南师范大学, 2019.

［6］刘邦奇."互联网+"时代智慧课堂教学设计与实施策略研究［J］.中国电化教育,2016(10).

［7］孙宇,庞双龙.基于大数据及智慧教育云平台的产教融合新模式研究［J］.计算机产品与流通,2020(01).

［8］祝智庭.教育呼唤数据智慧［J］.人民教育,2018(01).

学校文化的研究综述

长治市长子县东方红学校　宋亚丽

【摘要】文化是一个内涵丰富、外延庞大的复合体，学校文化是社会文化的亚文化和"特别文化"。学校文化建设是学校发展的永恒主题，是衡量学校综合实力，引领学校内涵发展，凸显办学特色的重要体现。本文通过系统地查阅、分析相关文献，从文化、学校文化的概念内涵、分类标准、作用特征等维度，对文化这一"复杂整体"做了重新梳理、归纳。研究范围涉及国内外、时间跨度从古至今，追溯了文化的起源、发展。研究发现，文化复杂的内涵和广博外延，决定了其多元的划分标准和文化特征，为研究者提供了丰富的、独特的研究视角。本研究期待对文化、学校文化有较全面的概述，为学校文化建设丰富理论框架、拓宽研究视阈、提供实践依据。

【关键词】文化；学校文化；综述

文化是民族凝聚力和创造力的重要源泉，是一个国家综合实力的重要表现。文化建设作为软实力，被提升到国家整体发展战略的高度。学校文化是一所学校的灵魂，是学校可持续发展的动力，是提升学校品质的重要抓手。对文献进行研究是学校文化发展建设的重要方法，也是学校文化建设的起点。

一、文化的研究综述

（一）文化的概念界定

文化的概念复杂多样，从1871年泰勒在《原始文化》中给"文化"定义到现在就有300多种定义。在众多的定义中，有几个经典概念。第一个是英国人类学家泰勒在《原始文化》一书中的定义："文化或者文明就是由作为社会成员的人所获得的，包括知识、信念、意识、道德法则、法律、风俗以及其他能力和习惯的复杂整体。"第二个经典概念是，1982年墨西哥召开的世界文化大会的《总报告》对文化的描述："文化是反映一个社会或一个社会群体特征的那些精神、物质、理智和感情的完整复合体。文化不仅包括艺术和文学，而且包括生活方式、基本人权、价值体系、传统和信仰……"人类学家米德则认为，"文化是社会或亚群体的习得性行为"。

再来看，国内研究关于文化的概念。《辞海》关于文化是这样界定的："广义的文化指人类社会历史实践过程中所创造的物质财物和精神财富的总和；狭义的文化指社会的意识形态，以及与之相适应的制度和组织机构。"关于文化，《易经》中描述的"关乎人文，以化成天下"是我国对文化最早的定义。《论语·八佾》也有记载："周监于二代，郁郁乎文哉。"刘向《说苑·指武》中也有这样的描述："圣人之治天下，先文德而后武力。文化不改，然后加诛。"从古籍中可以看出，我国古代关于文化的概念是"文治和教化"。著名学者梁漱溟对文化的表述是："文化并非别的，乃是人类生活的样法；文化就是吾人生所依靠之一切。"

综上所述，对文化的概念界定大体可以归纳为两种类型：一种是整体内涵的组合，如泰勒的定义和墨西哥世界文化大会《总报告》的定义；另一种就是意义或现象的表达，如人类学家米德和梁漱溟的定义。泰勒是文化概念的鼻祖，最早对文化的概念做出界定。泰勒的描述第一次给了文化一个整体性概念。后来专家学者对文化的概念界定，都是基于泰勒把文化看成一个复杂整体的基本理念而进行阐述的。但是，泰勒对文化的描述也有缺憾，缺少了物质文化的内容。而梁漱溟的两个定义，内容基本一致，都把文化指向人，这是一个广义的概念。古今中外研究文化的学者众多，文化已成为一个百家讲坛、各抒己见式的概念。20世纪80年代初，著名历史学家、文化史家庞朴先生请教钱锺书："文化如何定义？"钱锺书说："文化这个东西，你不问我还清楚；你这一问，我倒糊涂起来了。"这表明，文化是一个复杂的整体，无所不包，它的内涵和外延都博大精深。如果一定要给文化下个定义，笔者认为，大道至简，可借用梁漱溟的定义——"文化即生活"。如果需要我们了解一所学校的文化，最直接的方式是观察该校师生的工作学习、教育生活方式。

（二）文化的分类

文化的内涵庞大复杂，需要多种分类标准和方法来界定。苏富忠建构了文化分类体系，他把文化按要素分成七个要素类型，分别是形态型文化、目的型文化、思维发展型文化、意识形态文化、历史-时代型文化、区域型文化、品质型文化等。每个类型根据不同的标准做进一步的划分，如形态型文化又可分为本体文化、对象文化、本体-对象文化三大类；对象型文化可分为物质文化、客观精神文化、物质-客观精神文化三大类。仅举几例：韩东屏根据各种工具存在的形态将总体文化分为"器物文化、符号文化、混合文化和组织文化"；付全新则从文化的内涵表达与理解方式出发，将文化分为三类，即意义型、表象型、综合型。

总之，文化内涵丰富，外延庞大，分类标准方法众多，研究者则可依据研究方向，从实际出发，确定其采用的分类及其标准。研究文化的分类及其标准，为学校文化建设提供了科学的理论依据和实践标准。

（三）文化的特征

关于文化的特征，有不少学者有研究：乔春洋认为，"文化的特征主要表现为普同性、多样性、民族性、继承性、发展性、时代性六个方面"；付全新把文化特征小结为四大特征：存在绝对性、习得性或后天性、个性或多样性或独特性、可传承性或继承性或历史性；赵修渝、左媚柳说，"高品质的校园文化应具有时代性、开放性、创新性、独特性等特征"；么加利则认为文化的主要特征表现为五个方面："一是文化是伴随着人类进程衍生的。二是文化是后天习得的。三是文化是共有的。文化是人类创造的社会产物，必须为社会或群体成员共同学习接受和遵循。四是文化是一个不断变化的动态过程。五、文化有民族性和特殊的积极性。"综上所述，笔者认为所有的研究成果都有其独特的见解，结合文献研究，加之个人理解，将文化的主要特征概括为五个维度：复杂性、独特性、习得性、传承性、共享性。复杂性指文化无处不在，自从有了人类，就有了文化，其内涵丰富，外延广博；独特性指文化反映一个时代、一个民族、一个地域的价值观、信仰和生活方式，是其区别于其他时代、民族、地域的价值所在，独特是文化的一个重要特征，也是其价值；习得性指文化是人们在社会发展的实践中形成的，是通过自己后天努力学习获得的；传承性指文化是一个持续的动态生成过程，既要继承优秀的文化遗产，也要基于新的时代赋予新的意义，体现创新型；共享性是文化习得的基础；文化是人类在社会发展中，共同奋斗努力创造的物质财富和精神财富的总和，是需要得到全体社会成员或群体（组织）成员的一致认同和接受，需要大家共同学习遵循，共同分享成果。以上是笔者对文化特征的粗浅认知。

二、学校文化的研究综述

（一）学校文化的概念

学校文化是社会文化的一部分，是文化的亚文化。国外最早提出学校文化概念的是美国学者华勒，他在1932年《教育社会学》一书中第一次使用"学校文化"这一概念，他指出："学校文化形成的来源之一是年轻一代的文化，之二是成人有意安排的文化。前者是由学生群体中的各种习惯传统、价值观念以及受影响而产生的情感心理和表现行为等构成，而后者则代表了教师的成人文化、由教师群体的各种习惯传统、规范准则、价值观念和心态行为等组成；是学校中形成的特别文化。"约翰·塞菲尔、大卫·斯图瓦德认为："学校文化是我们这里的人做事的方式。"迪尔和彼得森认为："学校文化是一种内在实体，是教师、学生、家长和行政人员长期以来工作和生活所共同建构的组织传统与规则，并内化为人们思考、活动和感知问题的方式。学校文化是决定行为、价值观和信念的深层模式表现。"20世纪末，我国学者积极对学校文化进行研究。较长时期专家学者把学校文化和校园文化作为一个概念通用，2006年教育部发出的《关于大力加强中小学校园文化建设的通知》也使用"校园文化"的概念。直至2000年以后，"学校文化"才真正引起人们的重视。台湾学者林清江认为，学校文化是"学校中各组成分子构成的价值及行为体系"。朱颜杰（1990年）认为："学校文化，是指一所学校内部形成的，为其成员共同遵循并得到同化的价值体系、行为准则和共同的思想作风的总和。"俞国良（1999年）认为学校文化是学校所特有的文化现象，是以师生价值观为核心以及承载这些价值观的活动形式和物质形式。郑金洲（2000年）认为学校文化是学校全体成员或部分成员习得且共同具有的思想观念和行为方式。学校文化是学校全体成员在教育教学和管理实践中逐渐积累和共同创造生成的价值观念、思维模式、行为方式及其活动结果，以特色的学校精神、学校制度和物质形态我表现形式，影响和制约着学校全体成员的思想和行为。

综上所述，国内外学者的研究均注重于行为习惯、规则意识、价值观的形成等内涵结构。中国学者更注重学校精神、价值观、物质形态等因素，丰富了文化的概念内涵。专家学者对学校文化概念的不同解读，阐释了文化的复杂性和多样性，同时为我们进一步研究文化拓宽了视野，提供了更多的理论基础。笔者试着对学校文化进行界定：继续沿着简单的道路，运用文化的定义，"文化即生活"。因此，学校文化就是师生在学校的教学生活样态。

（二）学校文化的分类

文化内涵丰富，因此我们对学校文化的分类也应该是多维度的。王亚平归纳出四种分类依据："一种是以学校中的主体为主要参照的对象论，如台湾学者林清江在其《教育社会学》一书中，把学校文化区分为教师文化、学生文化、学校行政人员文化、学校有关的社区文化、学校物质文化、学校中的仪式、（学校的）规章与制度；第二种是以学校文化的表现形式为参照的表现论，如黄兆龙（1994年）将学校文化分为显性文化和隐性文化；第三种是以文化的层次构成为参照的层次论，如俞国良（1999年）把学校文化分成精神文化、物质文化和制度文化三个层次；第四种是以文化要素作为划分依据的要素论。"

唐丽芳在《课程改革中的学校文化》论文中提出三个主要观点："层次论、对象论、性质论。"对"层次论、对象论"认同的专家学者还有顾明远、赵中建、郑金洲等。顾明远认为学校文化包含精神文化、制度文化、校园物质文化，其核心是价值观念。赵中建将学校文化分为精神文化、制度文化、行为文化和物质文化。郑金洲在《教育文化学》中认为，学校文化至少包含了教师文化、学生文化、课程文化三种文化形式。"从学校文化功能的角度，学校的性质将其分为正向文化和负向文化。""外国学者也从一些不同角度对学校文化进行了分类，如奥德利奇和玛斯登把文化区分为官僚文化和专业文化，彼德森将学校文化分为积极的学校文化和消极的学校文化。"综上分析所述，当前对学校文化进行分类研究，可以大概归纳为五种方式方法：对象论、层次论、表现论、要素论、性质论。中国学者研究这些方法从何而来，国外学者更注重潜在的、非实体因素的价值观、规范、哲学等，没有将学校的一切物质和精神因素都纳入学校文化的内涵范畴。相对而言，我国学者对学校文化有了更全面的研究和内涵划分，不同类型划分给我们研究学校文化提供了基础知识理论，同时也给学校文化建设提供了发展思路和方向路径。

（三）学校文化的特征

通过学习整理，笔者发现文化建设的特征也是多元化的。如：课程视野下的学校文化特征具有"精神性、独特性、恒久性、变动性和潜在性"。早期专家学者把学校文化和校园文化作为一个概念，将校园文化等同于学校文化。关于校园文化的特征有"系统性、教育性、可塑性、时代性、地域性与民族性等"。另外，以核心价值观为主导的学校文化有五个特点：教育性、选择性、创生性、个体性、一致性。国外学者路易斯和迪安从积极文化和消极文化的视角，对比健康学校和不健康学校的特点发现：健康的学校文化有"共享目标、成功的责任感、同事关系良好、相互尊重、互相成就、终生学习、开朗幽默"的共同特征。迪尔和彼得森提出不健康学校的学校文化也有共同特点："师生等学校人员关注消极的价值，精神低落、消沉；团队缺乏凝聚力，一盘散沙，四分五裂。"综上研究，国外针对文化的研究更具描述性，指向某种文化，而我国学者的研究更聚焦，从不同的视野下进行研究，特征表达概括性强，高度凝练。笔者认为学校文化是社会文化的支文化，因此文化的特征同样适用于学校文化。而学校又是一种"特别文化"，是立德树人的场域，是传播文明的殿堂，因此学校应摒弃"落后的、消极的文化"，创建先进文化。我小结的学校文化主要特征有六个：复杂性、独特性、习得性、传承性、共享性、先进性。它基于文化的五个特征增加了"先进性"。仅一家之言，供参考。

（四）学校文化的作用

特级教师贡和法认为："学校文化是学校的灵魂，它影响着学校的办学思想、育人理念。学校文化具有的最基本作用：首先是核心价值的引领作用；其次是具有规章制度的规范作用；再次是具有教育理想的激励作用；最后是潜移默化的浸润作用。"顾明远（2006年）把学校文化的作用总结为具有统率、激励、规范和熔炉的作用。么加利把校园文化的作用概括为，对外辐射、内部激励和实现个体提升三大功能，其中实现个体提升是核心功能。林斌认为文化主要有检释功能、统一功能、导向功能、教育功能、规范功能、凝聚功能、创新功能等七大功能。在上述问题研究中，学者们对文化作用的研究还是具有一定共识的。综合来看，更全面的解释是引领、辐射、规范、提升、激励、渗透、统率、熔炉等作用。综合研究文献理论，笔者认为学校文化的作用基于学校视野，至少应体现在四个方面：一是价值引领，学校文化反映学校的整体气质，是学校发展的方向、旗帜，是主旋律，学校文化建设的过程就是全体师生共同规划学校发展蓝图的过程，在这个过程中，大家明晰了学校弘扬什么，摒弃什么，从而形成健康向上的价值观。二是统率全局，学校文化是学校的核心价值，它指导学校办学理念的形成，在整个学校发展中起统领和提挈的作用，使各项工作有神有形、完美凝聚。三是彰显特色，学校文化的重要特征就是独特性。学校文化的形成不能空穴来风，而要依据学校的发展历史和办学状况，形成与众不同的特色，避免"千校一面"，使不同的学校"美美与共、各美其美"。四是内涵发展，学校文化建设是一个长期复杂的系统工程，学校文化建设有利于学校凝炼办学特色，提升学校办学品质，促进学校内涵发展，构建高质量发展体系。

三、结语

通过文献梳理可以发现，文化是一个庞大的复合体，其内涵丰富，概念众多，分类依据也表现出多视角、多元化。学校文化作为一种"特别文化"，它的功能是非常强大的，是学校的灵魂、学校的核心价值观，引领学校的教育理念，激发理想的学校教育，规范教师和学生的教与学的行为，凸显学校的办学特色，促进学校的内涵发展。通过研究文献进行梳理还可以丰富学校文化的理论基础，为学校文化建设提供实践依据，使学校在文化建设中明晰方向和建设路径。

总之，学校文化是个大课题，因为笔者有限的研究能力和理论水平，文献的研究还不够深入，参阅的相关著作也不全面，导致本研究理论成果还不够系统和丰富，在今后的研究中有待进一步梳理和完善。

参考文献

[1] 王定华. 试论新形势下学校文化建设 [J]. 教育研究, 2012, 33(01): 4-8.

[2] 泰勒. 原始文化 [M]. 蔡江浓, 编译. 杭州: 浙江人民出版社. 1988: 1.

[3] 付全新. 学校文化管理的理论与实践探索——以湖北省葛洲坝中学为例 [D]. 华中师范大学, 2014: 55-62.

［4］苏富忠. 文化的分类体系［J］. 烟台大学学报. 哲学社会科学版. 2004(03): 262-268.

［5］韩东屏. 如何把握外延庞杂的文化［J］. 山西师大学报. 社会科学报. 2019, 46(06): 48-54.

［6］赵修渝, 左媚柳. 高品质高校校园文化的特征及功能初探［J］. 江西教育科研. 2007(04): 37-38.

［7］樊榕. 关于学校文化建设的文献综述［J］. 西北成人教育学院学报. 2014(03): 36-40.

［8］吴苏腾. 基于学校文化的学校课程建设研究——以重庆市A小学为例［D］. 西南大学, 2014: 4-11.

［9］贡和法. 内涵与路径: 学校文化建设的实践探索［J］. 教育视界. 2017(05): 9-12.

［10］王亚平. 当前我国学校文化研究综述［J］. 科教文汇(中旬刊), 2009(02): 3.

［11］刘志军, 王振村. 课程改革视野下的学校文化建设［J］. 教育科学研究, 2009(02): 31-35.

［12］林斌. 学校文化传承的路径研究［D］. 华东师范大学, 2010: 9-10.

集团化办学中文化融合路径的探索与实践

——以长治市实验中学教育集团为例

长治市实验中学　王维平

【摘要】随着人们对义务教育阶段优质教育资源的需求越来越迫切，名校集团化办学作为一种新的办学模式应运而生。其通过集团内名校向薄弱校或新校输出优质教育资源的方式，促进集团分校实现快速发展。本文主要以实验中学教育集团为研究对象，通过理论和实践经验得出结论：集团化办学的本质就是让薄弱校或新校先对名校的文化认可，促成双方的文化融合，然后进行文化重构，最后再生新型集团文化的过程。重点阐述实验中学集团办学过程中文化融合在实践探索中的四条路径和取得的实效性成果，并分析融合后集团学校发展现状，最后阐述实验中学集团对以文化融合助推集团化办学模式所进行的自我反思和总结，以期对其他义务阶段均衡化教育实施学校提供一些借鉴经验和实践范本。

【关键词】义务教育；集团化办学；文化融合；路径探索

一、引言

（一）研究背景

2012年9月，国务院印发的《关于深入推进义务教育均衡发展的意见》中指出，发挥优质学校的辐射带动作用，探索集团化办学。教育集团在各地以优质学校的资源优势和品牌效应为依托，构建优质学校与多个学校联盟的名校集团，加大优质资源辐射的力度。如今，集团化办学在各地风生水起，办学形式多种多样，办学水平参差不齐，因此，对集团化办学中文化融合路径的探索有助于集团化办学在短时间内取得更好的成效。

教育集团化办学初期会出现诸多问题，解决这些问题则需要集团正视其内部文化根源，理顺归属关系，精准实施策略，真正重视集团文化的融合路径的探索，从而推动集团化办学走向规范和高效。

（二）研究意义

探索集团化办学中文化融合的路径，促进集团内部的凝聚力和向心力，最大限度提升教育集团文化发展力，从而提升教育集团管理效能，具有很强的理论意义和实践意义。

1.理论意义：拓宽办学背景下集团校文化研究的内容和视角

在集团化办学中，目前关于学校文化的研究主要集中于学校文化的概念、结构、特征以及建设途径等方面，很少对学校文化融合问题进行系统性研究，因此，校园文化融合成功的经验总结和理论生成可以为名校集团化办学中学校文化的研究提供新的研究视角和理论借鉴。

2.实践意义

本文以长治市实验中学教育集团为例，在吸收他人成果的同时，又针对在办学中发现的问题提出了笔者自己的思考，有较强的实践价值。

首先，集团化办学可以实现集团校不同文化间的求同存异、百花齐放，努力提升文化自信；其次，集团化办学可以促进集团校不同文化的传承与创新，不断成就集团文化发展力；再次，集团化办学可以发挥集团校先进文化的示范与辐射力，凝练教师精神与学生品质；最后，集团化办学可以提升教育集团办学水平，促进区域教育的均衡优质发展。

（三）研究对象

本文主要以长治市实验中学教育集团为例，其集团化办学始于2014年7月，该集团目前主要有主校区、北校区和西校区三个校区，共有135个班，是长治地区唯一一个集小、初、高于一校的十二年一贯制的完全中学，在校生共有6000余人，高级及其以上职称教师100多人。本文主要以集团内主校区和北校区的管理层、教师层和学生层三个群体作为研究对象开展研究。

二、文化融合过程中出现的主要问题

（一）行政隶属关系的交叉性为集团办学顺畅运转增加了多重壁垒

（二）教师队伍的数量和质量是制约集团化办学持续发展的关键问题

（三）集团化办学在跨区域、跨校区、跨学部管理以及快速整合集团资源、提升集团向心力等方面对管理层提出了更高要求

（四）集团化办学初期，不同校区文化的认知冲突时有发生

三、文化融合路径的理论和实践探索

（一）文化融合路径理论探索的四个阶段

实验中学教育集团内的校园文化，主要包含校园观念文化、校园环境文化、校园制度文化和校园行为文化等几个方面，该教育集团在尝试文化融合路径的探索上提倡校园文化从不断认同到逐渐融合再到建构重生新文化理论的过程中，主要经历四个阶段：

第一阶段（文化认同期）：实验教育集团实施行政驱动和价值引领，通过中心校向分校区渗透和输出先进的办学理念和管理经验，使得分校的领导层、教师层和学生层逐步认同集团文化，在保留特色的同时吸纳集团文化，互相得到认可，才可以为今后的融合和重建奠定基础。

第二阶段（文化融合期）：在集团核心价值观和办学内涵的引领下，通过教研交流、课程共享、活动共建等形式对集团校区之间实施链接、扩容、重组和融合。

第三阶段（文化重构期）：通过自上而下的顶层设计和自下而上的实践智慧，完善专属于实验中学教育集团的校园文化内涵，使得中心校与分校融为一体。

第四阶段（文化再生期）：这个阶段我们的每一个教师和管理者都可以成为文化的创造者，坚持专业引领、主体激发、形成驱动，形成更具包容性、整合性和创造性的新型集团文化。

（二）文化融合实践探索的路径分析

实验中学集团化办学从"道术合一"的哲学视角，提出以集团"优质师资"为"术"、以"融合重生文化"为"道"、以教师队伍的生态发展为纽带，快速实现学校新校区一年一个新台阶，三年一个大变化的优良发展态势。

1.夯实文化融合基石，实现文化重构再生

（1）管理层创新管理模式，架构优秀制度文化

集团校要打破传统管理办法，创新适合管理模式，倡导坚持集团校长宏观

管理，放权执行校长，服务广大师生的原则，保持集团统筹规划，各校区自主执行的动态平衡，同时推行"总校统筹、统一调配；分校使用、自主管理"的人事管理体制，最终形成"各美其美、美美与共、共生共美"的发展模式，形成"一个校区一个策略，一个校区一个特色"的发展局面。

（2）教师层观念碰撞，促成校园行为文化

打破校际资源墙，整体利用集团优势资源，实现资源互通共享，最大限度提升教育效益。

一是要实现先进硬件设施共享共融，两校教师交流频繁互动；

二是要实现优质师资共享共融，盘活两校教师生态环境。

集团内教师队伍实现从"静水"到"流水"的转变，让集团校成为"骨干教师流动蓄水池"，促使文化单一的"学校教师"变成文化共融的"集团教师"。

（3）学生层行为碰撞促成观念文化

各个校区间的学生通过学校组织的一系列活动和特色课程逐渐认同学校的办学理念和价值观，在活动的组织到参与的过程中，学生们不断地互相学习交流，作为集团校的一分子来审视自己的行为，校服一致、同步考试、进度划一、一起教研等都会促进学生对集团新生文化的认同，久而久之，在学生中间就会生成新的实验集团学生行为文化和观念文化。

2.尊重校际文化差异，实现文化融合共生

（1）两校区对比分析

主校区优质文化特征明显，主要呈现为文化浓郁、校风优良、口碑较好、教风严谨、学风浓厚、学风浓郁、荣誉颇多、活动多样、特色显著、场地有限、资源紧张的文化特征。

北校区校园文化主要表现为环境优美、硬件齐全、生源短缺、质量滑坡、教师懈怠、发展乏力、位置优越。

（2）集团办学后，两校文化融合经验总结：资源整合，优势互补

本文通过问卷调查的方式，分析调查数据结论，发现北校区在文化融合前后呈现出四大变化。

生源变化：

调查结论显示，教师对学校生源优质化满意度比重在90%以上，调研结果

显示，学校集团化办学前的在校学生数650余名，升入重点中学人数0，班级数初高中共16个教学班，中、高考成绩连年靠后，集团化办学后北校区现有的学生数4200名（小学1965名、初中1520名、高中743名），升入重点中学人数260人，高考大文大理达二本以上116人（以2019年数字为准）。

师资变化：

问卷统计显示，教师的职业幸福感和满意度指数都在90%以上，教师团队从集团化前到集团化后呈现出三方面的巨大变化，主要表现在以下四方面：懒散变为敬业、懈怠变为积极、悲观变为幸福、颓废变为阳光。从教师面貌和教师对学校发展和自身职业的满意度结论来看，集团化办学文化融合颇有成效。

校园变化：

问卷统计结果显示，教师对集团化办学后校园风貌变化满意度比重在86%以上，大多数老师对北校区五年来的变化交口称赞，主要呈现四方面变化：校园气象从惨淡冷清到生机勃勃、文化气息从淡薄到浓郁、硬软件设施从匮乏到健全、工作环境从简陋到舒适。

口碑变化：

问卷统计结果显示，学校办学口碑和教学质量口碑攀升明显，主要呈现出的前后变化为：从无人问津到门庭若市，从褒贬不一到交口称赞。

以上数据显示，文化融合路径已初见成效，真正意义上实现了"美美与共、各美其美"的良好局面。

3. 提炼集团核心文化，融合生成实验精神

主校和北校在集团化办学过程中不断磨合，找到了共同发展、相互促进的契合点，从而促进集团核心文化诞生。这种集团核心文化我们统称为体现融合重生的"实验精神"。这种精神主要表现在以下几方面：

（1）领导层以"人本管理"为核心的"管理精神"

集团领导层在各个校区主要从构建和谐宽松的校内外环境、规范学校教育秩序、完善分配激励机制、加强教师职业道德建设、培养高素质师资队伍着手，学校、家庭和社会三者合力，构建民主和谐的校园文化四个方面重抓"人本管理"，旨在快速推进领导层面的文化融合重生，推进集团内制度文化生成。

（2）教师层以"四个特别"为内力的"教师精神"

实验集团的教师精神就是四个特别：特别能吃苦、特别讲奉献、特别肯钻

研、特别有爱心。这种"教师精神"久而久之会在集团内形成优秀的教师观念文化和行为文化。

（3）学生层以"五个最"为向导的"学生精神"

实验集团的学生的精神可以总结为"五个最"：最知感恩、最懂礼貌、最守纪律、最会学习、最有信心。这"五个最"引领学生的人生观、思想观和价值观，规范了学生的德育观和荣辱观，逐渐形成健康积极向上、充满正能量的学生观念文化和行为文化。

4. 整合集团校文化基因，重构集团文化内涵

（1）制定彰显个性的集团校训和清晰的育人目标，形成统一的集团制度文化

（2）统一独具特色的校标和校服，打造文化意蕴深厚的校园环境，构建独特的校园环境文化

（3）构建以内涵为导向的教师行为文化

第一，打造合理的教师梯队，教师发展互动磨合。

集团主要把增加教师数量、优化教师结构、培养青年教师、提升教师技能四个方面作为重点来打造结构合理的教师团队，推进文化融合。

第二，积极开展校本培训，重视优质师资培养。

集团化办学以来，各个校区不断加大教师培训力度，引导教师转变教学理念、改变教学行为。集团教科研每年暑期都会针对学段特点，请知名专家、学者、一线教师等对集团内教师进行培训，加强各个学段老师和各个校区间教师的交流，促进教师的成长成才和成名，使得一大批"新"教师转变为"合格"教师，再转变为"优秀"教师，通过教师培育不断促进校际文化内涵融合和提升。

第三，鼓励开展课题研究，打造专家教师团队。

集团化办学以来，北校区各个学部都非常注重学科内涵提升和建设。

高中部积极申请并完成山西省"十三五"规划课题，并且成为山西省首批"地理学科建设基地"，形成独具特色的"知行课程体系"，带动高中部政治、历史等学科也纷纷开展课题申请，整个学校形成了浓厚的科研氛围。

初中部的"智拓课堂"特色活动也是在集团化办学以来开展的，已经成功开展三年，每个年级、每个班级、每个老师、每个学生都可以参与进来的特色

课程活动，促进了学校特色文化构建。

小学部"温润课程体系"特色活动，也鼓励学生开展社会调查和小课题研究，大大丰富了小学生的课余生活，也大大促进了学校内涵文化建设。

第四，开展文体心理活动，提升教师幸福指数。

集团特别重视教师文体活动的举办，每年先后开展教职工趣味运动会、教职工"三八"妇女节主题活动、教职工野外健步走活动、教职工羽毛球和乒乓球比赛活动、大合唱比赛活动、旗袍秀展示活动、书画比赛活动、青年教师演讲比赛活动、征文活动等，活动多样化、特色化和常态化，不仅为教职工提供展示个人才艺魅力的舞台，更愉悦了身心，展示了精神风貌，提升了工作效率，拔高了办学品位，发展了学校的内涵，提升了教师幸福指数。

（4）打造特色学生活动，重构再生优质的学生观念和行为文化

集团化办学五年来，实验集团一直致力于学科核心素养在校园内落地开花，教育教学与活动相结合，以提升学校文化内涵为导向，积极为学生提供校级、市级和省级及国家级不同层次的展示平台，让学生充分发挥自身的才能。每年都会举办各种丰富多彩的活动，比如演讲比赛、朗诵比赛、足球比赛、拔河比赛、校报"春雨"的诞生、小学部的校园文化艺术节活动、古诗词诵读活动、初中部的智拓活动、高中部的研学活动、心理社团的各种特色活动、运动会、年终文艺晚会，以及假期开展的第二课堂、京剧、大合唱、武术教学等各种有意义的活动层出不穷。

两校区在活动中互相融合，更加促进优质文化生成，主校区的"象征性"跑步游全国、综合实践活动、"德育主题月"活动等特色活动都推广到北校区开展，帮助北校区的特色活动文化建设，更利于集团融合文化的生成。北校区的智拓课程、知行课程、足球特色课程等特色课程同步到主校开展，实现了集团内特色活动百花齐放的良好局面。另外，两校的特色教研活动同步，学科基地建设经验分享，特色课程开发等都在两校区间开展得独具特色，各有千秋。

四、集团化在文化融合后的结论分析

集团化办学至今，集团内全体教师都形成文化自觉，"文化融合重生"已

经成为流淌在集团中的血液、弥漫在校园里的空气，成为一种需要、一种自觉、一种基因。目前实验集团化办学的发展现状主要实现了三个创新：

（一）集团化办学"规模效益"凸显

集团办学过程中，一个校区变为三个校区，原有的初中部变为集小学、初中、高中于一校的十二年一贯制的三个学部，教师数量大大增加，教师学历大大提升，教师年龄和职称结构大大优化。

（二）名校帮扶弱校的集团化办学模式成效显著

名校帮扶弱校的经典案例就是集团主校区帮扶北校区复兴，集团化办学的目的就是均衡化优质师资，带动薄弱校协同发展，逐步缩小名校与薄弱校的差距，但如果管理不当，也会出现优质师资被稀释的现象，不过实验集团干部队伍协调得当、管理有方，使得名校品牌扩大化、品牌增值化，在文化融合、资源共享的同时激活了北校区再生发展的活力，从而实现了北校区当前良好的发展态势。

（三）开启名校帮扶新校的集团化发展模式

在五年积累的集团化办学经验指导下，2019年8月，实验集团再次扩大了集团阵营，引入了新成员——西校区（市二十中）。相信在未来，实验集团会在文化引领融合成功的经验指导下，再次实现新校区的传奇式发展。

集团化办学发展到现在，集团的优质教育资源不但没有稀释，还不断得到了充实，呈现出快速发展良性循环的态势，这就是文化融合的力量。

参考文献

[1] 庄惠芬. "共生式"集团化办学模式的探索 [N]. 江苏教育报, 2018-09-14(003).

[2] 张辉哲. 名校集团化办学中学校文化传承的研究 [D]. 东北师范大学, 2017.

[3] 徐锦. 均衡发展视角下的山东省基础教育集团化办学研究 [D]. 新疆大学, 2016.

[4] 左鹏. 公办中小学名校集团化办学模式下子校与母校管理协调研究 [D]. 湖南师范大学, 2015.

[5] 李进, 郭波. 浅谈学校文化建设 [J]. 中国体卫艺教育, 2009(5).

[6] 陆云泉, 刘平青. 北京市海淀区教育集团化办学的实践与思考 [J]. 教育研究, 2018,

39(05): 154-159.

[7] 钱澜. 文化融合与重构: "一体化"管理的核心策略 [J]. 江苏教育研究, 2015(22-25).

[8] 朱玉芬. 聚焦文化立校, 集团扬帆起航——集团化办学的实践与思考 [J]. 治教. 2018.

[9] 汪建红. 集团化办学管理创新的思考与实践 [J]. 智策. 2018: 21-22.

[10] 严凌燕. 义务教育集团化办学研究综述 [J]. 江苏教育研究, 2015(53-56).

[11] 李彦青, 孟繁华. 由稀释到共生: 基础教育集团化建设的突破与超越 [J]. 中国教育学刊, 2016, No. 277(05).

[12] 管杰, 李金栋, 王志清, 等. 尊重文化多样性是教育集团治理的基础 [J]. 人民教育, 2017(10).

学校文化建设引领学校管理提升路径研究

长治市第一中学校　王长生

【摘要】随着学校综合实力的不断提高，学校文化建设的重要性也上升到了新的高度，并在学校管理中发挥着至关重要的作用。本文对学校管理的本质和团队建设，包括教师队伍和干部队伍建设两方面加以分析，提出了学校文化建设在引领学校管理提升方面存在的问题及原因剖析，随后提出学校文化建设引领学校管理提升的作用，表现在可以改善教育教学环境，提升学校管理水平，打造人际关系融洽的和谐校园等方面；最后提出发挥文化育人功能的基本路径，可以从加强校园环境建设、思想文化和校风建设、学生活动、社团建设、学校自媒体建设等方面入手，以培养符合时代要求的社会主义接班人。

【关键词】学校管理；文化育人；提升路径

一、学校管理的基本内涵

（一）学校管理的本质特征

管理是社会进步的保证。一个社会，一种文明，如果有成功的管理，必将快速进步，高速发展。不论什么时代，不论什么行业，管理实施者是人，管理的对象也是人，管理是手段，目的是达成某种效果。比如，学校的管理目的是满足学生的长期发展。这里的管理并非企业中的管理，企业管理的目的是能够实现利益的最大化，看中的是物质价值的体现，而学校管理更侧重于实现人的精神价值和人性的培养。总之，学校管理始于人，而善于人，它的最本质的表现就是以人为本，人在所有管理的因素中是占主导地位的。管理目标的实现需要有管理者的主导性、创造性以及被管理者的全面发展。

（二）学校管理中的团队建设

用文化管理学校，就要致力于学校的文化建设，这是学校管理者的一项重要工作。在这里我阐述一些个人观点。学校要想搞好管理文化的建设，要重视两个团队的建设：教师团队和干部队伍。

1.教师团队

教师团队的管理文化建设要从教师个人的文化底蕴入手。学校的文化底蕴影响着教师个人的文化修养，教师是在校园文化的大环境下成长起来的，比如个人的习惯、追求、价值观念或者为人处世、言谈举止等。这就要求校园的大氛围是积极的、向上的、育人的。在教师队伍建设过程中既要重视业务能力的培养，更要注意教师尤其是班主任管理能力的培养。个人认为，先进的管理文化以相信教师为基础，教师有最纯粹的搞好班级学生管理的目标和愿望；以依赖教师为依据，教师是管理过程的前线工作者；以尊重教师为方向，尊重教师的思想和工作，相互认可，共同进步；以提升教师为最终目标，教师朝着优秀的管理者发展是管理理念的最终形式，教师的先进性决定着学生的进步和学校文化的先进性。

途径一：学会有效沟通。教师的言谈举止很容易影响到学生，所以教师的行为谈吐一定要规范。沟通能力强的人更容易搞好团队关系，说服他人。所以沟通是一种文化，更是一种能力。把教师的沟通能力重视起来，是学校管理文化顺利建设的核心任务，也是学校管理文化建设的瓶颈问题，应该得到重视。

途径二：善于欣赏别人。学会欣赏他人是一种美德，而教师作为教育工作者，更应该学会欣赏，因为教师担负着培养祖国下一代的任务，发现与欣赏能力显得尤为重要。"成功的欣赏是管理的基础。"欣赏不只是对于学生，对于教师之间也是必要的。如果老师和老师之间谁也不服谁，对于整个团队来讲就很难管理。

途径三：不断提升自我。在良好沟通能力的基础上，以发现美的眼光优化自我。社会的发展对新一代的学生有越来越高的要求，这就要求教师不断地自我优化，优化课堂设计，优化授课思路，优化自我修养。只有自己的不断进步，才能满足社会要求，获得生存空间。

2.干部队伍

（1）干部队伍的建设过程中管理理念是灵魂，是整个管理体系的关键。成功的管理理念可以为校园的管理奠定基调，明确方向。有了成熟先进的管理理念，就要注重选拔相应的中层管理干部，中层管理者是整个管理体系的中流砥柱，是整个管理文化的建设者和实施者。

（2）现在中小学存在的普遍现象是，中层布置的一些事务，最后不了了之没有下文，或者执行任务的工作人员逾期完成，或者是执行任务的工作人员只是口头或者书面形式安排下去，并没有真正落实。简而言之，就是落实不到位。这是影响校园管理文化建设的最大障碍。所以提高工作人员的落实和执行能力是当务之急。这种情况需要高层管理者建立相关落实政策的规章制度，不断推行、监督、评价、奖惩，最后形成自觉执行规章制度的管理文化。

二、学校文化建设引领学校管理提升的主要问题及原因分析

（一）学校文化建设引领学校管理提升的主要问题

目前大多数学校已经认识到学校文化建设对于学校发展的重要性，在政策上、资金上给予倾斜，并且根据自身发展状况，提出了许多比较先进的理念，但从实际层面来看，学校文化建设对学校管理方面的作用发挥还不是很大，主要问题是：

1. 在现行高考体制的指挥棒下，学校更看重的是学生的成绩和学校的升学率，这就导致一线教师一心抓智育、抓升学率，认为只要升学率上去了，学校的发展就好了，对学校文化建设、学校管理提升很少考虑，大多只有流于形式的活动。即使有先进的校园文化建设理念，但可操作性不强。但有的理念内容相似，有的理念文字晦涩，有的口号政治化，学生不仅会觉得单调枯燥，时间长了还会产生厌烦抵触情绪，导致学生难以内化为自觉行动，应用到实际中可操作性不强。

2. 学校文化建设涉及面很广，是个系统的工程，学校应整体规划，使各个文化相互结合、协调一致，并注意将其与学校其他活动相结合。但实际中，许多学校文化建设都太受限制，比如有的学校远远没有达到文化建设的要求，教室陈旧、设备短缺、师资薄弱，太有局限性，比较狭隘。许多学校在学校文化建设活动中，都开展了丰富的文化活动，但有些活动的开展，对教师专业发展、学生素质提升、办学质量提高等方面的影响效果不是很明显。

3. 绝大多数学校都已经建立了比较完善的制度文化体系，从学校组织领导机构到班级管理、从教研活动开展到学生考评等，处处体现校园的制度文化，但在实际过程中，师生自觉落实的积极性不高，制度的执行力度不够，缺乏群

众基础。订立的制度往往内容缺乏创新，不能与时俱进，有些内容形同虚设，并未发挥出其应有的作用。

（二）学校文化建设引领学校管理提升问题上存在的矛盾

1. 硬件与软件的矛盾。这种矛盾主要体现在物质文化建设过程中。随着经济的高速发展，现在的学校建设越来越注重硬件投资，教学楼、住宿楼、实验楼等场所越来越漂亮，校园的设施设备越来越齐全，校园的环境也越来越美。但是在硬件建设过程中忽略了物质是精神文化、历史底蕴的载体。校舍再漂亮没有文化镶嵌也显得冰冷。现代教学要求的不仅是现代化建筑与设备，而且是结合现代的办学理念、价值追求，更多地积攒文化底蕴。

2. 传统观念与现代意识的矛盾。在这个信息时代，现代化的文化信息以空前的效率流入校园，当代校园的每个个体便捷地接收着外界的信息。在这样的大背景下，传统文化的接收受到较大的冲击。传统文化是学生成长的宝贵资源，它影响着学生生活和学习的方方面面。我们既要接纳优良的现代文化，也要继承好的传统文化，以此来构建新时代的学校文化体系。这是时代赋予我们的光荣而又艰巨的任务。

3. 社会开放与校园封闭的矛盾。在信息时代，流入校园的不仅有现代化的校园文化，还有一大部分社会文化，它们以强势的劲头冲击着学校。在这种背景下，学校文化要主动适应社会环境，将封闭的校园文化适当开放，接收外来的社会文化洗涤，实现互补。这样需要培养师生对社会文化的选择、鉴赏能力，去糟存精，去伪存真，去恶扬善。

三、学校文化建设引领学校管理提升的作用

学校文化是长期的有效管理沉淀下的精神文化和制度文化，它会反映在管理的每个细节之上。"文化有好坏之分，优秀的文化会浸入个体的生命，伴随到整个学习生活中去；优秀的文化会影响一个人的价值观，可以最大限度地激发他的发展。"这种文化不仅影响一个人，更能影响一所学校的前途和命运，它是学校发展的动力源泉和精神支柱。文化的育人功能使人在学校养成了奋斗精神、价值观、理想观。学校文化是学校每个成员共同追求的全体愿望和价值标准，它形成了全体师生的统一行为规范。学校文化不仅仅是说说而已，或者

仅仅保留在文件里，也不是用来向外界炫耀自我形象的存在，而是用来规范全体师生的行为、激励全体师生积极向上、促使全体师生自觉遵守校纪校规的动力源泉。在学校文化建设过程中要注重落实，不能嘴上一套行动一套，不能提倡的是"团队"实行的是独断，嘴上说的是规范实践上做的是随意，说是求真务实做的却是表面文章，讲的是尊师重教行为却是唯我独尊。这种言行不一、上下不同的管理模式只能导致学校文化建设不完善。长此以往，学校文化的建设适得其反，不能推动学校的常规管理，会导致学校凝聚力不足，管理上一盘散沙，学生的学习环境恶劣，影响学校的发展。

随着教育体制改革的深入推进，为了适应现代化教学的需求，学校文化作为一种新的科学管理理论，可以融入现代化的学校管理中，并且在促进优化学校管理的同时又反向提升学校文化。个人认为，学校文化对学校管理有三个层次的作用：

第一，学校文化在学校的管理过程中扮演着润滑剂的作用，可以有效协调规章制度与师生执行之间的关系，促进师生的执行力并优化规章制度。新建学校管理靠制度、老校名校管理靠文化，学校文化规范着教职工的工作，约束着学生的行为，促进教师、学生及学校共同发展。只有足够优秀的学校文化才能最大限度地融入学校的管理环境中去，这是一个漫长的过程，也是一所成功学校的必由之路。

第二，学校文化可以完善和补充学校的管理。"学校文化就像社会的社会道德一样，是一种内在的自我约束，以个人内在的价值理念为支撑，是对外在约束的一种补充。"对于大部分学校来讲，制度不是一蹴而就的，而是在发展中不断完善的。"如果规章制度不能制约学生行为，那就需要校园文化的力量来完善管理，能让学生通过学校文化的影响来进行自我约束。"

第三，学校文化可以有效改善学校的教育环境。"山不在高，有仙则名；水不在深，有龙则灵。"无论什么规模、层次的学校，只有建立自己良好的学校文化，才能脱颖而出。一所学校好比是水，校园中的每个个体都是水中生物，水的质量直接决定着生物的成长。一所学校的环境布局、校容校貌和全体人员的精神面貌都在影响着学校的教学环境。本人所在的学校，校园干净整洁、环境优美，有古老的魁星阁、现代化的公寓楼，校园处处是名言警句，走廊里随处可见优秀试卷、优秀学生的展示，构建着和谐的文化气息。在现代化的学校管理中，最终是要体现一所学校高质量的教学文化，校园文化对学校的教育环境、教育方式有很大的影响。

学校文化渗透在学校管理中，学校管理优化学校文化建设，主要外显特征有以下几点：

（一）学习型学校

学校的管理目标之一就是给学生营造一个良好的学习环境，学习氛围的好坏决定着学校文化的好坏，如果学校文化能充分影响学校的管理，将会逐步形成学习型的管理体系。这里的学习不只是学生，还有教职工及管理层的学习，最终形成人人在学习、进步的良好局面。

（二）群众积极参与民主管理

在学校文化的熏陶下，人人爱学校、为学校，教职工积极为学校管理的改善出谋划策、校领导虚心接受来自各方面的建议和意见，这将是一所充满民主、平等的学校。

（三）人际关系和谐，工作氛围令人心情愉悦

好的管理会促进教师自发地、积极地参与到学科的教研工作中去。这里的人际关系不仅在教师与教师之间，更重要的是领导与教师之间。好的学校文化和恰当的学校管理必将造就一支关系和谐、积极向上、团结合作的工作团队。

四、充分发挥学校文化的育人功能

学校文化是集物质文化、精神文化和制度文化等方面于一身的文化。校园文化建设是一个多层次、多步骤循序渐进的过程，短时间不可能形成完善的学校文化。要将学校文化与时代发展相结合，培养与时俱进的新青年，充分发挥学校文化的育人功能。具体做法可以从以下几方面入手：

（一）加强学校的校园环境建设

美的环境可以陶冶情操，让人留恋。好的校园环境可以增强教职工的工作热情，激发学生的学习动力。校园环境建设要从三个角度出发：一是建筑物的设计，这个要结合本校的办校理念及价值观念，如仿古建筑与现代化建筑相结合，风格各异，历史韵味与现代化元素相结合。二是校园环境设计，如诗如画的校园风光，绿荫鸟语相伴的校园景色，宽敞明亮与艺术气息结合的校园道

路。三是重视校园宣传栏、楼道标语等的设计。校园的环境不仅是用来欣赏和陶冶情操的，更多的是要最大限度地发挥它的育人功能，以校园物质文化为载体，承载更好的校园文化。

（二）加强思想文化建设和校风建设

思想文化的建设是校园文化建设的核心内容，它决定着一个学校文化建设的高度与质量。学生的思想文化建设渠道主要有两方面——教师的言传身教和学校氛围的熏陶和培养。两者相辅相成。思想文化建设受到校园校风建设的影响。好的校风能让学生自然而然地遵守学校的规章制度，把学校各项冷冰冰的制度变成自己内心火热的道德准线，自发地去遵守。在这样的基础上，校园里的每个个体都在接收着德与育的教育，这是一种接受式的、潜移默化的教育，在有意无意中形成了优良的思想文化。

（三）加强学生活动建设

以学校组织的大型活动为载体，丰富校园文化生活。如每周的全体师生升国旗仪式，这庄重而神圣的时刻培养着学生爱国情操；以班或者年级为单位举行的夏令营活动，增进师生关系、同学友谊，同时也是学校文化的一种养成；每周组织班会或者辩论赛之类的活动，培养学生的团队精神和集体荣誉感。现在很多中小学认为类似活动会占用学生的学习时间，耽误学习，其实不然，适当的集体活动不仅能促进学生的学习，还可以增强学生的社会意识。

（四）加强课堂教学建设

课堂教学是学校建设的根基，课堂的文化直接影响到班集体、全校师生、学校管理的方向与走势。健康的课堂教学显得尤为重要。老师要将学情与教法相结合，把爱与责任带进教室，带给学生，学生要把学情及时反馈给老师。好的课堂需要好的班风，好的班风促进学校文化的建设。

（五）加强社团文化建设

学校文化活动的开展需要有序性、组织性，这就需要加强社团文化建设。社团文化不仅在高校有必要，在初高中也有必要。成熟的社团文化不仅有助于学校开展各项活动，更能在社团工作开展中锻炼学生的能力。社团活动以学生的团体活动为主，可以以小组为单位、班级为单位、年级为单位多形式、全方位开展，培养师生感情，让学生学会处理人际关系。社团文化的建设可以提高学生的综合能力，营造好的校园文化氛围。

（六）加强学校自媒体建设

学校的自媒体多种多样，如校园广播站、微信公众号、校报校刊等。校领导可以鼓励学生参与到学校的自媒体中，发出心声，提出想法。比如校园报刊，可以鼓励老师、学生积极投稿，老师可以以专业学科为内容畅写教学心得或教学感悟，学生可以自由写作。自媒体面对全校师生，这是一种校风建设，能深层次地促进教学活动。

参考文献

［1］杜忠书.学校文化建设和学校管理［J］.教书育人, 2012(23).

［2］顾明远.论学校文化建设［J］.西南师范大学学报(人文社会科学版), 2006(05).

［3］冯炜.关于中小学学校文化建设的思考［J］.河北师范大学学报, 2009(12).

［4］王定华.试论新形势下学校文化建设［J］.教育研究, 2012(01).

［5］石中英.学校文化建设意义的重新阐释［J］.中小学校长, 2009(07).

［6］王铁军.给校长的建议——101［M］.南京:南京师范大学出版社, 2005: 106.

［7］杨永昌.名校长的高绩效领导力［M］.北京:九洲出版社, 2006: 85.

［8］赵灵灵.高中特色校园文化建设学生视角的思索［J］.教育理论研究, 2019(06).

［9］赵云飞.多元文化背景下中学校园文化建设的思考［J］.中国校外教育, 2018(08).

［10］韦宏波.立足育人视角建设校园文化的路径探析［J］.文化创新比较研究, 2018(05).

农村中小学班级互助文化的建设路径探究

长治市潞州区实验小学　常青

【摘要】现代教学要求学生学会沟通、学会学习、学会合作交流，因为这是社会发展与人类文明的必然需要。在建设班级文化的过程中，互助文化能够增强同学之间的凝聚力，能够有效推进良好班风的形成。

【关键词】班级建设；合作互助；文化特征

一、问题的提出

班级文化具有一种潜移默化的教育力量，它是学生接受教育非常直接的、至关重要的影响因素之一，很大程度上决定着学生的成长。长期以来，学校的文化建设多数都是从学校的角度出发，统一部署为主，很少触及班级个体和学生个性，因此往往产生"整齐划一"的班级文化。其实，以这种文化为载体的德育明显缺乏针对性。这类"千班一面"的文化模式忽略了学生的个性特点和班级之间存在的差异，使教育工作的有效性大打折扣。

班级互助文化是农村中小学大班额现状下实施优化教育的有效策略。教育过程是师生交往、生生交往、共同发展的过程，没有交往，没有互动，就不能有效地进行教学。现代教育要求学生学会沟通、学会学习、学会合作交流，因为这是社会发展与人类文明的必然需要。在建设班级文化的过程中，互助文化能够增强同学之间的凝聚力，能够有效推进良好班风的形成。

近年来，国内许多专家、学者对班级互助文化进行了多方面的研究和探索：

魏书生在《班主任工作艺术》中谈到"互助"非常重要，我们应该帮助学生学习，而不是让学生去学习，更不是命令、强迫学生去学习。王芳在《班级文化建设的实践与思考》中指出，班级文化建设主要是精神文化、激励文化、制度文化和环境文化建设这几个方面；吴水清在《新课程理念下的班级文化建设》中认为，教室环境的布置是学校文化建设中最基本的内容，科学、民主、有效的班级管理制度也是重要内容，德育活动是学生在学校期间基本的活动形式，也是我们应该重点建设的内容。

综合以上几位专家的论述，我们认为在班级文化建设中，构建班级互助文化将有利于学生的个性张扬和综合素质的发展，有利于有效开展学校的德育工作。基于此，我们力求通过互助文化建设研究探索一条班级互助文化建设的新路子。

20世纪初，莫伊曼、梅耶在对"生活共同体"和"作业共同体"的研究中，对班级建设有了新的认识。在他们的研究中，特别关注孩子的学习环境，重视孩子的生活与个体发展，重视师生之间、生生之间的沟通与交流。他们还认为，在平时的学校教育活动中也应注重关注相关因素对孩子发展及成长的干预。20世纪50年代，西方研究者运用社会学原理，研究班级社会体系的结构与功能，产生了一门新学科《教学社会学》。这一学科特别指出了师生互动、班级氛围等环境因素对学生成长的影响。

美国学者詹姆斯·H.麦克米伦主编的《学生学习的社会心理学》（1989年）和安德森·I.卡特的著作《社会环境中的人类行为》中，都涉及在人的成长过程中环境影响的研究，值得借鉴。

二、研究目标、研究内容

（一）研究目标

通过建设有特色的班级互助文化，形成有独特性和优异性的班级互助文化，唤醒并激活学生的潜能与本性，从而培育学生的自觉意识，促使学生全面发展。在此过程中，通过各具特色的家校合作文化交汇、融合，在家长与学校（教师）之间形成独具特色的互惠、互利、互通、互敬关系，从而推进学校自觉文化生成，促进学校文化底蕴的积淀。

（二）研究内容

1.互助文化建设中的几个障碍

物质文化建设投入不够。物质文化大体包括班级规划、教室的教育环境、卫生状况等内容。

对互助文化认识片面、意识淡薄，体现在学生、教师及家长等几个方面。

在互助文化建设过程中缺失个性。我们这个时代需要有个性的人才，教育更重要的是让孩子的个性得到很好的发展。

2.班级互助文化建设过程中存在问题的原因分析

就目前的发展状况来看，农村中小学的学生活动都往往流于形式，不能达到理想的德育效果。原因在于：农村中小学的经费捉襟见肘，很多班级可能根本就没有这类经费来源；教师的经验限制了活动策划的充分性；活动内容从形式上来说比较陈旧，缺乏创新性，跟不上时代的节奏。诸如此类，种种因素导致学校的孩子们无法从活动中获得综合素质的提升，互助文化的建设便成了摆在桌上、挂在墙上的口号。

3.有效改进班级互助文化建设的方法

学校方面应从孩子的角度为出发点，真正去创建校园文化大环境，使素质教育落地。还要积极争取家长的配合与支持，加强"家庭、学校、社会"的共通、共建。完善班级互助文化制度，保证活动经费，促进互助文化建设。确定互助文化的活动主题与形式，为互助文化建设指明方向，办出班级互助文化个性。充分利用班级环境营造文化氛围，让每一个角落都能与学生"对话"。班级中更应充分利用黑板报、学习园地、书画角、小名士挂像等来提升学生的文化内涵，最重要的是渲染一种文化氛围。

三、研究的特色与创新之处

课题创新：班级互助文化建设是班级管理的灵魂。班级互助文化建设中，在精神的提升以及环境的优化上，都要把学生作为主体，作为考虑的核心。学生是主体，应该重视学生参与班级互助文化建设的主动性和积极性。互助，就是为了共同的目标而协同活动，从而产生对双方都有益的结果。在学校的教学、德育活动中，互助能增强孩子们之间的凝聚力，形成良好的班风，从而产生团队效应，促进学生的健康成长。互助能够使学生们取人之长补己之短，提高学习的内在自发力。作为学校班级的管理者，一方面要对班级互助文化建设中存在的问题高度重视，另一方面还要在互助文化建设上不断有新的尝试，开拓创新，以适应新时代教育的需求。

四、课题研究过程

（一）互助合作学习，在教学中的应用

"授之以鱼，不如授之以渔"，在新时代的教育目标指引下，为了提高学生的竞争意识、合作意识、自主学习的能力，教师们自然首选了互助合作法。在互助合作的过程中，通过互助活动形式，能够高效提升德育效率，对促进学生良好心理品质的形成，起到了至关重要的催化作用。

著名教育专家叶澜说过："把班级还给学生，让班级充满成长的气息。"课程改革形势下的学校教育，应该把成长中的孩子当作鲜活的个体来对待，切实坚持"以人为本"的思想。要充分张扬学生的个性，珍视学生的个体差异，树立促进学生的个性发展为主题的管理理念，努力促进校园文化的重新建构。

1.合理组建互作小组

互助的组织必须严谨，不能随意组建。在科学合理分组时要做到：

（1）科学分配小组人数，以4人较为合理。

（2）根据孩子的认知能力、知识层次、个性特点等区别对待，将不同类型的学生搭配组合，使每个小组都有不同类型的学生。

（3）小组组员应定期调整，可以是小组间男、女生的互换或流动，还可以将小组间不同角色进行轮换。比如，小组长、记录员、发言代表之间的轮换。

2.为了提升互助的有效性，教师要对合作时机进行把控

（1）遇到开放性问题时，可以组织合作交流。每个孩子都有思考问题的独立思维方式，在与同学的交流、讨论过程中可以达到发散思维的效果。所以在遇到开放性问题时，比较适合组织学生合作交流，以发散性思维来探讨问题。

（2）在课堂总结时，可以组织合作交流。在传统的教学模式中，更多的是教师对所学知识点进行课堂总结，并没有发挥学生的主观能动性。

3.在团队中明确大家认可的合作规则

（1）形成合作小组之时，要在组内通过选拔确定一位组长，最好是让有责任心、有较强的组织能力又甘于奉献的学生担任。

（2）要分配好组内和组间的任务，做到责任到人、任务到组。这样并然有序，分工明确，既保证了组内的互助合作，又促使学生个体的能力得以充分发展。

（3）要努力在团队中营造积极参与的氛围。一开始，学生有顾虑不敢发言，担心自己做得不够好而挨批评。刚开始的时候，说得好与坏是次要的，关键是鼓励学生要张嘴，要敢于发表自己的意见。所以只要采取鼓励的方法，评选优秀、设置小奖励、擂台擂主争夺赛等形式都会有好效果。

（4）在课堂上，教师还要对学生的互助合作做好指导，对合作态度、合作技巧以及学习难点进行指导。在合作过程中，教师要培养学生的自信，创造民主的合作氛围。成绩优秀的学生有时可能不满意别人对自己的观点提出疑问，基础稍差的学生可能不敢发表自己的看法，这时就需要教师及时加以引导并且创造民主的氛围，如不随意打断别人的发言，不能让小组合作变成优生的表演赛。只有这样，大家才能在畅所欲言中各有所获。

（5）要非常重视组长的作用。小组长是每个小组的组织者，一个小组的合作成效很大程度上依赖于组长的统筹协调能力，组长应该增强组员相互之间的信任度，提升凝聚力及责任感。

4.激发小组间的竞争，有意识地培养学生的综合素养

开展活动时，注意采取积分制进行小组升级活动，激发学生的兴趣与积极性，从而提高小组成员的团队竞争意识。采取小组竞争方式的最大优点，可以对学生的学习意识有强烈的激励作用。激励后的学习行为与未经激励的学习行为，最后产生的效果大不相同。当同等水平的学生形成竞争时，他们就会自觉提高自身的能力。小组间的竞争，可以帮助学生发现自己的不足，每一个组员都能寻找到努力的方向和目标。

（二）优化德育资源，建设"网络型"育人格局

互助合作能力的培养，对当前的农村中小学学生来说非常重要。不同的学生有不同的思维模式，也有不同的认知角度。在德育活动中，教师应该设置情景，有意识地让同学们进行交流、互助合作。就像有一句话说的："当一个人只有一种方法时，同别人交流后就会有两种不同的方法和思想。"

与社区开展项目共建工作，优化学校、社会、家庭"三位一体"的立体式育人网络。通过社区教育、家长学校等组织，使学校教育、家庭教育、社会教育相互补充，形成德育合力，加强育人实效。

1.家庭、学校具有最紧密的合作关系，应该在沟通交流方面不断加强

一般情况下，教师联系家长时，家长总会认为自己的孩子在学校存在很大

问题，否则教师是不会单独与家长进行沟通的。其实，真正的家校合作，不仅是针对后进生的，而应涵盖班级所有孩子。通过家校之间的相互沟通，家长与教师才能真正了解孩子的成长状况及需求，更加高效地帮助孩子们茁壮成长。

2.在家庭与学校的合作过程中，需要双方的理解、尊重

曾经听过一句话："爱心能培育爱心，信任能培养信任。"家长对学校、教师的理解与尊重，不受家长情绪及素养的影响，也不单纯是对某个人的尊重，而是对教育、对自己孩子的尊重。对教师的理解与尊重是一个社会大课题，当教师能够感受到职业的尊严，教师的职业自豪感会油然而生，孩子就会得到更好的教育。另外，教师对家长的尊重，是在尊重自己的职业，尊重自己的价值。只有双方相互理解、尊重、支持，才能实现高效、和谐、健康的教育。

3.在学校与家长的合作中，应该努力引导家长，构建互通、互利、互敬的互助关系

互通——在信息沟通方面要保证信息对称。教师与家长勤沟通，才能真正了解孩子的习惯、兴趣等信息；家长与教师多交流，才能真正掌握孩子在校的学习生活、成长历程。互利——孩子的健康发展，是家庭与学校的共同心愿。互敬——家长与学校在平等的前提下，相互理解，相互尊敬。努力构建良好的家校合作关系，共同为孩子营造一个阳光、快乐、健康的成长环境。

（三）确定课题组成员及其分工情况，进行相关理论学习

确定课题后，我们成立了课题研究小组，并进行了具体分工。在北师大专家的指导下，利用SWORT分析法疏理出了我校学生发展的优势与不足。首先进行"问题诊断"，课题组成员与学生面对面沟通交流，了解学生在学习生活中的需求及问题，通过学科组教研活动讨论，形成有效的方法策略。然后，在专家的引领下，进行相关理论学习、案例研究，为下一步实践探究奠定了基础。

（四）结合学校实际情况进行指导，渗透"互助文化"教育

课题组根据"提出问题、制订方案、进行试验、收集数据、分析论证、合作交流"的思路，开展了一系列的实践研究活动。在课题小组中形成了一种互相交流、相互学习的良好氛围，增强了教师的内在驱动力，为课题研究创造了积极互助的平台。

1.发展目标

围绕学校办学理念，进一步深化课程建设和教学改革，着力推进校本课程的全面实施，推动精细化教学管理，抓实专业化校本研修，建设活力课堂，实现师生的共同发展。

2.分组思想

为学生终身发展计其远。养成良好的互助习惯，相互监督，共同努力，提高学习效率和质量，培养学生终身学习的素养。按照学生的性格特点、学习能力、表达能力等多种因素把班内学生进行分组，以小组为单位进行合作。

这种"四人小组"互助方式，既便于组内成员发挥各自优势，取长补短，又有利于开展组间竞争，激发小组成员的群体合作意识，达到优势互补的目的。"四人小组"互助方式，使学生在学校的成长过程中，凸显其主体地位，对提高学生学习效率、自主发展、合作能力和组织能力等，都有着十分积极的作用。

五、课题研究初步成效

推进新课改以来，我校全面推进"四人小组"互助合作创新活动。通过典型示范、人人参与课堂展示等一系列课堂教学活动，建立起一套符合新课程理念的素质教育要求的学生成长和教师专业发展的评价方法，有效促进了学生健康成长和教师素质的全面提高。各年级的平均分、及格率、优秀率与高分率稳步提高，低分率得到严格控制。

学生进行互助合作的方式，让我们明白了"以人为本"的真谛，它不是口号，而是实实在在为学生考虑，而敢于让学生这样做确实是一种勇气，也是对学生极大的信任和尊重。

参考文献

[1] 顾明远.教育大辞典［M］.上海:上海教育出版社,1998(8).

[2] 魏书生.班主任工作艺术［M］.南京:河海大学出版社,2005(7).

[3] 李镇西.李镇西教育作品［M］.北京:光明日报出版社,2013(4).

［4］朱永新. 中国著名班主任德育思想录［M］. 南京: 江苏教育出版社, 2010(9).

［5］钟家胜. 谈谈班级文化建设［J］. 教育教学, 2007(3).

［6］王芳. 班级文化建设的实践与思考［J］. 辽宁教育, 2006(11): 28-29.

［7］徐英. 初中班级文化建设的探索［J］. 教育前沿, 2007(3): 16-18.

［8］吴水清. 新课程理念下的班级文化建设［J］. 南方论刊, 2007(3): 109-110.

［9］唐惠芬. 新课程下的班级文化建设［J］. 山西教育, 2005(9): 25-26.

［10］芮文爽. 细节管理在班级管理中的作用［J］. 中等职业教育, 2005(04).

［11］王丹丹. 打造合作"小"环境, 抓住教学"大"主题［J］. 考试周刊, 2015(81): 115-115.

［12］建兵, 盛海丰. 以人为本的柔性管理: 历史逻辑与现实路径［J］. 山东行政学院山东省经济管理干部学学报, 2007(02).

［13］董剑辉. 小学生合作学习探析［J］. 大连教育学院学报, 2018, 34(1): 47-48.

乡村学校红色文化进校园的策略研究

——以黎城县东阳关学校为例

长治市黎城县东阳关中心学校　范少云

【摘要】红色文化是中国共产党在长期革命和建设中所形成的伟大精神载体，是中国先进文化的重要组成部分，是社会主义核心价值体系的重要源流，更是中国人民宝贵的精神财富。当下，促进和加强校园文化建设，以红色文化引领校园文化，推进红色文化进校园，保证校园文化积极向上健康发展势在必行。在本次研究中，我们充分发挥学校地处革命老区的优势，深入挖掘红色文化内涵，同时借鉴兄弟学校的研究经验，以乡村学校红色文化进校园的意义和价值、面临的主要问题为切入点，研究了乡村学校红色文化进校园的主要策略。在实践的过程中，我们取得了一些阶段性成果，相信随着时间的推移、研究的深入，红色文化进校园的成果将会更好。

【关键词】乡村学校；红色文化；融合途径

一、绪论

（一）研究意义

从文化传承的角度看，当代青少年是一个国家的知识主体，广大青少年学生的价值观与人生观直接关系着国家的命运与未来。但是，由于红色文化教育缺失，青少年学生的价值取向、道德观念、精神风貌和生活方式都发生了令人担忧的变化。

从乡村学校的发展而言，随着我国城镇化的发展，乡村学校的学生逐年减少。以长治市黎城县东阳关镇为例，2006年至2016年，学生从2000余人锐减到不足600人。2017年，本乡镇中学招生比例不足18%。经过深入细致的走访排查，我们了解到了学生减少的原因有两个：一是自然流失，二是择校进城。学生是一所学校的灵魂，偌大的校园，寥寥的学生，乡村学校教育该如何发展？加强校园文化建设，通过红色文化建设打造学校办学品牌，提升学校满意度，留住生源，促进学校长足发展，这是农村学校教育中亟须解决的问题，也是我们农村教育工作者义不容辞的责任。

综上所述，让红色文化进校园，在青少年中加强红色文化教育，促进红色文化传承，对于提升学生的政治素质和道德品质，引领校园文化健康发展，铸好一所学校的灵魂，让乡村学校更好地生存和发展，具有重大的现实价值和历史意义。

（二）研究现状

笔者以黎城县东阳关九年制学校为例，对红色文化的传承进行了问卷调查，调查结果令人颇感无奈与震惊。

首先，从学校的角度看：红色文化课程及校本教材资源缺乏。

红色文化契合了学校对思想品德教育内容的时代要求，构建校本课程，建设校本课程体系，把红色资源与学校办学方向有机融合在一起，才能达到全面育人的目的。

我校地处黎城革命老区，抗战时期，八路军在这里浴血奋战，抗击日寇侵略。有着红色文化得天独厚的优势。只有把"偏僻的乡村学校—遥远的战斗—崇高的德育目标"进行科学的整合，才能依托本地的红色文化资源，发展具有地方特色的校园文化。而当前学校文化建设处于活动零散、资源匮乏的阶段，没有系统的红色文化校本教材。为了解决这个难题，我们翻阅了黎城县志、东阳关镇志等大量文献，走访了东阳关村、长宁村的不少老人，以记载的史实为准，竭力解决资源缺乏的难题，编写适合学生需求的红色文化校本教材。

其次，从教师的角度看：对红色文化进校园工作的认识程度有待提高。

红色文化是思想教育最佳的载体，作为在学校教育中起主导作用的教师一定要提高认识，促进红色文化进校园。多年来，以教学质量作为衡量一个教师业务素养和教育教学水平的指挥棒禁锢着教师的心灵。教师的观念需要彻底改变，从心底深刻领悟"才者，德之资也；德者，才之帅也"。而培养有德之人，红色文化进校园，将会起到举足轻重的作用。

最后，从学生的角度看：参与不积极，效果不很好。

本次调查共收集570份问卷，其中小学生459人，中学生111人。调查的主要内容是：学生是否知道本地的红色文化遗迹，自己是否听过红色故事、是否喜欢红色歌曲。

以2017年东阳关九年制学校学生传承红色文化调查统计为例，如图1所示。

年级	人数
一、二年级	137
三、四年级	117
五、六年级	205
七年级	18
八年级	41
九年级	52
全体	570

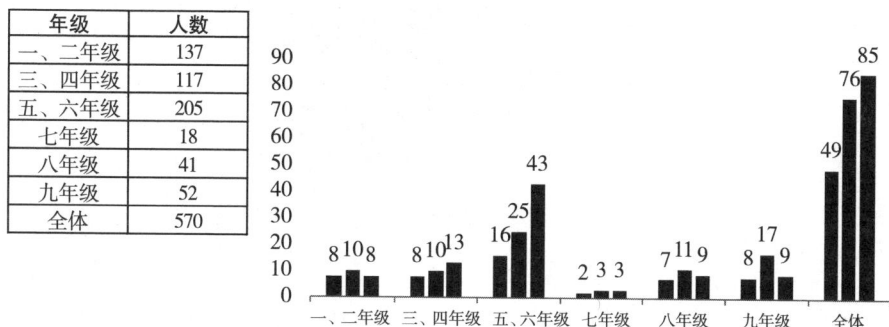

图1　2017年东阳关九年制学校学生传承红色文化调查统计图

以2017年东阳关九年制学校学生知道本地红色文化遗址统计调研为例，如图2所示。

年级	人数
一、二年级	137
三、四年级	117
五、六年级	205
七年级	18
八年级	41
九年级	52
全体	570

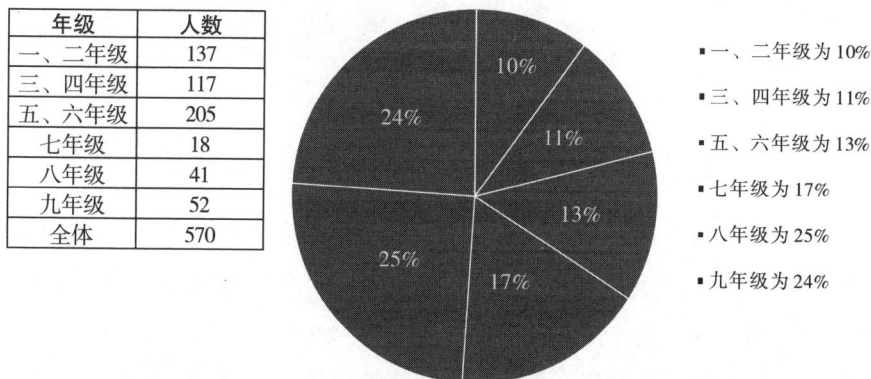

- 一、二年级为10%
- 三、四年级为11%
- 五、六年级为13%
- 七年级为17%
- 八年级为25%
- 九年级为24%

图2　2017年东阳关九年制学校学生知道本地红色文化遗址统计图

以2017年东阳关九年制学校学生听过红色故事统计调查为例，如图3所示。

年级	人数
一、二年级	137
三、四年级	117
五、六年级	205
七年级	18
八年级	41
九年级	52
全体	570

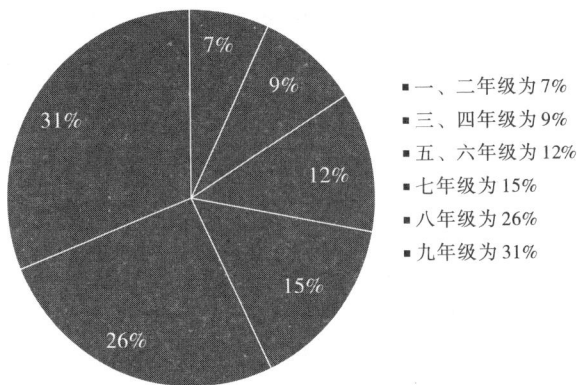

- 一、二年级为7%
- 三、四年级为9%
- 五、六年级为12%
- 七年级为15%
- 八年级为26%
- 九年级为31%

图3 2017年东阳关九年制学校学生听过红色故事统计图

以2017年东阳关九年制学校学生喜欢红色歌曲统计调查为例，如图4所示。

年级	人数
一、二年级	137
三、四年级	117
五、六年级	205
七年级	18
八年级	41
九年级	52
全体	570

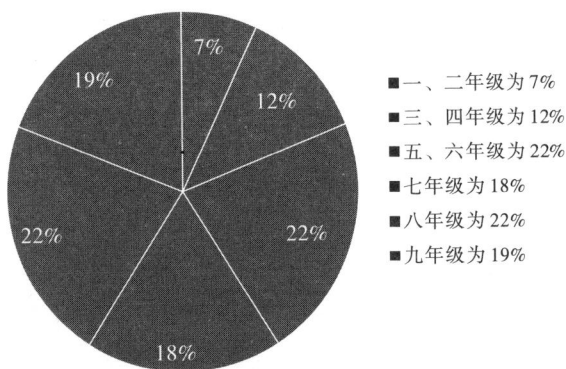

- 一、二年级为7%
- 三、四年级为12%
- 五、六年级为22%
- 七年级为18%
- 八年级为22%
- 九年级为19%

图4 2017年东阳关九年制学校学生喜欢红色歌曲统计图

从调查的结果来看：大家对红色文化的了解程度大部分停留在有点了解的层次，对本地红色文化遗迹更是知之甚少；听过红色故事的同学，比例最高的年级仅为31%；喜欢红色歌曲的比例最高的年级也仅为22%。对身边的红色文化也只有10.5%的学生知晓。面对如此严峻的形势，我们必须从自己做起，打破对于红色文化的冷漠心理，而破解这种恶性循环的关键方法，也是促进红色文化传播的根本方法。

二、乡村学校红色文化进校园的目的

红色文化不是"红色"与"文化"的两个词义的简单叠加。我们所指的红色文化一般是与革命联系在一起的，它是中国共产党人带领广大人民群众在革命战争年代和建设、改革开放时期，以马克思主义为指导，在整合吸收古今中外的先进文化成果基础上形成的先进的制度文化和物质文化及其凝结的精神文化的有机统一，其核心为人的主观价值的实现；它是中国土地上产生的中华民族文化的天然构成，是中国先进文化的重要组成部分，是民族的血脉。只有精准把握了红色文化的内涵，才能更好地推进校园文化建设，才能真正有利于社会主义文化建设。

党的十八大以后，习总书记多次强调我们要坚定地树立中国特色社会主义"四个自信"。文化自信是在实践中真正践行的精神财富，这注定了在中小学生中传承红色文化的目标之一：增强民族文化自信，自觉抵御外来文化的侵袭。

习总书记多次谈到传承和弘扬红色基因的问题，强调"把红色资源利用好，把红色传统发扬好，把红色基因传承好"。在中小学生中传承红色文化的目标之二：以红色文化引领校园文化，保证校园文化积极向上健康发展。

黎城是革命老区，东阳关则是山西的咽喉和东大门，抗日战争爆发后，八路军一二九师在此打响响堂铺伏击战；百团大战期间，本镇境内多次发起长邯公路破袭战。这些都为这块土地增加了丰厚的红色文化底蕴。弘扬家乡文化，培养学生热爱家乡的情感，树立爱家就是爱国的意识，此为红色文化进校园工作的第三个目标。

在中小学生中传承红色基因，培养学生的核心素养，留住生源，扩大学校规模，这是红色文化进校园的目标之四，也是本次研究活动的出发点和落脚点。

总之，红色文化走进中小学校园，目的是要引导全体师生共同创造极具认同感且具有学校自身特色的物质成果和精神成果。只有加强对于青少年红色基因的培育传承，才能达到"立德树人"的新时代教育目标。

三、乡村学校红色文化进校园的主要策略

（一）红色文化与校本课程建设相融合

校本课程是红色文化的一种传播手段。将红色文化引进校园，根据当地的红色文化特色构建校本课程，进行校本课程开发，实施红色文化教育，使学生

真切感受到红色文化的精神魅力，保证红色文化传承的完整性与系统性，是红色文化发展的必然途径。学校增设了"重温红色历史"课程，参考县志和《红色摇篮——黎城》等资料，编撰了《红色土地上的革命故事》校本教材，使红色文化进校园更加正规化、严谨化。

（二）红色文化与课堂教学过程相融合

在乡村学校开展红色文化教育，将红色文化渗透在各学科教学中，促进学生在基础课程的学习中接受红色文化的熏陶和感染，感受革命先烈的伟大和无私，培养学生的爱国主义情操和民族精神。语文课文中的《夜莺的歌声》《狼牙山五壮士》《开国大典》等都是进行红色文化教育的重要素材，通过学习引导学生了解战争年代人们的颠沛流离和苦难生活，树立为祖国强盛而努力学习的远大理想，树立维护和平的价值观念。在历史课上，给学生讲述中国发展的近代史，让学生了解我国的抗日战争、解放战争和新中国从建立到繁荣起来的历史，让学生珍惜革命先烈抛头颅洒热血换来的幸福生活。

为使红色文化与体育等课程相结合，我校进行了"重走长征路"的特色体育课程探索，挖掘了形成红色文化"重走长征路"特色的课程资源，如：野外生存体验、战地通信兵、模拟地道战等。利用这些红色体育"重走长征路"的教育实践活动，让学生在参与的过程中培养红色文化意识，实现"立德树人"的红色教育价值。

（三）红色文化与德育教育活动相融合

随着新课程理念的不断深化，学校在开展德育教育的过程中，应充分发挥本土红色文化资源的优势，丰富德育资源，为学生营造良好的教育环境，提升学生的道德素养。

1.将红色教育基地变课堂，社会和学校教育有机结合

根据学校优势，充分利用本地资源，把红色遗址、革命遗迹，作为鲜活的教材，与县烈士陵园、西黄须村太行军政委员会纪念馆、彭德怀洞山黄崖洞保卫战指挥部等部门签订红色教育基地协议。将革命战争年代留下的地方红色文化资源引入德育，通过优秀红色文化的学习和浸染，促使学生强化自身的精神思想，锻炼坚强的意志，营造积极向上的氛围，构建和谐的校园环境。

2.让艺术成为重要媒介，组织师生经常观看红色电影

学校政教处积极组织师生观看《开国大典》《建国大业》《建党伟业》《小兵张嘎》等经典红色电影，培养学生的爱国主义情操和民族精神。

3.与八路军文化研究会密切合作，请他们来校上课、宣讲

为了更好地普及红色文化，学校定期邀请黎城县八路军文化研究会的老师来给师生们作报告，大力弘扬黎城革命老区的红色文化精神，帮助师生建立良好的精神文化环境。师生们纷纷表示要继承革命先烈的遗志，发扬他们的优良传统，为建设"红色校园"贡献力量。

4.开展文化体验活动，"做一天红军，当一天八路"

要让红色基因真正融入学生骨髓，广泛参加体验活动是关键。学校举办了"做一天红军，当一天八路"的实践活动，组织学生到响堂铺伏击战和长宁飞机场旧址参观、宣誓。学校还组织学生到操场上进行实战演练，了解战争年代日本侵略者对我国人民的无辜残害，让孩子们不忘历史，牢记使命。通过活动，进一步促进学生坚定理想信念。

5.开展"家长伴我行"活动，提高亲子社会责任意识

家长是孩子的第一任老师，在孩子成长过程中，家长起着举足轻重的作用。老师通过开家长会的形式，指导家长因地制宜，定期带领孩子去抗战陈列馆、革命指挥部遗址等红色教育基地进行参观学习，促进学生在相关事迹和遗址的结合中，跨越时空界限，感受红色文化，对孩子的成长和亲子情感都会产生深远影响，能够提高他们的社会责任感。

（四）红色文化与教风学风建设相融合

一个学校要有良好的发展，营造浓郁的学风是非常重要的。我校结合校园红色文化建立积极向上的学风，引导学生树立正确的学习观。

1.利用校园文化宣传阵地对学生进行物质文化和精神文化教育

学校将红色文化与学风建设相结合，真正实现学生在日常的学校生活中受到红色文化的熏陶，帮助学生树立正确的价值观念。学校坚持每天课前十分钟朗诵一首红色诗歌，如《油岩题壁》《长征》等；每天早上唱一首红歌，如《打靶归来》《歌唱祖国》等，让学生在红色歌曲的吟唱中感知红色文化；通过学校的宣传栏、广播站、黑板报等校园文化宣传阵地宣传红色文化；通过举办

红色主题的演讲、歌咏比赛、主题班（队）会等形式，使得红色经典融进师生血液，形成师生"共抒爱国情怀，共话祖国新貌"的浓厚氛围，促进学生形成强烈的爱国情怀。

2. 以故事的形式演绎历史，丰富学校社会主义核心价值体系的内涵

学校以故事的形式演绎老区人民在抗日战争和解放战争时期恢宏的历史，以真实的人物形象体现革命情操，以真实的场景将师生带进当年的社会环境，以增强师生的时代意识、社会意识、服务意识，丰富学校社会主义核心价值体系内涵。

（五）红色文化与定期监督评比相融合

为保障红色文化进入农村校园的长期性、高效性，学校建立健全了评比监督机制，设立了专门的督查办公室，对学校的各种红色文化渗透工作进行监督并保障实施。学校还在校园网开辟了"红色文化"展示专栏，定期对红色文化在学生中的传播情况进行评比、监督，以更好地促进红色文化在校园的健康、持续发展。

四、打造红色文化校园，让学校和师生共同成长

（一）与国防教育相结合，打造爱国"阳关"

爱国主义是红色文化的核心内容，接受军事化训练与管理是每个青少年成长的需要。为推进红色文化进校园工作，每学年初，学校根据学生身心特点和成长需要开展军训，通过加强国防教育来传承红色精神。每年9月18日、12月13日，学校还在校园内拉响防空警报，集中进行国旗下讲话，回顾屈辱历史，激发爱国情怀，让红色精神外化于行、内化于心。

（二）与地方文化相结合，打造特色"阳关"

在学校管理中，在学校特色培养中，让红色文化进校园与学校所在地的红色资源相结合，从办学定位、理念建构上彰显红色、形成特色。

为了实现"一校一品"的目标，我校以"文化立校，特色办学"为宗旨，提出了"以管理赢民心，以团结促发展，以特色求生存"的办学理念，组织教师自编红色文化教材，录制红色文化视频，营造红色文化氛围，让学生从小传承红色基因，立德、立志，报效国家；将发生在黎城的两次著名战役以图画形

式设计了200米的校园文化墙，让师生们随时可以抚今追昔。2018年9月，学校被中共黎城县委、黎城县人民政府授予"特色办学先进集体"荣誉称号。

（三）与主题活动相结合，打造德育"阳关"

让红色成为每个学生的生命底色，把红色文化进校园作为德育工作重要内容来抓，开展"红色文化进校园"的主题德育活动。在祖国70年华诞来临之际，学校积极组织全校师生开展"喜迎祖国70年华诞"主题活动，为祖国母亲献上最诚挚的祝福和问候。2019年9月28日上午邀请"中国好人"郭海波同志为全校师生上了一节爱国主义教育课，聘请郭海波同志为我校"红色文化"校外辅导员。通过系列活动，引导学生向上、向善、忠于祖国和人民，为成为民族复兴的新人才而奋斗！将红色文化渗透进制度文化、物质文化和精神文化的各方面，把红色文化进校园作为德育工作年度考核的重要内容，让红色文化渗透到常规德育管理的各领域。

（四）与"五好校园"相结合，打造多元"阳关"

把红色文化融入书香校园、文明校园、足球校园、智慧校园、平安校园的"五好校园"建设中，加强红色阵地建设，提升学校办学品质，培养优秀学生，传承红色精神。

学校在品质学校培养工程中着力打造"多元阳关，红色书香"，增设了朗诵课和书法课，将红色文化融入书香校园建设中，传承红色经典，建设红色书香校园，促进学校内涵发展。

学校申报了"足球特色校园"，承办了黎城县中小学校园足球联赛。校园足球赛展示了学生的个性和青春活力，磨砺了学生的意志品质，培养了学生的合作精神，增强了集体荣誉感，更展示了学校与时俱进、开拓进取的崭新风貌。

在家长的支持下，举行了"手传戒尺承文化"启动仪式。2019年暑期，学校首次推行校园开放活动，无偿为学生提供校内课外服务，让开放的校园焕发无限生机与活力。

功夫不负有心人，付出终于有了回报。东阳关中学初三125班的靳雨青同学在长治市"学宪法，用宪法"的演讲活动中，喜获二等奖；长宁小学的李佳雨，远赴北京参加"中华魂"演讲，荣获了一等奖的好成绩；学校也获得了中华经典诵读大赛、"中华魂"主题教育活动优秀组织奖。

（五）与社会协同教育相结合，打造开放"阳关"

每逢周末或寒暑假，我们组织学生和家长分批分期到学校参观学习，举办"红色故事交流会""英雄人物大家谈"等活动，既丰富了师生的假期生活，也架起了学校与家长沟通的桥梁，实现了"红色文化进校园，红色基因入我心"的目的。

2019年7月18日，学校组织学生去长治文化产业周参观学习，研学体验。这次活动，把弘扬优秀传统文化与发展地域特色文化有机结合起来，真正让学生体验"爱家乡就是爱祖国，爱祖国更要爱家乡"。

红色文化进校园，新时代中国特色社会主义思想进校园，党的十九大精神进校园。通过多项活动的扎实开展，我们欣喜地看到：学生喜欢校园了，自然而然愿意留在这里学习和生活；家长喜欢校园了，毫不犹豫把孩子交给我们；学校壮大了，教师也更有干劲了。增强文化自信，迈向文化强国，我们将不断深挖红色资源，发掘红色内涵，让师生在领悟中弘扬，在传承中发扬，不忘初心，牢记使命，让红色文化根植于校园的每个角落，让红色基因在校园代代相传。

参考文献

［1］孙晓飞."红色文化"的当代社会价值及其实现［M］.济南:山东大学出版社，2008.

［2］邵荣.着力构建红色文化铸魂育人新机制——基于红色文化进校园的思考［J］.农村.农业.农民(B版)，2019(12).

［3］王艳景.新时代陕西红色文化进课堂之路径［J］.中学政治教学参考，2019(33).

［4］占高波，秦理舟，周从安.浅析红色文化在小学德育工作中的运用［J］.新课程研究，2019(09).

［5］谭婷，张凤.依托地方红色文化加强中小学理想信念教育——以重庆市江津区为例［J］.遵义师范学院校报，2019(01).

［6］徐柏兴.用红色文化推进校园文化建设［J］.基础教育研究，2015(2): 15-17.

［7］管仕廷.论红色文化的内涵与特征［J］.传承，2012(13): 54-55.

中小学传承民族传统体育文化的思考与实践

——以长治师范附属友谊小学为例

长治师范附属友谊小学　崔晓飞

【摘要】中华传统体育文化项目广泛、内容丰富，积淀着中华民族最深沉的精神追求。其中，跳绳是一项历史悠久的、能够调动全身运动的传统健身项目，对于增强学生体质、培养学生自信心与意志力具有很强的助推作用。近年来，传统跳绳形式不断更新，发展到了兼具表演性与观赏性的花样跳绳。国家出台了一些关于跳绳运动的文件，对落实教育立德树人使命的贯彻也不断推陈出新。各地中小学积极响应国家政策，开展了形式多样的跳绳进校园活动。然而，在实施跳绳进校园的进程中，存在着国家推进不力与专业教师缺乏、应试升学主流与花样跳绳受限、教师教法落后与学生热情不高、社会知名度低与家长支持缺乏等问题。本文以长治师范附属友谊小学花样跳绳发展为例进行分析，基于以上思考，提出了创新师资培养模式、有效整合活动空间、优化教学方法激发学生兴趣、加大宣传力度等对策，以期让跳绳运动在我们的中小学蓬勃开展。

【关键词】传统体育；跳绳运动；教学手段

中华传统体育文化很丰富，除武术、摔跤、舞狮、射箭、棋术、龙舟、空竹、马球、捶丸、蹴鞠外，还有跳绳等项目。

跳绳源于中国，且历史悠久，萌芽于先秦时代的"结绳记事"，在汉代成为一项普遍性的健身项目，南北朝出现了"单人跳绳"的游戏，唐称跳绳为"透索"，宋称之为"跳索"，明叫"跳白索"，清名"绳飞"，民国以后"跳绳"一词才正式定下来。跳绳作为一项民族传统体育项目，因无场地、器材、年龄等严格条件的限制，成为一项深受人们喜爱的健身运动。随着时代的发展，越来越多的人关注跳绳运动，并对其进行改编、创新，赋予了它一个新的名称

"花样跳绳"。近几年来，花样跳绳开展得如火如荼，国家体育总局创编了《全国跳绳大众锻炼等级标准》（1—6级），组织了各级花样跳绳比赛，增添了多种多样的花样跳绳俱乐部。许多学校将花样跳绳作为学校特色项目在课间操、体育课、课外活动，以及重要节日进行推广，打破了传统枯燥的跳绳模式，呈现出了全新的面貌。国家对小学生6周岁至12周岁的健康标准，要求"加分指标为1分钟跳绳，加分幅度为20分"。这些都是花样跳绳进入校园的有益环境。

一、长治师范附属友谊小学花样跳绳发展现状

长治师范附属友谊小学于1955年建校，2020年已有65年的历史。1955年，为解决原地委、行署、军分区干部子女就学问题，中苏友好协会投资2万元兴建了一所学校，即"长治市友谊小学"；1992年，学校改名为"长治师范附属友谊小学"，简称"友谊小学"。因为建校的独特属性，家长的文化知识水平普遍较高，所以学生整体素质较高，生源一直不错，这就为花样跳绳的起步发展奠定了良好的基础。花样跳绳在友谊小学大致经过以下几个发展阶段：

（一）起步阶段

2016年，友谊小学开始在校大面积开展跳绳运动。时间定在上午上课前、下午放学后；由学生自愿参加，教练无偿授课；主要教学生一些最基本的跳绳动作，比如《跳绳规范动作》《全国跳绳大众规定等级一级》等。历经一年，教练收获了一些有效的训练方法与经验，学生也学到了一些简单的、最基本的动作，参与活动的大部分学生达到了一定的锻炼效果。

（二）发展阶段

总结了经验与教训后，恰逢2017年山西省跳绳联赛将在长治平顺举行，友谊小学改变了以往大面积铺开的错误做法，从前期活动表现突出的学生中，挑选出一部分身体素质好的学生进行有计划、有针对性的训练。初步设想是培养优秀队员，再参加比赛，取得一定成绩，打造一支优秀的跳绳运动队，然后以点带面，最后全面开花。但由于收到比赛通知较晚、准备仓促、缺乏比赛经验等因素，学校没有取得成绩。不过，师生从此次失败中汲取了许多宝贵经验。

（三）辉煌阶段

经过一年多卧薪尝胆般的训练，2018年4月13日，在长治市平顺县举行的

"2018年山西省学生跳绳联赛"中，友谊小学获得了三个集体项目的冠军以及几个个人项目奖牌的优异成绩。

（四）革新阶段

在2019年山西省跳绳联赛中，友谊小学再创佳绩，所得奖牌总数、得奖项目数均超往年。从2019年初开始，为积极响应《长治市深化基础教育改革十大行动》号召，全校开展各项兴趣活动，花样跳绳从校运动队向兴趣活动小组延伸，进一步丰富了跳绳运动在友谊小学的开展途径。跳绳兴趣活动小组由学校全面领导，校教导处主管，学校专业跳绳教练组织训练，分初级、中级两个组，同时在每周六上午免费进行训练，将来根据学生的接受能力分出高级组，以提高学生对跳绳运动的兴趣，为学校花样跳绳队储备优秀队员，并使得学生逐步养成终身热爱体育的习惯。初级组主要以基本规范动作、《全国跳绳大众等级一级》为主要内容，中级组以《全国跳绳大众等级二级》《全国跳绳大众等级三级》《车轮跳基础套路》《交互绳基础套路》以及个人项目速度类为主要内容，将来高级组以《交互绳提高套路》《车轮跳提高套路》以及表演赛各种难度动作与技巧为主要内容。

二、花样跳绳进小学校园过程中存在的问题

友谊小学在花样跳绳上的教育教学模式、教学设计规划和师生参与情况等方面取得了有目共睹的成绩，对于其他小学有一定的借鉴意义，但也面临着一些不容忽视的共性问题。

（一）国家推进力度不大与专业教师缺乏并存

任何教育形态的发展都离不开国家的支持，花样跳绳也是如此。但就目前来看，国家推进花样跳绳发展的力度有限，表现在出台的相关文件少、支持措施不够、资金保障不足、宣传推广力度不大，其发展主要依赖于爱好者的自发行为。

花样跳绳的发展靠人才，人才的培养离不开专业的花样跳绳教师，专业教师的能力素养直接决定着学生的素质与花样跳绳实践教学顺利开展。然而，我国开设花样跳绳的高校不多，尤其是毕业自师范院校的专业教师很少，这成为制约我国花样跳绳发展的关键因素。于是，短期培训班成为培养专业教师的主要渠道，而培训班输出教师的弊端在于缺乏系统性和长远发展规划，从这个意

义上讲，师资队伍能否解决好关乎着花样跳绳的前途。2020年，友谊小学在校生3072名，而花样跳绳的专业教师只有4名，要大力推广花样跳绳，教师的时间、精力与数量显然不够。

（二）应试升学仍是主流与花样跳绳的发展受限并存

一是当今社会普遍存在重智育轻体育的现象。人们对花样跳绳认识不深，甚至存在误解，记忆仍旧停留在过去传统的跳大绳；二是在小学教育中，教师以传统的教学观念，对学生文化课的成绩过于看重，忽视体育课程，导致学生每天被繁重的学业所困，他们为了考试升学既要完成大量的作业又要参加各种文化课辅导班，尽管在学校学习了，但课后复习、操练的频率严重不足，而花样跳绳是一项需要不断重复练习的技能。此外，由于政绩观的影响，一些学校校领导也未给予花样跳绳足够的重视。

尽管跳绳对场地的要求没有足球、篮球运动严格，但是对于小学生来说，过硬的水泥地显然对学生的踝关节会造成一定的损伤；跳绳的特殊性也要求练习间距不能过于狭窄，而软硬适中的草坪或者橡胶地是好多学校不具备的。

（三）学习热情不高与教法落后并存

由于年龄较小，有近半数的小学生跳绳行为是在老师的要求下进行的。部分学生的动机是为了和小朋友增进感情，只有少数学生是为了增强体质，提高身体素质，由此可见小学生参加花样跳绳的被动因素占很大比重。

在传统的课堂跳绳教学中运用示范法、分解法最为常见，但也相对单一、枯燥，重复的训练会使得学生产生厌学情绪。尤其对于小学低段的学生，如果不得要领很容易产生挫败感。

（四）社会知名度不高与家长支持缺失并存

当前，部分学生通过网络媒体对花样跳绳有一定了解，但不够深刻，另外还有对花样跳绳根本不了解，对体育新项目心生畏惧。众所周知，学生是学习的主体，如果他们参与的积极性不高，花样跳绳就难以继续开展。家长也认为跳绳是一件不用专门学就会的事情，不必花过多的时间、金钱在上面。

三、花样跳绳进小学校园的对策

要想让跳绳运动获得可持续发展，就应该将花样跳绳发展为校园的体育特色项目，走校园品牌之路，形成一种校园文化。

（一）加强专业师资队伍建设

要加强师范类院校对跳绳专业教师的培养。一般小学体育教师多数不具备花样跳绳的授课资格，因此难以承担起花样跳绳的教学工作。针对以上的情况，应增设课程专门培养。

要对现有体育教师进行花样跳绳再培训，提高体育教师的花样跳绳教学能力和师德修养，确定培养目标、培训内容及培训方式方法。已培训过的学校教师应对其他教师进行"师徒结对"式的教学和指导，使花样跳绳师资队伍得到扩展。要鼓励教师们转变传统教学观念，学习花样跳绳理论，参加制度管理，从而不断增强学校可持续发展能力。

学校更应加大对花样跳绳资金、设施的投入，让更多的教师获得培训的机会，使得更多的学生都能加入花样跳绳这项运动中来。此外，可以引进高水平跳绳教练员来校指导。同时，在择优选能的基础上外派本校的专业教师"走出去"，在更广的范围、更大的空间内提升专业水平。

要盘活全市现有专业教师资源，允许其在各学校间流动教学，在薪酬补助上要予以保障。教育主管部门应统筹全市开设花样跳绳的学校及专业教师，完善激励机制，出台支持政策。

（二）有效整合花样跳绳的活动空间

要在大课间的运动中引入花样跳绳，努力使花样跳绳成为学校的特色，并鼓励学生课后积极锻炼，尽可能使花样跳绳获得学生的认可。

要使花样跳绳成为体育课上的必修课，以便快速、高效地推进花样跳绳运动的普及。

针对近年来教育领域频繁出现的学校、教师和学生之间因教学管理而生的矛盾，甚至严重伤害事件，2019年11月22日，教育部发布了《中小学教师实施教育惩戒规则（征求意见稿）》，其中明确指出"对教师正当实施教育惩戒，因意外或学生本人因素导致学生身心受损的，学校不得予以教师处分或其他不利处理"。所以，在维护教学秩序和学生尊严前提下可适当采用花样跳绳的游戏方式对学生实施"跳绳"惩戒，既可以达到惩戒管理目的，又能让学生巩固跳绳成果。

（三）创新教学方法激发学生学习热情

1. 采取分层教学

针对不同学段学生的心理特点分别施教，要区别零基础、中间水平和高水平学生的施教方法。由于小学生在技巧、接受力和学习潜力等方面存在差异，在实际教学中，教师要善于设计不同的授课手段与教学方法，综合考虑，合理引入分层教学，确定不同的教学内容和动作技术要求，让学生根据个人情况和需求有选择性地学习，最终推动所有教学对象的进步和成长。

2. 编撰校本教材

凝聚本校师生的共同智慧编撰具有地方特色、独特方法的适用花样跳绳校本教材。

3. 借鉴心理学中的"表象训练法"

表象训练法的优势在于通过事先准备的指导语对学生形成暗示，学生在表象过程中得到成功完成的优越感，从而提起浓厚兴趣，在真实训练中强化训练的正面情绪，达到提高学习能力的目的。一名老师或教练同时应该是一个对学生情绪的把控专家。训练情绪在花样跳绳中也极其重要。在学习花样跳绳的过程中，学生常常会由于跳绳的不同方位、角度、力度、环境变化，甚至技术难度而出现的花样产生浮躁情绪，花样跳绳动作种类繁多（如单人跳的放绳、多摇、缠绕；多人绳摇绳技巧、速度步法等），这就需要对花样跳绳进行思路设计，在学生脑海中形成解析，生成一个正确表象，大脑再对肌肉发出指令，从而成功完成一个技术动作。按照这种办法反复操练必然会极大提高花样跳绳的学习效率，掌握相应技能。

4. 运用微课改良传统教法

"互联网+花样跳绳课"优势在于可以回放、暂停、加速，直观易懂，随用随取，省时省力，且打破了时空限制，增加课堂练习容量，解决花样跳绳技术动作难、教师示范难等师资素质和技术规格等问题，更重要的是能够提振学生的学习兴趣。

（四）加大花样跳绳宣传力度

1. 提供认知平台

加强学校全方位管理，融合网络多媒体，让学生正确认识花样跳绳的健身价值。注重借助微信公众平台和短视频APP展示花样跳绳的娱乐性、观赏性与竞赛性。花样跳绳不仅可以在体育课中练习，还可以加入大课间中进行锻炼，也可成立花样跳绳兴趣小组、花样跳绳俱乐部、花样跳绳运动队等。同时，还要不断扩大花样跳绳交流平台，组织各类花样跳绳交流会，聘请有经验的专家或教练讲解，提升普通大众对其认识。

2.搭建展示平台

条件允许时可举办相应规模的花样跳绳比赛。增加亲子跳绳环节，邀请确有专长的家长参与，既可以丰富比赛内容，又可以赢得家长对于花样跳绳的理解与支持，完善赛事推广工作。

3.共建合作平台

结合各学校之间的特色，优势互补，加强校与校之间花样跳绳经验的分享与交流，相互促进相互提升。

参考文献

[1] 陈伟鹏.跳绳对学生身体素质的促进作用及训练策略研究［J］.成才之路,2020(03): 136-137.

[2] 2019年全国学生体质与健康调研及国家学生体质复核工作实施方案《教育部等六部门关于开展2019年全国学生体质与健康调研及国家学生体质健康标准抽查复核工作的通知》(教体艺函〔2019〕4号)

[3] 曾园.花样跳绳开展存在的问题及其对策研究［J］.当代体育科技,2020,10(05): 44-46.

[4] 高慧敏.花样跳绳在小学体育教学中的巧用［J］.田径,2020(04): 6-7.

[5] 任梦南,袁明权.太原市阳曲县小学花样跳绳开展现状调查研究［J］.体育科技文献通报,2020,28(01): 161-163.

[6] 宗延伟.民间传统体育在中小学开展现状研究——以花样跳绳为例［J］.搏击(武术科学),2013,10(01): 88-89.

[7] 葛伟.花样跳绳在小学体育教学中的实践［J］.江西教育,2020(12): 81.

[8] 万强冬,孙立平,李真真.综述表象训练在体育中的研究——为表象训练融入花样跳绳推陈出新［J］.福建体育科技,2019,38(06): 55-58.

[9] 姜海霞.运用微课促进学生花样跳绳学习［J］.甘肃教育,2019(24): 124.

中学教师团队凝聚力的现状、问题和对策研究

——以长治市第十九中学校为例

【摘要】凝聚力是保障团队在组织中发挥正向作用，提升效能的重要因素。就学校工作而言，教师团队凝聚力就是学校对教师的吸引力，教师对学校的向心力，以及教师在学校工作中所体现出来的合力，是一所学校发展的内在动力。培养教师团队的凝聚力，是每个学校管理者所追求的目标和长期任务之一。本研究通过个案研究法，探讨长治十九中教师团队凝聚力的现状、存在的问题及根源，研究教师团队凝聚力建设的有效途径和方法，旨在建设和提振我校的教师团队凝聚力和向心力，从而促进教育教学质量的提高。本课题以实证研究找出提升教师团队凝聚力的途径，打破了以往教育管理研究只局限于理论探讨的层面，提出若干切实可行的提升教师凝聚力建设的举措，并为相关的同类型学校提供有益的借鉴，力图在理论和实践两个层面均取得一定的进展。

【关键词】中学教师；团队凝聚力；解决办法

一、长治市第十九中学校教师团队凝聚力建设现状

（一）团队的组织建设情况

学校目前实行的是团队多层化管理模式，直接进行教师团队管理的是年级组和学科组。

年级组管理：按照学段，初中和高中各分三个年级组，共六个年级组，设年级主任一名，负责年级组教师团队的管理。各年级组教师团队的教学和其他活动均在同一楼层开展，凝聚力较强。

学科组管理：根据所开设课程，学校按照学科划分了13个学科组，初、高中各设一名学科组长，语文、数学和英语组各设三名备课组长，负责本学科教学教研相关工作的组织策划、推进落实工作，定期召开教研例会。

（二）团队的学校文化认同情况

根据学校对学校文化认同现状，教师队伍组成大致可分为三类：

第一类：曾在本校就读，现在本校就业的教师。学校36名教师曾是本校的学生，主人翁意识极强。

第二类：在校工作了10年以上的教师。这是学校教师队伍的主体，工作时间较长，已产生极强的归属感，不仅认同学校文化，更是学校文化的传承者，甚至是缔造者。

第三类：教龄10年以下的教师。近年来，学校入职的青年教师数量大幅度增加，有融入学校文化圈子的愿望，但心态并不稳定。

近年来，长治市第十九中学校随着隶属关系的变更，教师来源、学生生源也在发生重大变化，学校的管理体制和教师队伍的结构格局在悄悄地发生着变化。

近两年，学校的稳步发展对教师队伍的凝聚力起到了积极的作用。例如：2018年市教育局对学校领导班子进行了调整，其精神面貌为之一新，班子成员普遍有团结协作的强烈意愿和求新求变的坚定决心。2018年7月学校进行了中层领导竞聘，新的中层管理队伍拥有较好的群众基础，中层队伍的战斗力得到明显提高，工作任劳任怨。学校的初中部有深厚的办学底蕴，广大初中教师有很好的学校文化传承，这使学校初中部在本地区曾有较强的影响力。学校各项制度的出台，学校教师代表大会制度的民主议事管理，提升了教师队伍的主人翁意识，使得教师们积极参与学校事务管理，增强了教师的凝聚力。

二、存在的问题与原因分析

由于受到学校固有文化、原有管理体制、办学环境、教师组成等多因素的影响，教师团队凝聚力的建设存在诸多问题。

（一）教师团队意识淡薄，缺乏合作意识

许多教师认为，学校的事务只有校长或校委会才拥有决策权，不需要教师之间去协商合作解决，各部门之间分工比较明确，某些教师不会过多地关注其他部门的事情，长此以往协作观念淡薄；在教学上有些教师碍于面子，很少向其他教师请教；甚至有的教师遇到集体活动，互相观望、推诿，缺乏与他人沟通、探讨、共商事情的热情，这些导致教师之间的合作意愿不足、协作观念不强、凝聚力较弱。

原因分析：新时期教师自身成长的环境与特点，削弱了中小学教师的凝聚力、团队精神的形成。目前的教师队伍中，很大一部分青年教师是独生子女，他们从小在大人关注的焦点中孤独地成长，性格孤傲，习惯以自我为中心，缺少分享和礼让精神，不会交流和沟通，合作、互助意识淡薄，再加上市场经济凸显的竞争与利益观念，让这部分青年走上教师工作岗位后，自我观念依然根深蒂固，名利观较强，从而导致与同事之间深层次的良性交流甚少、合作意识差，或滋生隔阂，或摩擦不断，这些都严重影响到教师团队合作、凝聚向心力的形成，致使青年教师没有对学校、对集体、对业务共同的认同感、使命感、归属感。

不良习气阻碍教师团队的合作与发展。受传统观念的影响，现实生活中的不良习气，直接阻碍了教师凝聚力的形成。归纳起来主要有以下几种："自我中心"、自卑、猜疑、嫉妒。这些不良的习惯和心理意识，可以说是合作的大敌，这些消极的心理意识极大地影响着教师合作精神和凝聚力的形成。

（二）评价机制不完善，教师缺乏积极性

我校教师评价机制不完善，教师付出的心血、时间，与奖励回报不相当，导致教师的工作积极性不足，教师的团队凝聚力下降。

原因分析：现阶段，高考的指挥棒、升学的指挥棒在更实质的层面发挥着作用。在这种背景下，老师们的教学压力越来越重，科学的教师观、学生观、教学观和评价观被推到了边缘，学生的考试分数和升学率已经成为评价老师教学的最重要甚至是唯一的标准。在这种单一的评价机制的影响下，老师们为了得到家长和学校的认可，同事之间各自为政，很难开诚布公地进行交流与合作，严重影响了教师队伍的团队合作精神和凝聚力的形成。

（三）团队活动单一，缺乏教师共振平台

教师的活动偏少、形式缺乏多样性。教师日常工作负荷较重，除了每周的教研活动外，教师参与集体活动的时间很少，精力也有限，教师未能充分通过共振平台增进情感交流，教师的内心团结力、凝聚力难以激发。

原因分析：由于教育经费投入不足，再加上我校学校历史渊源、环境场地有限，硬件、软件设施配套不完善，让本应多元化的业余活动和教学集体活动都受到了非常大的制约。每学期教师业余活动、教学活动有限，每学年只有定期有规律的教研活动和校运会，这样单一的集体活动，僵化固定了教师的思想。没有丰富多彩的集体活动，教师团队成员之间难以形成更加友爱、团结协作的凝聚力和向心力，磨合不成相互依赖的默契感，思想不活跃，工作效率低下。此外，在业余团体活动中，学校没有设立合理健全的奖惩制度，导致教师在真正能激发团队凝聚力活动中的积极性不高，难以形成一种主动合作或内驱力特别强的团队合作氛围。

有研究表明，外来的威胁会增强团队成员的价值观念，从而提高团队的凝聚力。而我校虽是市直学校，但地处郊区，较为封闭，与外界交流活动较少，教师外出学习机会甚少，缺少有压力、有共同目标追求感的校际交流活动，难以形成教师间的心理依赖关系、互相协作观念。所谓团队集体活动过程中积聚的点点感动、份份真情积累太少，理解体谅、尊重包容、支持帮助等合力的堆积甚少，也严重影响教师凝聚力的提升。

（四）教师专业素养偏低，专业成长平台少，缺乏团队和自我发展意识

目前，我校教师在实施新课程改革和课堂教学改革过程中暴露出一些问题，主要表现在教师的专业知识结构欠缺，创新能力不够，相当一部分教师不注重教育观念或教育理念的构建，其责任感和义务感也相应降低，从而导致教学质量提升受到制约，教师的职业成就感和自豪感较低，团队凝聚力和战斗力受到影响。

原因分析：从教师层面看，主要是由于教师终身学习观念匮乏，专业责任感有欠缺，"自我更新"的意识淡薄。从学校层面看，学校缺乏对教师专业发展引领和专业发展系统规划，使教师的专业发展受到了明显制约。同时，受到学校经费的制约，对教师的成长搭建的平台较少，限制了教师思路和眼界，专业素养得不到有效提升。

三、教师团队凝聚力建设的改进策略

（一）加强团队精神的培植

1.确立共同愿景，树立共同目标

2014年9月，第30个教师节前夕，习近平总书记提出"四有"好老师的标

准，即有理想信念、有道德情操、有扎实学识、有仁爱之心。作为好老师，首先要有理想信念，确立共同发展愿景是培养教师理想信念的有效途径。

学校组织的愿景一般分为三个层次：学校共同愿景、教师团队愿景和教师个人愿景。学校共同愿景是教师对学校理想未来的憧憬和设想，它建立在团队愿景和教师个人愿景的基础之上。2019年初，通过教代会讨论研究，我校明确了发展定位和发展愿景。

2. 合理组建团队，创建合作实体

合理组建教师团队是学校能否成功塑造团队精神的一个重要因素。组建团队时要注意团队成员的优化组合、整体搭配，如教师的性别、性格、年龄、知识结构、教龄、教学经验、教学水平和教学风格等，使他们在各方面达到优势互补，发挥团队和个人的最大潜力。学校应该把每个团队作为一个整体来评价，既要看每个教师的工作绩效，更要看团队成员的协同效果。

近两年来，我校在实际的工作中，非常注意合理组建教师团队，实行集体备课，加强各科组之间的交流与合作，使学校团队精神得以彰显。学校各科组根据自身的实际，制定了集体备课的活动计划，形成"四定"（定时间、定地点、定人员、定内容）和"三统一"（基本统一进度、基本统一教案、基本统一练习）的备课模式。这种建立在优势互补合作实体基础上的集体备课模式，使老师们充分感受到资源共享、智慧相融、优劣互补的合作备课的畅快，同时增进了教师之间的沟通与交流，彰显了团队的战斗力。

3. 加强师德教育，培养合作精神

团队精神的核心是共同奉献。近几年来，我校通过加强师德教育，培养教师的合作精神。针对部分素质较好或教学水平较高的老师，由于自身的优越感有对别人不信任、不宽容奉献或不善于与人合作的情况，我们通过政治学习、业务学习、讲座和私下谈心等方式进行教育。同时，我们还注意对教师进行"五多五少"行为准则的培养，即引导老师们多考虑别人的感受，少一点不分场合的指责；多给别人一些赞扬，少在别人背后挑拨；多把别人往好处想，少盯着别人的缺点不放；多问问别人有什么困难，少冷眼旁观漠视；多一些微笑交流，少一些冷漠无语。这些培养使教师的团队精神得到了有效提升，增强了团队的凝聚力。

4. 实施人文关怀，营造温暖氛围

在学校管理中，对待教师除了要进行制度的约束、物质的激励，更要加强人文关怀，管理者既要走近教师，又要走进教师内心，要充分重视教师的需求，从尊重和关爱出发，勤沟通多换位，使教师与学校达成共识。

近两年来，我校提出：做温暖人的教育，办有温度的学校。作为管理者，校长引领管理层积极关心教师的身心健康、精神需求和实际困难，并在力所能及的范围内解除他们的后顾之忧，同时学校积极营造民主氛围，实行人文化管理，这些举措大大激发了教师发挥自身价值的动力，充分调动了教师爱岗敬业的奉献热情，有力地提升了团队凝聚力。

（二）重视教师团队多元评价体系的建构

教师团队的精神实质是充分利用和发挥教师的个体优势，以激发教师的工作积极性，贴近教师向上的心理需要，以正确引导，鼓励奋进为主要导向。在评价上要重视教师团队多元评价体系的建构；形式上，要关注教师过程付出过程成效过程指导，讲究激励方法，建立科学有效的物质激励体系；内容上，既要重点突出，又要全面细致，既要尊重教师心理，又能提升工作绩效。

针对我校教师评价体系存在的缺陷，影响教师团队凝聚力的问题，我校在2019年7月至8月广泛征求教师意见、集体讨论、反复论证、民主决策的基础上修订了《长治十九中教师年度发展性评价方案》。方案从多角度、多元化对教师进行全面评价，量化、细化考核体现了公平性，教师全员参与方案的修订体现了学校管理决策的民主性，这些都有利于促进教师团队凝聚力的提升，促进学校的发展。

（三）提高教师团队专业建设水平

2019年5月，全国第六届教育局局长峰会达成的教师队伍建设厦门共识中指出：要重构教师专业素养，重构教师成长机制与路径，创新研修模式，改进培训方式，创新成长评价，增强选择性，激发教师成长的内驱力，让教师觉醒、激活职业生命。

针对我校教师专业建设中存在的问题，为促进教师的专业发展，全面提高教师队伍整体素质和教师团队的凝聚力，我校2019年8月在深入分析调研、集体讨论的基础上，制定了《长治十九中教师分类分层培养方案》。方案基于我校师资现状和面临的机遇与挑战，遵循教师成长和发展规律，提出分类、分层对教师进行培养。

（四）打造学习型学校

"厦门共识"中指出的教师队伍建设内容包括以下方面：

第一，教师发展遭遇四大瓶颈。一是信念，二是激情，三是积累，四是思维。

第二，教师发展须立魂。教师要成长为真正的教育者，进而成为教育家，必须立教育情怀之魂、立教育思想之魂、立教育信仰之魂、立中华文化之魂。

第三，专业能力须重构。人工智能时代，教师专业能力需要在整体上、顶层上进行重构，重构生命观、学生观。

第四，教师发展须创新。深化教育"放管服"改革，创新教育管理，创新研修模式，创新成长评价。

以上共识中指出的教师发展和教师队伍建设的问题，在我校教师团队中都有突出体现，明显制约了教师团队的凝聚力和战斗力，严重阻碍了学校的可持续发展。这些问题除了通过改进教师的培养评价方法外，打造学习型学校、激发群体智慧、加强团队学习是解决这些问题的必由之路。

通过团队合作学习，可以提升教师发展的速度。要发挥团体智慧，为教师个人发展营造良好的学习环境，自学、互学，并在学习中实现深度交流，进入真正交流思考的境地，从而达到自我提升、自我成长、自我发展；同时要整合每位教师的优势与贡献，形成强大的团队学习合力。

近几年来，我校全力推进学习型学校的建设，创建学习型书香校园，竭力为教师个人发展提供各种学习条件：通过与名师"对话"，了解并熟悉教育改革现状，切实转变教育教学观念；坚持四个"一"学习制度，即每周听课不少于一节、每学期上一节公开课、每学期撰写教育论文一篇、每学期精读教育理论专著一本，并且把落实情况纳入学期考核；坚持学习必须有计划性和有针对性，每学期初都要制订学习计划，列出重点专题，学习活动做到定时间、定专题、定讲座人；积极筹措经费添置图书、报刊资料，丰富教师阅览条件；创造条件外出学习，积极参加各级教研活动，派尽量多的教师外出学习观摩等。

参考文献

[1] 程宝栋. 关于重塑高校教师团队精神的思考 [J]. 中国林业教育, 2011(03): 36-38.

[2] 刘芳, 吴斌, 白延强. 团队构建与团队精神训练 [J]. 领导科学, 2006(02): 48-49.

[3] 谌启标. 校本合作教研机制与教师专业成长 [J]. 吉林教育(现代校长), 2007(10): 33-34.

[4] 周利秋, 吴玲, 王馨, 刘颖. 新时期教师工作的实践研究 [J]. 对外经贸, 2019(02): 133-137.

[5] 经丽红. 对新时期加强教师团队建设的思考 [J]. 学校党建与思想教育, 2012(08): 47-49.

[6] 邱克, 何光辉. "行知精神" 及其当代价值 [J]. 求索, 2014(12): 184-188.

[7] 余广寿. 探寻陶行知教育思想与习近平教育思想的结合点——陶行知教育思想融入当今教育的思考 [J]. 民办高等教育研究, 2017(4): 5-5.

[8] 郑艳芬. 重温, 让自己更好地 "长" 起来 [J]. 教学月刊: 中学版(政治教学), 2018(7): 2-2.

[9] 康秀云, 王言胜. 习近平培养社会主义建设者和接班人重要论述的三维向度 [J]. 高校马克思主义理论研究, 2018(04): 85-90.

[10] 王海云. 谈学校管理中的人文关怀 [J]. 甘肃教育, 2014(1): 1-1.

[11] 吴增礼, 蒋宇萌, 肖佳. 学生关键能力与教师人才培养能力的愿景互视与衔接机制 [J]. 现代教育科学, 2019(07): 123-128.

上党地域文化的校本化实施路径研究

——以长治市潞州区八一路小学校为例

长治市潞州区八一路小学校　吴晓荣

【摘要】文化自信是一个国家、一个民族发展中更持久的力量，而地域文化作为当地的文化瑰宝，则是展示中华文化魅力的基石，推进地域文化进校园，探索地域文化校本化的路径，既是传承和弘扬丰富地域文化的有效途径，也是深化基础教育课程改革、促进教育内涵发展的有力举措。通过对上党地域校本化现状的问卷调查与分析，长治市潞州区八一路小学充分发掘并利用丰富古老的上党地域文化，研发出相关校本化课程，为中小学推进校本化活动提供了实践参考。

【关键词】地域文化；校本课程；实施路径

一、校本化实践的地域文化背景

文化自信是一个国家、一个民族发展中更持久的力量，而地域文化则是展示中华文化魅力的基石，学校教育置身于地域文化中，不可避免地要受到地域文化的熏陶。地域文化对校园文化的作用是潜移默化的，学校文化活动的开展和实践、课程的实施、学校周边环境的塑造，都会和地域文化发生交流互动，产生效力。

地域文化与学校文化好像是水和鱼儿一样，学校文化不是独活在"象牙塔"中，它是不可避免地浸润在地域文化的熏陶中的。

当前，文化建设已经成为多数学校发展的重要组成部分。然而，在学校文化建设中，面对不可避免也绕不开的地域文化，有两种现象值得人们关注：一种是对地域文化很注重，但却将理念只停留在办活动、搞节目、出板报的简单阶段，缺乏对上党地域文化传统底蕴的深入挖掘和思考，没有将上党地域文化作为学校文化发展的土壤来养护，无法摸住地域文化对地域内学校文化建设的命脉，导致愿望与实际相脱节；另一种态度是对地域文化持有不重视、不关注甚至蔑视、轻视的态度，将学校文化游离于地域文化之外，自诩为独立的、先进的文化代表，脱离地域文化这一发展基础。这两种倾向都会导致学校同地域文化资源的联结力度变弱，交互手段变少，融合效率降低。

2018年11月，长治市教育局下发特色学校创建的通知，为特色学校创建提速。各校纷纷挖掘内涵，根据本校的办学现状、传统底蕴、地方资源，积极探索创新，确定新的成长点，不断培育、充实和升华办学特色，以期逐步形成学校独特的风格、鲜明的个性和独树一帜的办学模式。但作为长治地区的学校，我们在各自特色校园文化建设的基础上，有一个共同的办学底色——我们都处在上党这片沃土上。很多学校都关注到了这一点，上党地域文化的校本化行动研究正当时！

二、上党地域文化校本化现状的调查

（一）校本化实施立足于深入了解上党地域文化

上党在古代时指山西高原东南部山区，"居太行之巅，地形最高，与天为党也"。上党地区包括长治市、晋城市等地区。由于其苦寒的生存环境，养成了当地人忠农、尚农的求实求稳精神和笃实宽厚善良、守信守义清丽的品格，也养成了上党人与天斗、与地斗的顽强而坚韧的生命力和抗争精神。上党地区作为革命老区，特别是在抗战时期，顽强抗击日本侵略者，涌现出很多可歌可泣的英雄人物，这些都是地域文化校本化过程中应该传承的。但同时，地域文化具有两面性，如世代较少迁徙的小家自然经济的生产方式，四周闭塞的盆地、河沟生活，形成人们安土乐业、重农轻商，少有创新精神和拿来主义的勇气，贫富差距相对较小，人们缺乏持久的进取之心，并不利于发展现代市场经济与城镇化建设，等等。通过冷静而全面的研究和反思，在地域文化校本行动中，我们要尽可能地取其精华，使具有古老文化传统的地域跟上时代发展的步伐，形成与现代化事业相适应的新文化。

（二）中小学生对上党地域文化校本化程度的问卷调查内容

对于中小学生对上党地域文化的了解程度，我们采取了访谈及问卷调查

等形式，调查对象是长治市八一路小学及其周边中小学的学生，共发放问卷773份，收回有效问卷773份。调查内容围绕上党地域的文化源起、地方戏曲或艺术、地方文物古迹、地方名人、地方美食等五方面展开，下面是部分问卷内容。

第1题　你是几年级学生？（　　）［单选题］

选项	小计	比例	
A. 一年级	145		18.76%
B. 二年级	86		11.13%
C. 三年级	98		12.68%
D. 四年级	180		23.29%
E. 五年级	74		9.57%
F. 六年级	190		24.58%
本题有效填写人次	773		

第2题　你知道长治地名的由来吗？（　　）［单选题］

选项	小计	比例	
A. 知道	502		64.94%
B. 不知道	271		35.06%
本题有效填写人次	773		

第6题　你参观过长治的文物古迹吗？（　　）［单选题］

选项	小计	比例	
A. 没有	102		13.2%
B. 去过一两处	483		62.48%
C. 去过很多处并了解过它的一些历史	188		24.32%
本题有效填写人次	773		

第5题　你知道长治的地方艺术有（　　）[多选题]

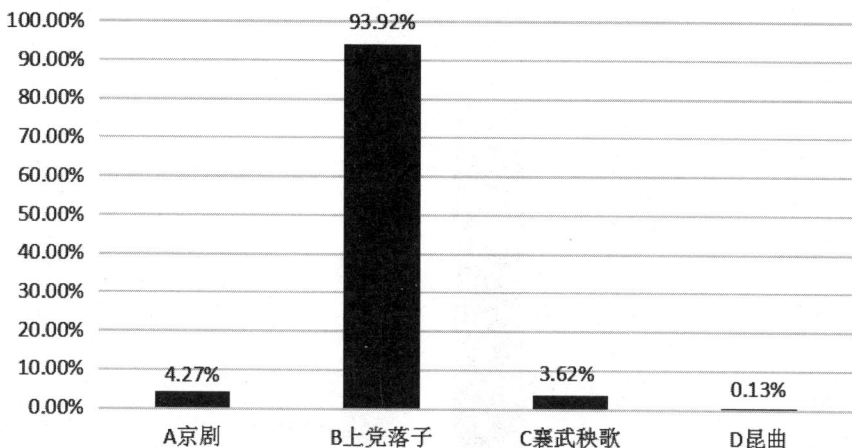

在这道多选题里，应选B、C，学生存在选A和D的现象。

第8题　爸爸的朋友想买长治特产带回老家，下面是长治特产的是（　　）[多选题]

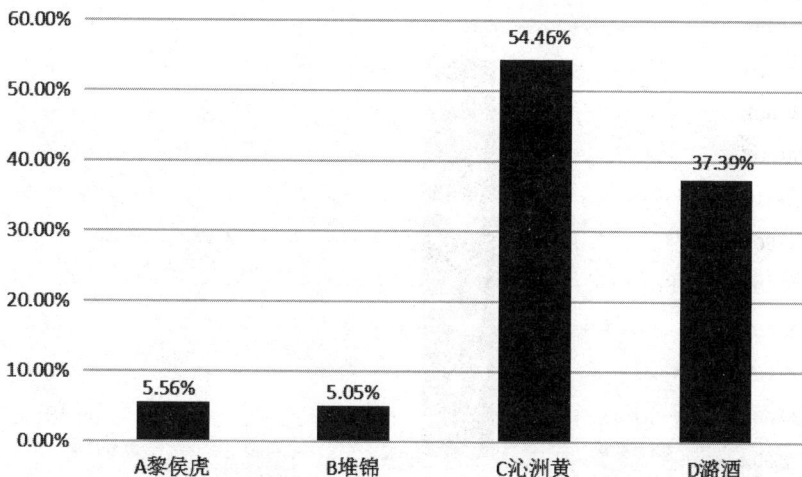

其实，四个选项都是长治人民经过历代的辛勤劳作，创造出的当地特色产品。

第3题　下面哪种是长治本地美食?（　　　）[多选题]

其中B、C是属于长治本地的特有美食，但呈现的结果如下：

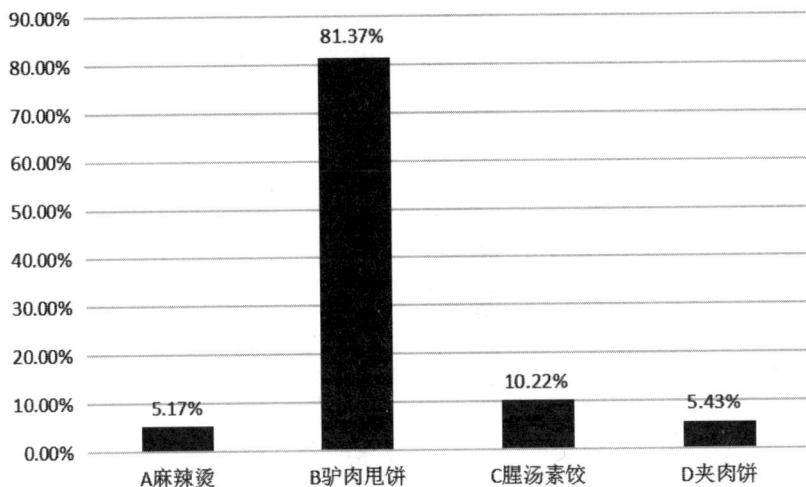

再比如：

第4题　下面是长治的地方名人有（　　　）[多选题]

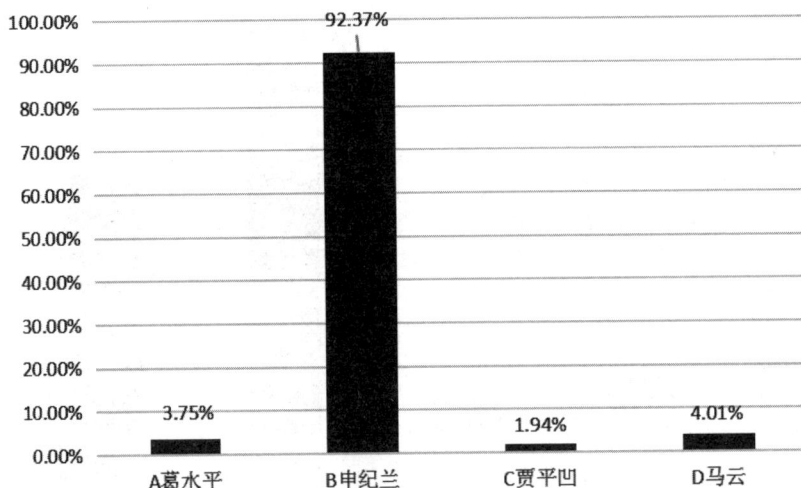

申纪兰同志几十年来对待党的事业无限忠诚对待人民群众无私奉献，在她的带领下，西沟人战天斗地，在一个贫穷的小山村里创造了人间奇迹，她的事迹应该是长治地区人人皆知的。葛水平女士的中篇小说《喊山》2007年10月荣

获第四届鲁迅文学奖，由《人民文学》重点推荐，成为最终获奖的五部作品之一；2019年8月，葛水平《空山草马》荣获第七届花城文学奖中短篇小说奖；2019年9月，葛水平的《彼岸风景此岸念》获得第一届海鸥文学奖散文奖，在山西文坛极具影响力。但是，她的票数比远在杭州的马云还少。

虽然调查表的设计还离科学性、全面性相去甚远，但也可从一个个数据中看出，长治这一特殊的地域文化在当今长治人们的视野中，渐渐隐退、淡化，关注身边、关注美好的长治地域文化品格凸显性不够明显了。

可同时，被调查学生对于了解家乡文化又是如此渴望：

第9题 你认为了解长治文化重要吗？（   ）［单选题］

选项	小计	比例
A重要	767	99.22%
B不重要	6	0.78%
本题有效填写人次	773	

这一渴望激励着这一课题所有参与人员，为此而不懈努力。

（二）实施阶段

1. 制定长治地域文化校本化行动目的、意义。

2. 征求行动意见、方案，并进行归纳。

3. 完善方案，并付诸实施。

（三）总结阶段

1. 从历年的综合实践活动中提取适合的主题，经过筛选，确定上党地域文化校本课程化的主要呈现；组织教师团队进行内容的研发和编纂；制定课时及配备任课教师，并制定校本课程评价体系。

2. 绘制长治地域文化校本化行动体系图。

3. 撰写结题论文《上党地域文化的校本化行动研究结题报告——以长治市潞州区八一路小学为例》。

三、长治市潞州区八一路小学上党地域文化校本化的实施路径

长治市潞州区八一路小学位于长治市中心，建校六十余年来，秉承着创造适合学生发展的教育的办学宗旨，重视育人、创新及内涵发展，先后被授予长

治市基础教育改革示范校及长治市"十佳学校"等近百项荣誉。八一路小学在上述现状分析与研究的基础上，展开了一系列实现上党地域文化校本化的活动，旨在使地域文化中的精华更好地发挥它的育人作用，将隐性对学校文化的影响显性起来。

1.扎实第一课堂，研发校本课程

（1）《我爱长治》校本教材研发及使用

经过半年的精心准备，先出台了六稿编纂思路，最终研发小组定稿后，组织全校教师共同参与供稿、编稿，修订、补充等环节，终于在9月推出了《我爱长治》这一校本课程教材。教材分上、中、下三册，现已经出版上册、中册，下册也已在编纂中。《我爱长治》下册虽未出版，但在初稿的基础上已经进行了初步编制，还将进一步推出与教材相配套的视频资料及音乐，以更利于学生学习、欣赏、感知。

原定《我爱长治》这一校本教材开设的年级为三年级开上册、四年级中册、五年级开设下册，但因此前未开设此课，三至六年级学生都想从第一册开始学起，所以在这一学期三至六年级全部从上册开始投入使用。

（2）地方戏曲课程研发

2018年夏，结合戏曲进校园的工作通知，结合本课题的开展，我校调整成为以地方戏曲为主、其他戏曲为辅的戏曲进校园模式，于2018年9月启动《地方戏曲》课程。这一课程一推出就受到广大学生的喜爱，受到了市委宣传部的高度称赞。我们以一"选"——选内容健康向上，符合学生年龄特点和身心发展特点的经典曲目和名家名段——作为课程开发的第一批资源，以二"感"——感受名家的风范，通过"名家进校园""名段赏析"等活动形式，让学生感知上党地方戏曲的魅力——激发学生对上党戏曲文化的兴趣，以三"演"——对优秀唱段不仅学会，还进行排演——吸引学生深度参与。2018年10月22日我校学生表演的上党落子《我们是工农子弟兵》初登市戏曲进校园的舞台；12月27日，此课程受到了长治市教育电视台的关注，进行了跟踪、采访、报道；2019年4月，学校戏曲社团参加了本市组织的集中会演；2019年12月，该剧目成功入选"迎2020潞州区元旦晚会"。

（3）校本课程评价体系

创建校本课程评价体系，不以考试为依据，而是以学生学习成果的展示、习得知识与能力反馈表、对这门课程的兴趣调查问卷、对教师的喜好及评价小组随堂听课反馈等项目作参照，考虑各占的比重之后，综合给出这门课程的评价。

（4）学生、教师与课程改革共成长

一部分骨干教师撰写的校本课程案例获得各级各类好评，其中马丽君老师校本课例《悠悠漳河水》的教学设计获区一等奖，郭毅霞老师的《长治风光之古韵寻胜》课例获得听课者一致好评。

2. 丰富第二课堂，浸润校本艺术

课程做到普及，社团做到精深，让学生在第二课堂——社团活动——中得到艺术的浸润。学校为满足部分学生对地域文化进一步学习的需求，在课题研究小组反复斟酌下，组建了舞蹈、绘画、乐器、唱腔等一系列地域文化社团。

以系列地域文化社团活动课程安排为例，地域文化社团活动课程安排如表1所示。

表1　地域文化社团活动课程安排

社团活动课程名称	参与年级
《地域舞蹈》	一、二年级
《地方代表建筑绘画》	三年级
《地方曲艺演奏》	四年级
《地方戏曲》	四、五年级

此外，课题小组还结合校内师资资源及整合校外专业人员合作机构，共同开发以下社团活动：上党堆锦、剪纸、本地特色美食制作、长治风光小导游等。

3. 推进第三课堂，在社会实践中触摸文化

我校每年上半年的3月和下半年的9月为学期综合实践活动启动月，通过师生研讨、征集家长建议等形式确立活动主题，并于次月开展活动，一个月后即上半年5月、下半年11月，进行活动总结和展示。

在综合实践活动中，有许多主题，如与学科课目相结合的综合实践活动内容：语文的《遨游汉字王国》、科学的《我学蒸馒头》《给我一个支点，我能撬起地球》活动，科学与语文相结合的《人与自然》，品德与社会相结合的《交通与安全》，数学的《三角形拼图》《制作年历》，美术的《走近动物》《剪纸艺

术》，音乐的《多么快乐多么幸福》等活动。

在课题开展之后，还特别推出了立足地方特色开展的活动研究主题，如适合三、四年级开展的《夸夸长治新变化》、适合五、六年级开展的《魅力长治，我的家》等活动研究。学生通过访问、观察，三、四年级的学生了解了长治的过去与现在，他们用自己喜欢的方式把长治的变化编成了一首首童谣，上学放学吟诵；五、六年级更多了解了家乡的历史文化、名胜古迹。这些活动的开展从小培养了学生热爱家乡、热爱祖国的情感。我们发现立足地域文化开展的实践活动研究主题，特别受老师、学生和家长的喜爱，已经成为多个年级、班级首选活动内容。据去年毕业学生和家长的反馈，即使学生小学毕业，即使离开这座城市，但这一活动使得他对自己所在的这座城市从人文地理等方面更加深入地进行了了解，并得到感染，成为他终生的财富。

4. 第四课堂为地域文化传播

利用学校公众号、美篇等网络平台，推出地域文化的师生作品，将上党特色绘画、名胜古迹的导讲、身边名人的采访、美食的制作、长治风光的摄影作品、上党诗歌的书写比赛作品及相关美文的朗诵等相关地域文化学习内容放在网上，既是活动的记录，又是对地方文化的宣传，相互之间进行学习，使更多的人受益。

四、研究反思

经过迄今为止一年时间的课题探索，在行动研究的过程中，我校不断加深关于地域文化校本化行动研究的认识。下面从实施过程和后续思考两个方面对本次研究进行反思。

（一）关于实施过程

在课题研究的过程中多采用问卷调查、访谈等方式来进行资料的收集，方法还缺乏科学性，样本还缺乏多样性，数据的支撑还不够有力。

（二）关于后续思考

在研究校本课程开发过程中发现，当前，国家课程中统编教材版本很多，有新课标版、部编版、人教版、北师大版、浙教版、西师大版、青岛版、苏教版、冀教版、青岛版五四制、沪教版等，却没有山西本土的教材，致使学生在学习时多以北京、江浙等地地方事例为学习材料，与学生生活相去甚远。如有可能，在课标的指引下，在校本研发的基础上，将具有上党地域文化气息的内容补充到国家课程教材的教学之中，进一步打破校园与实际生活之间的壁垒，让学生在了解、熟悉本土文化的氛围中学到更多知识。

再比如在活动广度、深度、高度上是否还可以进一步推进，如与社区活动的融合、与本土相关文化活动的结合。社团活动要开展再扎实些，长治地域文化校本化实施的定位也要再长远些，力争做到在研究中心中有主线、行动有边线、目标有长线，借助这一课题的研究，走出一条接地气的德育之路、一条本土气息的校园文化特色创建之路。

总之，通过对上党地域文化的校本化实施路径研究，我校一方面促进了具有地域特色的传统文化的推广，另一方面，将传统文化中的积极因素贯穿于教育理念之中，对于树立学生正确的人生价值观，激发学生正确的核心价值观，树立学生文化自信和增强学生对中华民族文化的自豪感有重要作用。只要这一课题是对学生有益、对社会有益的，在今后的工作中，我们就要继续推进，以此为抓手，促进教育教学质量全面提升，向人民满意学校的目标更近一步。

参考文献

［1］史耀清.魅力长治文化丛书［M］.北京：北京燕山出版社，2005.

［2］穆颖超.基于区域文化的学校文化力提升研究［J］.教育理论与实践，2018,38(31)：24-28.

［3］赵淑燕，李娟.地域文化在特色校园创建中的功能分析［J］.中外企业家，2018：178.

［4］邹尚智.校本课程开发与管理［M］.天津：天津教育出版社，2015.

［5］姜珍婷.地方院校地域文化课程开发策略——以湖南人文科技学院为例［J］.湖南人文科技学院学报，2018,35(05)：39-43.

［6］周智慧.多元文化背景下民族地区幼儿园地方文化课程的行动研究［J］.民族教育研究，2019,30(01)：100-106.

［7］屈川.高等学校传承创新地方革命传统文化探讨——以宜宾学院为例［J］.国家教育行政学院学报，2013(01)：3-7+1.

［8］孙永平.传统文化进校园的现状及策略研究［J］.才智，2018(05)：2.

［9］吴永满, 何珍怡."校地文化"互动融合背景下如何构建特色校园文化——以韶文化为例［J］.决策探索(下), 2019(11): 47-48.

［10］李仁和, 李丽君.上党地域文化的特点, 三晋文化学术研讨会论文专集［M］.山西: 山西古籍出版社, 1999.

中小学开展红色文化教育的意义与途径研究

——以长治市黎城县第一中学校为例

长治市黎城县第一中学校　张立青

【摘要】"红色文化"是长期革命斗争中，中国共产党人领导下全国各族人民所形成的物质和精神文化。山西省长治市黎城县有着丰富的红色文化底蕴和开展红色教育的优势。传承红色文化，创新红色文化传承和红色教育的方法与模式，在中小学校开展广泛的红色文化教育，对于培养提高学生的思想品德素养，以及开展校园文化建设等具有重要的作用。

【关键词】中小学；红色文化；教育途径

承载红色历史、革命精神、光荣传统，包含革命先辈们崇高的理想、坚定的信念、爱国热情和高尚品质，体现中国共产党的信仰、制度、作风、道德的"红色文化"是在长期革命斗争中中国共产党人领导下全国各族人民形成的物质和精神文化，是对中华优秀传统文化的继承、发展和再创造。具体讲，红色文化的表现形式有两种：一是物质形态，指革命战争年代留下来的革命旧址、旧居，以及诗歌、歌曲、戏剧、标语、出版物和革命文献等历史遗存；二是精神形态，指在马克思主义的传播和马克思主义中国化、时代化、大众化过程中，所形成的具有中国风格、中国语言、中国气派的革命精神和优良传统，如井冈山精神、长征精神、太行精神、西柏坡精神以及"两弹一星"精神、大庆精神、雷锋精神等。

山西省长治市黎城县作为革命老区有着光荣的革命斗争历史和厚重的红色历史文化底蕴。黎城县是太行山较早的抗日根据地和解放区，地处太行抗日根据地的核心区，是中国抗战时期的抗日中心县、实验县、完整县和模范县。中共中央北方局、一二九师师部、八路军总部等军政机关曾经驻扎在黎城，百团大战在黎城县谭村会议谋划，白晋路破袭战计划在黎城的北社村生成。抗日战争时期，中国共产党在黎城召开的北方局高干会议、南委泉群英会、乔家庄整军会议，在抗战史上写下了光辉篇章。

黎城是抗战时期稳固的根据地，是八路军敌后抗战后勤基地、太行抗日根据地的"后方之后方"。黎城是中国军工的摇篮，黎城县黄崖洞兵工厂是八路军总部最大的军工生产基地，生产的马步枪、马尾弹、50炮，大大提升了八路军的装备水平，成为打击日寇的利器。冀南银行是太行抗日根据地的货币供应中心，是"新中国金融摇篮"。黎城还有八路军的印染厂、造纸厂、被服厂、鞋袜厂。黎城还是太行精神的诞生地，是太行根据地抗日文化之都。迄今为止，黎城仍保留的抗战遗址有上千处，其中重要遗址500余处，遍布150个村庄，被誉为"中国抗战遗址群""没有围墙的抗战博物馆"。

1943年5月22日，黎城军民团结奋战打退日军对黎城发动的最后一次扫荡，率先赢得抗日战争局地胜利，带头进入新民主主义建设发展时期，并首先向敌占区发起局部反攻，成为太行抗战的一个里程碑。抗日战争期间，中共黎城县委和抗日民主政府始终存在，黎城抗日根据地始终屹立，日本侵略军始终不能站稳脚跟，国民党政府始终未能复辟统治，无论周边形势如何变幻，斗争环境怎样险恶，共产党在黎城始终保持完整执政，黎城根据地始终红旗不倒、灯塔长明，成为太行抗日根据地坚持抗战赢取胜利的举旗手和排头兵。

黎城这块光荣的土地和英雄的人民，为坚持太行抗战和赢得胜利承受的巨大担当、发挥的重要作用、做出的显著贡献，成就了黎城在太行抗战中独一无二的历史地位。黎城的每一座山、每一条河、每一个村庄都与红色紧密相连，无数革命先烈在黎城用鲜血和生命谱写了一部气壮山河的英雄史诗。资料显示，抗战和解放战争期间，当时只有9万人的黎城县，参军入伍5000多人，参战2万多人，先后选调2000多名优秀干部南下北上东进开展工作，为国捐躯英烈2000多人。

近年来，为更好地发掘黎城县红色资源，弘扬抗战精神，推动红色文化的发展，黎城县委县政府大力开展红色百村保护工程，对全县抗日战争和解放战争时期的历史进行了史料调查、挖掘整理和保护性开发，全面系统地对该县红色遗址进行普查，新发现重要遗址200余处，确定了红色文化村160多个、文化遗址550余处，全县60多个村完成了红色文化遗址的挂牌、立碑保护工作，一批重点村还建起了纪念馆（室）、红色文化广场、革命烈士陵园、纪念塔等纪念设施。这一工程的开展引起了社会广泛关注，罗瑞卿、滕代远、陈赓、马文瑞、吕正操、张南生等抗战时期曾在黎城生活和战斗过的将帅的子女，以及一大批八路军后代纷纷前来缅怀父辈的烽火岁月，追寻父辈的战斗足迹。如今太行红山自然景观和革命红色文化相互辉映，黎城的红色文化旅游已成为全市乃至全省叫得响的文化品牌，黎城已成为全国最具有代表性的爱国主义教育基地和红色文化宣传阵地。长治市黎城县第一中学校（以下简称黎城一中）在这样一种文化背景下，无疑是幸福的，这些丰富的红色文化资源，是青少年开展红色教育得天独厚的条件。

一、中小学开展红色文化教育的意义

（一）传承和弘扬红色文化，在中小学广泛开展红色文化教育，对于提升中小学生的思想品德素养具有重要意义

中小学校通过多种途径开展形式多样的红色文化教育活动，对学生进行"天下兴亡，匹夫有责"的爱国主义教育，不畏强暴、不怕牺牲、血战到底的英雄主义教育，万众一心、共御外辱的大局意识教育，目的是让学生更好地学习老一辈革命家们在革命战争年代不怕累、不怕苦、不怕牺牲的情操、风范、气节和精神。这种教育对中小学生形成敢于面对和战胜挫折与困难的坚强意志，自觉抵制各种不良风气和不良思潮的影响，自觉形成刻苦努力、诚实守信、艰苦朴素的优秀品格，增强民族自信心、自豪感，产生了积极的促进作用。

（二）传承和弘扬红色文化，在中小学广泛开展红色文化教育，对校园文化建设具有重要作用

校园文化建设，是一项复杂的系统工程，而且不能一蹴而就。目前，学校校园文化建设过于重视形式主义、实用主义和功利主义，制度文化建设不合理，精神文化过于保守，缺少创新。将红色文化有机融合到校园文化建设，不仅有利于红色文化的传承、有利于加强对学生的德育教育，更是改变现有校园文化建设形式单一、内容缺少创新和活力的有效途径。

（三）传承和弘扬红色文化，在中小学中广泛开展红色文化教育，对弘扬文化主旋律具有重大作用

当今时代，经济全球化、互联网飞速发展，以往的思想观念发生了深刻变化，特别是改革开放后，各种思想文化交织并存相互激荡，整个社会生活文化也丰富多彩。但是在倡导文化多元化的同时，我们必须弘扬文化主旋律，红色文化是一份弥足珍贵的精神财富，它不仅在抗日战争时期、解放战争时期发挥了巨大的作用，在如今改革开放的新形势下，依然是鼓舞、激励人们继续奋斗的强大推动力。所以传承红色文化，加强红色文化教育，是弘扬文化主旋律的重要途径。

二、当前黎城县红色文化传承和红色文化教育的开展在学校教育中存在的问题

（一）学校对传承红色文化，开展红色教育认识不够

当前绝大多数学校的教学工作以知识与技能教育为主，对于红色文化的传承和红色教育，往往错误地认为红色文化已经跟不上时代发展的需求，从学校领导到大多数师生对红色文化建设意识比较淡薄，不能很好地认识到红色文化教育重要的德育功能。

（二）把传播红色文化当作简单的说教

受应试教育等体制的影响，很多中小学校教育中红色文化传承与弘扬，甚至都达不到对红色文化的表面感知，更谈不上对黎城红色文化的深度挖掘，不管在内容上还是形式上对学生都缺少吸引力，自然而然就达不到应有的教育效果。

（三）没有建立起传承红色文化的长效机制

目前，各学校都没有设立专门的红色文化建设机构来组织领导红色文化建设，也没有制定有效的制度来规范红色文化的建设，红色文化建设缺乏长效机制。

（四）红色文化弘扬的方式和手段相对单一

红色文化的传承缺乏有效的现代传播手段，如影视作品和舞台艺术、红色文化网站等。青少年的红色教育缺乏参与性、互动性，缺乏震撼力和感染力，

对青少年难以形成强烈的视觉冲击和情感震撼。

三、黎城一中开展"红色文化"教育的途径与措施

开展红色文化教育要根据学生成长和认知规律，从高处着眼小处着手，通过学生喜闻乐见的多种途径和方式进行。

（一）领导重视，全员参与，建立黎城一中红色文化传承长效机制

我校领导高度重视红色文化建设，把红色文化建设列入学校文化建设中，成立红色教育领导小组，形成了全体教师参与的红色文化建设活动良好氛围。

（二）创建黎城一中红色校园文化

校园红色文化建设必须做到使红色文化在校园处处可见、时时刻刻能够感知，从而使学生在潜移默化中接受熏陶，在寓教于乐中接受教育。如：在教室、走廊悬挂具有革命传统色彩的格言警句和伟人肖像，用宣传栏、黑板报等展示红色内容的故事、图片、名言、标语。在校训、校风、学风等催人上进的警世言辞中渗透红色的励志语言。要多方位展示黎城红色文化，让校园的一草一木都闪烁红色之光，让校园时时处处都充满红色的精神。

（三）学科教学中渗透红色文化理念

课堂教学是对学生进行思想品德教育的重要载体，所以我校教师将红色教育贯穿在了各学科教学中。在课堂教学中搜集整理有关红色文化的教学素材，利用多种教学媒介，灵活多样采取多种教学方式，潜移默化地开展红色文化教育。如：语文学科朗诵红色诗词，举办红色征文比赛；品德学科对学生进行爱国主义教育、英雄主义教育、革命传统教育，收集红色故事开展红色考察；音乐学科教唱红色歌曲；体育学科站军姿、队列、跑步、仪容仪表；等等。

（四）举办红色教育活动

充分利用"清明节""七一""八一""国庆""一二·九"等重大纪念节日，举办红色历史知识讲座，开展旗下讲话、红色文化知识竞赛、红色诗词朗诵、红色文化主题演讲、红色图片展览等活动；开展唱一首红色歌曲、读一本红色书籍、看一部红色电影、讲一个红色故事、写一篇红色征文、上一堂红色教育课、办一期红色革命教育手抄报、宣传一位红色革命人物或大事件、开一次红色文化主题班会；组织学生走访老红军战士、祭扫革命烈士墓，编排红色文化

短剧，参观黎城红色文化遗迹等各种学生喜闻乐见的红色文化教育活动。

（五）加强红色教育制度保障

建立学校红色文化教育相关规章制度，使学校红色文化建设经常化、长期化、制度化，使红色文化建设在学校的开展有章可循以及有制度保障。

（六）挖掘本土资源，开发黎城红色校本课程

我校与县文化馆、县博物馆、县党史办等单位联系与沟通，积极收录整理我县红色革命斗争故事、传记、散文、诗词、名言警句、革命歌曲，编辑红色教育文化系列特色校本教材，并让校本教材进入课堂成为学生的必读必学书目。

参考文献

［1］赵中建.学校文化［M］.上海: 华东师范大学出版社, 2004(09).

［2］孟静.学校文化建设: 现代学校发展的新趋向［D］.山东: 山东师范大学, 2006.

［3］赵彩侠.学校文化—— 学校发展的精神路标［J］.中国教师报, 2006(06).

［4］山东省教育学会教育管理研究专业委员会.学校文化建设材料汇编［M］.山东: 山东省教育科学研究院119-123, 内部资料.

［5］郑美莲.文化,学校发展的原动力［J］.江西教育, 2018(06).

［6］孙鹤娟.学校文化管理［M］.北京: 教育科学出版社, 2005.

［7］中共中央国务院关于进一步加强和改进未成年人思想道德建设的若干意见.

第二篇

学校课程与教学

王陶小学篮球文化特色学校建设的行动研究

长治市沁源县王陶乡王陶村小学校　辛江

【摘要】基于目前乡村学校越来越重视建设特色学校，篮球文化特色学校建设有着其独特的魅力和可操作性。本文首先介绍了乡村学校篮球文化特色学校建设的优势和定义，分析了篮球文化特色学校建设对乡村教育、学校、教师和学生的意义。之后，介绍了长治市沁源县王陶乡王陶村小学校（以下简称王陶小学）篮球文化特色学校建设的基本情况，分析了学校的优势，概括了学校发展特色的基本情况。接着，介绍了在特色学校建设过程中出现的问题，以及针对问题学校采取的措施和下一步规划。最后从路径建设、活动开展、课程体系建设、内涵文化挖掘、目标树立与建设等方面详细分析了王陶小学篮球文化特色学校建设中的策略。本文采用调研法、文献研究法、实践研究法等对篮球文化特色建设进行了分析、提炼，分析了以球健体、以球辅德、以球促智、以球育人的篮球特色学校建设，在提升学生强身健体意识，激发其学习兴趣，促进其良好生活习惯的养成，使学生团结、合作、拼搏等优良品质不断提升，达到育人目标方面的可喜成果。

【关键词】乡村小学；特色学校；篮球文化

一、导论

（一）乡村小学的现状

农村的小学教育条件、教学水平总体上都不如城镇小学，农村的义务教育尤其是农村的小学教育显得很重要。从近几年来的情况看，政府对义务教育较为重视，投入也越来越多，农村小学教育现状比以前有所好转，农村小学整体面貌也发生了巨大变化。

（二）乡村小学建设篮球文化特色学校的优势

生活在乡村的学生，吃苦耐劳的精神与生俱来，他们有良好的运动习惯和运动体质基础，在家时帮家里春种、秋收，到校后比起大城市可供其选择的娱乐项目较少，篮球这个寓团体合作、寓择优竞争的运动项目深受其喜欢，而且随着近些年的薄弱学校改造等项目落地，塑胶篮球场、水泥硬化场地等对于乡村孩子也不是梦想了。

二、王陶小学篮球文化特色学校建设的基本情况

沁源县王陶小学现为双轨六年寄宿制小学，学校占地13379平方米，建筑面积2952.78平方米，现有教学班12个，学生307名，寄宿生48名，在职教职工41名，其中专任教师30名，达专科以上学历人数占70%以上。学校音、体、美等仪器、器材均达国家规定标准要求。目前我校师资力量到位，功能设施完善，教育教学环境有很大改观。姚基金希望小学、乡村学校少年宫的成功创办为学校的可持续发展增添了新的动力。

学校秉承"创建阳光校园，争当阳光少年"的校训，把立德树人作为学校教育的根本任务，努力创办人民满意的学校。2019年7月我校篮球队取得"2019姚基金希望小学篮球季山西长治（沁源）赛区篮球赛"冠军的喜人成绩，并代表山西沁源前往贵州参加姚基金全国联赛，2019年8月代表山西赛区参加"2019姚基金希望小学全国联赛"并获得季军。

三、王陶小学篮球文化特色学校建设的基本规划

（一）健全组织，统一思想，提高认识

加强领导组织机构建设，进一步完善岗位职责。抓好篮球文化研究小组，制订契合实际的研究计划。

（二）强抓队伍，加强培训，完善保障体系

1. 加强篮球文化特色教师队伍建设

为特长教师冒尖发展创设好环境，加大体育教师培训力度，巩固落实好本校二级培训，努力建设一支会研究、有作为、有贡献、有特色、有声誉的骨干教师队伍。

2. 完善篮球文化管理制度

我们要结合以往的经验和实际制定学校篮球运动开展管理制度、教育教学

管理制度、竞赛制度、考评制度、篮球运动活动制度、奖惩制度等。

3.加大硬件投入，构筑保障平台。

学校将继续加大投入，进一步添置必要的器材，为争创篮球文化特色学校提供有力保障，为全面铺开而奠定基石。

（三）以活动为载体，促进学校特色发展

1.灵活组织举办好各类活动，在活动中促进特色工作的有序有效开展。

2.积极参加上级举办的各类活动比赛，争取高层面创出佳绩。

3.加强横向联系，与兄弟学校联盟，促进切磋交流，共同谋求发展。

（四）以科研引路，唱响特色教育的主旋律

1.抓好篮球文化特色科研小组。加强科学研究，对发展过程中的问题进行研究、科学论证、反思调整，将实践与理论所取得的成果进一步巩固与推广，形成良性循环、螺旋发展的好势头。

2.完善实施方案与计划，逐步调整篮球校本教材，优化教学目标和教学内容，创造适合学生认知规律和身心特点的教学过程。

3.完善合理的评价方案和细则，改革评价方法，激发学生参与的积极性，培养集体主义精神和勇敢顽强的良好作风，树立高尚的体育道德。

（五）以点带面，推动学校全面发展

要充分发挥篮球运动项目的特色，形成传统，以精带广、以局部带整体，推动特色学校的全面发展。

1.加强学校篮球育人特色的宣传。利用校园宣传媒体，建立"篮球特色"专题栏目，扩大宣传建设阵营，唱响特色教育主旋律，及时播报所取得的阶段性成果，全面推动篮球文化建设发展进程。

2.加强校园篮球类文化等物质文化环境的营造。抓好校园和教室的橱窗、板报、版面、篮球特色建筑等的建设，构建特色有形物质环境，发挥其潜移默化的育人功能，使人一走进校园就能感受其独具特色的魅力。

3.篮球文化与学校文化高度融合，内化作用于学校教育教学质量。学生在篮球活动中的团队意识、分工合作，个人与团体协作之间的平衡与协调、竞争精神等，是篮球文化中的核心部分，它将悄悄地走进我们的课堂，学生的学习兴趣、主动性、创造性将得到激发和提升。

4.将王陶小学打造成全县优质教育的名片。注重篮球文化的熏陶和感染，以"篮球搭台，文化唱戏"，通过全体性、深度化、常态化的篮球活动，全方位、多角度、强力度的篮球文化氛围，使之真正成为学校师生日常学习和生活中不可或缺的重要组成部分。使得学生在篮球活动中练球技、强体质、扬品行，并将"打球有规矩 心中有方圆"的十字八项十六大品格为核心的篮球精神文化植根于每个学生的心灵，根植于学校的每一寸土地，让学生品格、教师积极性、家长满意度、社会认可度、学校知名度取得质的飞跃。

四、王陶小学篮球文化特色学校建设的策略

（一）篮球文化特色学校形成路径

在经过多次收集教师建议，多次体育组教师教研，多次校务会分析讨论研判之后，最终确定了王陶小学校园篮球文化特色形成的路径：

2018年10月开始至2019年10月为第一阶段，开展丰富多彩的校园篮球活动、篮球比赛；

2019年10月至2020年10月为第二阶段——篮球育人特色形成阶段。这个时间段内各项篮球活动继续开展和走向成熟，在师生、家长、社会层面都形成一定的篮球育人共识，并在此阶段努力争取物质、人才、姚基金平台等资源，申报《全国青少年篮球特色学校》的挂牌；

2020年10月至2021年10月为第三阶段。在此期间校园篮球育人特色与校园文化高度融合，并使育人功能发挥效力，在师生中形成合力，建成人人爱篮球文化、人人讲篮球文化、人人做篮球文化、人人受益于篮球文化的篮球文化特色学校。

（二）开展篮球系列活动，创新课外活动项目

1.开展篮球系列活动

组建篮球队。2019年3月，我校三至六年级学生每班组建一支篮球队，定期开展班级篮球对抗赛和年级篮球联赛，并在比赛过程中选拔技术水平高、有潜力的队员成为校级篮球队成员，选拔创建了男子、女子篮球队各一支，通过体育课及下午两节课时间，由体育老师进行较为系统的训练。注重篮球梯队建设，不断挖掘和补充篮球运动人才，培养一支有战斗力的篮球团队。

组建啦啦操队。2019年3月组建了篮球啦啦操队，一、二年级学生全员参与，要求在简单的韵律中，学会基本的拍球、运球技能，为今后的篮球运动做准备。

组建篮球操队。2019年3月利用大课间活动时间组织三至五年级的学生全员参加篮球操训练，在体操中贯穿基本的篮球技能，并在一定时间段后更新篮球操的动作，丰富学生的校园活动，并为篮球运动做铺垫。

运用体育课，大课间活动时间组织学生开展丰富多彩的校园篮球比赛。竞赛形式有：花样篮球表演、五点移动比快、5.8米折返跑、半场往返11次运球跑、运球过障碍、快速传球比准、运球传球比赛、罚球比赛、五点90秒投篮、三分球大赛、一对一斗牛、半场三对三等。

鼓励人人当志愿者，成立啦啦队。为鼓励学生做班级篮球比赛时助威加油的志愿者，组建了班级、校级啦啦队。学校、班主任发动具有舞蹈天赋的学生成立班级啦啦队，每周一下午课外时间啦啦队员分年级由班主任老师和体育教师排练，然后从中选拔优秀的学生参加校啦啦队，定期对校啦啦队集中训练。

建立校园篮球人才培养模式。学校要求各班成立球队，班主任担任班级篮球队领队或者搭班教师担任篮球队教练，利用课余时间对学生进行训练，并在下午第二节课后统一组织训练。从四、五、六年级学生当中选拔学生学习篮球规则、篮球礼仪来当小裁判，定期组织小型的班级对抗赛。根据班级篮球队人员训练情况、技术水平、发展潜力来选拔出校级球队队员、校级裁判员。

2.建设篮球校本课程体系

编撰篮球校本教材。为了更好地推动篮球育人特色学校的建设，学校体育组于2019年4月，结合实际及小学生的年龄特点创编《沁源县王陶小学篮球校本教材》。教材利用五章13节，从基本技术的分解到技战术的综合运用，从体育课知识传授到音乐美术课的联动讲授，从场上场下的规则到各个角色的礼仪，运用文字、图片、表格、视图讲解等形式将篮球相关知识从低到高呈现给师生，并在随后的教学当中不断地教研完善。低年级以激发学生对小篮球产生浓厚的学习兴趣，能积极主动参与学练为主要目标；中年级以积极体验篮球的基本技术在篮球运动中的运用，巩固对篮球运动产生兴趣为主要目标；高年级以学生了解篮球运动的基本规律，较系统地掌握篮球运动的基本理论、基本知识、基本技术技能、战术，并能够运用所学知识组织和参与健身为主要目标。

制定实施篮球课程实施方案。成立以校长为全面负责人，教务处与体育组老师为成员的篮球校本课程领导组。起草并实施以校为本的篮球课程实施方案。根据各年级段的教材内容，以周为单位分配到教学课时中，每周保证一至二节教学课和二至三节的实践训练课时，并由体育教研组及时收集反馈信息，做好课程的调整和巩固。因地制宜组织教师对篮球校本课程的实施进行培训，提高教师的专业素养。

建立篮球课程评价制度。评价内容主要包含：评价与教学过程较为相关的态度和行为，评价篮球与健康知识的理解与运用，评价运动技术的运用和参与程度，评价学习过程、进步幅度和最终成绩。评价由自我评价、生生互相评价和教师评价相结合。评价以学期为时限放入学生的成长袋，记录学生一学期的变化和进步。

3.举办"篮球育人"校园文化艺术节

发展篮球育人特色不仅可以依靠篮球运动，还可以通过音乐、美术、文学等形式进行呈现。经校委会研究决定，将每年的10月18日定为"篮球育人"校园文化艺术节，以拓展篮球育人的内涵。内容可以是设计队服、征集队歌、评选明星球员、篮球宝贝选拔、篮球活动周边、篮球嘉年华活动、篮球知识竞赛、篮球明星赛等。

2019年10月18日，王陶小学第一届篮球文化节如约而至，为期两周的文化节，老师们出计划、出方案、大讨论，集思广益，少先队征集篮球logo、队歌，体育组开展篮球赛、篮球操比赛、播赛报，班会课说篮球、写篮球等等，异彩纷呈的两周，让学生满满地体验了一把篮球盛宴，大大丰富了学校篮球文化内涵，引发家长、社会奔走相告、频频称赞。

（三）向内提炼篮球精神，向外塑造篮球行为

在编写篮球校本教材的同时，体育组的教师广泛搜集资料，编写了篮球运动礼仪指导用书，包括比赛礼仪、观看礼仪、啦啦队礼仪。制定在篮球运动中需要对学生思想教育的内容、方法及管理办法；提炼出"打球有规矩，心中有方圆"的小学生品格精神提升目标，将篮球运动中参与人的品格精神内容提炼出"纪律意识、责任担当、运动价值、学习能力、积极生活、意志品质、民族精神、全局意识"等八项注意事项，并在此基础上又向深挖掘出了"文明礼仪、遵守秩序、诚实守信、竞争突破、运动卫生、健身锻炼、守时惜时、善于

学习、尊师感恩、珍爱生命、坚强努力、团结合作、人文情怀、爱国情怀、集体意识、服从大局"的十六大优良品格，通过教育教学、活动、竞赛等形式影响学生优良品格的形成。在体验"快乐篮球"的同时，促进学生品格的提升。

（四）篮球文化育人目标和体系

以篮球文化育人目标体系为例。目标体系图分支如图1所示。

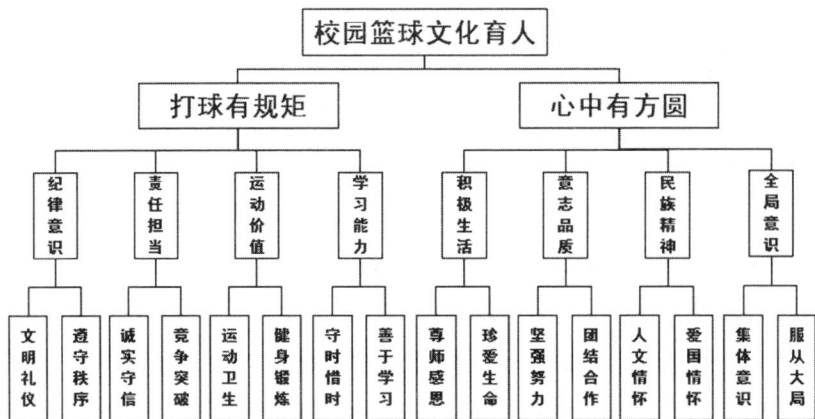

图1　篮球文化育人目标体系图

（五）明确发展目标，实现四大愿景

1. 培养一批学生

提高学生、发展学生、培养学生是学校的主要任务。我们希望通过若干年的培养，再加上学生自身的努力、家庭社会的配合，以篮球为媒介达到立德树人的根本目标。

篮球活动中尽可能地挖掘篮球人才，积极组织训练，激活学生的运动天赋，努力为学生搭建更广、更大的舞台，以锤炼自己、展示自己。

2. 发展一群教师

教师是学校生生不息、走向卓越的力量源泉。我们希望我校教师通过自我发展、外部锤炼，逐渐形成快乐的、卓越的教师团队。

3. 形成一种文化

要在校园处处彰显"打球有规矩，心中有方圆"的文化氛围。在学校举办篮球活动的同时要将学校的篮球文化育人体系"十字八项十六大品格"精神贯穿始终，体现在每一个细节上面；在师生学习、生活过程中要体现出篮球文化育人的精神内涵，在校园文化建设中要点点滴滴浸润篮球文化育人的特色要义。

4.打造一所名校

我们将致力打造篮球育人特色项目，进而发展成为学校特色，再至篮球育人特色学校，成功申报"全国青少年篮球特色学校"，不断打造学校品牌，以篮球育人为抓手，以体启智、以体育德，将篮球育人与校园文化融为一体，全面实施素质教育，丰富学校文化内涵，提升学校的办学品质，努力打造成为我县教育的一张亮丽的特色学校名片。

五、结语

本文通过对以往有关建设篮球文化学校研究的梳理，提炼出乡村小学建设篮球文化特色的研究现状。运用个案研究方法，以王陶小学为例，对学校特色建设中的特色定位、建设路径、建设策略、活动开展、精神塑造、行为礼仪、发展规划等经验与启示进行了分析，对在特色建设过程中出现的问题与改进方法进行了梳理汇总。

希望本研究能够为其他乡村小学篮球文化特色建设方面的研究带来一些思考，并期待今后的研究者能将本研究的不足之处进行完善和解决。

参考文献

［1］潘恩. 乡村振兴 体育大有可为［N］. 中国体育报, 2018-03-27(006).

［2］石静. 小学特色学校建设的个案研究［D］. 天津师范大学, 2014.

［3］范德豹. 百年积淀树品牌 风雨兼程圆球梦——记铜山区郑集实验小学篮球特色文化［J］. 体育教学, 2019, 39(01): 44-45.

［4］张玉飞. 当前校园篮球文化建设的实践研究［J］. 成才之路, 2017(36): 23.

［5］李俊峰. 推进小学篮球文化建设探究［J］. 华夏教师, 2017(20): 6-7.

［6］常娟, 余小龙. 校园篮球文化的构建与探讨［J］. 当代体育科技, 2018, 8(18): 57-58.

［7］向绍明. 学校特色建设的取向策略及规律［J］. 基础教育参考, 2014(19): 31-33.

［8］武秀霞. 学校文化建设: 路径选择与提升策略——基于学校特色发展的视角［J］. 教育理论与实践, 2018, 38(28): 17-21.

［9］张玲. 农村小学学校文化特色建设研究［D］. 西南大学, 2015.

［10］许昶. 农村小学校园文化建设的问题与对策［J］. 新课程导学, 2015(10).

［11］马联为、宋才华. 特色学校形成与发展的理论思考［J］. 上海教育科研, 1997, 10: 25-27.

［12］李清季. 论特色学校的创建［J］. 当代育科学, 2010, 12: 13-15.

［13］卢盈. 对特色学校的理性审视［J］. 现代教育论坛, 2011(4).

［14］王郢、王成满. 中小学特色学校发展的思考与实践［J］. 贵州教育学院学报. 2009, 11: 80-84.

［15］葛路谊. 我国中小学特色发展战略研究［D］. 华中师范大学, 2008.

中学生操行评定完善策略

——以长治市第七中学校为例

长治市第十九中学校　连安刚

【摘要】操行评定是对学生一学期（或一学年）的德智体美劳等各方面的发展变化情况的评价，是学校德育工作的一个重要组成部分，也是班主任对学生进行教育管理的一个重要环节。科学地对学生进行操行评定，有利于激励学生不断奋发向上，有利于促进学生、发展学生，有利于培养学生的优良思想道德品质，符合教育的本质要求。本文结合目前关于操行评定实施中存在的"学校对操行评定的管理弱化，评定功能性缺失；温馨式评语形成新的语言套路，评语针对性缺失；教师仍然掌握着话语权，评语交流性缺失；家长重视分数多于评语，评语反馈性缺失"等问题，从中学生操行评定的操作策略和中学生操行评定的保障策略两个方面出发，尝试提出完善和改进中学生操行评定的有效意见和建议。

【关键词】中学生；操行评定；策略

一、问题的提出

2019年我参加了北师大后备校长培训班为期一周的培训，在外出学习的这段时间里，我看到了教育发达地区许多学校在学校课程体系建设所做出的努力和成效，有时真感觉是"乱花渐欲迷人眼"。我现在所工作的学校是一所完全中学，高中在当地是小有名气的特色学校。为了给文化课成绩稍弱的学生提供一条考上大学的道路，学校针对性地设置了9门专业课程，有的课程还编制了校本教材。这其实也是学校课程建设迈出的很重要一步。但是我本次研究的触角并没有投向所在学校的课程建设，不仅是因为课程建设很庞大，学校只做了一点点工作而已，更重要的原因还是我一直不能忘记学生时代和做班主任时大家司空见惯的"学生操行评定"的工作经历。于是研究的落脚点就确定为学校课程体系建设中很重要的"一环"——活动课程化研究，而具体的研究课题就是"中学生操行评定完善策略研究"。（需要指出的是，操行评定包括多项内容，本论文所指"操行评定"主要是针对学生的"操行评语"。）

二、研究意义

操行评定是班主任在学期阶段中期或学期结束时，对学生德、智、体、美、劳等各方面发展变化情况的客观评价。客观、创新、优美的操行评定，能够帮助学生正确认识自我、评价自我和鼓励自我，使家长知道孩子在校的整体表现，对提高教育管理质量具有现实意义。学生操行评定工作是学校德育建设中很重要的一环，但直到目前为止，此项工作一直处于一种"鸡肋"状态：学校不能不开展这项工作，因为这是各级教学行政部门、学校的要求，但开展时又流于形式，其育人效果很少引发大家深思。我在确定研究课题并为撰写研究综述做准备时，发现国内外对操行评定的深入研究很少，更别说针对中学生操行评定的研究了。

因此，本选题的研究具有重要的理论和实践意义。其理论意义主要表现在通过对中学生的操行评定进行研究，可拓展、深化、丰富中学生（也可以包括其他学段学生）操行评定实施的理论研究；其实践意义主要表现在通过本课题的研究，可形成中学生（也可以包括其他学段学生）操行评定实施工作的有效策略，使操行评定课程化实施，丰富学校德育建设内容，有效提升操行评定工作"润物细无声"的育人效果，从而提高学校的教育教学质量。

三、中学生操行评定的完善策略

操行评定是学生综合素质过程评价的重要载体和手段，为了应对评价过程中出现的问题，我们一直在不断地进行改革。根据《基础教育课程改革纲要（试行）》，2001年全国开始进行的新课程改革中，"评价改革"是核心，课程评价体系要以"立足过程，促进发展"为导向，促进学生全面发展和教师素质的不断提升。在综合评价的基础上，学生个体的进步和多方面潜能的开发成为更多的关注点。与教育发展的功能和目标相一致，新的课程评价理念体现在评价内容的综合化。据此，本文希望就中学生操行评定实施中的问题提出有效的解决对策。

（一）中学生操行评定的操作策略

1.确定明确的学生操行评定的目的

开展学生操行评定的目的是发展学生、促进学生，这就要求每一位评定者都必须把操行评定放在德育教育的大背景下开展，了解教育方针、了解学生的特点，进而进行科学的操行评定。

操行评定是学校德育管理工作中不可或缺的部分，是实现有效德育管理的重要载体，只是在过去相当长一段时间过分关注学生学业成绩的大背景下，大家对它的功能思考不多，进而弱化了它的作用。随着新课程理念的深入，不仅教育工作者认识到了德育教育的重要性，认识到了多元评价的重要性，更多的社会人都开始关注学生的德育教育，而作为德育教育重要方式的操行评定自然会回归其重要地位，在这样的氛围中，学校认真开展操行评定工作，积极发挥操行评定促进学生健康全面发展的作用就凸显了。只有建立多元化、发展性的评价观，真正着眼于学生的发展，教师们才能做出关注过程、面向未来、重在促进学生发展的操行评定。

2.确定多元化的操行评定标准

新课改以后，在教育者的理念中，操行评定不仅要涉及学生学科知识的掌握情况，更应突出评价学生德、智、体、美、劳甚至心理等方面的潜能。此外，对创新能力和实践能力的评价成为操行评定机制的关注点，同时，要关注并了解学生的差异性，促进每个学生个性化发展，因此，在操行评定中采用整齐划一的标准是行不通的。

3.采用质性和量化相结合的评价方法

对学生评价内容的全面化要求决定了教育者对学生评价方法也必须多元化，量化评价是以前教师对学生主要的评价方法，但在评价过程中容易失真，不能真正把内容表达出来，容易抹杀学生的个性。因此，为了使学生的评价更科学客观，就需要采用量化评价和质性评价相结合的方法，这样的评价方是全面的。

4.加强学生的自我评价和反思

新课程改革要求评价主体要多元化，这种观念能促进我们进行操行评定时对学生评价的全面科学。主体多元化，就意味着除班主任外，其他教师、各级管理者、家长都应成为评价主体，特别是学生，他们是教学活动的主体，也应成为评价的主体。在操行评定实施过程中，要加强学生的"自评"和学生间的"互评"，并使之与班主任、其他教师、各级管理者、家长的"他评"有机结合起来，这样才能促进学生反思。这样的多主体评价克服了传统教育评价的弊端，一改评价主体单一的现状，强调被评价者——学生——对评价的介入，使评价成为学生、教师、管理者及家长共同参与的交互活动，各评价主体在评价过程中的交流探讨、沟通协商、双向选择，足可以让学生认同并接受评价的结果，并通过反思获得发展。

5.综合运用多种形式的操行评语

操行评定要想做到从学生的自身特点出发，务必关注学生的德、智、体、美、劳、全面发展并采用更多积极的、富有人性化的语言方式，动之以情，晓之以理，导之以行。学生的操行评定可以适当运用一些写作手法，但不宜过多使用，特别是对于低年级学生来说，写作手法用多了，会让学生有种难以理解和接受的感觉，更难以达到应有的教育效果。针对性强、内容具体的个性化评语就如一面镜子，可以真切地反映一个学生的精神与学习面貌，突出学生的个性，使学生在评定中看到自己，发扬长处，改正缺点，同时也可帮助教师、家长全面了解孩子，从而更个性地教育每一个学生。

（1）公文类操行评定

公文类操行评定一般具有以下特点：一是多采用第三人称，不够亲切，不能体现教师对学生的关爱之情，无法体现操行评定的人性化。二是操行评定的语言运用惯于模式化，不能用发展和欣赏的目光来评价学生，客观、公正、全面的评价原则无法体现。三是评价程序固定化，德、智、体、美、劳的顺序一成不变。四是师生之间的交流不够，教师犹如法庭上的法官一样，高高在上，评语就像一纸判决书，而学生就像没有申诉权的一方，这违背了师生之间人格平等的原则。五是公文类评语缺乏应有的教育价值，高度凝练概括的操行评定，必然会导致内容的抽象空洞无物。公文类操行评语细品起来"虚"到极点，几乎都是空话和套话。

（2）叙事类操行评定

叙事类操行评定的内容应该是学生一些具体实际的学习生活中的实例，此种形式的评定善于抓重点、抓关键，抓住一两点令人感动或令学生感兴趣的方面重点评价。在操行评定中，学生看到了自我，感受到了来自老师的细微关注、真诚尊重和殷切希望，心理获得最大限度的满足，甚至能愉快地接受自己的缺点。

（3）散文式操行评定

散文式的操行评定是运用散文的基调，或采用广告词，或化用经典歌词、影视流行语，或引用名言警句，采用叙述、描写性的语言，把对学生的关怀与期望写进评定。评定的语言从贫乏单一、内容笼统转变成语言丰富、内容具体，并带有人文色彩、人性化、温馨化，体现学校及教师对学生人性的解读、对生命的感悟。这样的评定，一方面寓情于语，以生动幽默、富有激励性的语言，给学生以关怀之情；另一方面寓理于语，给学生以引导，使评定真正促进学生的发展。

例如一位评定者给班上一位性格开朗大方，脑袋聪明灵活，十分喜爱写作，并且曾有文章在校刊上发表，但平时学习并不怎么下功夫且成绩不是很优秀的同学写了这则散文类的评定：

> 开朗的性格蕴含着清纯可爱，黑眼睛也透出明亮灵气，极其丰富的阅读似乎展示着你对文学和写作的兴趣。你不仅有美丽的外表，更有美丽的心灵。你是运动会上啦啦队长，为了比赛，你绞尽了脑汁，喊破嗓子，从而得到全班同学的信任。但是，你的成绩让老师不得不摇头，因为你的成绩和聪明无法成正比。你是个要强的女孩子，肯定不甘平庸，请用你的聪明浇灌你的花园，让最美的花盛开吧！

（4）诗歌类操行评定

有位同学平时学习认真刻苦，但收获与付出总是相差甚远。因此，她处处流露出失意之情。为此，评定者写了一首小诗作为激励。

> 也许你勤奋的汗水，
> 总是没有结出硕果；
> 也许你苦苦的追寻，
> 无力换来丰厚的收获。

也许你努力挥动智慧的翅膀，

却总难领略到知识海洋中美好景象。

可是我想说：

这一切都是会改变的，

一分耕耘终将换来一分收获。

所以，

我们要哪里跌倒就要在哪里爬起

——请永远不要放弃吧！

这样的评语紧紧抓住学生的心理，从学生的角度出发，字字都能引起学生内心的共鸣，鼓励学生勇往直前。这则评语与散文式评语相比，效果显著。诗的语言朗朗上口，一定会给学生留下非常深刻的印象。

（5）对联类操行评定

如一位同学学习基础扎实，思维能力敏捷，但学习态度不端正，时不时就有不交作业现象，成绩由全班第5名下降到第15名，对此，评定者就在对联中巧妙地嵌入他的名字"英剑"作为评语：

横批： 金子要闪光

英雄要显真本色，不随波逐流，唯把握今天；

宝剑须有工夫磨，忌浅尝辄止，莫辜负青春。

这样的评定，不仅对仗工整，语言凝练，而且含蓄深刻。这种对联式的操行评语针对全面发展的学生，不仅起到鞭策鼓励的作用，还能激发学生对语言学习的兴趣，甚至激发学生文学创作的欲望。

评定者在综合运用多种形式的操行评语时，不仅要考虑学生的过去，更要着眼于学生的未来，在操行评定中更多地体现对学生的关注和关怀。

（二）中学生操行评定的保障策略

1.学校层面的保障

学校要对学生进行综合评价、发展评价、激励评价、开放评价，学生的"情感、态度、价值观"以及"学习过程与方法"都应该成为评价的内容。学校要把过程评价和结果评价结合起来，让评价促进学生发展，要重视对学生评价的反馈，建立反馈的长效机制。

学校在构建科学的学生操行评定体系时，首先可以研究制定严格的操行评定流程，研究时充分征求老师、学生、家长甚至社区的意见；其次学校的德育管理部门要从学期初就严格执行操行评定的管理工作，而不仅仅把操行评定当成学期末的事情；再次班主任要充分发挥自己及科任教师、学生及家长在操行评定的重要作用，让操行评定这一工作贯穿于学生中学生活的每时每刻；最后在反复实践后逐渐将操行评定工作当作一门课程来实施。

2. 教师层面的保障

师生间的平等对话是科学的操行评定的重要特点，它能通过师生思想上的沟通与交流，达成理解与共识，从而赋予学生自我教育的力量，完成学生的自我建构。从交往学的角度来看，撰写操行评定，就是师生之间的一种交往，教育者应做好角色转变准备，突出操行评定的对话性，实现师生之间真正的平等对话。教育者要诚恳，有平等、信任的态度，要有导引、激励意识，淡化强烈的控制意识，在交流中融汇丰富的个人情感，从而使师生间的交流有效地进行。其实在操行评定这一师生交往活动中，教师与学生都是主体，教师的角色是对话者之一而非评价者、控制者。

3. 家长和学生层面的保障

在新课改理念的倡导下，家长也开始认识到"千军万马挤着过独木桥"的观点是极其错误的，他们也更希望自己的孩子能全面发展，成长为一个具有独立个性的人，而不是只会读书的"书呆子"。家长通过和学校联合对学生进行客观评价，借助学校充分发挥家长在孩子成长中的重要作用，从而在促进孩子健康成长的同时也提升了自己教育孩子的素质和能力，这对每一位家长都是非常有意义的，家长们何乐而不为？

对于学生来讲，升入中学的他们一方面已经尝过许多次老师和家长"唯成绩论英雄"的评价之苦，也许那是不堪言的过去；另一方面新课改理念下的操行评定使他们也成为评价的主体之一，这会令他们感受做自己"主人"的特殊滋味。另外，老师、家长对他们全面、客观的评价可以促使他们有个性地生活学习，他们会感觉更自由快乐。这些都是中学生更喜欢新型操行评定的关键理由。

操行评定是实施新课程理念的重要载体之一，操行评定的改革其实就是理念的更新，教育教学的一次革命。因为要更新理念，要进行革命，所以操作评定的研究非常有意义，但同时实施的难度也会增加，这不仅需要从上到下的推动，更需要从下到上的倒逼。

参考文献

［1］孟繁华.赏识你的学生［M］.海口:海南出版社,2004: 50.

［2］邓淦之.中学德育生活化研究［D］.湖南科技大学,2010.

［3］代晓玲.浅谈操行评语的激励作用［J］.泸州教育学院学报,2001(02): 80-81.

［4］朱文学.操行评定应体现素质教育的要求［J］.教育评论,2004(03): 58-59.

［5］孙玉洁,李卓,焦春玲.中小学生操行评语变化的深层思考［J］.教学与原理,2005(03): 21-23.

［6］安艳.学生操行评语的理论基础及实践操作［J］.教育科学研究,2006(07): 50-52.

［7］陈玥,王守恒.操行评语在中小学德育中的边缘化现象及对策研究［J］.浙江教育科学(德育视点版),2009(02): 14-16.

［8］郭军.操行评定的艺术魅力和德育功效［J］.教育艺术(铸魂·艺术·魅力),2009(08): 10-11.

［9］宗龙昌.浅谈班主任操行评语的教育功能［J］.淮阴师范学院教育科学论坛,2011,3-4, 41-42.

［10］郭仁伟.学生操行评定定量化管理新构想［J］.探索(教书育人版),2012(05): 14.

［11］郭冰.学生操行评语改革的现代性解读［J］.教育科学研究(管理与评价版),2012(08): 41-45.

小学STEM校本课程从社团到普及

长治市潞州区东关小学　王艳飞

【摘要】开展STEM教育、实施STEM课程已成普遍趋势。国家对小学阶段实施STEM课程已出台多个引领性文件，但尚无学校操作层面的具体要求。这项工作还存在文献研究理论多、视野不同、案例多、系统性不强等问题，对学校层面如何操作实施也缺少足够的指导。学校在实施过程中，多以活动小组、学生社团、选修课程为主，没有形成STEM课程体系，课程实施效果也难以令人满意。本文旨在引导学校规划和建设具有本校特色的STEM课程，并就如何有效普及实施STEM课程提出可操作性思路。

【关键词】STEM课程；课程体系；课程实施

一、研究背景与意义

STEM是Science、Technology、Engineering和Mathematics四个单词首字母组成的术语，是将自然科学、IT科技、工程学和数学组合在一起的综合学问。STEM教育旨在培养拥有革新精神、创新能力和辩证思维的未来型人才。而且这四个学科互相结合在一起，打破了常规学科界限，注重培养学生的综合素养与能力。

（一）学校普及实施STEM课程的必要性

从发展学生核心素养来看，进行STEM教育是落实"立德树人"根本任务和发展学生核心素养的必然选择和很好途径。中国学生发展核心素养以培养"全面发展的人"为核心，分为文化基础、自主发展、社会参与三个方面，综合表现为人文底蕴、科学精神、学会学习、健康生活、责任担当、实践创新等六大素养，并将六大素养进一步细化为十八个基本要点。六大素养中科学精神、学会学习、实践创新都是STEM教育的用武之地。针对其细化的十八个基本要点中的多个要点，与STEM教育的内涵具有很大的趋同度。因此进行

STEM教育是落实"立德树人"根本任务和发展学生核心素养的必然选择和很好途径。

从落实课程标准来看，STEM教育与多课程整合是落实各学科课程标准（纲要）的具体措施。STEM教育本身就是一种跨学科的综合教育理念和方法，是学生运用多学科知识，在真实情景中开展项目学习，解决真实问题的综合性教育。这种跨学科的综合教育能培养学生的创新思维、动手实践、团队协作以及各种综合能力。在新的《义务教育小学科学课程标准》中特别将工程与技术列为科学课程的一大学习领域，强调课程要动手和动脑结合，书本知识学习与社会实践、自然、解决问题结合，注重各大领域知识、各大学科的相互渗透和相互联系，促进学生全面发展。把实施科学课程与实施STEM课程结合起来，能相互促进。

在教育部2017年颁布的《中小学综合实践活动课程指导纲要》中也明确指出：综合实践活动是从学生的真实生活和发展需要出发，从生活情境中发现问题，转化为活动主题，通过探究、服务、制作、体验等方式，培养学生综合素质的跨学科实践性课程。可见实践综合实践活动课程与实施STEM课程也具有整合意义。实际上，小学各学科标准都有相关的内容，在小学开展STEM教育与语文、数学、科学、信息技术、综合实践活动、艺术等学科都需要整合进行。

（二）学校普及实施STEM校本课程体系具有现实意义

实施STEM校本课程，需要解决校本课程的指导纲要、课程内容、课时安排、课程资源、教师、课程评价、实施空间等一系列问题。如果缺少整合，实施起来就会出现课程目标（纲要）多头指导、课程内容不成系统、课时不足、教师紧缺、评价没有实操性等具体问题。解决这些问题的办法就是把STEM课程与其他学科课程整合为STEM校本课程体系。

STEM教育不同于传统课程的以普通教材为主要学习内容、在传统的教室内就能完成教学，STEM教育需要特殊的学习环境的支持，不仅对物理环境提出要求，也需要网络空间的支持。目前，关于STEM学习环境，很多学校投入较大的资金，主要是在硬件设备上进行投入，这些投入如果只能服务于部分学生，则投入产出比太小。因此，让每一个学生都享受STEM课程，面向全体学生开设STEM课程才应该是学校的终极追求。

（三）概念界定

STEM课程是指以做中学为教育理念，在建构主义学习理论、目标理论等教育理论的指导下，为了实现培养中小学生的创新能力、协作学习能力以及跨学科解决问题的能力的教育目标，围绕STEM相关学科课程内容，在新型的STEM学习环境的支持下，将STEM教学方法和评价方法用于开展STEM教育的规划和实施的过程。

STEM校本课程体系，是指学校为了更好地实施STEM课程，把学校开展STEM教育的各种目标、形式、内容等按照一定的原则，在学校文化和课程体系指导下，结合学校育人目标，以实施STEM教育为核心而形成的实施框架，是学校课程体系的子结构。建设此体系的目标首先是为了学校各种STEM教育行为更加条理清晰，达到与学校育人目标相一致的目的；其次是为了提升STEM教育行为的实施效果，并赋予STEM教育目标、内容等层次性、系统性；最后是学校形成STEM教育课程体系后更能体现学校办学理念，彰显办学特色。

二、STEM课程在学校的起步

（一）广泛建设学生社团

多数学校会举办小学生的科技节活动，并组织学生科技小组、学生社团等，这些都具备STEM课程特征，是学校实施STEM课程基础形式，也是学校STEM课程起步阶段的最佳途径。学校要充分挖掘资源，利用现有条件，在师资、设施设备等方面，充分与社会力量合作，开展诸如创意搭建、动感机器人、动漫世界、铁甲机车、无线电制作、航空模型、无线电测向、SNAP编程、创意机器人等学生社团，让学生畅游在高科技的海洋里，热爱科学和技术，充分满足学生的好奇心和发挥其创造力，培养学生的创新能力和动手实践能力。这些活动虽然没有冠以STEM课程的名称，但也使得学生不知不觉感受到STEM课程的魅力。

（二）创客空间建设

打造一个专属自己学校的创客空间，是展现学校个性文化和创造品质的重要窗口，也是开设STEM课程的重要条件。在选择教具的过程中，我们遵循了这样的原则：第一，是不是有符合学生年龄特点的课程体系；第二，是不是与参加全省、全国和机器人等级考试的器材具有一致性；第三，由于要面向全体学生开课，这些器材和课程必须具有梯度，还得便于管理人员整理和保管。随着课堂教学实践的深入，又需要增添适配于学生编程机器人套件和一些开源硬件，最终实现集机器人搭建、图形编程、创意制作于一体的开放实验室。

（三）制定STEM选修课程指导纲要

学校STEM课程选修课程要有效实施，课程指导纲要的制定和完善是非常必要的。课程指导纲要是对课程目标、课程内容、课程实施、课程评价等方面的规范化要求。STEM课程的指导纲要，不能闭门造车，要找到理论依据，因此，要依据《中国学生发展核心素养框架体系》、教育部新颁布的《科学课程标准》《综合实践活动课程指导纲要》制定了学校校本课程的课程目标。

三、把编程实践作为STEM校本课程的必修课

小学课堂教学时间每节课是40分钟的，要在这个时间内完成一个较大的项目是不太现实的，所以，很多教师为了让学生在短时间内快速完成任务，直接将结果或解决方案告诉学生，缺少给学生思考探索的时间。通过这样的手段无法实现STEM教育的培养目标，学生即便在动手操作上有一定的进步和提升，也会使学生朝着工匠的方向发展，无法培养出真正的创新人才。事实上，对小学生来说，每节课是很难完成一个学习项目的。在具体操作中，由于场地的原因，必须实现一节课完成一个小项目学习，下一节课，另一个班才能正常上课。

为了解决这一问题，长治市某校进行了积极探索，把编程基础和多学科整合，把思维与动手相结合，面向全体学生开设了编程创客实践必修课。

编程是学校开展机器人项目、人工智能项目的基础，让孩子们从图形编程入手，不但能培养学生的逻辑思维，还能为学生今后学习人工智能打下基础。不过，图形编程虽然不同于写程序代码，但对小学生来说也需要一个系统的学习过程，才能形成计算机思维。从小学开设编程必修课，是学生参与完整的STEM校本课程的重要基础。

学校通过把学科（语文、数学、科学等）知识进行"主题—探究—表达"

组织的模式，将学生的兴趣、直觉、反思、情感、价值等要素融入教学活动，使得整个的学习过程更加鲜活、立体、丰满。要强调学生动手，如自己制作一段音乐，编制一个帮助记忆英语单词的小游戏，把灯变成声控的，把垃圾桶变成自动的，给水龙头安装检测装置，等等，倡导通过行动和实践去发现问题和需求，并努力找到解决方案，培养自觉学习、实践、创新的习惯，体验做一名"工程师"的快乐与成就感。

以我校编程实践课教材目录为例，如图1所示。

```
第1课  走进 Arduino 世界
第2课  连通 Arduino 大脑
第3课  交通灯
第4课  呼吸灯
第5课  RGB 三基色原理
第6课  调速风扇
第7课  噪音检测器
第8课  楼道助手
第9课  智慧家园
活动一：什么是智慧家园
活动二：跟着老师一起做
活动三：完善自己的作品
活动四：作品展示
附录一 Snap4 Arduino 安装步骤
附录二 安装 Arduino 驱动
```

图1 我校编程实践课教材目录

项目性学习的每个主题由"目标、任务、活动和探究"四个环节组成，配有"创客百科""作品展示"等，"一课一主题，一题一结果"，同学们将像真正的工程师一样，对项目进行研究、策划、设计、组装和测试，亲手体验如何将所有的零部件连接起来，然后验证每个部分是否能正常工作，随后，同学就可以自由地开始按照自己的意愿进行创造，努力探索解决问题的方法，亲身体验抽象的理论如何变成触手可及的答案，最后提交项目成果、进行汇报，在"做"和"动"的过程中获得知识。

真实情景从学生身边的事例中提取制作素材，要求每个主题"从生活中来，到生活中去"，"科学其实就在我们身旁""利用科学解决身边实际问题"，使学生感到亲切、自然、有趣，通过思考、动手，不断地尝试、修改，在动手实践中产生创新思维的火花。

总之，学生通过此课程的学习，能够知道计算机是如何工作的，能够认识计算机的优势和局限，掌握数字化学习工具的功能和用法，并用来开展自主学习，了解程序设计的基本过程和方法，学会编写调试程序，理解物联网的原理，熟悉常见的传感器使用方法，通过设计与制造"智能装置"，设计并制作有一定创意的数字作品。

课程实施过程中，学生插接线路费时费力，特别影响教学进度，器材的收纳、保管、维护都对师生是个挑战。因此，学校还对开源硬件进行了升级改造，与山西智林信息技术股份有限公司合作，共同研制了Arduino开源硬件创客实践箱。实践箱集成了OLED显示屏、RGB灯、加速度计、麦克风、光线传感器、蜂鸣器、按键开关、触摸开关、超声波传感器、温湿度传感器等输入、输出设备，有效地提升了教学效率。

以下为我校正在使用的创客实践箱，如图2所示。

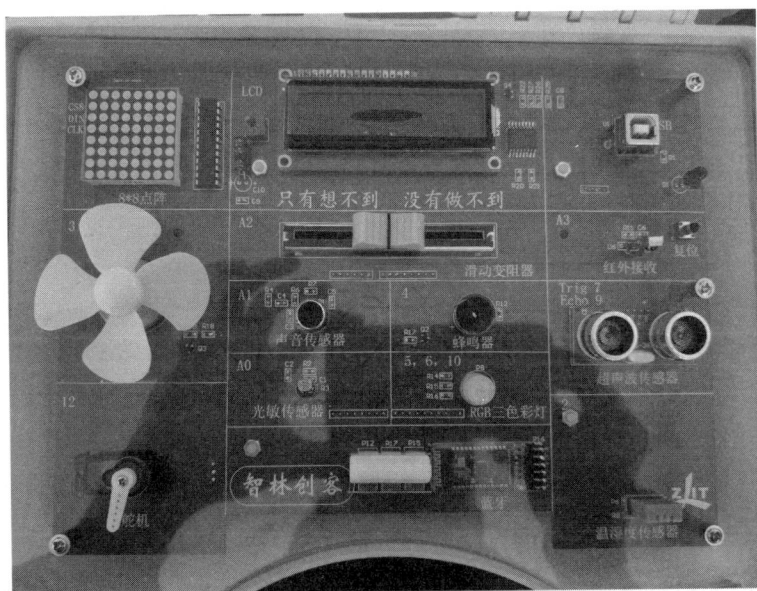

图2　创客实践箱

实践箱支持图形化和代码编程，体积小，空间利用率高，方便收纳、携带、管理及作品制作，可供不同阶段学生学习编程；内置多种输入输出，在不外接设备的情况下也能完成多种创意作品；方便拓展，兼容性强，有丰富的智能电子硬件、结构件等周边资源；具有群组功能，能实现相互之间的控制，方便团队协作，共同完成项目；具有物联网功能，能够完成现实应用案例，让学生真正做到学以致用。

四、把学科整合为STEM项目作为必修课

如果学校单纯地引入STEM课程，不进入课程整合，则背离了STEM课程的课程价值，而且与其他学科存在课程目标、课程内容等方面的重复，在课时安排、任课教师安排、课程评价等方面也存在一定的实际操作难度。因此，学校有必要在开发和实施STEM课程的过程中，整合多课程成为STEM校本课程。

一直以来，在学校教育里，课程的内容都是由教师来确定，教师教什么，学生就学什么。STEM教育并未纳入学校的课程体系，为了激发学生的学习兴趣，教师完全可以根据学生的意愿来开发课程。教师可以把已筛选过的适合STEM课程教学的内容主题发给每个学生，了解学生想要学习的主题有哪些，再对该主题进行详细的内容开发，这样开发出来的课程既符合STEM课程的核心内容要求，又满足学生的学习需求。

我校《节能校园　你我共建》活动案例

STEM课程本身是一门集多学科、多领域知识为一体的课程体系，意在培养学生的动手能力、实践能力、创新思维、创新能力。"节能校园，你我共建"这一项目，涵盖了学生的思想品德教育、环保节能教育、科普知识学习、科技制作等多个内容，通过活动不仅能提高学生的节能环保意识，而且对提高学生的个体素养也有较大作用。

一、活动背景

习总书记在全国生态环境保护大会曾说：生态环境没有替代品，用之不觉，失之难存。要树立大局观、长远观、整体观，坚持节约资源和保护环境的基本国策，像保护眼睛一样保护生态环境。5月8日长治市委宣传部、市文明办也向广大市民发出了"垃圾分类我先行，争做文明长治人"的倡议，号召全体市民从我做起，减少垃圾，共建优美环境。作

为长治公民，人人有责任、人人有义务搞好长治生态建设。学校是一个小社会，是孩子们主要的活动场所。即使在校园中，也很容易发现这样和那样的环境污染或资源浪费现象。从孩子们身边的小事着手，帮助他们树立环保理念，探寻解决问题的方法，比空洞的说教更有意义。因此，学校确立了"节能校园 你我共建"活动项目。

二、活动目标

（一）了解生态破坏和资源浪费给社会带来的危害，激发学生的节能环保热情。

（二）经历探究感光灯的制作和编程操作过程，培养学生的科学素养与创新能力。

（三）通过资料阅读、生活观察、动手制作、尝试实践等活动，激发学生的节能环保意识，帮助学生树立良好的节能环保理念。

三、活动设计

第一阶段：项目启动

1.利用影视、图片、文章等资料，让学生通过视觉感官去触碰人类对大自然的破坏，以及大自然对人类肆无忌惮的报复，激发学生爱护地球、保护地球的欲望。

2.教师引导：从小事做起，从身边的事情开始研究。通过学生回想校园中一些环境污染及资源浪费现象，提出探寻根源及改变现象的方法。

3.教师根据学生提出的小项目研究，引导归类，并根据确定的小项目进行分组。

4.各组确定组长，并在组长带领下研究制定本组项目活动计划及目标。

第二阶段：小组项目研究

各小组成员在组长及各指导教师的组织带领下，利用课余时间，走向社会、走遍校园，观察、访谈；或在课堂上，利用器材对自己的设想进行实验，发挥自身特长对各项目展开研究。

第三阶段：成果展示汇报

各小组对自己的研究成果进行展示分享，指导教师组织全体学生对各组成果进行评价，并总体给予合理的建议。

四、活动成果

"节能校园　你我共建"这一项目，学校确定由五年级三班负责，全班50名孩子全部参与。在指导教师的帮助下，学生根据自己感兴趣的项目共分了五个小组，分别是：资料搜集小组、手抄报小组、绘画小组、科技小组、编程小组。各小组成员除主要参与本组活动外，还根据自己课余时间的支配情况及兴趣，或多或少地参与了其他小组的活动，并在项目成果展示会上进行了展示。

五、活动感悟

活动意义：这一活动项目适时、适事，对于青少年价值观的培养具有重要意义。如果学生能从小树立节能环保的意识，就能帮助他们在成长中形成良好的生活品德。同时，这一活动又不是单一的思想教育，它融语言魅力、艺术审美、科技创新、智能智慧为一体，开阔了学生的眼界，拓宽了学生的视野，培养了学生的创新能力，提升了学生认知高度，使学生的综合素养得到了提高。

所需改进：综合性活动项目，涉及的知识面广，活动边界较大，学生在活动中由于是建立在自主选择活动项目的基础上，主动性极强，参与热情也高，成果也颇为丰硕，但同时也暴露出了一些问题：学生在材料搜集上，雷同多，缺乏甄别、选择与归类。因此，在今后的活动中，应加大创新创造类型项目研究，小处着手，小处突破，使小制作、小发明、智能机器成为学生项目活动成果的主体，不断促进学生创新能力的发展。

六、STEM校本课程的普及实施

目前学校实施STEM课程的对象多为学生社团、兴趣小组，这是一所学校实施STEM课程基础形式，但这种形式不能覆盖全体学生，都具有选修课特征。另一种实施对象是项目小组，在教学中整合多个学科，提炼出学习项目，围绕项目展开研究、实践，这种形式由于时间、场地、指导教师等原因，不能组织班级、年级、学校统一实施，在参与对象上也不能覆盖全体学生，也是选修课程。学校面向全体学生实施的STEM课程，即必修课程，这种形式固定了课时、场所和指导教师，实现了STEM常态化实施。

学校STEM课程体系的组成

课程类别	实施对象	组织形式	课程内容
选修课	部分学生	学生社团、兴趣小组	个性与特长培养
		项目小组	主题性学习
必修课	全体学生	常态化实施	基础培养
			以班级或学科为单位的项目性学习

STEM校本课程体系建设大致应分为三个阶段。第一个阶段重点构建基础性课程，主要包括基础的创新思维训练课程、基础的创新技法课程、有效的团队合作课程等。课程设置的目的是启发学生基础的创新思维，养成善于观察、勤于思考的习惯，同时也掌握一定的基础创新技能技巧，为开展创新活动打下基础，并且要注重分工协作，培养有效的团队合作精神。第二个阶段重点构建综合性课程，以课程为载体，以具体的项目活动为主要形式，最好是源于生活的真实项目，在项目活动的过程中注重引导学生发现和分析问题，设计方案、优化方案、解决问题，并能归纳和总结解决问题的亮点及不足。第三个阶段重点构建特色课程，以学校办学思想为指引，充分利用校本资源或地域资源优势，打造特色项目，基于项目进行体系化设计及实施，并对项目进行深入拓展与挖掘，最终形成特色课程。

总之，学校STEM教育理念下的学校特色课程的建设与实施是一个系统工程，需要做科学的顶层设计，需要专家的引领，需要学校的统筹规划和逐步实施，需要广大教师的积极参与。

参考文献

［1］郭斌. STEM教育理念下学校特色课程建设的思考与建议［J］. 教育科学论坛，

2019(07), 18-20.

[2] 郝新春.创客教育的教学实践研究——以Snap+Arduino平台为例［J］.中国电化教育, 2018(04), 35-39.

[3] 汪凌.小学STEM课程的构建价值与实施思考［J］.教育科学论坛, 2018(11), 36-38.

"以点带面"式校本课程开发探究

——以长治市火炬中学为例

长治市容海学校　李卫华

【摘要】基于《基础教育课程改革纲要（试行）》，校本课程开发是教育改革的热点。各类校本课程开发模式建构各具千秋。剖析校本课程开发的资源优势及资源建设，寻找多元因素背景下校本课程开发的"切入点"，有效利用切入点的辐射效能，"以点带面"推进校本课程开发，意义突出。寻找优势、突破难点、调查论证，方可形成独具特色的校本课程。

【关键词】中学；校本课程开发；以点带面

一、核心概念

（一）"以点带面"

"以点带面"出自竺可桢《一年来的综合考察》，"考虑全面布局，因此是点面结合，以点带面"，解释为用一个单位或地方的成功经验来带动许多单位或成片地区的工作。"以点带面"式校本课程开发主张课程开发不可一哄而上、全面铺开，要注重典型引领，把握落脚点，找准切入点，以点带面，点面结合，由一项或几项特色课程或精品课程先行试验，从而积累经验，折射或延伸出本校独具特色的校本课程。

基于以上对"以点带面"的理解和进一步阐释，校本课程建设必须找出典型的引导性力量来引导其建设方向就是本文所指的"切入点"。这里的"点"指的是火炬中学本身所具有的优势资源，这些优势资源如何转化为学校的校本课程资源是火炬中学所追求的"点"。这里的"点"也有"切入点"的含义，这种"切入点"指的是在火炬中学校本课程建设中，能够以这样的"切入点"转化为校本课程建设的突破点，不断地形成校本课程建设的优势策略的配套组合，从而形成校本课程建设的"面"，而这里的"面"当然指的是在火炬中学校本课程建设中，通过以上"切入点"来不断地形成校本课程建设的全面性、综合性、系统性的建设过程。

（二）校本课程开发

校本（School Based）意为"学校为本""以学校为基础"，有三方面的含义：为了学校、在学校中、基于学校。"'校本课程'是指学校根据自己的教育理念，在对学校学生需求进行系统评估的基础上，充分利用当地社区和学校的课程资源，通过自行设计开发的多样性并可供学生选择的课程。"

校本课程按其涵盖范围可分为广义的校本课程和狭义的校本课程，广义的校本课程是指学校所实施的包括国家课程和地方课程在内的全部课程，而狭义的校本课程则专指学校完全自主开发实施的课程，是学校对国家课程和地方课程的补充。本研究采用的视角是广义的校本课程，主要研究基础课程、拓展课程、特色课程相统一的校本课程体系。校本课程开发是指学校根据本校的教育教学现状，通过学生的需求进行科学的发现、选择、新编教学材料或设计学习活动，并建立内部评价机制的教育教学活动。也有一些学者认为，校本课程开发是指学校为了达到教育目的或解决学校的教育问题，依据学校自身的性质、特点、条件以及可利用和开发的资源，由学校教育人员与校外团体或个人合作开展的课程开发活动。校本课程开发需要有课程目标的制订、课程内容的选择、课程实施及课程评价等主体因素。

（三）火炬中学

长治市火炬中学为一所九年一贯制学校，创建于1974年，原名建西（建设西路）学校，属长治锻压厂、长治液压厂、长丰公司、长治机床厂、长治凤凰胶带五厂联办学校，2002年正式剥离五厂，划归长治高新区管理，2017年9月，划转市教育局管理。火炬中学的地理位置相对优越，位于太行西街221号，东与市图书馆、双创梦工厂实践活动基地为邻，西有市博物馆、市新闻中心、市体育中心做伴，文化氛围得天独厚，为校本课程建设创造了优质的社会资源。火炬中学的学生主要来源仍局限于原五厂子弟及施教范围内适龄儿童，且施教范围内新建居民楼铺天盖地，入住居民来自各行各业，学生行为习惯及综合素养差距较大，甚至基础的卫生问题还有待改进。火炬中学的中年教师多数来源于原厂矿职工，勤奋敬业，严守师德，但缺乏创新意识；部分青年中坚力量学科专业性强，但缺乏活力，整体有待与时俱进，最终成为校本课程开发的瓶颈。课程改革实施以来，该校课程改革已逐步进入角色，但相比较发达城市及本市特色学校的课改步伐而言，仍处于起步阶段。2011年学校音乐、美术、篮球社团开始成立；学校德育文化建设也曾勇立潮头，但近十年来，由于学校管理者的调整与课程意识的不一致，随着课程改革的不断深入，学校文化缺乏稳定性、适切性、传承性、创造性，校本课程开发在新时代课程改革中失去了意义与色彩。

二、"以点带面"式校本课程切入点及实施方式探析

随着2001年国家《基础教育课程改革纲要（试行）》的颁布，校本课程开发成为教育改革的重心和学校的主要工作，而边远学校在校本课程建设难和难建设的困境下，依然尚未起步，以"以点带面"为主导的校本课程开发形式更容易帮助学校课程建设找准切入点，从"点"入手，找准课程开发方式，着力破解难点，推进校本课程的建设。

（一）多维度找准"以点带面"校本课程开发切入点

正如杨静娟老师所说，"校本课程开发过程中一般存在两种常见的开发流程，一种是完全'无中生有'的课程开发，另一种则是将学校实施效果比较好的传统主题活动进行'重新包装'后形成的校本课程"，依照流程全方位、多角度找准课程开发切入点是有效开发校本课程最重要的抓手。学校传统文化、校园周边资源、学校发展需求、主题拓展推广作为校本课程开发的基点，无论从哪一个视角探究"切入点"，都要做好深入思考，做有益尝试。

1.基于学校发展历史寻求校本课程开发"切入点"

在课程开发的过程中，我们要对特定的学校文化、传统、理念加强重视，因为这些因素深刻地影响着课程开发的适切性。1998年学校更名为"长治高新区火炬中学"，结合最早我国提出的"火炬计划"，即实施科教兴国战略，发挥我国科技力量优势，促进高新技术成果商品化、高新技术商品产业化、高新技术产业国际化。基于学校的历史、理念，将"火炬"本意"光明"与"启蒙"，融合国家"火炬计划"的"再生"与"竞技"，"火炬精神"即和谐、合作、团

结、创新逐步提炼出来，成为引领火炬中学学校文化及校本课程开发的精髓和"切入点"，开发各类体现竞技、合作、团结、创新的校本课程。

2.基于学校资源寻求校本课程开发"切入点"

越来越多的学校走本土化课程开发之路，充分依托家长资源、环境资源、社区资源等各种资源优势，充分发挥家长、教师、学生的积极作用，做好校本课程的设计、开发、实施与管理工作。基于学校传统活动、学生兴趣及技能培养，广泛关注和激发学生的主体意识，尊重学生的自主权利，使孩子的个性得到充分发展，通过选用、改编、重组，多角度切入课程开发，逐步形成学校学科类、活动类、特色类课程系列。

（1）设施环境建设

火炬中学的地理位置相对优越，文化氛围得天独厚。长治市图书馆为我们有效阅读课程的开设创设了条件；长治市博物馆的设立有助于学生了解本土文化，与历史学科一起构建校本课程；长治市体育馆对于师生开展竞技类活动搭建平台；长治市电视台及政务中心为学生参加社会实践活动创造了机遇；距离仅几百米的社区为学生的社会教育、感恩教育提供了方便。这些区域内可梳理和开发的有效资源，为课程开发的基地建设及项目建设提供了有力支撑。

（2）家长资源建设

按照长治市教育局规范化家长学校实践活动实验区工作指导要求，2019年火炬中学家长委员会及家长学校成立，选聘产生了12名家长学校兼职讲师，有效激发了学校部分优秀教师的主体意识，讲师团基于不同阶段、不同班级的特点，确立内容涵盖行为习惯养成、青春期教育、心理健康教育、性教育、中考辅导指导、信息技术应用、家校有效沟通等家长学校特定学习课题10期，积极参与学习的家长2500余人次，撰写心得2500余篇，参与度达90%。教师的积极参与同家长的广泛关注和认可为学校校本课程开发有效推进提供了保障。

（3）教师资源建设

《长治市深化基础教育改革十大行动》的提出为长治市基础教育改革新发展明确了新方向，提出了新要求。在"开展课后服务，减轻学业负担"方面，我校课后服务充分尊重了学生的自主选择，各类社团活动的开展充分发挥家长委员会的引领作用，在学生家长资源和社会化机构中发现可利用师资，采用广泛引进和聘用师资的方法，有效解决了课程开发师资紧缺的问题。

（4）校园文化建设

2017年，长治市委、市政府着眼教育长远发展，切实解决长治市主城区内人口增长和教育资源不足的问题，提升区域内教育硬件设施水平，改善办学条件、优化教育资源，打造更加和谐、舒适、优美的育人环境，决定在主城区内新改扩建8所中小学，火炬中学为此次改扩建工程项目之一。未来学校文化建设的重组构建与改扩建工程的建设与实施相统一，为校园文化的内涵发展与前瞻发展创造了强有力的条件，同时也为课程开发与建设创设了环境及设施优势。

3.基于学校发展需要寻求校本课程开发"切入点"

近几年来，长治市中小学质量检测评价结果显示，火炬中学的综合发展居于市直中学的中等水平。学校从另一个维度探究稳居综合发展前列的几所初级中学，就学校文化建设及课程开发实施方面具有独特优势，基于长治市火炬中学发展现状，通过对学校优劣势进行分析，找到学校自身发展的优势和明显的短板，随即有针对性地选择某一个点寻求突破，积极研究策略、调查论证、借力资源、实践探索、成果总结、辐射整体，从宏观着眼、微观入手建设课程，在逐渐完善中形成特色化的品牌校本课程。综观所述，火炬中学最大的优势即抓准学校改扩建、硬件设施投入、校园文化创建这一突破点，对学校文化建设及校本课程的规划与实施十分有利。

4.基于主题拓展推广寻求校本课程开发"切入点"

基于主题拓展的推广类校本课程主要指综合实践活动课程，而综合实践活动类课程的实施有利于保障课程实施的师资、提升课程实施的本质、降低课程开发的难度、预见课程实施的成效，也是目前我们校本课程呈现最广泛、最常见的一种形式。广州市番禺区沙湾镇西村育才小学雅曲坊、雅韵坊、雅乐坊、民乐演奏室、舞狮、泥塑等综合实践活动的开展，充分结合了学校发展历史、当地的民俗特点等有效资源优势，不断深挖"风·雅"特色教育内涵，追求"风·雅"文化品牌目标，高雅的民乐，丰厚了孩子们的民间艺术文化底蕴和修养，为孩子们打造了多元化发展的平台，培养了孩子们健康发展的审美情趣、良好的艺术修养和追求真理的科学精神，引领学校达到了朴雅人生全面和谐发展。这也是育才小学能够获得"番禺区综合实践优秀示范学校"殊荣的根本所在。长治市火炬中学在国家新课改浪潮的推动下，在政府出台的《长治市深化基础教育改革十大行动》的助力下，秉承"火炬"竞技、和谐、合作、团结、创新的理念，依据优越的地理优势、改扩建的历史机遇、多元的社会资源，寻求新路子、探索新方法、展示新成果，发展多样化的综合性实践课程势在必行，而寻找校本课程建设的"切入点"显而易见。

（二）火炬中学校本课程开发之方式简析

校本课程建设需要多维度、多元化，以上每一个基点并不是独立存在的，而是相互关联、相互作用的，学校有浓厚的校园文化、优越的硬件设施、优质的社会资源，校本课程的建设与开发，需要结合实际，找准目标，可寻一点来辐射面，亦可寻数点连接面。

1.学校传统文化式的开发方式

传统文化式的校本课程开发方式，指的是以学校的传统文化和学校的传统办学理念以及历史，作为校本课程开发的精神性力量。这对火炬中学提出了一个更高的要求，也就是说，在校本课程开发的过程中，要积极地融入火炬中学的历史文化和火炬中学内在的新生力量以及有益的传统做法。从一定程度上来讲，传统文化式的开发，着重强调的是让火炬中学能够在其校本课程开发和设计的过程中不断寻求自身传统的优势，让这些优势成为火炬中学校本课程开发的一些主体性支撑，不断为校本课程的开发提供内在的支持力度。需要指出的是，基于传统文化式的课程开发方式，必须贯穿于火炬中学校本课程开发过程的始终，也必须使得火炬中学的课程开发真正切入传统文化的全过程，这样才能够使校本课程的开发更加符合火炬中学的传统和历史，也能够更加积极和多样性地面向未来。

2.学校优势资源式的开发方式

以学校的优势资源作为校本课程的开发方式，指的是在优势资源作为切入点的情况之下，不断把优势资源的运用与实践推向更深的实践维度。从这个意义上来说，基于学校的优势资源，把学校的优势资源作为校本课程开发的切入点和开发的方式，实际上能够更好地刺激学校的整体运行效果，使得学校整体校本课程的开发，能够充分借助自己的优势来进行，使学生、家长以及相应的教师都能够参与到校本课程的开发设计以及总体管理之中，实现综合性的互动，不断把校本课程的开发推向新的高度。校本课程资源开发也应当是建立在这样的过程之中，让学生和家长能够不断感受到其参与的意义和价值，同时，学校优越的地理位置、学校的教师队伍建设、校园文化建设等，都能够有力地成为学校发展和繁荣校本课程建设的重要着力点。

3.学校发展式的开发方式

与上述"基于学校发展需要而寻求校本课程开发的切入点"一样，学校发展式的课程开发方式指的是教师、学校在学校总体发展过程中进行课程的开发和建设。换言之，火炬中学在市直中学中的发展水平和办学特色，要成为学校校本课程开发方式的着力点，亦即，结合自身的实力和自身的发展特色能够形成较为独特的课程开发优势，使校本课程既有个性，也有明显的优势，这对于学校真正的长远发展和校本课程的逐渐完善来说，都具有特别重要的意义和价值。

4.学校课程主题式的开发方式

主题扩展式的开发方式，指的是在学校校本资源和校本课程建设的过程中，融合本地特殊的民间文化以及特定的民俗特点，有效地发挥这些资源优势，形成较为长效的校本课程建设着力点。校本课程的建设不是特定的，也没有唯一的路径和可行性可言。从校本资源开发和建设的维度来讲，运用各种方式对校本课程进行开发和建设都是可行的，也是值得探索的，发挥这些主题式的校本课程开发方式，能够提升校本课程的新颖性，也能够使校本课程的开发更接地气，实现校本课程开发的科学性、规划性及长远性。

从校本课程开发和建设的本真含义上来说，校本课程建设就是要求最大限度实现"就地取材"，有效利用身边的课程资源，最终把自己的资源课程化、实践化。但是，从校本课程建设的科学性上来说，任何一个学校的校本课程建设都是一个系统性和综合性的建设过程，这也就要求学校和教师真正找准切入点，以自身所具备的一些校本课程的优点或者优势作为切入方向来进行校本课程建设，从而最大限度地节约资源，同时，也能够最大限度地利用课程资源使得学校的校本课程建设更加具有本土性，更加具有适应性和灵活性，进而最大限度实现校本课程建设的目标和任务。"以点带面"式校本课程建设在一定程度上为国内的校本课程快速、高效建设提供了一种可能，也为国内其他学校进行校本课程建设提供了一个新的研究视角和实践方案。

参考文献

［1］中共中央、国务院关于深化教育改革全面推进素质教育的决定［R］. 1999-06-17.

［2］王雯雯. 教师参与校本课程评价的价值、困境及对策［J］. 教学与管理, 2020(06).

［3］张卫星. 特色校本课程开发及管理策略［J］. 教育科学论坛, 2020(02).

［4］毛苏琴, 罗超群. 研学旅行校本课程的构建与实践研究——以贵阳市花溪区第九小学为例［J］. 科学大众(科学教育), 2020(01).

［5］周逸宏. 浅析乡土文化类语文校本课程的价值及意义［J］. 课程教育研究, 2020(03).

［6］高洁. 如何创造优质校本课程——以某市两所初中校本课程实施为例［J］. 中国校外教育, 2020(01).

［7］车亚莉. 课程基地校本课程的开发［J］. 中学生物教学, 2020(01).

［8］暴生君. 具有北京特色的教材——北京市义务教育课程改革实验教材修订报告［J］. 新课程教学, 2013(2): 16-21.

［9］张增田. 多元文化课程的内涵与特点［J］. 当代教育科学, 2006. 17: 23-26

［10］Levin Benjamin. 教育改革——从启动到成果［M］. 项贤明, 洪成文, 译. 北京: 教育科学出版社, 2004: 149.

［11］上海市教育委员会教学研究室. 学校课程计划编制实践指南［M］. 华东师范大学出版社, 2017: 12.

［12］马强, 刘栋梁. 学校特色课程文化建设校本策略［A］. 教育科学论坛. 2018, 34: 69-72.

［13］徐鸣. 中小学校特色课程初探［J］. 新课程研究, 2017. 12.

［14］杨静娟. 校本课程开发及模式建构［J］. 教学与管理(小学版), 2018, 000(020): 24-26.

［15］徐慧敏. 给予核心素养的校本课程开发研究［D］. 内蒙古师范大学. 2018.

五年制师范历史教学存在问题成因探究

长治幼儿师范高等专科学校　吴艮堂

【摘要】五年制师范是师范教育由中师教育发展到师范高等教育的过渡产物，肩负着为基础教育培养师资的历史性任务。其中，学科教学的成败直接决定着师范教育质量的好坏。近年来，由于受生源质量下降、师资队伍建设相对落后等因素影响，师范历史教学出现了种种问题。本研究采取统计数据、实践调查、教学跟踪等行动研究法，以课堂教学为主线，辅以教学计划、受教育者和施教者，分析历史学科教学的现状、存在的问题、影响因素，探究历史教学问题的成因。研究发现，五年制师范学校的发展前景、课程计划、学生情况、师资队伍都会成为影响历史教学的因素。从课程编制、学生学习、教师队伍三个方面入手，可有效解决历史教学的问题。

【关键词】师范；学制；历史教学；问题；对策

在长治地区乃至山西全省还存在一定数量的五年制师范学校，这些学校都是由20世纪的中师学校发展而来。就拿笔者所在的学校来说，长治学院沁县师范分院是一所有着71年办学历史的师范学校，为国家培养了3万余名师范毕业生，为国家基础教育的发展做出了重要贡献。但随着三级师范向二级师范过渡，沁县师范挂靠长治学院升格为专科学校，2002年以后随着师范毕业生不再分配工作，生源质量和数量逐年下降，历史学科教学遇到了种种挑战，出现了一些新的问题。

一、五年制师范历史教学状况

（一）学校的培养目标决定了历史学科教学的发展方向

2002年，经山西省人民政府批准，晋东南学院（长治学院前身）沁县师范分院由中等师范学校升格为五年制师范专科学校。学校的办学目标是培养师德高尚、具有现代教育理念和创新精神，有厚实的专业基础、较强的教育教学能力和科研能力，掌握现代教育手段的具有竞争意识和可持续发展能力的专科程度的小学教师。学校升格为专科后，学生按专业、系别编制，共有8个系、10个专业，分别是中文系的语文教育，数学系的数学教育，外语系的英语教育，信息系的现代信息，艺体系的音乐教育、体育教育、美术教育，自然科学系的初等教育（自然科学方向），社会科学系的初等教育（社会科学方向），学前教育系的学前教育。

学校的培养目标是小学教师。因为学生在学校接受的是学历教育，而非升学教育，所以学校没有升学任务，学生没有升学压力，培养学生是按照合格教师的标准而进行的。学校管理按系（部）管理模式进行，按照教学计划10个专业都开设历史学科，只不过根据不同专业课程性质不同，有的专业是必修课，有的专业是选修课。中文系语文教育专业、外语系英语教育专业、艺体系音乐教育专业和美术教育专业、数学系数学教育专业一至二年级《历史》是公共基础课程；中文系四年级《中国通史》是专业必修课程；外语系四年级《中国通史》是专业选修课程。

（二）课时设置比重决定了历史学科的地位

以中文系语文教育专业为例，课时设置比重如表1所示。

表1　各学科课程学年学时分配表

| 课程类别 | 课程名称 | 学时数 | 学分 | 第一学年 | | 第二学年 | | 第三学年 | | 第四学年 | | 第五学年 | | 备注 |
				上学期	下学期	上学期	下学期	上学期	下学期	上学期	下学期	上学期	下学期	
公共基础课程	思想政治	144	8	2	2	2	1							
	语文	288	18	4	4	4	4							
	数学	270	13	5	5	5								
	英语	488	27	3	3	3	3	3	3	3	3	3		
必修	物理	108	6	2	2	1	1							
	化学	108	6	2	2	1	1							
	生物	90	5			2	2	2						
	历史	90	5	2	1	1	1							
	地理	90	5		1	1	1	2						

课程类别		课程名称	学时数	学分	各学年学时分配										备注
					第一学年		第二学年		第三学年		第四学年		第五学年		
					上学期	下学期	上学期	下学期	上学期	下学期	上学期	下学期	上学期	下学期	
公共基础课程	必修	音乐	128	7	2	2	2	1	1						
		美术	128	7	2	2	2	1	1						
		优育	224	13	2	2	2	2	2	1	1				
		书写	90	5	1	1	1	1	1						
		教师口语	108	8	2	2	2								
		马克思主义原理	182	9				3	3	3					
		邓小平理论和"三个代表"重要思想概论	38	4							2	2			
		职业道德与法律基础	72	4									2		
	选修	社会科学类	28	2									2		
		自然科学类	28	2					2						
		艺术类	28	2						2					
		体育类	28	2							2				
专业课程	必修	中国现代文学	218	12						3	3	3	3		
		中国古代文学	252	14					2	3	3	3	3		
		古代汉语	108	6							3	3			
		文学概论	72	4							2	2			
		写作	72	4						2	2				
		现代汉语	108	6					3	3					
		外国文学	108	6							2	2	2		
		小学语文教学法	108	6							2	2	2		
		中国通史	72	4							2	2			

(续表)

课程类别		课程名称	学时数	学分	各学年学时分配										备注
					第一学年		第二学年		第三学年		第四学年		第五学年		
					上学期	下学期	上学期	下学期	上学期	下学期	上学期	下学期	上学期	下学期	
专业课程	选修	选修A	28	2						2					
		选修B	28	2							2				
		选修C	28	2								2			
		选修D													
教育课程	必修	心理学	72	4									1	3	
		教育学	72	4									1	3	
		教育心理学	72	4						2	2				
	选修	选修A	28	2								2			
		选修B	28	2									2		
综合实战课程		劳动教育		2	1周	1周	1周	1周	1周	1周	1周	1周	1周		
		社团活动		2	1周	1周	1周	1周	1周	1周	1周	1周	1周		
		见习		1											
		实习		18										16周	
合计			4358	283	27	27	23	24	23	28	28	29	27		

从表1中可以看出，历史学科在一至四年级开设，分别是一至二年级的《历史》和四年级的《中国通史》。《历史》占总学时2%，学分占总学分1.9%；《中国通史》占总学时1.7%，学分占总学分1.5%；学时合计占总学时3.7%，学分合计占总学分3.2%。

（三）教材的选择决定了历史学科教学的内容

1.《历史》课程前后使用过两种教材。第一种是经全国中小学教材审定委员会2002年审查通过的人民教育出版社历史室编著、人民教育出版社出版的全日制普通高级中学教科书，分《中国古代史》《中国近代现代史》（上下册）《世界史》共四册。第二种是现在使用的经全国中小学教材审定委员会2004年初审通过的岳麓出版社出版的普通高中课程标准实验教科书，分必修Ⅰ（《政治文明历程》）、Ⅱ（《经济成长历程》）、Ⅲ（《文化发展历程》）和选修Ⅰ、

Ⅱ、Ⅲ、Ⅳ、Ⅴ、Ⅵ共九册。一般选择三册选修教材进行教学，所以实际教学中共使用六册教材。

岳麓版高中历史教材"优点明显，缺点突出，颇有争议"。优点方面，首先在编写、结构方面充分考虑了历史的整体性，对于帮助学生全面认识历史，了解事件真相还有事件关联有非常大的帮助；其次，岳麓版教材中外历史合编，形成了"纵横相连"结构，在帮助学生认识历史发展中的全局与局部的关系，以及中国与世界的关系等方面有更好的教育意义；最后，社会的发展，要求历史教学更能反映历史真相，作为历史教材必须实现拉近历史与现实的距离，还原历史真相，岳麓版教材很好地实现了这样的教学目标。存在的缺点为，一方面，受"整体史观"编撰观念的影响，岳麓版教材的课程结构在时间跨度，空间跨度方面非常大；另一方面，在课程的子目录设计上，子目录间的联系还不是特别紧密，这样使得课程内容之间的联系比较牵强，学科知识体系不系统，增加了学生学习的难度；再一方面，岳麓版的教材在编排过于迎合新课改的基本理念和基本要求，在一些教学细节方面还不能兼顾。

2.《中国通史》使用的是林丙义主编的由高等教育出版社出版的教育部师范教育司组织专家审定高等院校小学教育专业教材《中国通史》（上下册），现在使用的是第2版。第2版较第1版有比较明显的改进，一是在原教材基础上，根据史学研究的新成果，更新了教材框架体系和教学内容，力求贴近本学科发展的前沿；二是统一教材的编写体例，内容上也作了更新，更加方便学生使用；三是积极渗透新的课程教学理念，重视对学生的创新意识和实践能力的培养。

二、五年制师范学校历史教学存在的主要问题

第一，五年制师范生学习动力不足。五年制师范生相对来讲是个特殊群体，学生的思想认识和学习态度与同龄的学生有着很大的不同。初中毕业升入高中的学生100%想要继续升学，而从初中升入师范以后，学生的学习动机水平常常会下降。以专升本报名和录取数据为例，2015年毕业生共297人，报名参加专升本学生人数112人，占学生总人数37.7%，当年专升本被录取64人，占学生总人数21.5%，升学率占报名人数57.1%；2014年毕业生共342人，报名参加专升本学生人数126人，占学生总人数36.8%，当年专升本被录取88人，占学生总人

数25.7%，升学率占报名人数69.8%。这个录取率在全省同类学校中是最高的，当时相当一部分学生也是冲着专升本报考我校的。由于没有升学压力，学生的学习动力不足。

第二，学生生源质量相对较差。随着近几年"高中热"的兴起，初中毕业生大多选择上高中学习，师范学生的文化成绩大大下降。2018年我校录取新生129名，其中新生中考成绩总分最高分519分，最低分184分，均分352.23分。2019年我校录取新生111名，其中新生中考成绩总分最高分473分，最低分98分，均分354.47分。山西省中考总成绩满分是730分，2018年和2019年录取新生中考成绩均分仅占总成绩的48.25%和48.56%，可见学生的文化成绩水平。另外，在升入师范之前，大多数学生没有系统地学习历史，仅仅是为了考试而学习，学科基础比较薄弱。这是师范生历史学习方面存在的又一问题。

第三，教学方式亟待改革。从目前历史课的教学方式来看，基本上是传统的"以教师为中心"的讲授式教学。在这种教学方式下，学生是以被动接受、死记硬背来学习历史的。其负面影响表现在：其一，影响了历史学习的质量。学生原本想用死记硬背的办法，更多、更牢固地掌握历史知识，而事实上，运用这种办法学习历史，不仅学习质量不高，而且记忆的牢固程度也很低。学生的普遍感觉是，记得快，忘得更快。其二，限制了学生思维的发展。历史学习的程序、形式和方法是思维方式的外显，思维的发展要通过这三者来促进。这种以被动接受为特征的历史学习方式强调重复和模仿，注重机械记忆，制约了学生思维的主动性、新颖性、发散性、变异性和流畅性，影响了学生个性化思维的展开、创造思维的形成和发展。而学生个性化思维的展开、创造思维的形成和发展恰恰是师范生应该具备的良好素质。最后，这种教学方式长期运用，会逐渐使学生形成"唯书唯上"的品性，影响其个性的发展和健全人格的形成，对他们以后从事教育工作会产生不良影响。

三、历史教学问题的成因及解决对策

（一）科学的课程编制能有效解决课时与教材困境

学校课程计划对学生、教师和学校有着重要的意义，每所学校都应该拥有一份属于本校的完整的课程计划。课程计划编制、反思与持续改善的过程，是积淀学校文化底蕴的过程。

长治学院沁县师范分院成立于1948年10月，是一所"老牌"的师范学校，从最初的小学师资班、初师班、简师班，直到1956年改制为三年制中师，学校培养目标一直是为基础教育（重点是小学）培养合格师资。从2002年起，学校升格改制为五年制专科师范院校，招收学生以初中毕业生为主，也有部分高中毕业生。学校在培养目标上并没有太大的变化，但在课堂教学上却处于"尴尬"局面，有些同事私下戏称我们是"二不像"：高校不像高校、中师不像中师。2002年至2006年，学校教育教学基本上以省教育厅的要求和长治学院的指导为主；2006年"五寨师范会议"后，全省五年制专科师范院校在会议精神指引下，各校根据自身实际开展教育教学工作，学校走上了自主发展道路，先后经历了公共课程、专业课程、教育课程、校本课程、实践课程阶段和以社会需求开设课程阶段（当时学校的目标是"社会考什么我们就开什么"）、"主干课程"阶段、大力开设"选修课程"阶段等。学校在培训目标、课程编制、教学改革等方面之所以会出现上述情况，究其原因还是没有真正抓住机遇，跟上改革的步伐，特别是近几年在核心素养理解与贯彻上有差距。如果要改变这种局面，必须深刻领会"核心素养"的含义，借鉴先进省市教育改革的一些宝贵经验，同时学习国内同类学校的典型做法，科学地进行课程编制。

（二）培养学生学习兴趣，改变学习方法能有效解决生源困境

初中学生在升入师范后，由于自身原因，常常感到无论是历史课知识的广度还是深度都难以适应，不能较快适应师范的历史教学和与历史知识的衔接。

学生在学习历史中暴露的问题多源于思想上的懈怠和学习方法的滞后。我们可以通过提高学生兴趣，改变现有学习方法，促进学生在现有基础上得到提高。

其一，丰富学习内容，增加历史知识获取渠道，提高学生学习兴趣。有效利用学校所在地的资源，可以丰富、扩展历史知识。可以以学校附近的八路军太行纪念馆为基地，开展红色教育。

其二，改变学习方法，提高学习兴趣。改变教师教什么学生学什么、考试考什么的学习模式，引导学生善于独立思考和刻苦钻研历史问题。初中历史由于知识简单，对知识的要求在了解和记忆的层面，这种被动记忆的学习方法在初中历史的学习中很有成效，但是师范历史教材内容多、课时紧，需要学生发

挥主观能动性，具有勤于思考、善于触类旁通和举一反三探寻历史发展的规律和脉络的能力。培养学生动手能力，搜集史料或者学会利用地图树立时空观念等也都是非常有效的学习方法。

（三）教师认真落实历史学科核心素养能有效解决历史教学的困境

当前，要想把历史核心素养真正落实到学科教育中去，教师在推动学生核心素养"落地"过程中扮演着转化者的重要角色。历史核心素养给一线教师提出了挑战，但同时也为教师发展带来了机遇。在机遇与挑战面前，只有那些敢于尝试、善于尝试的教师才可能让师生的生命更好地成长于历史课堂。因此，为了促进学生核心素养的落实与推进，历史教师在加强基本教师素养的同时，更需要不断充实、提升自身的专业素养。笔者在和许多教师同人的交流中发现，几乎所有的教师在入职前都有着美好的教育愿景，但经过多年教学生涯后，发生了分化。一部分教师体会着教书育人的快乐，充实自己的生活；另一部分教师把自己由教师变成了"教书匠"，把课堂当成了"任务"，视备课为"烦恼"，这样的老师谈不上去感受历史学科的魅力。回望初心，心境已经发生了巨大的变化。因此，历史教师不能把历史教学仅仅当作完成教学任务、让学生取得成绩，更应该是师生共同成长和发展的过程。历史教师应该遵循人本主义学习理论，在历史教学中寻求"自我实现"的需要。

教师发展是从教师作为一个"人"的角度规范其一生。它是以提升个人生命质量为目的而进行的专业内涵发展。教师发展也是一种学习本能的体现，是一种寻求"自我实现"的需要，而这一点会成为影响历史教学的因素。

综上所述，五年制师范历史教学出现各种问题的成因有多个，其中有的是暂时无法改变的，比如生源质量。但我们可以通过课程编制，提高学生兴趣，加强师资队伍建设等方面有效解决历史教学中的问题。

参考文献

［1］余文森.核心素养导向的课堂教学［M］.上海:上海教育出版,2017: 5-33.
［2］上海市教育委员会教学研究室.学校课程计划编制实践指南［M］.上海:华东师范大学出版社,2013: 1-40.

［3］何有荣. 民国时期师范教育与地方社会——以运城师范学校为中心［D］. 四川师范大学学位. 2011, 10.

［4］刘山青. 升格后山西中等师范学校发展问题研究［D］. 山西师范大学. 2009, 6-18.

［5］何明. 中等师范向何处去——兼谈江西省九江师范学校的改革与探索［D］. 华中师范大学. 2002, 10-21.

［6］张晋英. 探究教学对中师生历史学习影响研究［D］. 西南师范大学, 2005, 21.

［7］李维, 丁廷森. 国际教育百科全书［M］. 徐培成, 译. 贵阳: 贵州教育出版社, 1990: 4-15.

［8］彭泽平. 改革开放以来我国基础教育课程改革评析［J］. 华东师范大学学报, 2004. 4.

［9］顾明远. 核心素养: 课程改革的原动力［J］. 人民教育, 2015. 13.

基于《普通高中课程方案》的课程体系建构研究

——以长治市潞城区第一中学校为例

长治市潞城区第一中学校　郝世俊

【摘要】普通高中结合学校的办学目标、学生特点和实际条件，为满足学生发展进行课程的规划，实施具有中国特色、充满活力的课程体系，符合《普通高中课程方案》要求。当下，普通高中课程体系面临课程理念弱化、非高考考试科目课程不能有效实施、课程资源挖掘和整合力度不够等困境和挑战。本文结合潞城一中课程体系的建构实践，从精准定位育人目标、整体规划学校课程、项目引领课程、分类推进实施、着力加强条件保障等方面入手，建构有特色、有活力的课程体系。

【关键词】普通高中；课程方案；课程体系；实践研究

课程是学生实际的学习途径和学习体验。课程体系建构关乎学校育人目标的达成，关乎学校办学内涵品质的真正提升。普通高中在"立德树人"教育目标的指引下，在学校文化的引领下，通过对课程这个载体的规划和实施达到学校的办学目标，实现育人目标。由于各地区、各学校自身条件不同，在课程体系的建构中会面对各种共性和个性的现实情况，需要通过不断的动态调整，才能逐渐建构起有特色、有活力的课程体系。

一、课程体系建构是国家对普通高中教育的要求

21世纪以来，随着社会的发展、时代的变化，国家对普通高中教育的改革发展进行了两次大的调整优化，在此背景下，为了贯彻党的教育方针和教育思想，落实立德树人的根本任务，教育部对应颁布了能够反映当时先进的教育思想和理念的两个课程方案，引领学校建构有特色、有活力的课程体系。

第一次的课程体系建构始于2003年实验版课程方案的颁布，教育部通过先

试点后全面推进的方式逐步启动，历经10年，到2012年，全国基本上实现了在这个课程方案下指导下的课程建构，推进了普通高中当时的教育教学。

第二次的课程体系建构，起始于2014年，伴随国务院、教育部印发的关于基础教育改革、课程方案、育人方式改革等一系列纲领性文件的发布，也是通过先试点后全面推进的方式逐步进行的。现在的目标是，到2022年秋季开学，全国实施新课程，到2025年，在普通高中教育教学的各个环节得到全面落实。

随着国家对普通高中育人目标进行了重新定位、育人方式提出了具体的改革要求，特别是新高考改革已经有14个省份进入实施阶段，在教育部正式颁布《普通高中课程方案》（2017年版）（以下简称《课程方案》）后，原来课程方案指导下建构的学校课程体系，迫切需要调整、完善，并进行系统全面的规划和实施。

二、普通高中课程体系建构现状

（一）课程理念弱化

学校和教师更多的关注点在学科课程，由于高考升学的压力，对课程中高考科目的应试研究较多，对其他课程的内涵理解不够深刻、认识比较片面，以为课程就是单纯的书本知识。而事实是只要能够对学生起教育作用，达到学校办学目标、育人目标的一切活动，都是课程，从修学分的角度来看，一个学分对应18个课时的课程内容。

（二）非高考考试科目课程不能有效实施

《课程方案》中明确指出：普通高中要为学生未来能够适应社会生活、高等教育和职业发展三个方面做准备，为学生的成长和终身发展奠定基础。但在教学实践中，由于高考升学任务的存在，普通高中尤其是高考成绩靠后的一般高中，重心多放在学科课程中的高考考试科目的教学上，为学生能够考出高分，上大学、上名牌大学而殚精竭虑，想方设法增加课时，进行应试训练。对学科课程中的非高考考试科目不全开或缩减课时，甚至不开设，综合实践课程和校本课程处在非常尴尬的境地，要么通过填写报告、完善资料等形式完成，要么通过一些常规德育活动作为替代，导致师生对这两类课程没有概念，重视程度不够，教师开设课程和学生上课的积极性不强，课程流于形式，得不到有效实施，该课程的育人目标也大打折扣，不能完成。

（三）课程资源的挖掘、整合力度不够

学校和教师对除课本外的课程资源意识不强，导致挖掘课程资源、开设选修课程的能力没有得到锻炼，尤其是对校外课程资源的挖掘，整合方面欠缺更大，具体有以下几个方面：第一方面是同义务教育、大学的课程衔接不够，特别是与大学尤其是区域内的大学合作开发课程的力度几乎为零；第二方面是对学校所在区域科研院所的特色研判不足，科研课程资源开发不够；第三方面是与有关企事业单位以及本区域的课程资源拥有者的联合和整合不够。

三、基于《课程方案》建构课程体系的探析

笔者认为，在《课程方案》的指导下进行课程体系建构，需要从三个方面入手：第一，学校要依据国家课程设置要求，结合学校办学目标、育人目标，考虑学校及周边的课程资源条件，整体规划有特色、有活力的课程体系。第二，对三类课程进行重构，建构三类"课程群"，并分类推进实施。第三，学校各部门之间要协调配合，加强教学设施、资金、培训等方面的条件保障，促进课程落地。

（一）精准定位育人目标，整体规划学校课程

学校要在《课程方案》的指引下，追问学校文化内涵，再次梳理凝练学校的"一训三风"，准确定位新时代条件下学校的办学理念和育人目标，结合本校学生特点，考虑学校及周边的课程资源条件，确立向上能够承接国家教育目标、向下能够反映高中教育基本定位的课程目标，在此基础上进行学校课程的整体规划。

课程规划要从学生的发展出发，注重课程全面育人的功能，着眼学生核心素养的培养、综合素质的发展和个性发展的需要。按照纵向分类、横向分层的思路，对《课程方案》中的学科课程、校本课程、综合实践活动三类课程进行整合，使课程结构更加灵活和开放，特别是要增加课程的选择性，建构可动态调整，有活力的课程群，形成区域特色的课程体系。

（二）项目引领课程，分类推进实施

普通高中学校在做好学校课程规划以后，要成立以校长为组长的课程委员

会，进行学校课程的审核、评价、保障。另外，要有专人负责牵头，组建课程建设"项目组"，通过子项目的引领方式，提升课程意识，加大对校内、校外课程资源的挖掘力度，积极开发开设各类课程，并创设条件，保障课程真正落地实施。

1.学科课程通过课堂教学改革促进实施

《课程方案》中12个科目的学科课程都划分为必修、选择性必修和选修，对应有不同学分的修习要求，学校要结合新高考改革和走课选班的需要，按学期或学年统筹开齐开足学科课程。学科课程的有效实施必须依靠课堂这个主阵地，而课堂教学模式如果不进行相应的变革，课程的理念、内容，育人的目标就不会得到切实体现。以前统一的、不分学科的学校课堂教学模式容易被"环节"所束缚。实践表明，按学科和年级的不同，进行分年级分学科的（如高一年级物理课堂教学改革模式），基于情境、问题导向的互动式、启发式、探究式、体验式课堂教学方式改革探索，是促进课程实施，实现"以学习者为中心"，构建思维课堂的有效途径。

2.校本课程适量开发同时开设

作为最能体现学校课程体系特色的校本课程，要积极、充分挖掘课程资源，开发开设。比如说挖掘区域内的大学资源，开设大学先修课程，积极接洽科研院所课题，通过为科研人员提供课题基地、建立相关工作室等方式开发开设课程，让科学研究的理念、方法及时通过课程的形式渗透到学生内心。与区域内的单位进行联系，比如地震局、医院、科技局等，相对科研院所来说，这些单位都在当地，与学校、教职工多少会有往来，可以通过各种途径获得它们对学校课程开设的支持，创新课程开设的途径。

当然，校本课程的开发要适度控制数量，在一些改革省份中，好多学校开发了几百门的校本课程，不用说让学生去选，学校可能都不一定搞得清每门课程的育人目标是什么——细想一下，国家才开发了十几门课程。因此，在构建学校课程体系时，一开始就要从制度上约束，避免一窝蜂开发，只写到纸上而不能落地。课程只要能满足全校同一个年级的学生选择使用即可，比如一所学校一个年级600人，每门课程有20到30人选择的话，开设30门校本课程就足够了，并且要根据课程评价、学生变更做出动态调整。

校本课程开设时间包括社团活动的时间，要尽可能全校同一年级排在同一时间段，并要求人人只能参与一项。由于高中学业的特点，周一至周五各基础学科课程按国家规定就排得差不多了，最多也就是留出一节课的时间来进行社团活动。当然，根据实际，可以在周末增加一定的时间来进行社团活动和学习校本课程。而周末开设，包括到校外开课，所需要考虑的因素，比如安全、交通、对方工作安排等就更多了，需要统筹协调。

3.综合实践活动课程因地制宜落实

综合实践活动课程是《课程方案》中规定的必修课程，与学科课程并列设置。学校课程体系的活力多取决于学校综合实践活动课程。教育部专门印发了《中小学综合实践活动课程指导纲要》，对综合实践活动课程的性质和理念、课程目标、内容与活动方式等做了进一步的界定和要求。在《关于新时代推进普通高中育人方式改革的指导意见》中，也明确提出要因地制宜建设学生社会实践基地、开展志愿服务和体验活动。高中阶段的综合实践活动课程分为三个类别，学校要因地制宜，挖掘整合综合实践活动各类课程资源，通过学生个人或小组，以修习学分（共14个学分）的方式完成。

（1）社会实践类

社会实践类课程需要修习6个学分，在常规的军训和党团活动外，要积极挖掘当地的课程资源，要多与本区域的企业联系，特别是一些驻区域的国有大型企业，它们有非常多的实践资源，要采取请进来、走出去的方式，利用学科与企业专业的关联性，比如说化学、生物等学科与化工类、生物类企业的关联性就比较强。通过建立"课程基地"、开展"研学旅行"等方式来拓展学校的特色课程。

我校利用我区被省科技厅认定的"山西省科普基地"平台，与中国矿业大学在当地的"中矿潞城石膏实验基地"合作，建立"潞城一中学生实践活动基地"，实践基地课程设置为：基地活动6次/年；指导专家讲座6次/年，中国矿业大学的专家科普讲座1次/年。利用我区革命老区红色旅游和历史古迹资源践行"读万卷书，行万里路"，"五一"节前，组织高一年级进行二万五千米"微长征"研学徒步活动。"国庆"节前，组织高三、高二"勇毅"班的优秀学子到北京进行"知·行合一"研学，助力高中生活，锁定名校梦想。

（2）志愿服务类

普通高中的志愿服务需要修习2个学分，在课外时间进行，三年不能少于

40小时。志愿服务作为培养社会责任感、奉献精神的课程，不仅仅是付出时间就行，更要注重服务的类型和学生个人在其中的作用。基本模式是由学校团委组织，学生会牵头，成立各种志愿队，如环保志愿者团队、"国旗班"志愿者团队、305雷锋志愿者团队、学生会志愿者团队、"阅读空间"志愿者团队等。各志愿者团队要有比较清晰的服务对象、相对固定的服务时间和内容，要充分应用自己所学的知识，在组织活动的同时，提升自己，也起到宣传学校的作用。

（3）研究性学习

在《课程方案》的修订中，研究性学习学分从原来的15个学分减少为现在的6个学分，应该说进行了大幅降低，只需要开展两个课题研究和项目设计，这也说明伴随新高考的推进、选课走班制的逐步实施，高中学生进行跨学科研究的时间和精力将急剧下降。学校在课程设置上要做好调整。

以研究性学习课程规划为例，如表1所示。

表1　研究性学习课程规划

时间	内容	课时	指导教师
高一第一学期	以高中综合实践活动——研究性学习课程——为基础，进行研究性学习的基础理论知识学习。	1课时/周	班主任
高一第二学期	以学科课程、研究性学习课程里面提供的课题或项目设计为选择，小组合作进行理论知识的巩固、理解，实践完成课题或项目设计	1个课题或项目/学期	学科教师
高二第一学期	重构研究小组，以当地实际为主，在各个领域中选定研究专题，进行课题研究或项目设计	1个课题或项目/学期	学科教师

（三）着力加强条件保障

1.加强制度和硬件保障

《课程方案》要求创设条件，逐渐探索、实施走班制教学，同样数量的课程，现在就需要更多的教室和更加专业的教师；无论是进行课程资源的开发，还是课程的开设，都需要学校从制度方面进行软硬件的支持保障；对公立学校来说，大的投入比如"购买"课程，还需要政府财政层面来进行支持。在课程得到有效规划之后，如何保证课程的落地实施，学校一定要一把手牵头，成立课程委员会，组建专门的课程规划和实施"项目"组，统筹协调各个部门，想法提供条件，给予充分的教学设施、资金、安全等方面的保障。学校在教师的考评制度、绩效考核制度上要加强对校本课程的开发开设、综合实践活动的倾斜，起到制度引领课程落地的效果。

2.加强教师储备和培训研修

《课程方案》中，外语科目增加了德语、法语、西班牙语，加上原来就有的俄语、日语，这样，除英语外还有五种外语科目可供学校开设，外语特色可以作为学校课程体系建构的一个目标，那么，除英语外的外语类教师储备就成为必需。同时，由于选课走班的要求，学科教师的不均衡性必然出现，学校需要结合本校学科教师的年龄结构、师资力量等，提前谋划，通过"县管校聘""招考""公费师范生"签约等方式，及早储备相关学科教师。

《课程方案》中，每个学科都包含国家要求开设的拓展、提高及整合性选修课程，学生要在这方面修习学分。教师在本学科中加强学习，拓宽自己的知识宽度和广度，培训和研修是解决的必然途径。通过针对性的培训，力争达到每位学科教师能够独立开设本学科最少1个学分的选修课程，供学生选修。尤其是挖掘校外课程资源，与其他学校、单位等联合开发开设课程能力的培训更是要有系统性和针对性。

参考文献

［1］余文森.核心素养导向的课堂教学［M］.上海：上海教育出版社，2017: 50.

［2］上海市教育委员会教学研究室.学校课程计划编制实践指南［M］.上海：华东师范大学出版社，2013: 65.

［3］张卓.以优化课程体系助力新时代普通高中育人方式变革［J］.教育探索，2020(01): 14-17.

［4］吴键，喻奇林.基于走班制的普通高中课程建构探析［J］.教学管理与教育研究，2020, 5(02): 120-122.

［5］姚芳.新高考下普通高中课程建设策略的研究［J］.高考，2020(02): 138.

［6］华林飞，李海侠.普通高中新课程实施现状、问题及对策［J］.湖北教育(政务宣传), 2019(10): 87-89.

［7］杨鑫.建构新课程体系,推进新时代普通高中育人方式变革［J］.当代教育与文化，2019, 11(04): 69-72.

［8］段举成，温淑娟.关于普通高中课程体系建构的几点思考［J］.教育艺术，2019(06):

44-45.

［9］张基惠. 发挥高考改革对高中课程改革的促进作用［J］. 基础教育课程, 2019(05): 59-64.

［10］李希贵. 新时代普通高中发展呼吁课程体系、育人模式、内部治理的全方位变革［J］. 吉林教育, 2018(27): 110-112.

校本课程开发的现状、问题及改进研究

——以长治市第九中学校为例

长治市第九中学校　李向东

【摘要】随着我国对创新人才需求的大增，社会各界对人才的综合素质培养提出了更高的要求。在探索培养符合学科核心素养人才的道路上，教学课程问题逐渐得到了教育界的认识和关注。在实施统一的国家课程之外，教育部允许地方各校根据自己的教学实际和教学特色自行设计、研究和拟定个性化的校本课程，以此来展示各地各校的教学特色和学习风貌。本文从长治市第九中学校（以下简称长治九中）的校本课程实践出发，结合校本课程实施的社会语境、校本课程设置的优势和国内外对校本课程的研究，阐述了长治九中校本课程开发的现状，并对校本课程实践过程中出现的问题进行深入思考和评析，还拟定了个性与共性兼具的改进方案，借此与校本课程其他实施者和研究者共商。

【关键词】校本课程；现状；问题；对策

前　言

《基础教育课程改革纲要（试行）》中指出："改变课程管理过于集中的状况，实行国家、地方、学校三级课程管理，增强课程对地方、学校以及学生的适应性。"全国基础教育工作会议的会议内容也明确指出：调整和改革课程体系、结构及内容，建立新的课程体系，试行国家课程、地方课程和学校课程。之后《国务院关于基础教育改革与发展的决定》也做出批示："实行国家、地方、学校三级课程管理。"这些文件或会议精神都精确地指向一个内容，即在国家课程贯彻的过程中，允许并鼓励一定比例的校本课程的设置和开发。因此，校本课程开发应是我国课程改革的一种新式潮流，是未来基础教育课程改革的基本取向。总之，随着课程改革的推进，校本课程开发已经成为我国当前课程改革的一项重要内容。

一、长治九中校本课程的实践研究概况

（一）长治九中校本课程开发领导小组组成人员及其职责

校本课程开发领导小组成员及其职责具体如下：

组　　长：校长

副组长：分管教学工作的副校长

成　　员：各科室主任、各学科教研组长、学科骨干教师。

主要职责：统筹规划学校的校本课程；制定保证校本课程实施的相关制度；组织教师的培训；校本课程实施的过程管理；审议、评价校本教材。

（二）长治九中开设校本课程的指导思想、结构和内容

1.长治九中校本课程的指导思想

依据《国家基础教育课程改革指导纲要》，长治九中从办学理念、培养目标和办学特色出发，本着有效利用现有教育资源和开发新教育资源，依靠本校教师、专家、领导与家长共同开发的原则开发具有长治九中特色的校本课程。

2.长治九中校本课程的结构组成

长治九中结合学校的培养目标、办学理念、学生发展需求、学校发展需要、校内外课程资源等相关因素，开设了14门校本课程：科学素养类5门（趣味数学、留心英语、神奇的化学、初中生的信息妙用、妙趣横生的物理），人文素养类2门（城市的"记忆"、和诗以歌），艺术类2门（手绘动漫人物、乘着歌声的翅膀），身心健康类2门（形体体验、羽动青春），学习生活技能类2门（爱上生物、交际礼仪），文化活动与专题类1门（时政论坛）。

（三）校本课程评价原则、内容与方法

1.校本课程的评价原则

（1）科学性原则。对课程的评价要运用科学的评价方法，提高评价的效度和信度。

（2）可操作性原则。评价方法要简单可行，可操作性强。这主要体现在分数的设置比例上。

（3）素质培养的原则。对课程的评价要注重考查提高学生各方面的素质，培养学生的创新意识和创新能力。

（4）全面性原则。对教师的评价既要考虑到教师课程目标的实施情况、学生能力的提高水平，又要考虑到教材的编写质量。对学生的评价除了出勤率、参与率之外，还要看学生的实际学习水准。

（5）特色性原则。长治九中所在地长治市隶属于山西省，而山西省是历史文化古地，孕育了优秀的晋文化，在政治、经济、文化上都涌出了一大批历史杰出人物，这些内容也应该出现在课程评价的标准之中。

2.校本课程的评价方法

（1）对教师开发的课程方案的评价

教师的课程方案内容应包括：校本课程大纲、教学计划、教材、教案。

（2）对教师课程教学活动的评价

教师在进行授课时，无论是内容还是形式都会对学生的听课效率起到关涉作用，因此，在设计课堂教学评价表时，我们兼顾内外在双方面的需求，从理念体现、教学设计、教学目标的制定和达成等方面进行了细致的设定。

（3）对学生的评价

对学生的评价主要包括以下几部分：

①学生上课出勤率评价，出勤率低于60%无学分，超过90%计满分。该项目占学业总成绩的20%。

②课业完成情况评价，占学业总成绩的40%。包括平时上课听讲、学习态度、作业的完成情况。

③课程结业成绩。占学业总成绩的40%。

学生校本课程学业总成绩为以上三项总和，最后按A、B、C、D分四个等级计入学生档案。

二、长治九中校本课程开发中存在的主要问题及其原因分析

长治九中在校本科课程开发的探索过程中，迈出了可喜的一步，但在实施过程中，通过学生、家长以及教师自己的反馈，发现在推行课程开发的过程中还存在一定的问题：

一是校本课程整体性系统不足，设置内容比较少，学生的可选择性也比较低。

二是部分教师对校本课程的理解度不够，在教学过程中过度个人化。

三是学生的课程表还做不到完全的个性化安排。

四是校本课程的教学反馈没有进行把握，在给教师评分时，评分人员过分单一。

长治九中校本课程开发中的不足之处既有历史问题，也伴随着校本课程开发时新出现的问题，具体原因如下：

（一）领导班子层面

由于校本课程开发是新生事物，在组成校本课程指导领导班子时，只阐明了小组的共同职责，没有细分各成员的主要职责。

（二）教师层面

1.教师的传统教学观点与理念

由于长期习惯于国家课程开发的模式，少部分教师的抵触情绪依然存在，还有部分教师对校本课程的开发缺乏合作意识、创新意识，成为日常教学的延伸。因而，还需要进一步加强宣传教育，加强教师的观念培训，促其尽快转变思想，更好地认识校本课程。

2.教师的课程意识和课程开发能力

受传统教育影响，大部分教师在课程开发的意识和能力上几乎空白，对课程的目标、内容、资源利用、课堂展示、效果评价等各个方面几乎都是零起点，没有经验。

（三）课程资源层面

很多教师对课程资源的开发利用较多地停留在校内，缺乏对校外资源的利用，大多数只局限在教室、课堂、功能性场所等。教学硬件的缺失导致一些问题，即便老师们的课件制作精彩，课时内容丰富且逻辑清晰，但是这些精彩的内容得不到有效、及时、清晰的展示，或者摄影录制层面出现了很多技术漏洞，使得教师精心备课的成果很容易付诸东流。

（四）教学内容层面

教学内容层面出现形式单一、内容单薄的问题，主要还是由于在实施校本课程方面借鉴经验不多，准备时间短以及设置课程不够丰富。这个层面的改进应是我们进行课程改革的重点环节。

（五）课程评价制度层面

校本课程开发是一个连续的、动态的、不断完善的过程，每个环节都需要通过评价来不断完善、修订。本研究虽然注意到了课程评价这一功能，但也存在一定的局限性，比如课程评价较多地停留在主观角度，缺乏行之有效的、清晰客观的评价标准，评价主体不够多元，评价方式过少等。

（六）教学反馈层面

教学反馈是教学过程中一个很重要的环节，这个环节不改革，就意味着我们无法知晓校本课程内容的充实度，学生知识接受的难易度以及是否可以作为国家课程的有益补充。所以，在总结学校校本课程设置的不完善之处时，教学反馈应成为被学校领导和教师共同认可的必要内容。

三、长治九中校本课程开发的改进策略

改进策略一定是和问题结合在一起的，在我们的校本课程开发实施当中，出现了以上所述的来自领导班子、教师、评价反馈等方面的问题，针对这些问题，长治九中采取了以下方面的改进策略：

（一）理论知识改进

长治九中在总结校本课程开发的经验教训后，认为无论从哪个层面着手，首先需要强化理论认知，即校本课程需要始终围绕着学生核心素养发展目标，构建完整的、结合学校实际的、符合学生现有知识体系的、有利于学生未来综合素养发展的课程体系。所以，长治九中着手在理论知识层面引导全体师生学习，学校领导班子要求学校各部门人员在阅读的同时做好学习笔记，不求形式，而求能将内容运用到自己的管理和教学实践中去。

（二）教师意识和能力改进

1.专家引领

长治九中多次邀请课程理论工作者、教研员以及上级领导到校，对校本课程开发做具体指导，主要是课程理念的解析，校本课程开发中存在的一些误解的修正，教学策略的培训，以及学科的新信息的传递等。

2.校本教研

主要是教研组针对课程目标、教学内容、教学方法、教学组织等方面的讨论，以便更好地理解课程、理解学校的教育理念。同时，进一步加强课程开发的能力。

3.骨干示范

由骨干教师展示，发挥名优教师的示范作用，课后进行研讨，教师之间就听课中反映出来的具体问题，共同研究探讨彼此的经验，这种讨论以观摩中反映出来的问题为焦点，从自己的思维或学科角度出发，对展示者在教学实践中的问题进行开放的、复杂的诊断，提高自身以及展示者的教育教学能力、教育科研能力。

4.自我反思

教师的自我反思意识是改变其教学行为的基础，通过反思性实践可以对课程目标的把握、课程内容的选取、课程资源的利用、教学方法的选择、教学过程设计、教学评价等方面做进一步思考和改进。

5.重置教师组合

在每门校本课程开发团队中争取形成青中老年教师的组合，青年教师更擅长多媒体技术的运用和新信息的攫取，中年教师擅长协调问题沟通方式并能更好地与教学外围进行联系，老年教师提供丰富的教学经验和广阔的人生视野，这样的多层面教龄组合比单枪匹马的个人化开发更有创造力。

（三）课程设置改进

1.增加学习项目，优化课程体系

将课程划分为国家课程拓展类和综合活动实践类两大种，然后再按照各科特点和实践活动具体需求重新安排校本课程。

2.制订课程计划详表

教师制订课程计划详表，给出课程目录，以便学生参考。通过课程计划详表，学生对所学内容一目了然，在选课的时候就可以避免盲目和趋从现象，从而可以更好地思考自己需要弥补的知识漏洞，以便及时进行弥补和更正。

3.增设学生"导学"环节

在具体的教学活动方面，学校设置了"导学"环节，目的是关注学生的课前行为，让学生能够提前预习、提前熟知学习内容并对现实课堂进行有效的学习准备，以此增强课堂的实用性和对学生的指导性。

4.简化学生选课方式

学校规定学生一个学期自主性选修只能选两门，且不可重修，这样有助于提高学生的注意力，使学生对课程产生新鲜感，并在自己选择之前会产生对课程更加深入了解的愿望，从而激发学生的求知欲。

（四）课程评价改进

1.学科内互评

学科内评价应该为课程评价的主要部分，是课程评价的精华，必须作为衡量课程内容是否增删的主要依据。因此学校决定此项评价占总评价的50%，以凸显其特殊性。

2.学科外互评

只有学科内教师的评价，还不足以发现教学上的所有问题，所以每个学科都需要让其他学科的具有丰富经验的教师加以点拨、指引和参照。这项评价占总评价的30%。

3.校际互评

除了本校教师进行学科内和学科外互评之外，学校认为校本课程作为校内推动教学的新生事物，必须得到同行业专家和教师的指导和批评。因此，学校主动多次邀请其他市县的老师前来观摩我校教师的展示课、公开课，来增强课堂教学的仪式感，激发教师的备课积极性。校际评价占总评价的20%。

4.督导组总结指引

在集结所有的课程评价之后，督导组将综合所有层面的评价分数，并按照百分比进行计算整理，同时结合学生和家长的共同反馈来给课程进行总体评价，选择优秀课程进行示范，并鼓励优秀课程教授教师。

（五）教学反馈改进

1.做好教学反馈

依托以学校督导组为引领形成的评课小组制度，实现真正的教学反馈内容。

2.做好与学生的良好互动

在每班进行匿名问卷调查，鼓励学生积极发表自己对课程的看法，让学生抒真情、说实话，从学生的实际需求出发来改进课程。

3.形成与家长的充分沟通

学校定时邀请家长委员会成员来校观课，同时利用家长开放日请家长们按自己意愿进教室听课。家长们来自各行各业，可以从不同的角度对课程进行匿名评价和讨论，学校获得了一手的真实有效信息。

（六）教学资源改进

投入专款购买教学必备仪器，开设了专业录播教室，维修和新装了教室电脑、投影仪等多媒体设备。同时，学校也增强了"一线为要"的舆论氛围，打造了"精心备课、积极发言"的教研模式。除此之外，学校为教师购买了"学科网"的整体资源，有利于老师们备课、组卷和查阅课程有关信息，同时推荐老师们利用"国家哲学社会科学文献中心"的丰富资料，以求更加专业地促进学校整体教学质量的提升。

四、总结

长治九中校本课程开发的目的，在于不断优化课程权利和资源配置，使学校成为课程决定的中心，使教师成为课程开发的主体，使其与国家课程开发相互补充。在推进校本课程开发的进程中，学校遇到了教学课程设置、教学资源、教学反馈等方面的不足与缺失，但是学校愿意面对教学实践中的不足，借鉴前人经验和网络资源，同时借助校内校外可动用的力量，进行思考、分析并且改进，以此促进国家课程教育的完善和创新。

参考文献

［1］中共中央、国务院《关于深化教育改革全面推进素质教育的决定》［N］.中国教育报, 1999-6-17.

［2］中共中央、国务院《关于基础教育改革与发展的决定》［EB/OL］. (2001-05-29)［2019-02-18］.

［3］教育部. 基础教育课程改革纲要(试行) ［EB/OL］. (2001-06-08) ［2019-02-18］.

［4］李志宏. 校长与校本课程开发［J］. 当代教育论坛, 2003(002): 63-65.

［5］刘秋芳. 校本课程开发中存在的问题及解决策略［J］. 教育导刊, 2006(11): 28-30.

［6］黄建辉. 校本课程开发实践带来的思考［C］//国家教师科研基金十一五阶段性成果集(福建卷). 2010.

［7］周先进. 再论校本课程开发的问题与对策［J］. 课程. 教材. 教法, 2011, 000(012): 5-10.

［8］沈秋. 小学校本课程开发中存在的问题及对策［J］. 西部素质教育, 2018, 004(017): 219-220.

［9］陈玉玲, 左晓媛. 中小学校本课程深化开发的问题、特点及策略［J］. 教学与 管理, 2019(18).

［10］胡铁军. 校本课程资源的开发与管理研究［J］. 才智. 2019.

［11］周婧等. 校本课程开发的现实困境及其反思、展望［J］. 现代教育科学. 2019. 7.

［12］崔允漷, 雷浩. 中国基础教育课程改革的70年历程［J］. 人民教育. 2019. 22.

［13］常维国. 校本课程开发: 问题与对策［J］. 学术论坛, 2008, 031(005): 202-封3.

长治市第十中学校初中化学校本课程开发

长治市第十中学校　魏峰

【摘要】课程改革是基础教育改革的核心，校本课程开发已经成为我国新一轮基础教育改革的焦点。化学学科因为自身的学科特点，在与物理学、生物学、地理学、天文学等学科的相互渗透中，形成了素材丰富、结构多样、方式灵活等特点，成为校本课程开发的重要内容。化学校本课程的开发与实施增强了课程的适应性，进一步满足了学生的学习兴趣，有利于促进学生全面、自主与个性化发展，促进教师的专业化发展，正在成为学校的特色生长点。本文以实践研究为主，紧密结合长治市第十中学校实际，概述了长治市第十中学校（以下简称长治十中）初中化学课程开发的有效策略、类型及注意事项，详细介绍了初中化学校本课程开发的情况。

【关键词】初中化学；校本课程；实践研究

一、校本课程概述

（一）校本课程的概念

"校本课程"是一个外来语，最先出现于英、美等国，已有20多年的历史。现在在中国的教育形势下，逐渐成为新课改的重点。

按照现代课程分类理论来说，校本课程并不是一种课程类型，而是属于课程管理方面的一个范畴，是正在形成中的同我国三级课程管理体制相适应的基础教育新课程体系中的一个组成部分。

校本课程指在具体实施国家课程和地方课程的前提下，通过对本校学生的需求进行科学的评估，充分利用当地社区和学校的课程资源，根据学校的办学思想而开发的多样性的、可供学生选择的课程。

（二）校本课程的研发背景

1999年6月，中共中央、国务院颁布《关于深化教育改革全面推进素质教育的决定》，提出"调整和改革课程体系、结构、内容，建立新的基础教育课程体系，试行国家课程、地方课程和学校课程，改变课程过分强调学科体系，脱离时代和社会发展以及学生实际的状况。"从《关于深化教育改革全面推进素质教育的决定》提出校本课程到现在，恰好20年的时间。校本课程的开发已由实验阶段进入推广和相互学习的阶段。

（三）研究目的与意义

中国基础教育正在迈入培养学生核心素养的新时代，如何让核心素养落地是每位教育工作者应该考虑的问题，也是学生在追求学业成绩卓越的同时要考虑的问题。学生需要提高自身素质，养成适应终身发展和社会发展需要的必备品格和关键能力。初中化学校本课程开发要以提高学生的学科素养为基准，而学科素养的标准要参照高中阶段的化学学科的核心素养，从"知识本位"转而定向于"能力本位"，适宜的校本课程将有助于学生后续发展。

（四）研究内容与方法

1.研究内容

基于校本课程的研究现状与在教学上的实际意义，笔者结合长治十中实际情况，将主要从以下两个方面展开研究。

（1）将国家课程校本化，根据不同层次学生设计出多种教学策略方案。在设计策略方案时，注重教学环节上的改进。以时事新闻、科技前沿、化学史、生产生活设计情境，引出问题进行思考，建构核心知识，发展核心素养。

（2）对教学内容进行整合，重点开发和研究拓展型课程和探究型课程。基础型课程注重学生基本素质的形成和发展；拓展型课程着眼于发展学生的兴趣爱好，开发学生的潜能；探究型课程注重学生提出问题、探究问题和解决问题的能力。

2.研究方法

本研究的实施方法主要分为综合分析法、文献法和比较法。

（1）前期通过文献的研究，了解本论题的研究现状，继承并创新已有经验和成果。

（2）通过综合分析法，根据我校学情、校情，列出本校校本课程的提纲。

（3）通过比较法，进入本校的实践研究中，形成初稿，通过比较、分析对初稿进行修改，最后修订成稿。

二、长治十中初中化学课程开发的有效策略

（一）长治十中的课程开发情况

长治十中是长治市市直普通完全中学，始建于1983年，曾经引领长治市初中教育。时过境迁，创造十中辉煌的那批教师正逐渐退休，并且临退老教师还在以经验教学；新聘教师开始走向讲台，但他们正处于学习、提高阶段，一时难以承担课改重任，而经验丰富、精力充沛、能够引领课程改革的中青年教师则相对短缺。所以长治十中课程改革相对滞后，进程缓慢，跟不上时代的要求。

初中化学是一门以实验为基础的基础学科，对学生来说，各种有趣的实验是很有吸引力的，既满足了学生的好奇心，也符合学生爱玩的天性，是一门可以培养学生探究能力的课程。但实际情况是学生厌学现象严重，"两极"分化现象极为明显，低分段学生占的比例很大。所以开发适合我校学情的校本课程，培养学生学习兴趣，改善学生厌学情绪，是十分必要的。

（二）长治十中校本课程的研究

校本课程的研究必须以培养和发展学生的核心素养为目标，必须建立在文化基础、自主发展、社会责任三大方面，必须涵盖人文底蕴、科学精神、学会学习、健康生活、责任担当、实践创新等六大素养。

为实现"促进学生全面而有个性地发展"的课改总目标，长治十中的课程开发从教育功能的角度可分成"基础型课程""拓展型课程"和"研究型课程"三类。基础型课程主要培养学生终生发展和适应未来社会所需的基本能力；拓展型和研究型课程主要满足学生的个性化学习需求，开发和培育学生的潜能和特长，培养学生的自我认知能力。同时注意拓展型、研究型课程的开发应基于基础性课程的目标和要求，课程内容应是对基础性课程的延伸、补充、拓展和整合。

1.基础型校本课程的研究

基础型校本课程着眼于促进学生基础素质的形成和发展，体现国家对公民素质最基本的要求。基础型课程由各学习领域体现共同基础要求的学科课程组成，是全体学生必修的课程。

2.具体案例

案例：沪教版第九章 第二节《能源的综合利用》。

（1）课程标准：知道化石燃料（煤、石油、天然气）是人类社会重要的自然资源，了解海洋中蕴藏着丰富的资源。知道石油是由多种有机物组成的混合物，了解石油通过炼制可以得到液化石油气、汽油、煤油等产品。了解我国能源资源短缺的国情，认识资源综合利用和新能源开发的重要意义。认识燃料完全燃烧的重要性，了解使用氢气、天然气（或沼气）、液化石油气、煤气、酒精、汽油和煤等燃料对环境的影响，懂得选择对环境污染较小的燃料。

（2）教材分析：沪教版义务教育教科书《化学》九年级下册，教材首先从生活中常见的能源化石燃料入手，使学生认识到人类生存所面临的能源危机。然后从开发新能源提高能源利用率等角度，提出了解决能源危机的具体措施，使学生感悟到化学在解决能源危机中的作用。沪教版教材以"交流与讨论""活动与探究"等栏目为载体，引导学生开展实验、调查、查阅资料等多种探究活动，拉近课程标准与学生的距离，但从本校学情角度考虑，依然有些生硬。

（3）案例分析：山西是全国有名的产煤大省，中华人民共和国成立以来，将煤炭源源不断地输送到全国各地，支援祖国建设，现在面临资源枯竭，环境破坏的情况。山西省如何为社会可持续发展、为保护自己的家园做出更大贡献？从长治市几家著名的煤化工企业入手，结合课程标准，整合国情、市情和校情，内化和优化课程结构，将国家课程进行了本土化的改进，设计了《能源的昨天·今天·明天》的校本课程，使之更利于学生的学习。

（4）《能源的昨天·今天·明天》教学设计基本框架：

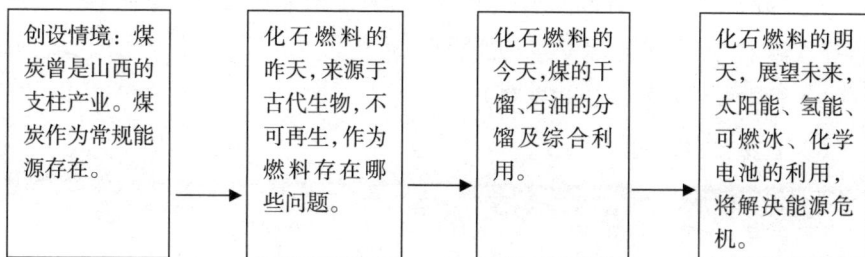

| 创设情境：煤炭曾是山西的支柱产业。煤炭作为常规能源存在。 | → | 化石燃料的昨天，来源于古代生物，不可再生，作为燃料存在哪些问题。 | → | 化石燃料的今天，煤的干馏、石油的分馏及综合利用。 | → | 化石燃料的明天，展望未来，太阳能、氢能、可燃冰、化学电池的利用，将解决能源危机。 |

（5）见表1，《能源的昨天·今天·明天》教学片段（笔者平顺北社中学支教公开课）。

表1 《能源的昨天·今天·明天》教学片段

教学环节	教师活动	学生活动	设计目的
创设情境引入新课	山西有"煤海"之称，煤是化石燃料，请大家通过阅读，查阅资料等方式，分析化石燃料的特点。	学生通过阅读，查资料。	知道化石燃料是重要的自然资源，了解常规能源的一些特点。
提出问题1	问题1：对化石燃料中的"化石"一词的思考，从形成方式上分析化石能源的特点。	学生查词典，根据"化石"一词的解释得出化石燃料的特点。	1. 知道化石燃料来源于古代生物的遗骸。2. 从化石的形成需要特殊环境下、漫长的年代形成，得出这类燃料不可再生。认识到人类生存所面临的能源危机。
提出问题2	问题2：根据化石燃料的形成方式，判断化石燃料所含元素，分析它们在燃料时的生成物有哪些。	根据化石燃料元素种类的分析，可以判断出生成物会污染环境。	了解使用化石燃料对环境的影响。
提出问题3	问题3.以长治市著名的煤化工企业潞宝集团为例，从化石燃料对环境有污染角度，分析国务院批准设立山西省为国家资源型经济转型综合配套改革试验区的意义。	学生提前简单了解长治市潞宝集团的产品生产。	认识提高能源利用率等措施。
小结	组织学生总结	小组成员总结、交流	教学目标的重现。

3.基础型校本课程开发体例

（1）基础型校本课程的名称；

（2）相关《义务教育阶段初中化学课程标准》要求；

（3）学生使用教材分析；

（4）案例分析，课程开发过程中如何着眼于促进学生基础素质的形成和发展，体现国家对公民素质最基本的要求；

（5）教学设计基本框架和思路；

（6）主要教学案例片段；

（7）相关链接。

（三）拓展型校本课程的研究

1.拓展思路

义务教育具有基础性、全面性和公平性的特点，所以学校课程设置不能过于随意。拓展型校本课程的设计与开发除了要考虑教师能力、课程资源整合和学生兴趣外，更重要的是关注课程对实现学校育人目标的价值贡献。

拓展型课程由限定拓展课程和自主拓展课程两部分组成。限定拓展课程简单来说多是文化、公益、社会实践、社区服务类的团体活动，是全体学生限定选择修习的课程；自主拓展课程主要是基础型课程延伸的学科内容和促进学生个性发展的其他学习活动，是学生自主选择修习的课程。

2.具体案例

案例：《麦片中的铁元素含量测定》

案例分析：通过对沪教版九年级化学下册的第5章《金属的冶炼与利用》的学习，初三学生初步了解了金属的化学性质。为进一步促进一些优秀学生的个性发展，将基础课程进行适当延伸，向高中知识"铁及其化合物"进行过渡。尝试设计"麦片中铁元素含量的测定"这一陌生情境，通过"是否添加铁、为何添加铁、如何促吸收、含铁量是否达标"等4个问题的引领设计，培养学生解释说明"麦片为什么通过铁粉来补铁"，推断预测、设计验证"如何验证补铁剂是否部分变质"，分析评价"作为质检人员，最关心的是药品是否含有铁以及含铁量是否达标，补铁剂中的铁应该是什么价态"等问题。

拓展学习：分为四个拓展小组，每组就其中一个问题进行拓展学习。

表2　拓展学习流程表

拓展问题	解决思路	已有知识	求助知识	实验过程	结论
是否含铁	通过标签上的成分说明，或实验检测。	金属铁的物理性质和化学性质；铁的化合物性质。	微量铁的富集。	查阅资料，元素富集方法；选择合适方法；利用元素性质检测。	对实验结论的分析，是否存在偏差。
……	……	……	……	……	……

指导教师进行评价，拓展过程中同学们的表现、收获，方法上的

改进。

3.拓展型校本课程开发体例

（1）拓展型校本课程的名称

（2）案例分析

拓展型校本课程的设计与开发要兼顾教师能力、课程资源整合、学生能力，同时要关注课程对实现学校育人目标的价值贡献。

（3）拓展流程的科学设计

（4）指导教师的合理、科学评价

（四）探究型校本课程的研究

1.探究思路

研究型课程在九年义务教育阶段又称为探究型课程。它是一种旨在培养学生自主意识、创新精神、实践能力、合作意识的课程，是学生限定选择修习的课程。这种课程强调学生运用研究性学习方式发现并提出问题、进行探究、最终解决问题。其内容可以从学生的生活经验出发，也可以从学科出发，在实施时可以采用主题探究、课题研究、项目设计等多种方式。

2.具体案例

案例：《如何拯救这片庄稼》

案例介绍：长治十中处于城郊接合处，在校园向东三百米处，就是桃园村一片片的菜地。我校的部分生源也来自桃园村。有化学教师提前考察了桃园村的菜地，带领学生观察同一片区域的同一种作物，根据生长情况进行比较，分析玉米地中出现植株矮小，茎叶看起来很瘦弱，叶子的颜色偏黄株苗的原因。此案例针对农作物症状进行分析，结合沪教版第7章《几种重要的盐》中关于化学肥料的知识，设计《如何拯救这片庄稼》课程。通过不断深入的探究、追问与思考，不断整合以化学为核心的各科知识。2020年3月20日，中共中央、国务院印发了《关于全面加强新时代大中小学劳动教育的意见》(以下简称《意见》),《意见》指出，要增加劳动知识、技能，注重教育实效，实现知行合一。将理论与实践结合，培养学生解决问题的能力，发展学生的学科素养和劳动技能。通过学生们的观察、发现、研究和实践，进行深度的真实的学习。

案例设计：

1.实地观察：这一片地里玉米的植株相对其他地里的玉米植株矮小，叶子发黄；

2.提出问题：如何拯救这片庄稼；

3.查阅资料：江苏教育出版社《生物七年级上册》和山西经济出版社《综合实践活动·劳动与技术八年级下册》；

4.得出结论：通过对农作物症状分析，缺少氮肥导致；

5.反思与评价：合理施肥，才能解决庄稼的正常生长问题；

6.深入探究：如何合理施肥。

7.猜测与假设：

（1）农家肥比化肥更有效；

（2）肥效与肥料的营养元素含量有关，氮元素质量分量越高，效果越好；

（3）肥效与施肥方法有关，比如铵态氮肥不能与碱性物质混合施用，高气温与稳定性可能也有关系；

（4）影响化肥价格的因素除了氮元素含量之外，还与生产成本有关；

（5）小组分组进行探究以上猜测。

8.交流反思：根据各小组的研究，汇总完成《如何拯救这片庄稼》的报告，也可以请具有专业知识的学生家长做相关讲座。

3.探究型校本课程的体例

（1）探究型校本课程的名称

（2）案例介绍，课程如何培养学生自主意识、创新精神、实践能力、合作意识

（3）案例的设计

三、研究思考

（一）研究结论

2016年9月，核心素养框架公之于众并成为基础教育工作者的热点话题。

学科能力素养及其培养是非常复杂而困难的问题。校本课程的研究是落实核心素养的有效途径之一。本研究才走出了一小步，只是专业上的一个小小探索。《长治十中初中化学校本课程开发研究》，旨在提高基础薄弱学生学习化学的兴趣，促进学生个性的发展。在研究过程中要注意：

校本课程开发的双主体性。课程开发过程中，要多从教师和学生的双主体角度开发，尤其是拓展型和探究型课程的开发和实施，一定是教师和学生共同提出，学生学习的过程就是参与开发和实施的过程，否则将是一厢情愿，不了解学生的感受和需求，开发出来的课程学生将没有兴趣来完成。

整合课程资源，完善课程环境。初中化学的教学内容比较少，课程资源缺乏，因此需要与教师提前了解小学的《科学》，初一、二年级的《生物》《物理》等课程，才能有较丰富的资源。因此，初中化学校本课程开发要整合其他学科形成学校的整体教学课程。

（二）应用前景

本研究从一门课程入手，逐渐引领长治十中校本教材的研究和开发。

开展特色化的校本课程，让学生获得科学的"活"知识，习得探究的"真"本领，更有发现问题和解决问题的多元经历，有效培养了学生的问题意识、探究兴趣和科学精神。

本文对初中化学校本课程开发从理论与实践上进行了探讨，但由于作者理论水平的限制，有许多不尽如人意的地方，敬请各位专家指正。本人将在这方面继续进行深究，也希望广大教育工作者和教师投入到初中化学校本课程开发中来。

参考文献

［1］邹尚志. 校本课程开发与管理［M］. 北京: 科学普及出版社, 2007: 37.

［2］朱慕菊. 走进新课程［M］. 北京: 北京师范大学出版社, 2002: 291.

［3］吴运来. 初中化学新课程教学法［M］. 北京: 首都师范大学出版社, 2004: 17.

［4］王磊. 基于学生核心素养的化学学科能力研究［M］. 北京: 北京师范大学出版社, 2017: 3.

［5］上海市教育委员会教学研究室. 学校课程计划编制实践指南［M］. 上海: 华东师范大学出版社, 2013: 10.

学校文化与课程一体化建构研究

——以长治市潞州区东街小学校为例

长治市潞州区东街小学校　郭丽娟

【摘要】学校文化根植于学校的发展历程之中，而学校课程是学校文化最直接的体现，两者之间联系较为紧密。学校文化是一切学校建设的基础，决定着学校课程的发展方向，同时为学校课程输送着源源不断的发展理念。此外，学校课程的不断发展，对于学校本身来说，反作用于学校文化形成，并不断丰富学校的教学文化内涵，使学校更加优质化。学校文化建设必须以学校课程建设为根本手段，学校文化的形成必须依赖于学校课程的不断发展与更新。反之，学校的课程建设必须融入更多的学校文化理念，以固有的、正确的、具有方向性的核心教学理念为指导，引领课程建设适应办学需求。

【关键词】学校文化；课程建设；内涵融合；发展目标

新课改推行之后，学校文化与课程建设成为影响学校发展的重要因素，同时也成为各中小学面临的困境之一。从长治市潞州区东街小学校（以下简称东街小学）过去一时期来看，学校文化的发展与实施的课程联系不够紧密，课程与学校核心价值体系还缺少内在的关联。学校文化作为"土壤"应为学校课程发展提供"养分"，学校课程建设也要植根于学校文化中，这样才能体现出培养学生的根本目标，在课程开发的过程中，才有正确的方向性的引导。

一、梳理重建东街小学学校文化体系

（一）校情分析

东街小学1925年建校，因学校位置处于长治市东大街，故名"东街小学"。20世纪90年代，以落实国家课程、提高教育教学质量为主。"十五"至

"十二五"规划期间，学校以"雏鹰争章"活动为载体，突出"我能行"。让每个学生在成长中体验"我能行"；让每个教师在教育教学中实践"我能行"；让每位管理者在管理的过程中相信"我能行"。同时，学校积极推动素质教育12345工程，学校教育教学质量大幅提升，社会口碑越来越好，发展势头日渐强劲。

（二）文化凝练

学校坚持在传承中发展，在发展中创新。结合新课程改革和未来社会对人才培养的需求，分析学校本身所拥有的教育资源，综合对学校师生的教育需求进行调查，在学校原有的思想传统、价值体系的基础之上进一步梳理，提出了"相信自己我能行，告诉世界我能行"的学校精神，形成了以"崇学养行"为核心文化理念的学校价值体系。

核心理念是学校的最高价值标准，是学校一切行为的起点和归宿，是学校历史和文化的积淀，是学校文化系统的灵魂。"崇学养行"就是崇尚学习，修养德行，达到知与行的统一。"学"是多维度、多层次、多视野的学，是积累的过程，是量变到质变的基础。"崇"体现的是对学习和知识的尊重和敬畏。"行"包括三层含义：一是指行为，是内化后的外显；二是指实践，是知之开始；三是学校"我能行"精神的传承。"养"字则突出了学校对学生人才培养和教师师德师能的涵养与等待。

二、研发基于东街小学学校文化的课程体系

（一）课程建设基本程序

新课改要求，各中小学必须根据三级课程管理进行课程改革。教育部设置国家基础教育课程，由学校实行；此外，为适应各省的教育发展情况，省级教育行政部门可根据本省的教育管理及实际教育情况，设置地方课程；同时，为促进学校的个性化发展，在满足前两者的基础之上，结合自身优势，可开发可行性的校本课程。

学校本身的校本课程建设，需要融合学校文化，其中包括学校自身多年来形成的传统教育思想、人文理念以及学校未来的文化追求。以其为引导，融入更多的教学元素，让学校课程建设成为实质化的教学手段，从而促进对学生的

培养。学校课程体系的构建，经历了如下三个基本程序：

首先，确定课程设置的目标和计划，经过研究和调查，对校情进行综合性的分析，基本确立学校的教育理念及文化追求，以学校的文化价值体系作用于学校课程建设，细化课程目标，制订课程计划。在课程内容的编写过程中，融入学校发展对课程的需求。

其次，强化组织实施。学校课程建设依据学校教育理念制定具体的实施办法，将学校人力、物力等资源科学配置，从学期计划，到人员分配、时间安排、班级规模、课堂落实、过程指导等。

最后，完善评价体系。由学生到教师、教师到学校，逐一往上设置评价体系，深层次地发现学校文化发展的需求，从而有针对性地进行课程设置，并做出相应调整。

（二）学校文化对学校课程建设的内在推动

决定学校课程建设是否顺利的因素很多。其中，学校文化经过多年所形成的诸多教育理念，在一定程度上对课程改革具有阻碍作用，因此，塑造新的学校文化是课程改革的基础。以新课改为背景，建设系统的、正确的、科学的学校文化，能够大大推动学校课程建设，是课程建设的内在动力。

1.学校文化为学校课程建设指明方向

主要对学校的实际情况进行系统性的分析，目的并不在于了解和统计学校的物质教育资源，也不在于考察学校的实际教学环境，而在于从根本上梳理学校在多年的教育教学工作中，形成的传统教学思维模式以及教育理念和教育价值观念。为适应新课改的要求，不能只是确定了相当明确的学校文化，但学校文化仅仅止于书面，没有融入实际的教育教学工作当中，导致学校课程的设置仍然浮于水面，无法深入影响学生，为学生的发展谋可能。所以，学校文化的建设，必须融入具体的教育教学工作当中，将其文本化的概念转化为实际性的指导，从而能够为学校课程建设指明方向。

2.学校文化为学校课程建设充实内容

学校独特文化的塑造，不仅仅是单一精神骨架，而且要根据学生的发展需求，将一些教学内容引进学校的课程，所以说学校文化能够充实课程建设的内容。在实际的学校课程规划过程中，将能够谋求学生发展可能性的教学内容填写进教学课程，使校本课程"有血有肉"，能够发挥作用，促进学校前进的步伐。

（三）学校文化使学校课程建设独具特色

三级课程管理，是为了保证学生在能够学习国家规定课程的基础上，适应各省的基本教育情况，同时促进各学校个性化发展。所以，在课程建设时，首先要考虑的因素是课程的特色，而课程特色与学校文化之间有紧密性的联系。学校经过历史发展所形成的文化，具有独特性，课程设置时也应融入学校文化的独特性，从而使其具有特色。

同时，学校课程建设不只体现在某一门学科的建设之上，而是要真正体现学校的文化，要将学校的课程特色融入所有的学校课程中，渗透到教学的各个环节，前提是不能影响学生对国家以及地方课程的正常吸收。

此外还应健全课程评价体系，以学校的文化为基础，遵循学校师生的意志，完善课程评价内容、评价标准以及评价方式，同时融入学校文化核心，推动学校课程建设。

（四）构建学校课程体系

课程决定学校的品质。东街小学在"崇学养行"文化引领下，在课程设计的过程中，以多年形成的文化核心为基础，寻求更高层次的文化追求，立足学生核心素养，不断建设和丰富课程体系。坚持树立人人都是课程的实施者和开发者的理念，整合国家课程、地方课程，开发校本课程，着力构建基于"崇学养行"文化的"学养"课程体系。让课程与学校文化融为一体，在课程教学中真正体现出学校文化，有其形也有其神。

一是科学落实国家课程，即基础性课程。确定国家课程为第一教学课程，让学生正常有效地吸收基础性课程的养分，在此基础上才能更好地探索校本课程的发展途径。二是科学开发校本课程，即拓展性课程。以国家课程为基础，在保证学生正常学习国家课程的条件下，系统地、科学地对国家课程进行有效拓展，根据学校发展优势，整合教学资源，优化教学课程的设置。学校初步架构了以"为聪慧高尚的人生奠基"为目标的"1+x"课程体系。"1"为基础性课程，以国家课程作为首要的教学内容，其为全部课程设置的基础；"x"为拓展性课程，将篮球、健美操、科技、绘画、舞蹈、器乐等课外活动课程化，分为"雅行""悦读""育美""慧智"四大类。

（五）建立特色教学模式

课堂是落实课程的主渠道，东街小学通过几年的建模、研模、用模实践，在原有的"情境问题式教学模式"基础上，借鉴徐州经验，以"学养文化"为引领，以问题为导向，以"一案三单"为载体，研究建构"情境问题式学讲课堂"，优化课堂样态，涵养课堂文化。

1.基本概念

情境问题式学讲课堂以情境为串联主线，以问题为导向，发挥学生的学习自主性，以合作学习的方式提高学生的学习效率，让学生通过自主性的学习理解吸收学习内容。同时大胆地鼓励学生，将自己所学到的学习内容用正确的语言表达出来，巩固学生的学习成果。应用正确的教学方式，培养学生的自主学习习惯，合理利用合作学习方式，提高学生学习的积极性，从而让学生在主观意识上接受学习的内容。让学生大胆地把自己所学到的内容讲出来，不仅有利于巩固知识，而且能够增强学生在学习上的自信。

2.操作流程

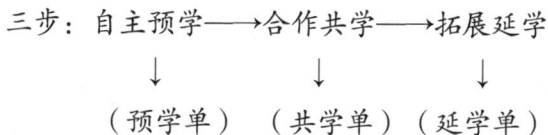

三步：自主预学——→合作共学——→拓展延学
　　　　↓　　　　　↓　　　　　↓
　　（预学单）　（共学单）（延学单）

3.实施载体

一案三单（导学案，预学单、共学单、延学单）

4.五学

学生行为的"五学"：学生要变被动学习者为主动学习者，变知识的接受者为知识的探索者，不仅学会，还要会学、乐学，真正能够"学进去""讲出来""会运用"。学生全程自主学习体现在"五学"的学习要求上，即"自学、互学、问学、'教'学、悟学"。

自学：在教师的引导下，学生经过多次的"课程预习，课后复习"的训练，逐渐形成一种固有的学习模式，从而主动学习。

互学：通过课堂展示、小组交流等学习方式，让学生借鉴别人解决问题的方法，从而达到强化学习的目的。

问学：以提问题的方式去学习，改变传统的教学模式，让学生根据自己提出的问题进行解答，深化学生的对学习内容的理解，达到更好的学习效果。

"教"学：以"讲出来""教别人"的方式，深化和巩固学习成果。

悟学：通过对某一阶段的学习进行总结，与同学之间进行交流，强化学习感悟，获取新知识。

（六）完善学生评价体系

东街小学秉承丰厚的文化底蕴和优良的办学积淀，注入新时代教育内涵，经过不断的探索和实践，围绕"博学亲师，自主养行，乐于担当的阳光少年"的育人目标，以"人格自尊我能行、行为自律我能行、学习自主我能行、生活自理我能行"为行为习惯要求，构建起以"崇学养行"为核心理念、以"学养课程"和"四自"要求为基本评价内容的多元"学养评价"体系。

以东街小学"学养评价"体系为例，如表1所示。

表1 东街小学"学养评价"体系

维度	要素	具体表现		
		低年级	中年级	高年级
人格自尊	爱国守法	1.学习国旗、国徽、国歌的由来。 2.认识升旗仪式的庄严性，以及正确的敬礼姿势。 3.了解学校和生活场地的规章制度，规范自身行为。	1.认真对待国旗、国徽、国歌，不得存在不正确的行为。 2.学习日常生活中所涉及的法律常识。	1.关注时事新闻，增强国家忧患意识，培养社会责任感。 2.学习更多的法律知识，提高自身社会辨别能力。
	诚实守信	1.勇于承认错误，并及时改正。 2.做到不是自己的东西不要拿，借别人东西需要经过别人同意，并及时归还。	1.不可夸大其词，要说到做到。 2.正确对待学校的作业和考试，不能因为懒惰而抄袭。 3.学会为自己的失信而承担后果。	1.尽量少做能力之外的承诺。 2.学会尊重同学的隐私。 3.善于发现自身的错误，并要求自己强制性地改正。
行为自律	尊重感恩	1.注重与认识的长辈打招呼，并以微笑相迎。 2.积极帮助有困难的学生，不能取笑他人的短处。 3.注意自身行为对他人所带来的干扰。	1.学会关爱父母，从生活中为父母分担忧愁。 2.学会宽容他人的错误，与其友好相处。 3.为人谦虚，不狂妄自大。 4.尊敬师长，爱护同学。	1.善于帮助他人，从内心深处体会帮助别人的快乐。 2.不嘲笑生理、心理上有缺陷的同学，积极与他们做朋友。 3.认识民族平等的重要性，不可歧视或不尊重其他民族。

维度	要素	具体表现		
		低年级	中年级	高年级
行为自律	文明礼仪	1.熟练应用各种打招呼的方式，鞠躬、敬礼、微笑、招手等。 2.保持良好的作息习惯。 3.拒绝脏话。	1.学会主动与长辈打招呼。 2.乘坐公交车时，学会主动让座。 3.与同学做游戏时，学会谦让，避免产生矛盾。 4.学习时，上课认真听讲，不打闹不说话，尊重老师的劳动成果。	1.不乱扔丢垃圾，不恶意破坏公共设施。 2.在公共场合严格遵守公共秩序，避免因为自己的行为对公共场合造成破坏。 3.言行文明，自觉抵制不文明现象，并严格要求自身。 4.遵守学校秩序，不欺辱同学，不拉帮结派，拒绝校园暴力。
生活自理	安全自护	1.过马路时等待红绿灯。 2.增强自我防护意识，牢记父母的电话、工作地址及家庭地址。 3.熟记紧急电话，例如：120、110、119。	1.不去水库、高压电站等危险场地。 2.遇到紧急危险情况，沉着冷静，按照具体的方法步骤实施自救或报警救援。 3.正确利用网络等电子产品。	1.坚决不进入未成年人禁止进入的娱乐场所，同时坚决抵制黄赌毒。 2.提高自身的辨别能力，并掌握一些自救技能。 3.遇到恶劣事件不逞强，善于寻求帮助。
	生活自理	1.学会自己整理自己的仪表，收拾自己的生活学习用品。 2.向父母学习理财小技能，养成勤俭节约的良好习惯。	1.按时作息，学会放下手机。 2.自己整理卧室，打扫房间。 3.做一些自己能做的家务，帮助父母分担生活压力。	1.克制攀比心理，将好胜心运用到学习当中。 2.自觉地去做一些家务，培养独立自主能力。 3.增强班集体荣誉感，认识到自己是集体中的一分子。
学习自主	主动学习	1.主动探索学习问题，在课堂上积极发言，配合老师完成教学任务。 2.端正学习态度，认真书写。 3.与家长分享自己的阅读内容，丰富自己的认知。	1.认识到学习的重要性，提高学习的积极性，认真听讲，自觉查漏补缺。 2.自我督促，按时完成作业，不拖沓。 3.培养自身的阅读习惯，并要求自己写日记。	1.应用正确的学习方法，提高预习和复习的效率。 2.提高自信，勇于发表自己的见解，并敢于承认错误，迅速改正。 3.制订阅读计划，培养语文素养。
	实践创新	1.善于提问题，并通过自己的方式方法去寻找问题的答案。 2.积极参加学校实践活动，培养自己与同学之间的协作能力。	1.善于突发妙想，并通过一些论证方法证明其合理性。 2.参加学校以及其他部门组织的实践活动，提高自身综合能力。	1.学会从辩证的角度去看待问题。 2.在实践活动中发现自己的长处并发展。 3.将学习的内容与生活实践相联系，达到学以致用的效果。

学校文化与课程一体化建构，两者相辅相成，水乳交融。东街小学在秉承学校多年办学历史的基础上，在进行学校文化与课程建构时，实践路径总结为"文化—目标—课程—教学—评价"五位一体模式，即首先确立学校教育理念，然后确定学校培养目标，其次构建学校课程体系，同时运用具有学校特色的教学方式，最后实施适合学生发展的教学评价策略。

学校文化与课程建构是一项复杂的、动态的、可持续的系统工程，我们虽做了一些探索，但仍然存在着一些问题，面临一些困难与挑战。为此，学校还需进一步通过实践、反思、提升，让学校文化与课程建设一脉相承，彼此推动、彼此渗透，体现出国家对未来人才培养的要求与教育的时代精神。

参考文献

［1］曹静. 课程改革与学校文化重建的初步探索［J］. 天津市财贸管理干部学院学报, 2005(3): 28-30.

［2］何树声. 特色课程与学校文化的融合［J］. 师道: 教研, 2015(6): 3-3.

［3］郑葳. 基于学校文化的课程体系构建策略［J］. 北京教育(普教版), 2016(8): 13-14.

［4］吴苏腾. 基于学校文化的学校课程建设研究［D］. 西南大学, 2014.

［5］邹宇华. 浅谈对学校文化建设的认识［J］. 当代教育论坛月刊, 2009(06): 43-45.

［6］何娟. 新课程发展中学校文化重建之研究［D］. 西南大学, 2006.

［7］李建, 谢泽源. 对学校课程建设的几点思考［J］. 江西教育科研, 2005(6): 36-38.

节日育人的班本实施策略研究

长治市第十二中学校　郑亚旷

【摘要】在学校管理中，班级建设是实现德育教学的主要载体，因此加强班级建设成为学校的一项重要工作。班级建设是一种有目的、有计划、有步骤的社会活动，其根本目的是实现教育目标，使学生得到充分全面的发展。节日、纪念日既是一种文化，又是一种情感，更是社会生活的重要组成部分。学生的学习就是在生活中进行的，因此，通过节日、纪念日活动，也可以让学生体验社会情感，获得社会化技能，促进社会化的进程。笔者从德育的视角切入，结合相关文献与工作实践，以节日德育为主线，从文化熏陶、精细塑造、情感维系三个方面在班级建设方面做了一系列尝试，并通过效果评价对节日德育进行了论证，明确了班级建设德育为先的题旨。

【关键词】初中；班级建设；节日德育；教育目标

《中国教育现代化2035》提出了推进教育现代化的八个基本理念，概括起来就是德育为首，全面发展，面向全体，终身学习，个性教学，知行合一，共建共享与一体化发展。这一理念既是适应时代的需要，也是办人民满意的教育的必由之路。任何教育理念的实现和学习活动的成功与否都是以学生思想的改变作为主要的衡量标准的，其中最根本的指标应该是学生思想上的提升和行为上的转变。

《中小学德育工作指南》实践途径中也指出：活动育人，要精心设计，组织开展主题明确、内容丰富、形式多样、吸引力强的教育活动，以鲜明正确的价值导向引导学生，以积极向上的力量鼓励学生，促进学生形成良好思想品德和行为习惯。

一、节日德育活动实践探索

笔者在多年的从教生涯中，发现一个普遍的现象：随着时代的发展，随着学生年龄的增长，不仅没有表现出更高水平的知行合一，反而出现了行为与思想上的严重背离，尤其在道德认知、道德情感与道德行为方面。比如，在道德认知上认为作弊是不应该的，但在行为上又不能控制这一行为，在道德情感上又找各种理由去将作弊的行为合理化。

再加上由于初中生生理和心理发展不平衡，生理快速发展，心理发展滞后，于是不可避免地产生了困扰与障碍。相对于小学生，初中生的认知水平已经有了很大的提高，其思维水平由小学的具体形象思维快速向抽象逻辑思维发展，甚至在初中高年级阶段，一些学生已经基本达到辩证思维水平，单纯的德育知识传授已经不能从根本上促进学生道德情感的养成，初中阶段的德育迫切地需要现实生活的载体，让学生在活动中实践、参与、体会，通过明理、导行，使学生的思想道德水平提升。

基于前人的研究，笔者从德育角度切入，在班级建设方面做了一系列尝试，概括起来就是：文化熏陶、精细塑造、情感维系。为了让班级德育更成体系和更具针对性，笔者首先将三个维度对应不同德育目标：文化熏陶让学生从思想上得到提升，三观要正；精细塑造重在让学生在行为规范上正形；情感维系促使学生实现自我价值。第二步是在众多的节日中寻找与德育目标相吻合的节日。笔者把每个月涉及的节日和纪念日进行了汇总，在节日的选择过程中重点从几个方面进行筛选：（1）节日要最大可能与学生的生活相关。（2）适合经常性的特点并和学校教育内容相一致。（3）德育的目标包含卫生健康、生态环境、安全自护、爱国情怀、校本节日五个板块（见表1）。（4）节日要有可操作性，要能运用读、做、听、参观、观看等多种形式。

（一）文化熏陶

班级文化是一个信仰、价值观和态度的综合体；通过实践活动创造品质和精神财富，本身具有直接而巨大的教育意义。另外，作为一种管理手段，班级文化可以实现管理班级的目的。

树人先立德，学生只有品德优良、思想健康才能真正做到学习、生活平稳发展。对国家的爱是诸多爱中最高级的情感，是集体主义的最高表现形式。一个爱国的学生是有着天然的爱校、爱班基础的。孝道是儒家传统文化的思想核心之一，是一切伦理道德的基石，也是尊敬师长、团结同学这些概念最朴素的渊源。笔者将爱国主义与中国传统的孝道文化节日相结合，通过培养学生爱国爱家的情感，增进学生集体主义精神和尊师重教，团结同学的品质。

（二）精细化管理

初中班级管理意义重大，直接影响到初中班级教育功能的发挥和学生身心全面、健康、和谐的发展。要做好这项工作，就要以实事求是的态度、务实的作风，结合学校的总体部署，根据学生的实际情况，突出工作重点，抓好工作细节。笔者选取三个方面进行尝试：

1.入学第一课

一个良好的开学教育模式既要兼顾教育的共性化和个性化要求，又要围绕学生，结合其身心发展特点提供适当的教育形式和内容，促进青少年健康快乐成长。为了于开学之初在学生心中植入"心锚"，让学生感受到使命感和责任感，把好进门关，笔者采取了签订入班协议的方式，让学生从思想重视班级管理，做到未雨绸缪。

2.明确管理目标

完善班委建设、课代表建设、小组建设。采用民主推荐、自我推荐方法。班级制度由学生自己制定，明确班委成员的职责和分工，实现分工协作，共同管理班级工作。

重点是做好小组建设，这里面主要体现合作意识、补位意识，四人一组，根据管理和学习情况设立不同的职位，确保每个人在平时的班级建设中都有岗位，同时，确保在每个人的学习中发挥一定的作用。

3.做好家校共建

家校沟通是教育成功的重要途径之一，老师与家长及时、准确有效地沟通，及时了解和掌握家长的教育方式和对教学工作存在的意见和建议，能让家校双方及时掌握学生的发展，对症下药，解决出现的问题，为学生的进一步发展搭建有效的平台。如何真正做到精细化呢？笔者借助每学期发放学生喜报、交流学习，签订目标责任书、挑战书和监督卡，发放《告知单》等形式开展。

（三）情感维系

马斯洛在人的需要层次理论中指出，人的需求有五个层次，情感和归属需求对于基本需要已经满足，高层次需要还无法快速实现的初中生来讲，是激发其学习动机，维持学习目标意识的主要手段。

同时，班集体还具有两种心理功能：一是归属功能，二是认同功能。这就契合了马斯洛理论中的情感归属需求。心理学家指出，青少年有强烈的归属感需求，他们倾向于寻找能够决定自身价值的组织，班级建设的作用尤为重要。

作为班级的每一个学生都不是孤立的个体，他们通过相互交融形成各种团体。团体通过人与人之间的交往互动，成员之间紧密的相互关联，在组织中扮演团体角色，以实现共同的目标。如何快速与学生建立起情感的纽带？如何运用情感纽带实现班级建设的目标？笔者通过集体生日、开学日做了尝试。

在尝试中明确了四点：1. 学生是班级的主人，教师要充分发挥自己的想象力和创造力，激励他们用智慧和双手创造一个独特的、让大家喜爱的文化环境。2. 要体现学生的主体地位，德育活动课的重要意义就在于不但能发挥学生的主体作用，而且能培养学生的德育实践能力。班主任要积极开展丰富多彩的班级教育活动，丰富学生的学习和生活，丰富学生的精神世界。3. 情感文化是良好班级文化的基础，是完整的教育过程绝不能缺少情感教育。素质教育理论与创新的突破口应该是情感教育。因此，教师应把学生的情感发展作为班级文化建设的重要目标之一，使班级成为培养学生情感文化的场所，而"爱"的培养是班级文化建设的核心。4. 尊重信任是基石。在班级建设中，班主任必须与学生进行情感交流。学生进入中学阶段，尤其是接受初中教育后，开始逐渐形成对自我的认识。他们在对自我的认识中形成了对自尊的要求，而学生的尊重不是来自尊严，而是来自行动。

二、节日德育活动的效果评价

为了验证节日育人活动效果，笔者选取3个年级共9个班的学生和班主任进行研究。其中，男班主任2名，7名女班主任。本次采用网络问卷调查，在3个年级9个班共收回有效问卷273份，七、八、九年级分别为95份、96份、82份。在对节日意愿的调查中有38.1%的学生表示想过，28.21%的学生不想参加；33.7%的学生没想过。在节日德育开展情况方面，62.27%的学生表示不了解，65.2%

的学生表示班级偶尔开展或没开展过德育活动。认为学校开展德育形式多样与学习方式单一的学生分别占97.73%和31.14%；希望在节日德育中得到关注的学生占69.96%，在班级德育前后和父母关系有变化的占38.83%，61.17%的学生表示德育前后和父母关系没有变化。节日德育的覆盖面涵盖了卫生健康、生态环境、安全自护、爱国情怀、精神风貌及学校安排的其他内容。其中生活教育、生命教育和安全教育较多；认为在开展了节日德育活动后，班级风貌有变化的占74%。

结果：

1. 年级越高，学生对节日德育了解得越少，开展德育的形式越单一，德育覆盖板块数量下降，节日德育开展对班级风貌的影响在减小。

2. 节日德育开展对亲子关系影响方面，初一年级较明显，初二、初三年级效果不明显，初三年级的影响程度最小。

3. 节日德育活动时间不一，随着年级提高节日活动总时间也在减少。

4. 学生对节日德育了解与否，与德育的效果显著相关。

原因：

1. 初一学生刚从小学过渡到初中，对初中学习、生活充满新鲜感，充满探求欲望，对于集体活动主动性强。初二、初三学生度过初一激情期后，其思维更成熟，认知水平和能力提高，自我意识强，再加上逆反心理增强，所以对节日活动中自我表现欲望不强。此外针对初三学生面临中考压力，学生活动减少，学校和班级重文化轻活动。

2. 学校和班级宣传力度不到位，组织不到位；班主任对节日德育认知程度和接受程度不一样。特别是班主任在活动中缺乏自主性，重"升本"轻"生本"。

3. 节日德育的活动形式单一，活动内容选择性少；节日德育活动受时间和场地限制，学生参与度不足；学校重视程度不够。

三、结论与建议

（一）结论

我们发现应当加强"育人"的教育总目标，从"五育"出发，全面培养学生的综合能力，加大推进学校整体节日德育活动安排，创新节日德育活动模式。利用寒暑假、家庭德育日提高节日德育的深度和广度，有效培养学生的自主能力，增强学生的竞争意识，激发学生的学习热情。班主任也要在节日德育活动中广开思路、精心设计、周密安排，突出学生在活动中的自主教育、自我约束、自主管理的能力，满足学生情感和归属需求，维持学生目标意识，推动班级建设全面发展。这样既可发挥节日活动的教育功能，又能让学生在实践中领略节日的魅力，在实践中养成良好的行为习惯。

本论文在研究方法上虽然查阅了大量文献，也进行了案例分析和问卷调查，但是主要研究方法还是通过实践来完成，没有做到研究方法的均衡性，同时问卷调查的设计问题并不全面，仍有其局限性。

其次，研究对象的范围较小，本次研究仅仅选取了3个年级9个班，约占全校30个班级的1/3，因此在统计范围上也具有缺陷。

在今后的研究中，还需要在更大的范围内，采用多种研究方法来验证节日德育的可行性，通过节日德育活动来推动学校德育建设和班级建设。

（二）建议

德育教育的目的是培养德智体美劳全面发展的人才，其任务是使受教育者树立正确的世界观、人生观和价值观。要想真正将节日德育活动扎实推进，并引导学生践行社会主义核心价值观，需做好如下几方面：

1.把节日活动作为德育教育主抓手，加强节日德育活动的宣传

习近平总书记说："国无德不兴，人无德不立。"学校通过整体规划，利用节日活动载体，创设有时代和生活气息的活动环境，通过电子屏、校报、版面、升旗等形式加大宣传力度，加强学生思想道德修养，提升学校文化品位，最终让学生在生活中求真知、探真理、做真人。

2.根据学生年龄特点和心理特点细化节日育人活动

德育教育首先要树立大教育观，要有统一规划，做到整体设计，但是在做好统一性的同时又要体现个性。节日德育活动要体现"和而不同"的教育理念。应根据三个年级学生的心理特点、认知水平，采取由低到高的节日活动安排，做到先具体再抽象，先感性再理性，分层推进，螺旋上升。

3.节日德育融于课堂教学

德育教育包括思想教育、政治教育、道德教育和心理品质教育四个方面。

将节日德育活动融入班级教学中，利用班会、课前展示、二课堂细化节日德育教育活动，并与语文、政治教育相结合，通过展演、思考、总结提升学生素养。同时，也融合语文听、说、读、写和政治教育实行双线并轨。特别是作为德育教育主阵地政治课，更要体现德育教育的功效，使学生的人格教育和思想政治教育得到提升，实现学生"知行合一"。

4.将劳动教育和节日德育结合起来

2020年3月20日，中共中央、国务院印发《关于全面加强新时代大中小学劳动教育的意见》（以下简称《意见》），明确提出把劳动教育与德育、智育、体育、美育相结合，实现知行合一，促进学生形成正确的世界观、人生观、价值观。《意见》还指出，根据学生特点，灵活多样、科学设计劳动内容，激发学生劳动积极性。劳动课的设置可以依托节日活动开展，在提升学生劳动技能的同时，促进德育素养的提升。

参考文献

［1］张德志.初中学生心理健康现状及教育对策研究［D］.辽宁师范大学.2006.

［2］叶建祥.初中班级文化建设的问题及对策［D］.湖南大学.2017.

［3］欧阳文根.初中班级管理存在问题和对策研究［D］.湖南师范大学.2013.

［4］张玲玲.上海市中小学校开学第一课模式研究［D］.复旦大学.2013.

［5］孙静.探索家校共建,实践同育新才［J］.智库时代,2019.

［6］徐晓军.对德育活动课的认识与实践探索［J］.东西南北:教育,2011(9):45-45.

［7］岳艳艳.中学生教育中恰当运用批评的教育艺术分析［J］.科技风,2019,000(020):64.

初高中数学教学衔接的对策研究

长治市第十三中学校　任杰仁

【摘要】初高中数学衔接问题自20世纪90年代以来一直是教育研究者关注的课题，但是从初中教师和完全中学两个角度思考这一问题的却少之又少。本文将站在初高中教育管理者的角度去思考这个问题，旨在研究在初高中教育发展中数学学科如何做好衔接，提出从校本教材、教学内容、学校师资、学生心理、思维发展五个方面进行衔接的教学策略。

【关键词】初高中数学；教学衔接；教学策略

初高中数学衔接研究起步早，但真正落实到学生，并形成知识增长层面的实效性却相对缓慢。从20世纪90年代，国内许多学者和一线教育工作者就开始关注初高中数学衔接问题，也提出了一些有价值的研究，且进入2006年后，对于初高中数学课程衔接的研究呈上升趋势。根据笔者多年的教学和调研分析，学生的数学成绩和学生的录取总分是成正比的，且一般数学及格率要低于总分及格率。从一定意义上说，学生从能力上能做到无缝衔接的还在少数，大部分学生进入高中后需要这些脱节知识点的补充。但遗憾的是这一问题的研究多见于理论方面，实际实践方面的并不多见，而且具体实践的时间、方法、平台也具有局限性。

在积极探索衔接问题的同时，一些教育专家和一线教师也在积极思考对策。陕西师范大学贾雪伟提出：（1）注重初中数学与高中数学教材特征的区别来完善初、高中数学教学内容的衔接；（2）通过开展数学实验及探究性学习，通过运用波利亚《怎样解题》以及运用思维导图等方式，引导高一学生数学思维能力的衔接；（3）课堂上教师采取多种教学手段、积极语言以及数学史教育的方式来培养高一学生学习兴趣的衔接，然后将教学策略应用于导学案教学模式，借助案例分析，提出一些应用导学案的教学建议。最后通过实践研究得出结论：导学案在促进初、高中数学教学衔接方面起到了积极作用。对高一学生应用导学案的教学方式，能够降低学习高中数学和初中数学的台阶，进而改善高一学生学习吃力的现状，提升高中数学课堂的效果和质量。南京师范大学刘玲在《初高中数学教学衔接探索》认为：（1）利用初、高中数学教学衔接相关理论应用于高一的衔接教学，其产生的效果明显高于其他没有进行衔接教学的。（2）初、高中数学教学衔接的过程也是我们高中数学教师不断进行知识更新、不断成长的过程。（3）衔接教学时间不能太长，否则基于高一数学新授课时间的紧迫，教学相接会延缓正常的教学进度。天津师范大学白雪对高中数学教师提出以下建议：首先，教师素养方面，注重增强教学衔接意识、积极构建教学衔接发展观、努力提高教学衔接能力；其次，教学设计方面，课前重视教材分析和学情分析、课堂教学中提高教学策略的合理性并注重数学思想方法渗透、课后及时评价反思；最后，学生发展方面，注重学生学法指导、培养学生反思意识、加强师生交流沟通。针对这一问题，通过研究已有的观点分析及自身实践，本文提出以下思考：

一、从教材上衔接

当前的迫切任务是加大校本课程开发，形成一套针对性强的教材。由于现在市面上的衔接教材多样化，教材本身的科学性还有待考证。况且这些教材面对的大多是基础较好的一些同学，而对于数学基础本身就相对薄弱的高中学生来说，难度就更大了。所以，笔者认为，每个学校应该结合自己学校的学情，如果是初、高中一起的完全中学，可以实施大教研活动，初高中教师组成一个教研团队，对学生数学学习情况充分调研后，制定一套适合自己学校或情况类似的兄弟学校的数学衔接校本课程，这样针对性会更强，效果也会更好。以长治市为例，长治46所高中中完全中学有31所，占比较大，而这些学校都具备大教研的条件。在2019年下半学期，长治市第十三中学校就学生在高中学科学习动力不足的问题，专门组织全校学科大教研。在数学教研会上，一些高中教师就提到学生在函数配方、因式分解问题上明显有脱节现象，老师希望初中教师能在教学上给予支持。在完全中学，本校的毕业生留在本校就读高中的机会相对较多，所以学校特别重视大教研活动，希望初高中能同步发展。所以学校需要初高中学科间的问题在大教研中得到解决。将学科间互补的知识点对接形成一个针对性强的校本课程在完全中学就很容易实现。据调研，很多学校很早就提出并着手解决初高数学衔接的问题，并且还开发了具体的校本教材。对于非初高中同校的独立高中，可与招生对口学校实施区域联合调研，开发校本课程。

对于学科脱节问题，不仅仅体现在数学学科上，其他学科也同样存在教学衔接问题。也不仅仅出现在初高中阶段，小升初也存在衔接不当的问题，这一方法亦可适用。

二、从教学内容上衔接

将衔接课程部分分解到初中，分解到日常学习中，减轻集中处理给学生带来的负担。

新课程的改革，难免会导致许多知识的脱节和漏洞，但是部分内容完全可以通过对初中阶段涉及的章节拓展完成。以本文问题成因中所列十项中部分内容为例。

（一）绝对值型方程

绝对值型的方程在解决初——元一次方程时就有涉及，对于程度稍好一些的同学只需要在理解一元一次方程的解法上和绝对值的意义结合起来，稍做补充就很容易理解。

（二）因式分解中，系数不为1二次三项式的分解

现在初中所学二次三项式的分解一般为公式法，涉及的是平方差公式和完全平方公式。但是在因式分解和一元二次方程的解一节中又存在特别紧密的关系，章节实践与探索中出现的系数不唯一的应用题也不在少数。只不过推荐使用解题的方法多为配方法。双十字相乘法分解因式对于解决系数不为1的一元二次方程从解题速度上要快得多，而且也不易出错。所以，很多有经验的老教师在这里大都要讲解双十字相乘法分解因式。

（三）二次根式中对分子、分母有理化

初中阶段对于二次根式的化简多为被开方数开方的运算，但是二次函数和圆章节中综合试题运算过程中经常会出现分母为简单二次根式的情况的化简，在初三后半学期复习阶段可以加上这一部分内容。

（四）初中教材中的二次函数

这一章是初中的难点，所以相对要求较低，学生处于了解水平。配方、作简图、求取值范围也是中考考点，只不过题目相对高中要求简单许多。从前期调研来看，高中阶段学生配方第一步，对于薄弱高中生就有较大的困难，因此初中教师在处理这章节内容时，在这一知识点上要多下功夫。

（五）二次函数与二元一次方程之间的联系，根与系数的关系（韦达定理）

这个内容初中虽不作为重点，但是近几年省级出版社出版的导学案和中考探究题中还是时常出现的。这也从侧面反映出，初高中数学脱节问题已引起权威部门的关注。教师授课时也要做相应讲解，只不过对于数学薄弱的学生较为困难。

（六）图像的对称、平移变换

在初中只做简单介绍，中考试题涉及也不多。作为高中阶段的必学必考的内容，初中阶段在教学实践中必须适当拓展。

（七）几何中很多概念

如三角形的五心：重心、内心、外心、垂心、旁心，在初中阶段涉及重心和内心。这些内容教材中都有相关性质的讲解。定理中平行线等分线段定理、平行线分线段成比例定理在2013年教育部审定的课本中就已恢复，射影定理、相交弦定理在一些信息给予题中偶有出现，使用率不高。

（八）换元法

这个内容在初中阶段虽处于淡化边缘，但也是初中教师常讲解的一种方法。

综上初高中数学衔接问题，已引起教育部的关注，在近几年的中考试题中，以探究题的形式，把脱节知识点以信息给予的方式出现，让考生在一定情境下处理问题。在初中教材中大部分也有其使用和拓展的例子，所以衔接任务的部分内容放在初中是可行的。

三、完全中学可从师资方面衔接

在完全中学背景下，部分具备初、高中都能胜任的教师中，可以从初一一直带到高三实现教学上的大循环。大循环的好处在于教师在授课过程中教材处理系统化，弊端在于周期较长，在某一学段停留时间短，对于学段知识不能做深入研究。数学学科一般是带两个班为一个满工作量，对于中青年教师可以实施一个老师带一个初中班级同时带一个高中班级双线教学，这样既可以让青年教师成长周期缩短，又可以满足初高中数学在知识点上衔接。特别是近几年入编的青年教师大都为研究生学历，具备初高中双线教学的精力和能力。

四、从学生心理上进行衔接

数学核心素养的基本特征包括：综合性、阶段性和持久性。其中阶段性是指学生的数学核心素养表现为不同层次水平、不同阶段。对于同一个数学问题，不同年级的学生会采用不同的方法去解决，理解水平及思维的复杂程度会随年纪和知识水平的不同而不同，从而形成不同水平与阶段的数学核心素养。

尽管初高中数学核心素养内容要求相同，但因学生所处学段不同，认知水平不同、学科思维不同、学习方法不同，导致学生在跨段学习上有一定的心理畏惧感。长治市第十三中学校在2019年为初升高的同学指定了学科导师。学科导师在了解学生的基础上，要与受导学生建立相互理解、相互信任的关系，对学生进行全面的发展指导，起到"思想上引导、学业上辅导、心理上疏导、生活上指导"等作用。

（一）思想上引导

学科导师首先要关注受导学生个性特征、行为习惯、道德品质等情况，帮助学生认识自己的优缺点、接纳自己的现实情况。导师应对受导学生生存的不良习惯进行诊断分析，并施以纠正，引导受导学生确立志向，向优秀看齐，提高学生的品格与素养。

（二）学业上辅导

学科导师通过个别辅导，指导学生了解自己的学习动机、学习能力、优劣势项目；客观分析学习中的问题，培养学生的学习能力，树立学习信心，优化学习方法；针对学生的个体特点，帮助学生制订学习计划。

（三）心理上疏导

主要是利用导师的人生经验和专业心理素养，关心学生的身心健康，及时帮助学生消除和克服心理障碍，激发他们自尊、自爱和各方面蓬勃向上的愿望。疏导的核心是沟通、倾听，让学生敞开心扉。学科导师通过了解学生的心理状况，创设宽松的心理环境，鼓励受导学生自我表露，进行有针对性的心理指导，缓解学生的心理压力和消除心理障碍，提高学生对挫折、失败的心理承受力，指导受导学生学会与人正常交往。

（四）生活上指导

学科导师通过校园生活指导、社会生活指导、家庭生活指导等，指导受导学生科学安排日常生活和合理消费，帮助受导学生热爱生活，适应生活环境，形成良好的生活习惯和生活方式，帮助学生建立有益于身心健康、学习进步的生活作息制度，指导学生建立合理的生活规范，学会过有意义的生活。

实施学科导师制的班级将一个班所有学生主要根据学习成绩、学科需要、思想动态三个方面分成几个小组，每个小组人数不超过5人。班级所有教师根据学科对应和思想教育水平的不同选择小组充当导师。学科导师制有效解决了学生初升高在学习、生活、心理上的衔接问题。

五、从思维发展上衔接

高一学生产生数学学习的障碍一个重要原因是高中数学思维方法与初中阶段大不相同。中考评分标准是按照步骤给分，例如解一元一次方程，一般分为五步：去分母、去括号、移项、合并同类项、系数化为1，在中考评分过程中，每一步都有其对应分数。所以初中阶段很多老师都会为每一类型题建立一个解题模型，要求学生解题模式规范化。在这种思维模式下，学生的思维往往是机械化的定式思维。而高中数学在思维形式上产生了很大的变化。首先是数学语言的抽象化对思维能力提出了更高的要求，这种能力要求的突变使许多高一新生感到不适应，故而导致成绩下降。其次是高中教师教学思维在受传统教学的影响下，一定程度上跟不上教学改革的要求，在教学上也易产生规范化、模式化的定式思维。

2020年1月7日，《中国高考评价体系》正式推出，主要由"一核""四层""四翼"三部分内容组成。其中，"四层"为考查内容，即"核心价值、学科素养、关键能力、必备知识"，是素质教育目标在高考中的提炼，回答"考什么"的问题；"四层"决定了高考改革的基本方向，规定了高考的主要内容，是高考命题的内容指南。"四层"中的"关键能力"是指在学生掌握基础知识和基本技能的过程中，培养支撑学生终身发展、适应时代要求的能力，主要包括独立思考、逻辑推理、信息加工、语言表达、文字写作与创新能力等。"学科素养"是指学生在社会生活实践或科学研究的复杂情境中，能在正确的思维观念指导下综合运用学科知识能力处理并解决复杂任务的综合品质，它是知识、能力和情绪态度的综合体，包括以下核心素养：（1）科学思维；（2）创新思维；（3）信息获取；（4）理解掌握；（5）研究探索；（6）语言表达。

本轮高考命题改革的主要指导方针和内容规定充分体现了创新和批判性思维的要求，包括独立思考、敢于质疑、科学思维、实证精神、逻辑推理、信息识别与加工等核心要素。值得指出的是，高考评价体系突出了对学生"思维认知能力（思维品质）"的要求和考核，"思维认知能力"是指学习者在面对生活实践和学习探索问题情境时进行学科认知加工的、稳定的个性心理特征，是学习者在秉持科学态度，运用严谨的理性思维和丰富的感性思维，发现新问题、运用新方法、解决新问题、获得新结论的过程中表现出来的思维能力，是激发个体好奇心、想象力，塑造创新人格所必须具备的能力基础。其内涵主要包括：形象思维能力、抽象思维能力、归纳概括能力、演绎推理能力、批判性思维能力等。

从《中国高考评价体系》中我们不难发现，学生独立思考、敢于质疑这些原本一直存在的教育思想之所以重新提出，是因为它的必要性和紧迫性。而这些也是我们许多高中教师在授课过程中出现弱化的地方——因为进度等原因弱化了学生独立思考这个重要环节。这些环节在初中模式化的教学过程中本身就没有养成，到了高中自然成为学生思维上的一个障碍。所以高一教师在做初高中数学衔接的过程中，一定不能忽视对学生思维上的衔接。有时创设问题情景，给学生留下思考空间，展开学生之间、师生之间的问题探讨远比教学生去认识一个知识点更重要。

高中学生数学学习另一个特点是学生在思维上由初中阶段的感性认识过渡到抽象思维形式推理，在教学中逐步减弱具体形象的辅助认知作用，强调其抽象思维能力。所以，教师的课堂要成为培养学生思维发展的课堂。著名教育专家顾明远强调：课堂教学的本质是培养学生的创新思维，具有创新思维才能改变世界。要根据学生的特点培养学生的创新思维，把知识内化为智慧，使学生的思维具有敏捷性、深刻性和发散性。可见，初高中数学衔接的一个重要环节就是思维上的衔接。

六、其他辅助衔接

（一）重视数学教学衔接课程的共识

在研发适合学校情况的衔接教材的同时，学校也必须加大对课程衔接的宣传力度，使师生形成共识。数学是人们生活、劳动、学习必不可少的工具，是科学的原动力，是理工学科的基础。数学的发展与人类文化、经济、科技的发展都有着千丝万缕的关系，在人类文明的发展中起着非常重要的作用。数学推动了重大的科学技术进步，当代与未来的发展都要倚重数学的发展，可见数学在社会发展中的作用自然不可忽视。但是遗憾的是，我们看到在初高中学习数学的初始期，学生的数学课程发展之路并不乐观，厌学、弃学数学的不在少数。特别学生进入高中学习，数学学科由于其学科难度大、抽象思维、逻辑推理能力要求都比初中有了较大幅度的提升，数学学科在一定程度上成了阻碍学生高考的最大的绊脚石。在2020年1月长治市高三统考中，理科参考人数12319人，数学均分为80.25分，低于均分的学校有31所，约占长治市46所高中的67.4%。高中数学俨然成为学生升学之路上的"拦路虎"。

学好数学，是社会的需要，更是孩子们升学的需要。通过调查，我们发现不是学生不愿学习数学，而是跟不上、不会学，导致学不会、弄不懂。经研究发现，高一新生中许多孩子数学在中考中的劣势就已经十分凸显了。要想在此基础上更上一层楼，谈何容易！如何找到一个平台搭建一个链接初高中数学学习的桥梁至关重要。桥梁搭建起来，孩子们不愿"过"，如何办呢？这就需要我们加大对这一问题的宣传力度，通过社会需要找问题，通过升学需要找问题，通过衔接课程建平台解决问题，形成重视数学学习的共识。

（二）建立多样化激励机制

建立多样化的激励机制，激发学生的求知欲，引导学生从思想上对衔接课程的认可。

美国作家伊丽莎白·F.巴克利所著《双螺旋教学策略——激发学习动机和

主动性》一书中谈道：如果你已尽一切努力去创造促进学生投入的课堂环境，仍有学生看起来很烦闷或冷漠，那么私下跟他们聊一聊。告诉他们在你的课堂上不可以不投入，并请他们推荐一些课堂，一些既有趣又能实现课程或单元学习目标的活动。这段话传递了两个信息：（1）你已经努力了。（2）别的方式能促使我们的目标实现。为收集这方面的认识，我专门在我校（长治市第十三中学校）高一、高二召开了一次"找问题说策略"的视频分析会。会上老师们列举了薄弱学生的特点：自信心不足、学习效率不高、厌学弃学心理严重等，这样就导致课堂效果得不到保障。针对这一现象老师们也想出很多处理办法：（1）抓基础，降低课程难度。（2）重落实，加强课下交流。（3）先学后教，精讲多练。（4）家校共育，加强沟通。（5）实施点对点的导师辅导交流。事实证明，这些措施的实施效果良好。笔者认为两者在一定意义上是一致的。根据学情，加强多样化的激励措施，可以激发学生的学习动机，达到我们的学习目标。

（三）衔接操作平台形式多样化

衔接操作平台形式多样化，加深学科间的交叉融合。在2020年这个漫长的寒假，根据教育部"停学不停教，停课不停学"的精神，一场前所未有的线上教学展开了，信息技术和学科交叉融合得到了前所未有的默契。通过信息平台，许多难以理解的内容，可以借助信息技术形象化；通过观看回放，也给基础薄弱的学生再次学习的机会。通过对2020年2月到5月近三个月的线上教学调研发现，信息技术平台在衔接问题中部分环节上的优越性明显。教师可以通过微课形式提前将一些脱节的、需要强调的知识点录制好，学生就可以通过信息技术平台及时观看。这样既解决了教师因增加脱节知识点讲解导致课时不足的现象，也大大方便了学生。学生可以根据需要随时不限次数地观看，对于疑点的彻底解决打开了一个极其便利的平台。对于走读生也可通过视频形式，和老师及时探讨衔接不畅的疑点。这样做还拉近了师生之间的关系，推进了家校共育工作。

七、结语

本文笔者通过事实数据和亲身实践，验证了以往专家和一线教育工作者对衔接问题的探索，同时提出了衔接问题建立校本课程的必要性和以初中教师为主体建立团队进行培训的可行性的新观点。不足之处在于，调查学校的数量不够多，调查问题不够细。作为教育工作者和教育研究者，我们任重而道远，可喜的是衔接问题已引起关注，只是形成共识还有待时日。我们坚信，在教育更新速度较快的今天，在一批专家、一线教师的关注下，一定会使问题早日获得科学的解答。

参考文献

［1］张志娟. 新课程背景下初高中数学衔接教学的思考［J］. 数学之友, 2011, 20: 11-12.

［2］李磊. 初、高中数学衔接教学探［N］. 和田师范专科学校学报, 2007, 49: 181.

［3］黄仪. 从初高中衔接的视角看数学中考［J］. 中学数学研究, 2013, 9: 38.

［4］姜晨, 赵慧臣. 初高中数学衔接课程实施效果分析与改进研究［J］. 中学数学月刊, 2018, 12: 27.

［5］郑玲薇. 新课程背景下初高中数学教学衔接的实践反思［J］. 高教天地, 2008, 10: 59.

［6］唐绍友. 初三数学教学中渗透初、高中衔接的实践与思考［J］. 中学数学初中版, 2015, 3: 61.

［7］基础教育参考. 关于进一步做好小学升入初中免试就近入学工作的实施意见［O］. 2014, 5.

［8］教育部. 关于进一步推进高中阶段学校考试招生制度改革的指导意见［O］. 2016.

［9］教育部. 中国高考评价体系［O］. 2020, 1.

基于学生关键能力培养的生本课堂实践研究

——以长治市第九中学校为例

长治市第八中学校　李瑞芳

摘　要：提高学生关键能力是国家人才培养需求。课堂是学校教育教学的主阵地，是学生生命成长的场所，关键能力的培养应立足于课堂。鉴于此，在原有师本课堂的基础上，运用文献研究法、实践研究法，针对"生本课堂"的教学形态、评价指标、教学策略、教师角色进行研究。通过生本课堂的实践研究，教师课前设置有质量的导学案（导学、导思、导问、导图），课中帮助学生学习，把思考的权利、时间和空间还给学生，让学生有充分表达自己思想和展示思维过程的激情和舞台，让学生在质疑问题和讨论交流中获取知识，主动构建自己的知识结构。实践研究表明，生本课堂可以帮助学生认识自我、发现自我、完善自我、反思自我、超越自我，从而培养学生的认知能力、合作能力、创新能力和职业能力，为学生的终身发展服务。

【关键词】关键能力；生本课堂；学习共同体；实践研究

一、研究动机

三年前（2017年），长治市第九中学校（以下简称长治九中）的课堂在经过第一轮课改（2010年）后，课堂组织形式、教师的教学观念、学生的学习方式有所转变，但迈入新时代，国家与现代社会对于人才的需求在发生深刻变化，对照中共中央办公厅、国务院办公厅在《关于深化教育体制机制改革的意见》中明确提出的要注重培养人才"支撑终身发展、适应时代要求的关键能力"要求，还有一定距离，存在一些问题，如教育理念不明确，不能面向学生的未来，以学生的终身发展为本；教师的角色定位不明确，不能与学生组建起"学习共同体"，平等地交流和探讨；教师的教材观不明确，不能把教材作为教学资源，二次开发；学生的发展观不明确，不能面向全体、尊重差异、因材施教、全面提高；学生的学习观不明确，不能主动学习，课堂学习满足于知识和技能的学习，忽视良好习惯的养成，忽视学习和实践的结合，忽视同伴的互助。综合分析以上突出问题，长治九中进行了基于学生关键能力培养的"生本课堂"的实践研究。

二、研究过程

（一）构建生本课堂实践载体

客观分析校情、教情、学情，提出了"以课改促课堂高效、以课改促学生发展"的理念，针对当前课堂存在的教学弊端，从培养学生综合素质的高度出发，总结出了"先学后教、顺学而教"的教学理念、"问题导学，分层优化"的课堂教学模式、聚焦关键能力培养的教学评价，以及以"导学案、小组建设"为抓手的教学策略，使不同层次的学生在教师指导下，通过自主学习、合作探究、动手实践等活动，自觉、主动地找出问题、分析问题、解决问题，达到掌握知识，深化思维，提高关键能力的育人目标，使教学水平得到了优化发展。

1.确立生本课堂的课堂教学模式

"问题导学，分层优化"课堂组织形式下的"生本课堂"，就是在教师指导下，通过学生的自主学习、合作探究、动手实践等活动，让学生自觉、主动地找出问题、分析问题、解决问题，以达到掌握知识，深化思维，培养能力的教学目的，使不同层次的学生得到优化发展。整个教学过程中，课堂是舞台，教师是导演，学生是演员，教师主导作用的发挥体现在：导学、导思、导练，导测，变课堂为学生探索、发现、创造的场所，旨在通过教师有效的"导"，促进学生积极的"学"，使学生真正成为学习的主人、教学的主体。

问题——以问题为引领，贯穿学生学习各环节的始终。课前的自主学习要求学生带着问题阅读文本，然后将自主学习产生的问题带到小组里，带到课堂上。小组学习围绕着问题进行，而教师点拨讲解的内容一定是全班大多数学生的共性问题。

导——以教师为主导，主要体现在课前导学案的设置，课中小组学习的指导和生成性问题的解决，不仅引导学生学习知识、消化知识、提升能力，还要引导学生思辨、质疑、创新，养成科学精神，促进学生主动学习、快乐学习，真正将课堂还给学生。

学——以学生为主体，以学生的学习为核心。主要体现在，学生在导学案的引导下课前或课上自主学习，课中积极交流、大胆展示。培养学习习惯，以提高学习能力；学会深入思考，以养成科学精神；学会实践探究，以形成创新能力；学会合作交流，以提高实践技能；学会深度阅读，以厚实人文底蕴，使学生真正做到愿学、乐学、学会、会学。

分层优化——对不同层次的学生提出不同的要求。教师从班级学生的实际出发，根据差异因材施教，让不同程度的学生得到最大可能的发展。主要体现在：课前导学案的设置分层（导练部分分为基础巩固、能力提升、拓展训练三个不同的层次，以满足不同层次学生的需求），课上学生学习要求、学习掌握情况分层（课堂提问按小组成员学习差异有意识区别对待，使所有学生都有表达自己见解的机会），促进学生全面发展、个性发展和充分发展。

2. 确立生本课堂的教学评价指标

生本课堂评价指标应包含以下几个方面：

（1）学生主动参与课堂学习的程度

自主学习与小组合作学习相结合，课堂学习不是形式上的热闹，而是实质性的思考、表达、讨论与交流。学生参与的广度与深度，包括学生自主活动和学习的时间、学生展示和动手操作的人次等。

（2）学生关键能力培养的过程

生本课堂应把关键能力的培养放在一个显著的位置，教师在课堂教学中要善于创设探究情景，搭建探究平台，问题让学生自主发现，知识让学生自主生成，规律让学生自主归纳，最后通过旧知衍生出新知，提高学生的学习能力、合作能力等。

（3）课堂教学保持师生互动的效度

生本课堂的教学过程是认知建构、师生互动、情感体验多向交流过程，教师能否使课堂保持有效和深层互动是一条重要指标。

（4）学生情感体验的关注度

教师创设宽松和谐课堂情景的程度：教师是否有激情，精神是否饱满；是否善于挖掘教材中的情感因素；授课过程能否引起学生的兴趣和情感共鸣；是否善于表扬激励学生，让学生体验到成功的乐趣；是否善于体察学生的变化，恰当调控教学；是否善待、宽容和欣赏学生。

3.确立生本课堂的教学策略

（1）导学案的基本结构如图1所示。

长治九中　年级　学科导学案

课题

主备：　　　审批：　　　时间：

学习目标：依据学科核心素养、课标、学情制定学习目标。

学习重点：依据课标设置恰当的重点。

学习难点：依据学情设置恰当的难点。

学习过程：

一、导读（自学思疑，初探问题）：教师整合教材，引导学生阅读教材。学生通过自主学习，了解最基础的知识。

二、导思（展示交流，探究问题）：问题设置紧扣学习重点，有层次，有脚手架，有学法指导。学生先独立思考，后小组合作、探究、展示，最后教师点拨答疑。

三、导练（应用演练，再生新疑）：1.基础过关　2.能力提升　3.拓展延伸（三部分建议比例为3∶2∶1）。

四、小结：1.学生小结（收获或存在的问题）；

2.教师小结（将本节课所学内容升华，并纳入知识结构）。

五、课后作业：根据导练中出现的问题，进行针对性巩固练习，体现分层。

六、思维导图：整合知识，优化思维。

图1　导学案基本结构图

（2）导学案的使用流程

课前教师根据课标、学情编写导学案，印发给学生（各学科也可以根据实际情况使用省配套的导学方案或其他适合学生使用的学案），必须确保有案可学。

导读（自学思疑，初探问题）：自主学习不同于一般意义的预习。条件许可的学科应在教师的辅导下进行。语文、数学、外语学科要求必须在课前进行，其他学科可根据学习内容灵活选择课前或课上，为减轻学生课业负担，建议尽量课上完成自主学习。学生要认真阅读教材，完成导读部分，解决基础知识内容，学有余力的同学可完成导学案其他部分，对难以解决的问题做好标记，对学习过程中产生的新问题认真总结。学生带着问题进入课堂，进行分组讨论交流，完成导学案导读部分内容。

导思（合作交流，探究问题）：根据学生设疑、教师设疑的不同问题类型，采用小组合作、实验探究、展示反馈、教师点拨、激励评价等形式完成。在这个过程中，教师通过生生互动、组组互动等形式引导学生对问题进行深入探究。同时教师适时介入学生的互动，对学生无法解决的问题进行点拨，保证课堂讨论交流的方向性和实效性。

导练（应用演练，再生新疑）：检查学生对学习任务的落实情况，通过有针对性的练习，巩固所学，拓展知识，形成应用能力。

思维导图（整合知识，优化思维）：形成思维导图，构建知识体系。

（3）小组建设的实施

学校从小组建设入手，通过强化小组建设，实现从"个体自主学"到形成"自主学与合作学"的现代学习关系，构建"共生、共建"的共进课堂氛围。

小组互助共进。"小组"意为：强强结合（优生搭配竞争）、偏科学生组合（互为师徒：扬长补短，共同提高）、强弱结合（多师一徒或一师一徒或一师多徒）；"互助"，指师生在相互帮助中扫除学习障碍；"共进"是指在自主和合作中提高学习质量和促进学生全面发展。

（二）生本课堂落地实施

1. 学习为先，导航生本课堂

观念是行动的灵魂，对行动具有统摄和指导作用。促进教师改变观念的最好行动就是学习、学习、再学习。组织全员学习，学习生本课堂的基本内容，学习新课标、学习新教材。一方面，通过学习，提高教师的教学思想道德水平，提高教师对学生关键能力培养的认识，增强使命感和责任感；另一方面，通过学习，更新教育观念、改进工作方法，转换角色，变革行为，突破惯性思维，对一些课堂陈旧性、常规性的行为进行大胆改革，解放手脚，创造性地搞好教学，形成自我发展、自我提升、自我创新、自我超越的内在机制，形成自己的教学特色，提高教育教学水平。

2. 实践为基，践行生本课堂

教育理念只有根植于课堂实践的这片土壤才能具有鲜活的生命力，才能生根、发芽、开花，并结出丰硕的果实，唯有教学实践才能检验生本理念是否内化、生本课堂是否构建、生本发展性评价是否建立。学校从2017年秋季，从起始年级开始，逐年铺开，由点到面，经过三年，全校六个年级、54个教学班、近3000学生全部投入。全员参与，导学案的编写以教研组为单位，利用教研活动时间精心编制、集体审定，学科教师根据学情进行二次备课，优化使用。

3. 反思为本，优化生本课堂

名师=经验+反思。组织教师定期对典型的教育教学案例或教学设计进行分析、解剖与学习讨论，对平时教学实践中一时难以解决的难点、热点、重点问题，以小课题的形式进行实践研究，通过反思，形成最佳的教学设计和新的教学策略；引导教师学会在言谈和行动中思考生本教育，学会在撰写与生本课堂有关的教育叙事、案例和课例分析中反思生本课堂，学会在反思批判中促使自身的专业成长。让反思交流变成常规，在课堂中边实践边反思，发现问题、解决问题，不断优化完善生本课堂。

（三）生本课堂成果固化

形成了生本课堂的基本结构，生成了一套完整的精品导学案。

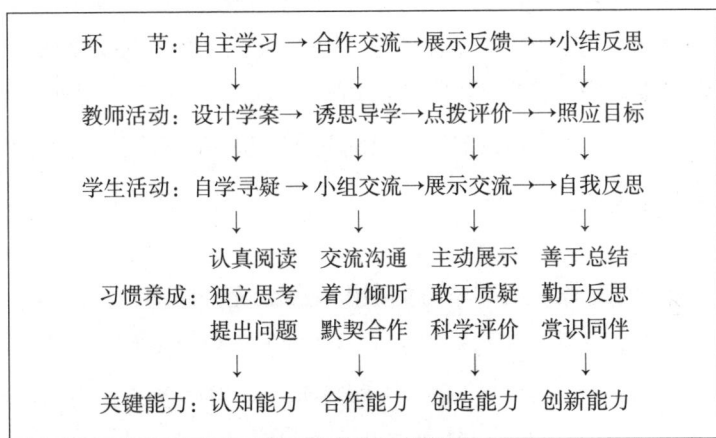

环　　节：自主学习 → 合作交流 → 展示反馈 → 小结反思

教师活动：设计学案 → 诱思导学 → 点拨评价 → 照应目标

学生活动：自学寻疑 → 小组交流 → 展示交流 → 自我反思

	认真阅读	交流沟通	主动展示	善于总结
习惯养成：	独立思考	着力倾听	敢于质疑	勤于反思
	提出问题	默契合作	科学评价	赏识同伴

关键能力：认知能力　合作能力　创造能力　创新能力

图2　精品导学教案示例图

三、研究反思和改进

山一程、水一程，课往教育深处行。三年的实践研究告一段落，累并快乐着。三年来，长治九中致力于打造以培养学生关键能力为核心的生本课堂，在全体师生、家长的积极参与和大胆尝试下，学校的生本课堂已取得了可喜的进步，并取得了一系列的成果。但是，仍存在一些共性或个性的问题。

（一）研究反思

1. 案例一：关注学生数学知识体系的建构（破解初三成绩下滑）

经常会有一些学生，初一、初二数学成绩优异，一到初三成绩就会出现严重下滑。这种"初三成绩下滑"现象，究其原因有很多，但其中有一个重要原因是学生的数学知识体系出了问题。初一、初二考查的是阶段性知识，学生刚刚学完，知识还在新鲜期，只要对待学习的态度端正、认真，成绩自然不会差。到了初三，随着知识的增加，试题的综合性越来越强，传统课堂教学的弊端越发明显，知识体系建构混乱也越发严重，数学成绩自然会下滑。

新的课堂上，学生通过"自主学习""合作学习""展示交流"等方式在老师的帮助下自己建构知识体系。如：《矩形的性质》一课：首先通过"自主学习"，学生对"矩形的性质"有初步认识，并初步尝试应用"矩形的性质"解决问题，建立"矩形的性质"与其他知识的联系；接着"合作学习"中，学生通过"与他人对话"从不同角度理解"矩形的性质"，同时充分暴露学生对"矩形的性质"的"相异构想"；然后在"展示交流"环节再次暴露"学生以为学会了实际没学会的知识""以为正确实际并不正确的知识"，共同分享合作中暴露的"相异构想"，并共同解决生成的问题，进一步巩固"矩形的性质"在知识体系中的地位。

反思一：

在生本课堂中，学生自主学习的积极性得到充分调动，自主学习、合作能力、探究能力明显增强，参与热情更高，课堂上不仅仅满足于知识和技能的学习，更注重主动阅读、提出问题，认真倾听、互相尊重等良好学习习惯的养成，注重学习和实践的结合，注重同伴的互助，注重思维的训练，认知能力、合作能力、创新能力等关键能力在不同程度上得到提高。

2. 案例二：一节教师站位后移的展示课

学校请教育专家广东省特级教师丁革兵来长治九中讲学，听了丁老师的报告后，我尝试和学生一起上一节展示课。在课前让学生自主地去搜集资料，不断分析和互相交流，拿出一节课的时间做小组汇总分析，给他们充裕的时间来展示自己的"工作成果"。这种方式让学生很感兴趣，他们表现出了极大的热情。有的上网收集资料，有的跑到书店寻找自己所需要的东西。在这期间，我的任务是关注学生的进展情况，发现问题并及时帮助他们解决。课中，我把舞台让给学生，成为他们学习的同伴，学习任务顺利完成，课后我进行了认真的总结和反思。

反思二：

教师在生本课堂的实施中，角色定位要准。建构主义理论强调，教学是师生的双边活动，在教学中，师生要建立"学习共同体"，教师的角色要转变，要从"演员"变成"导演"、从"良师"变成"益友"，教师要充分发挥主导作用，成为课堂的组织者、监督者、点拨者、评价者，关注每一个学生，欣赏每一个学生。

名师=经验+反思。教师要学会在言谈和行动中思考生本教育，学会在撰写与生本课堂有关的教育叙事、案例和课例分析中反思生本课堂，学会在反思批判中促使自身的专业成长。

3.共性问题

在观课过程中，发现一个共性的问题——学生自主学习情况不能及时反馈，教师的二次备课滞后，针对性不强，影响了课堂效率。

反思三：

我们身处"互联网+"时代，信息化技术已渗透到社会的各个方面，教育领域中，一场信息化的变革正在悄悄地发生着，课堂与信息化深度融合，迫在眉睫！疫情期间的线上教学就是最好的例证。

（二）研究改进

1.从课堂模式到课堂组织形式的转变（入模到出模）：统一的教学模式会固化课堂结构，使各学科特色、不同教师风格不能充分地体现和发挥，学生会产生倦怠感。后期，学校鼓励各学科提炼具有本学科特色的课堂组织形式，倡导基本理念的一致性与不同学段、不同学科、不同教学风格的百花齐放。

2.从关键能力到核心素养的转变：生本课堂的稳步推进，学生的关键能力得以提升，后期仍然要坚持"立德树人"为根本，落实中国学生发展核心素养，促进学生全面发展！

参考文献

［1］彭寿清, 张增田. 从学科知识到核心素养: 教科书编写理念的时代转换教育研究［J］. 2016(12).

［2］陈锡坤. 生本教育——素质教育的真谛［J］. 现代教育论丛, 2008(08).

［3］马扎诺等. 有效的课堂教学手册［M］. 杨永华, 周桂萍, 译. 北京: 教育科学出版社, 2008.

［4］李艺, 钟柏昌. 谈"核心素养"［J］. 教育研究, 2015(09).

［5］徐朔. "关键能力"培养理念在德国的起源和发展［J］. 外国教育研究, 2006(06).

［6］郭颖. 生本教育的哲学观探源［J］. 现代教育论丛, 2005(02).

［7］阮显政. 浅议学习共同体的概念、特征及意义［J］. 高教学刊, 2017(05).

［8］卢姗姗, 毕华林. 从"概念转变"到"概念理解"——科学概念学习研究的转向化学教育［J］. 2018(01).

［9］张增田, 彭寿清. 论教师教育共同体的三重意蕴［J］. 教育研究. 2012(11).

基于核心素养的高中化学课程校本化
实施的规划方案研究

——以长治市第四中学校为例

长治市第四中学校　郭晓伟

【摘要】世界各国及一些国际组织从20世纪七八十年代开始，就对核心素养开展了一系列研究，并取得了一定的研究成果。我国对于核心素养的研究起步较晚，2016年起我国有关核心素养的研究相继公布。但在实际教学中学校如何以课程为载体主动落实核心素养正成为现实关注问题。本研究以长治市第四中学校（以下简称长治四中）高中部为研究对象，对该校基于核心素养的校本课程开设规划方案进行研究。在校本课程规划中对目标、结构、内容、实施、评价等内容做进一步的探究，保证了学校立德树人育人目标、学生核心素养的全面落实。

【关键词】高中化学；核心素养；校本课程；实践研究

核心素养（Key Competencies），在我国比较官方的定义是2014年我国教育部颁布《关于全面深化课程改革落实立德树人根本任务的意见》提出的"学生应具备的适应终身发展和社会发展需要的必备品格和关键能力，突出强调个人修养、社会关爱、家国情怀，更加注重自主发展、合作参与、创新实践"。2016年9月，《中国学生发展核心素养研究》正式发布，综合表现为人文底蕴、科学精神、学会学习、健康生活、责任担当、实践创新六大素养。高中化学学科核心素养包括"宏观辨识与微观探析""变化观念与平衡思想""证据推理与模型认知""科学探究与创新意识""科学态度与社会责任"五个方面。

课程（Course）是学校为实现教育目标而计划和指导所有学生进行的学习。课程是对教育目标、教学内容、教学活动方式的规划和设计，是教学计划、教学大纲等诸多方面实施过程的总和。课程通常被概念化为"以有效的方式把教育计划的基本原则和特征转化成实践并接受严格审查的尝试"。

"校本"（School-base），是21世纪学校教育改革与发展中提出的比较新的教育理念，基本上就是以学校为本、以学校为基础的意思。华东师范大学的博士生导师郑金洲对校本的理解是：一切为了学校，一切在学校中，一切基于学校。徐玉珍认为，校本包括五个方面："一是以学校为基地，二是以学校为基础，三是以学校为主体，四是以学校为整体，五是以满足学生的学习需求为宗旨。"学校是基本场所但不完全局限于学校。

课程校本化实施即学校因地制宜、因人制宜，创造性地执行国家课程标准，反映了课程调适取向和创生取向。

一、课程目标

通过国家课程拓展研究，开设具有适合本地及本校的校本课程、具有地域特色的研学类课程，可以树立学生的国家情怀，拓展学生的视野，丰富学生的思维，全面落实核心素养，为学生的成人、成才、成功奠定基础。

二、课程结构

基于核心素养的高中化学校本化课程是对国家课程标准的良好补充，可以在一定程度上满足在化学学科上有不同兴趣的不同学生的需求，深化学生对化学学科及其价值的认识。

以化学学科课程结构图为例。课程结构如图1所示（见下页）。

三、课程内容

拓展课程、研学类课程主要由学生以小组为单位在规定时间内合作完成。通过拓展研究可以提升学生的实验探究能力、合作能力、发现问题解决问题能力。通过两门课程可以锻炼学生自主提出问题、自主解决问题的能力，对提升学生的关键能力可以起到关键作用。校本课程主要选取适合本地、适合本校、适合学生、密切联系生活的课题在教师的组织下有序开展。该课程侧重于培养学生的必备品格。三门课程在教学目标上各有侧重但又相互补充。学生通过拓展类课程、研学类课程的学习可以增加自己的知识储备，为校本课程参与奠定良好的基础。通过校本课程的学习可以增强学生的社会责任感以及学习化学的兴趣，为主动积极参与两门课程提供精神动力。

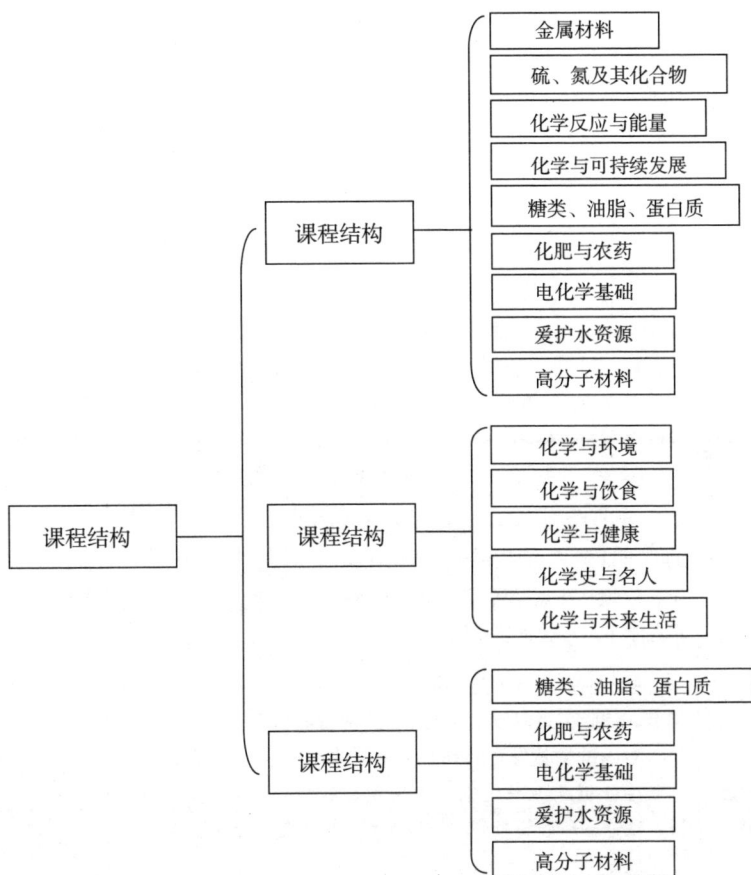

图1　化学课程结构图

（一）国家教材的拓展研究

　　认真组织教师进行对标核心素养的高中人教版教材拓展研究，选择适合学生的章节开展拓展研究。通过学生进行拓展类课程的研究，可以丰富学生的发展方式，力求在研究中培养学生的学习主动性、能动性、积极性、创造性。让学生在自主学习、自主研究的过程中主动落实核心素养。

　　以化学教材拓展课程研究为例。拓展课程研究内容如表1所示。

表1 拓展课程

课程内容	列为拓展课程原因	教材章节	拓展研究
金属材料	金属材料与日常生活息息相关，也与一个国家的工业发展紧密联系。同时，掌握金属材料相关知识也可以为学生的日常生活提供一些非常有价值的知识。	人教版高中化学必修一第三章《金属及其化合物》	指导学生任选一个感兴趣的合金进行调查，完成一篇报告。
硫、氮及其化合物	硫、氮及其化合物与我们的环境污染状况有很大的相关性，将其列为校本课程，可以培养学生保护环境的意识，提升学生的社会责任意识。	人教版高中化学必修一第四章《非金属及其化合物》	要求学生调查过去、现在山西污染的情况。
化学反应与能量	能量是一个相对较抽象的概念，将其作为校本课程，可以结合生活中的实例帮助学生理解能量在生活中的重要性，同时也可以为正常的教学做铺垫。	人教版高中化学必修二第二章《化学反应与能量》	帮助学生了解当地煤炭资源与能量的关系以及能量与生活的关系。
化学与可持续发展	可持续发展是近年来被国际社会所广泛关注的一个话题，学生作为国家和社会的一分子，应该从小就培养其可持续发展的意识，培养学生的社会责任意识。	人教版高中化学必修二第四章《化学与自然资源的开发与利用》	自然资源的开源节流，保护环境。
糖类、油脂、蛋白质	糖类、油脂、蛋白质作为人体必需的营养物质，对人的生长发育起到至关重要的作用。中学生正处于人一生中的生长发育最快阶段，在这一阶段将其列为校本课程，可以使学生注意到营养均衡的重要性，对其日常生活饮食习惯起到一定的积极作用。	人教版高中化学选修一第一章《关注营养平衡》	指导学生针对自己的身体状况设计一份合理的饮食计划，做到学以致用。
化肥与农药	民以食为天，化肥与农药这两种物质都与粮食密切相关。通过这一部分知识的学习，学生可以理解粮食的来之不易。同时，通过对化肥和农药对环境的污染的学习，也可以培养学生保护环境的意识。	人教版高中化学选修二第四章《化学与技术的发展》	指导学生查阅资料，了解我国土壤状况以及氮、磷、钾肥的生产结构是否合理。
电化学基础	这部分知识的学习可以使学生理解化学能和电能之间的相互转化关系，理解化学对生活的重大贡献。	人教版高中化学选修四第四章《电化学基础》	指导学生利用已经学过的知识进一步了解燃料电池，理清知识结构。

课程内容	列为拓展课程原因	教材章节	拓展研究
高分子材料	随着社会的飞速发展，高分子材料越来越多地走进人们的生活，为我们的生活提供了越来越多的便利。但是高分子材料也对环境造成了一定的污染。这部分知识的学习可以使同学们了解高分子材料的广泛用途，同时也提醒大家注意保护环境。	人教版高中化学选修物第五章《进入合成有机高分子化合物的时代》	使学生调查归类高分子材料在生活中的应用，让学生体验化学对生活的改变以及化学为生活提供的便利。
爱护水资源	水是我们生活中必不可少的资源，针对生活中一些浪费水的行为，教会学生爱护水资源，保护环境，同时培养学生的社会责任意识，使学生在未来的生活中养成良好的生活习惯。	人教版高中化学选修一第四章《爱护水资源》	了解目前存在的水污染状况以及种类，并鼓励学生积极思考，提出相应对策。

（二）开设适合学生的校本课程

为了很好地落实核心素养，学校将积极开发适合本校学生的校本课程，丰富学生的学习，拓宽学生的视野，培养学生的情怀，锻炼学生的意志，健全学生的品格，为实现学生"全人格"奠定基础。

以化学校本课程研究为例。校本课程内容如表2所示。

表2　校本课程

课程名称	对标核心素养
《化学与环境》	科学态度与社会责任
《化学与饮食》	科学探究与创新意识
《化学与健康》	科学态度与社会责任
《化学史与化学名人》	科学态度与社会责任、科学探究与创新意识、宏观辨识与微观探析
《化学与未来生活》	科学探究与创新意识、宏观辨识与微观探析

（三）开设具有地域特色的研学类课程

在校本课程的研发中，还可以结合当地地域特色，适当设计一些研学类课程。例如山西省当地的学校就可以结合当地产煤特色，开设一些参观当地煤矿、污水处理厂、化肥厂、钢铁厂、兵工厂等场合的研学类课程，并在参观的同时，开展一些针对当地情况的研学工作。这一方面可以锻炼学生的实验动手能力，另一方面也可以培养学生的社会责任感。

四、课程实施

课程主要在高一、高二年级实施。拓展类课程安排休息日（周六、日）完成，每学期一到两个课程，主要采取教师指导，学生以小组为单位自主研修，成果分享的模式进行。校本课程安排在正常工作日周三下午进行，主要采取教师集中讲解，学生积极参加的模式进行，地点在各班教室或者实验室（每两周一次）。研习类课程主要安排在学期初或者学期末进行，学校集体组织，学生积极参加，带着研习具体任务高效完成研习课程，研习完成以小组为单位呈现高质量的研习报告。

以化学拓展课程实施方法为例。拓展课程实施内容如表3所示。

表3　拓展课程实施

课程内容	开设学段	开设方式	占用学时	考察方式
金属材料	高一第一学期	教师指导、学生以小组为单位自主研究。	12课时（两天）	学生通过查阅资料、实验探究完成金属从微观到宏观、从组成到结构、从性质到用途的一篇研究报告（不少于1000字）。
硫、氮及其化合物	高一第一学期	教师指导、学生以小组为单位自主完成。	12课时（两天）	学生通过实地调研（环境监测部门），实验探究、查阅资料完成有关硫、氮化合物从微观到宏观、从组成到结构、从性质到用途以及与当地环境有关的研究报告（不少于1000字）。
化学反应与能量	高一第二学期	教师指导、学生以小组为单位自主完成。	12课时（两天）	通过查阅资料、实地探访完成一篇有关山西省煤炭资源与能量的历史、现在、未来研究报告（不少于1000字）。
化学与可持续发展	高一第二学期	教师指导、学生以小组为单位自主完成。	12课时（两天）	通过查阅资料了解我国的能源状况，完成一篇有关节约能源的研究报告（不少于1000字）。
糖类、油脂、蛋白质	高二第一学期	教师指导、学生以小组为单位自主完成。	12课时（两天）	查阅资料，了解糖类、油脂、蛋白质与生命活动的重要联系，制订适合自己的饮食计划。完成研究报告（不少于1000字）。
化肥与农药	高二第一学期	教师指导、学生以小组为单位自主完成。	12课时（两天）	民以食为天，查阅资料了解我国作为人口大国在保证粮食安全前提下化肥与农药的功效。完成一篇研究报告（不少于1000字）。

课程内容	开设学段	开设方式	占用学时	考察方式
电化学基础	高二第一学期	教师指导、学生以小组为单位自主完成。	12课时（两天）	查阅资料，实验探究，将生活中常见电池进行分类，并能够准确理解其工作原理。完成一篇研究报告（不少于1000字）。
高分子材料	高二第二学期	教师指导、学生以小组为单位自主完成。	12课时（两天）	材料在生活中随处可见，查阅相关资料完成一篇有关高分子材料的现状及将来发展趋势的研究报告（不少于1000字）。
爱护水资源	高二第二学期	教师指导、学生以小组为单位自主完成。	12课时（两天）	查阅相关资料，了解我国以及本地的水资源现状，从水资源综合利用、水资源污染等方面写一篇调研报告（不少于1000字）。

以化学校本课程实施方法为例。校本课程实施内容如表4所示。

表4　校本课程实施

课程名称	开设学段	课时	开设时间	考查方式
《化学与环境》	高一第一学期	10	周三下午学生活动课及下午自习	学期统一组织测评
《化学与饮食》	高一第一学期	8	周三下午学生活动课及下午自习	
《化学与健康》	高二第一学期	8	周三下午学生活动课及下午自习	
《化学史与化学名人》	高二第一学期	10	周三下午学生活动课及下午自习	
《化学与未来生活》	高二第二学期	8	周三下午学生活动课及下午自习	

以化学研学类课程实施方法为例。研学类课程实施内容如表5所示。

表5　研学类课程实施

课程名称	开设学段	课时	开设时间	考查方式
参观淮海工业集团	高一第一学期	一上午	高一入学	在教师指导下以学习小组为单位写出研习报告（不少于3000字），结束后在班级交流分享。
参观三元煤业	高一第一学期	一上午	期末考试结束	
参观山西化肥厂	高一第二学期	一上午	期末考试结束	
参观惠丰污水处理厂	高二第一学期	一上午	期末考试结束	
参观长治钢铁厂	高二第二学期	一上午	期末考试结束	

五、课程评价

课程评价是以一定的方法、途径对课程计划、活动及结果等有关问题的价值或特点做出判断的过程。课程评价是课程最终能否落地的重要保障，没有评价的实施等于没有实施。课程评价计划从以下几个方面入手。

（一）对课程本身的评价

对课程本身的评价应该在课程开设前完成，对课程本身的评价计划采取以下方式完成。

以课程评价流程为例。课程评价流程如图2所示。

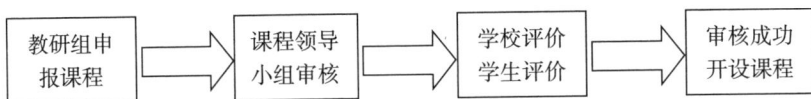

图2　课程评价流程图

（二）对课程开设效果的评价

课程开设效果采取考试成绩、学生问卷、查阅调研研习报告等方式进行。职能科室为学校教务处工作人员。

以拓展类课程目标达成情况的评价为例。拓展类课程目标达成情况如表6所示。

表6　拓展类课程目标达成情况评价量表

课程名称	评价内容		评价指标		
			是（优）	否（良）	一般
	核心素养落实情况	是否落实宏观辨识与微观探析			
		是否落实变化观念与平衡思想			
		是否落实证据推理与模型认知			
		是否落实科学探究与创新意识			
		是否落实科学态度与社会责任			
	学生主动参与研究落实情况	是否积极参与研究			
		研究结果是否满意			
		你在小组研究中的表现			
		通过研究是否提升了你的综合能力			
		通过研究是否提升了你的合作探究能力			
		是否参与了班级研究报告交流分享			

以校本课程目标达成情况的评价为例。校本课程目标达成情况如表7所示。

表7　校本课程目标达成情况评价量表

课程名称	评价内容		评价指标		
			是（优）	否（良）	一般
核心素养落实情况	是否落实宏观辨识与微观探析				
	是否落实变化观念与平衡思想				
	是否落实证据推理与模型认知				
	是否落实科学探究与创新意识				
	是否落实科学态度与社会责任				
学生主动参与研究落实情况	校本课程给我带来了很大的收获				
	每节课我都知道学习了什么				
	我喜欢这样的课程				
	我的学习能力有了很大的提升				
	明白了化学与实际生活的密切联系				
	增强了我学习化学的信心				
	课程极大地拓展了我的思维，丰富了我的知识				

以研习类课程目标达成情况的评价为例。研习类课程目标达成情况如表8所示。

表8　研习类课程目标达成情况评价量表

课程名称	评价内容		评价指标		
			是（优）	否（良）	一般
核心素养落实情况	是否落实宏观辨识与微观探析				
	是否落实变化观念与平衡思想				
	是否落实证据推理与模型认知				
	是否落实科学探究与创新意识				
	是否落实科学态度与社会责任				
学生主动参与研究落实情况	你是否积极参加研习活动				
	你是否积极参加研习报告书写				
	你认为研习是否有必要进行				
	研习是否丰富了你们的学习方式				
	研习中小组是否分工合理目标明确				
	你认为研习教师组织是否科学				
	你是否参与了班级分享交流				

为了第一时间了解学生的感受，要对每节课例做出最为真实的评价，教师

在课后第一时间要对学生进行访谈。访谈从对内容的兴趣、课堂参与度及内容的推动力三个方面展开。

以访谈形式调研学生听课感受为例。访谈学生提纲如表9所示。

表9　访谈学生提纲

①你喜欢本节课的内容吗？
②你在课堂上积极参与了吗？为什么？
③这节课你有什么收获？

六、研究结论

教育的主要任务是"立德树人"，学校是实现教育育人目标的主要场所，课程是实现育人目标的主要载体。本研究基于核心素养、基于学校、基于学生、基于教师，对长治四中高中化学课程校本化实施做了尽可能合理细致的规划，相信对于提高学生的综合素质、提升学生的化学学科核心素养可以起到重要作用。

参考文献

［1］教育部. 教育部《关于全面深化课程改革落实立德树人根本任务的意见》［R］. 教基二［2014］4号. 2014

［2］核心素养研究课题组. 中国学生发展核心素养［J］. 中国教育周刊, 2016(10): 1-3

［3］中华人民共和国教育部. 普通高中化学课程标准(2017年版)［M］. 北京: 人民教育出版社, 2018: 8-13.

［4］解进. 基于核心素养的课程校本化实施个案研究——以Y中学为例［D］. 上海师范大学. 2017.

［5］刘哲. 研究生拓展课程实施与效果评价研究——以H大学研究生拓展课程为例［D］. 河北大学. 2016.

［6］王莉萍, 全人格教育课程体系的构建与发展［J］. 中国教育学刊, 2019(5): 58-62.

［7］李雁冰. 课程评价论［M］. 上海: 上海教育出版社, 2002: 233-235.

［8］张旋. 以课程为载体提升学生综合素质的实践探索——以《环境保护与可持续发

展》课程为例［J］. 齐鲁师范学院学报, 2016(12): 45-51.

［9］Tyler R. W., *Basic principles of curriculum and instruction*［M］. Chicago, IL: University of Chicago Press, 1949.

第三篇

学校德育

当前中小学劳动教育的实施对策初探

长治市第十五中学校　李勇

【摘要】劳动是人类社会发展和人的发展的基础，是教育的源头。劳动教育作为教育的重要组成部分，是促进学生全面发展的重要途径，更是我国当代社会主义建设的需要。然而，在现阶段，我国中小学的劳动教育实施状况并不乐观，远不能承担起现实赋予的重任。本文以山西省一地级市为样本，探究了劳动教育在基础教育阶段存在的问题，从思想观念、家校沟通、应试教育、教育管理、社会风气等方面探究和分析劳动教育存在不足的原因。针对这些原因，结合《普通高中课程方案（实验）》《义务教育课程设置实验方案》，文章从提高认识、管理到位、合理设计、有机整合等四个方面提出具体的实施对策，试图从宏观上为中小学开展劳动教育设计一条合理的路径，实现劳动教育在树德、增智、强体、育美方面的巨大作用，达到促进学生终身发展的目的。

【关键词】中小学；劳动教育；实施策略

实现伟大梦想，进行伟大斗争，建设伟大工程，推进伟大事业，需要教育自觉担当起为新时代的中国特色社会主义培养合格接班人的重任。把广大中小学生培养成德智体美劳全面发展的社会主义事业的接班人，是我国教育的方针政策。"生活靠劳动创造，人生也靠劳动创造""撸起袖子加油干""空谈误国，实干兴邦"，习近平总书记多次告诫我们，中华民族的伟大复兴，需要勤勉劳动，真抓实干。学校加强劳动教育，培养热爱劳动、善于劳动的接班人，是立德树人的需要，更是传承中华优秀传统文化、实现中国梦的需要。

然而，毋庸讳言的是，劳动教育在现阶段的基础教育中很多时候，很多地方都流于形式，甚至连"虚设"都没有。北京师范大学檀传宝教授指出，在当前的学校教育中，劳动教育却存在着不同程度的"畸变"：有的畸变为技艺学习，有的畸变为休闲娱乐，有的畸变为惩罚手段。中小学生劳动教育受到较大程度的削弱，现状不容乐观。

笔者以山西省某一地级市中小学校为样本，经过一年多的实地调查，尝试对劳动教育这一命题进行探究，结合中小学劳动教育实施不力的原因，探究实现劳动教育的一些对策。

一、中小学劳动教育存在问题的原因

认真分析问卷调查和访谈结果，结合各类文献研究，笔者认为，中小学劳动教育存在问题的原因主要是思想观念问题，家校沟通不畅，应试教育影响，教育管理缺位，不正之风侵染。

（一）思想观念问题

当前，中小学劳动教育所涉及的各个方面对劳动及劳动教育的思想观念失之偏颇。无论是学生、学生家长，还是老师，对劳动教育的认识都存在着或大或小的偏差。围绕着劳动教育的三个主要方面的思想观念出现了偏差，学校的劳动教育陷入一个恶性循环。

学生（孩子）们的劳动观念存在极大的问题，这是导致他们对劳动本身以及劳动教育持无所谓的态度的思想根源。而家长们一方面认为孩子的劳动意识淡薄，一方面却更多地插手孩子的事，甚至完全代办。他们认为家务劳动影响学习，根源就在于劳动及劳动教育没有一个科学的认识。就教师群体而言，尽管绝大多数教师认为有必要对学生进行劳动教育，但他们更多的是看到学生的表现不尽如人意，感性地认为有必要罢了。否则，他们就不会将劳动作为一种惩罚手段，就不会更多的是"偶尔"才进行劳动观念和态度的培养。

（二）家校沟通不畅

客观地说，教师对劳动教育的认识和理解普遍高于家长，一些家长也逐渐认识到了劳动教育的重要性。学校和教师希望开展劳动教育，以促进学生的终身发展，而有些家长对此持反对意见。家长们对劳动教育的质疑，家长们对劳动的认识和理解，极大地影响着孩子，进而影响着学校的劳动教育能否顺利开展。其中的一个原因在于校方没有和家长们形成良性沟通，没有把正确的观念和认识传输到家长那里去。

（三）应试教育影响

应试教育对中小学教育的影响是多方面的。在唯分数论的影响下，家长要求孩子考好，这样才能上重点高中，才能给上好大学做好铺垫；孩子的任务就是学习，只需学习成绩好，家务可以不做，一切都可代劳。同时，学校的社会评价很大程度上就是家长们的评价，一所学校的好坏，就看升学率高低。在这些观念的影响下，学校也不得不追求升学率。于是，劳动课就没了地位，经常被占用；用于社会实践活动的时间也被压缩，以至于去开发实践活动所需要的社会资源也就没有必要了。

（四）教育管理缺位

中小学劳动教育存在的管理不到位、师资不足、缺乏评价等问题，很大程度上是因为教育管理的缺位。

就教育行政部门而言，目前还没有把劳动教育放到应有的地位上来考虑，因而对学校没有劳动教育方面的要求，也不制定关于劳动教育的标准和一般途径，没有给中小学开展劳动教育做出指导和帮助。就学校本身而言，也没有把劳动教育真正在管理层面重视起来，许多学校出于在接受检查时有"痕迹"可查，或是应政策之景，才在一些节日的节点，调动部门或班级组织一些活动。

（五）不正之风侵染

现在的中小学生劳动意识淡薄，对劳动的认识偏颇，一个主要原因是受传统观念的影响，对劳动尤其是体力劳动存在轻视乃至鄙视的思想。不仅学生如此，一些家长和教师也不能例外。家长们教育孩子时经常说"不好好学习就去打工"之类的话，其中就存在着一种体力劳动低下的暗示；老师们有时候也说"扫马路都不是好把式"的话。

随着社会的发展，价值观念多元化，个人主义、消费主义等观念也在侵染着人们的心灵，对于未成年人尤为严重。"学校、家庭、社会均在宣扬成功之道、快速积累财富等思想，加之社会上一夜暴富人群了出现和炒作，更使学生在思想上对劳动的认识产生了偏差。"

二、实现劳动教育的对策

充分认识劳动教育实施不力的原因，结合《义务教育课程设置实验方案》

和《普通高中课程方案（实验）》，中小学劳动教育如何实施就有了一个相对清晰思路，总的来说就是提高认识、管理到位、合理设计、有机整合。

（一）转变劳动观念，提高教育认识

当前中小学劳动教育的状况不能让人满意的一个主要因素，是各方面对劳动和劳动教育的认识存在偏差。中小学劳动教育要想良性开展，必须努力消除这种偏差。要从教师、学生和学生家长三个方面入手，努力促成他们转变观念、提高认识。

对于教师而言，学校要帮助他们加深对劳动教育的内涵等各方面的理解，帮助他们树立处处有劳动，处处可以进行劳动教育的观念，形成劳动知识和其他各学科相互渗透的局面，最终改变劳动教育与智育割裂的状况。

对家长而言，学校应该利用好家长学校这一良好途径，给家长们传授正确的劳动方面的知识，纠正家长们产生偏差的劳动观，让家长们充分认识到劳动对于孩子的成长的重要——改变劳动影响学习的错误观念，大胆地放手让孩子去劳动，而不是一味代劳。要给家长讲明劳动实践活动对学生全面发展的重要性，让他们支持学校开展的社会实践活动，配合老师安排的劳动作业。要努力改变家长对孩子的溺爱，让孩子承担家务劳动，放手让孩子独立。总之，家长的支持和配合会让学校的劳动教育的开展事半功倍。

对学生而言，学校要充分发挥环境育人的作用，创造一种校园内人人讲劳动、人人赞美和崇尚劳动的氛围。学校创设这种氛围，一是从教师入手，一是从校园宣传语入手。教师要随时讲劳动，并时刻以身作则地去劳动；课堂上经常有直接或间接的关于劳动态度、劳动意识的教育。校园里处处有关于劳动的能深入学生心灵的宣传语。学生们在这样的环境中，耳濡目染之下，自然会受到感染。学校还要采取各种形式对学生进行自我服务、自我教育的宣讲，促进学生对劳动的主动体验和认识。

（二）构建管理体系，制定相关制度

学校管理者必须将劳动教育提高到学生的终身成长和学校的长远发展的高度来看待，这是培养合格的社会主义建设接班人的必然要求。鉴于中小学劳动教育的现状，要想从根本上转变，必须把劳动教育纳入一个学校的管理体系当中，只有这样才能确保其得到实现并发挥功用。

在现阶段，必须有一个开展劳动教育的管理部门，在这一部门的领导下，形成一个体系。该组织体系的基本结构图如图1。

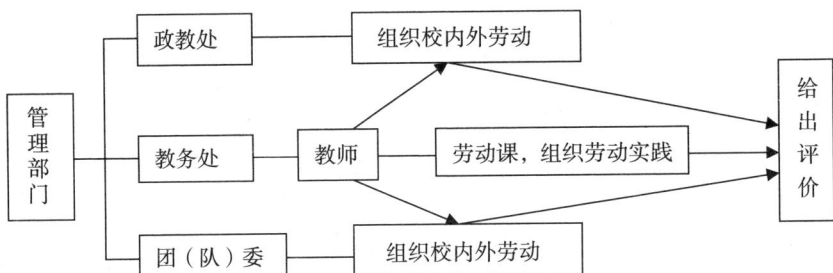

图 1　组织结构图

管理部门下辖教务处、政教处和团（队）委，三个部门根据劳动教育的不同内容进行分工。教务处负责劳动教师的管理，劳动教师参与政教处和团（队）委开展的劳动实践活动，在活动中对学生各方面的情况做出评价。所有这些评价要及时汇总到管理部门，由管理部门统一保管和运用。

学校的劳动教育管理部门应有权威性，确保该部门能够代表学校行使权力，得到校内各部门的积极配合；该管理部门要具备良好的协调作用，理顺教务、政教、团（队）委间的关系，使之共同配合，良性运作。劳动教育管理部门还要结合学校实际情况，积极与校外各政府机构、社会团体、厂矿企业等单位联系，开发劳动教育所需要的社会资源，为学校开展好劳动实践活动创造条件。管理部门要积极与校园周边的社区、医院、工厂、养老院等机构建立联系，尽可能地"与各行各业投资合作建设劳动体验室（馆），整合、利用生产实习、社会实践及勤工俭学基地，为学生创设良好的劳动场所"。

劳动教育管理部门要结合校情制定出本校劳动教育体系下的各项制度，保证各项事务顺利开展。其中主要是两个制度：劳动课教师评价制度和学生劳动实践评价制度。教师评价体系要充分考虑劳动教师各个方面的利益，起到促进教师自觉成长，主动提升素质，进而提高教学质量的作用。学生劳动实践评价制度要既成一个体系，也能和学生的其他方面的考核成为一个整体，在考核内容和考核结果运用等方面做到既利于学生形成正确的劳动观，又能让学生重视劳动实践，最终促进学生终身发展。

中小学劳动教育管理部门要对本校的劳动教育有一个长远的规划，要明确劳动教育的目的，充分发挥过程育人的作用，使这个长远的规划既利于学生的终身成长，又利于学校的长远发展。这一规划应该和学校的建设尤其是校园文化建设结合起来，对各个职能部门提出劳动教育方面的具体要求。

（三）合理设计内容，丰富实施方式

中小学开展劳动教育要遵行《普通高中课程方案（实验）》和《义务教育课程设置实验方案》中的相关规定。

劳动教育的设计要遵行知行合一的原则。无论是在课堂上，还是在课堂外，无论是在校内还是校外，在设计劳动教育的内容时，要兼顾到知识性和实践性，既不能空谈说教，也不能只管劳动而毫无理论认识。

在内容设计上，既要力求丰富，又要做到根据不同年龄段的学生的心理特点，分段设计。内容丰富的课程，只会让学生产生浓厚的兴趣，而不是反感或觉得没意思。同时，丰富的内容也可照顾到学生的个性化需求。无论是课堂还是劳动实践，其内容一定要适合学生的心理特点和认知水平。小学低年级的学生应该以简单的自我服务式的劳动为主，如参加家务劳动，叠被子、洗自己的小件衣物等。小学高年级可以在校内养花，跟老师一起布置教室，课堂上老师可以引导学生学习养花等。初中阶段可以让学生尝试独立完成强度不大的体力劳动，如合作植树，一起完成一个劳动任务等。高中阶段则适合让学生完成相对复杂的劳动任务，可以是较为复杂的研究性学习、创造性劳动，如小型的发明创造等。

需要特别说明的是，劳动教育的内容中有意识地设计审美的内容。"新时代的劳动教育最终必然落实到学生审美人格的培养上。自我价值感的获得、关系丰富性的重构本质上指向的是一种审美的人生境界的达成。"类似学校大扫除之类的劳动实践活动，引不起学生们的热情，"其中一个重要原因就是我们过多地强调了这种劳动的义务性，而忽视了其中创美、赏美的理念和要求"。引导学生用审美的态度来看待劳动的过程和劳动的成果时，他们对劳动的热爱感就会油然而生。

劳动教育在实施层面，可以分为课内和课外两类。课内指劳动课的开设，学校既要保证有一定量的劳动课时，又要灵活地根据自身特点开发样本课程。对此，张德伟是这样解读的：第一，要开设好劳动技术课和综合实践活动课；

第二，严格按照课程标准和课程大纲，保证劳动教育相关课程有一定的课时量；第三，可以根据学校实际情况，开设家政、手工、烹饪、园艺等相关课程。课外主要是指劳动实践，要让学生直接参与到劳动中去，在辛苦的劳动中掌握技能，形成劳动能力。要让学生离开课本、走出课堂，让学生在充分的体验中认识劳动本身，认识社会，学到书本中学不到的知识。

校内劳动必须大胆创新，努力开发新的活动空间和活动内容。如一些学校让学生在校园人行道的井盖上做一定主题的宣传画，由此引起了学生们画粉笔画的一股热潮，极大地激发了学生们的创作热情和创造性。学校还应在劳动形式上大胆创新，把"老酒"装入"新瓶"。如一些学校以班级为单位进行了"劳动比赛"，让学生自己设计标准，自己来当评委。这样的活动既激发了劳动积极性，又保证了劳动效果。校外劳动也需要管理者解放思想，打开思路，勇于开发校外资源。

（四）注重有机整合，构建开放体系

"单一形态的劳动教育实践难以承载新时期劳动教育功能的实现，当代劳动教育必须走向整合性的实践路径，以实现劳动教育在课程、活动等方面资源的有机整合。"班建武解释，劳动教育有直接的，有间接的，有学科性的，有活动性的，有个体性的，有集体性的，有校内的，有校外的……它呈现出多样化多形态的特点。很显然，这些形态不可能在某一节劳动课或劳动实践活动中一一呈现出来，这就需要学校在设计劳动教育的实施方式时对这些多样化的形态进行有机整合。这样才能真正让劳动教育的功用发挥出来。在教育实践中，教育管理者尤其要重视这一点。

另外，进行劳动教育还必须做到与其他学科的有机整合，或者说，在除劳动教育课程之外的其他课程内，要充分渗透劳动教育的内容。我们的教育是德、智、体、美、劳全面发展的教育，劳动教育对学生的全面发展有着重要的作用。马卡连柯曾指出，劳动教育应该与其他教育相结合，才能发挥教育的最大作用。如语文和政治课上完全可以探讨劳动的意义、作用，物理课上可以引导学生探究劳动时如何省时省力省功，数学课可以引导学生建模以解决实际问题，等等。

总之，劳动教育是开放性的，它留给我们无限的可能。我们要像研究文化课的教学一样去研究它，使之更适用于我们的学生、我们的学校，使之真正承担起历史和现实赋予教育的使命。

参考文献

[1] 檀传宝. 努力构建劳动教育的新形态. [EB/OL].

[2] 普通高中课程方案(实验). [EB/OL].

[3] 黄燕. 破解劳动教育"三化"现象 [N]. 解放日报, 2017.12.26.

[4] 班建武. "新"劳动教育的内涵特征与实践路径 [J]. 教育研究, 2019(01).

[5] 邓秀峰, 邓连峰. 中小学劳动教育如何开启新篇 [J]. 开封教育学院学报, 2016(04).

[6] 张德伟. 国际中小学劳动教育初探 [J]. 中国德育, 2015(16).

平顺县中小学校长道德领导改善对策研究

长治市平顺县教育局　曹晶

【摘要】中小学校长的道德领导是校长借助自身的道德与专业权威，构建凝聚学校核心价值观，规划学校发展愿景，激发教职工和学生潜力，与师生共同构建学校共同体的重要保证。校长和师生员工共同为学校发展愿景而努力，共同致力于学校共同体的发展，在这个过程中，校长主要依靠自身道德魅力感染师生员工，师生员工也会对校长做出发自内心的正面回应。校长要加强学识修养，坚持正确的价值观，着力增强决策、执行、团队建设、沟通等领导能力，有效改善校长的道德领导。

【关键词】中小学校长；道德领导；改善对策

建国君民，教学为先。教育发展，校长为先。

校长是学校发展的擎旗手，校长的办学理念、学校发展愿景、学校治理策略关系着学校的发展走向，校长在日常工作生活中的言行举止所体现的道德品格、工作作风、性格特征也会对学校师生员工产生重要影响，一定程度上说，有什么样的校长就会有什么样的学校。关注校长成为大势所趋，正如著名教育学者吴志宏所说："现在各国几乎都有一种趋势，即从中央到地方、从社会到学校，从家长到教师以及学生，对校长的期望越来越多，越来越大。"美国学者萨乔万尼也说："校长很重要！的确，就维护和改进优质学校而言，学校的任何其他职位都不具备比校长更大的潜力。"

一、什么是校长的道德领导

1978年，美国学者本尼斯在《领导者》中首次提出"道德领导"的概念，他认为领导是领导者与追随者在内在动机、价值观念、目标基础上结为一体的道德的过程。加拿大学者克里斯托弗·霍金森在《领导哲学》一书中明确了道德领导的核心内涵：领导者以超理性的价值观为导向，引导与影响组织、群体、个体，使之在一定条件下实现组织目标的人文主义和价值理性的领导模式。美国学者彼得·G.诺思豪斯在《卓越领导力：十种经典领导模式》一书中系统阐述了道德领导的五项基本原则，认为"以德服人的领导者尊重他人、服务他人，应是公正的、诚实的、具有公众意识的，道德领导的五项原则都是对道德领导思想比较深入的诠释和建构"。加拿大学者迈克尔·富兰提出，理想的学校领导者是将自己的道德目标放大并在学校和学校系统中发挥重要作用的领导者。

1992年美国学者萨乔万尼在《道德领导：抵及学校改善的核心》一书中，首次将"道德"视为"领导力"的基础并将之用于校长的学校治理研究。在《校长学：一种反思性实践观》中，他认为学校道德领导就是领导者以道德权威为基础，甄别并确定学校的这个学习共同体的核心价值观，构建学校共同愿景与理念，教师基于责任和义务对共享的共同价值观、理念和愿景做出回应，在团队精神下相互协作，进而发挥领导效能的活动。

笔者认为，校长的道德领导是这样一个过程：校长借助自身的道德与专业权威，构建凝聚学校核心价值观，规划学校发展愿景，激发教职工和学生潜力，校长与师生共同构建成学校共同体，校长和师生员工共同为学校发展愿景而努力，共同致力于学校共同体的发展。在这个过程中，校长主要依靠自身道德魅力感染师生员工，师生员工也对校长做出发自内心的正面回应。道德领导主要包含关怀道德、公正道德、批判道德三个维度。

二、平顺县中小学校长道德领导现状

平顺县位于太行山南端，晋、冀、豫三省交界地，总面积1550平方公里，全县辖5镇7乡、262个行政村，总人口16.7万（据《平顺县年鉴》数据截至2019年4月底），是全国著名劳模、唯一的第一至第十三届全国人大代表申纪兰同志的家乡。目前，全县有完全中学一所、职业中学二所、初中六所、特殊教育学校一所；全县有小学33所（其中县直小学3所，其他小学30所），农村教学点32个；全县有幼儿园28所（其中县直幼儿园3所，私立幼儿园1所），附设班35个。现阶段，平顺县教育发展面临着城乡经济差距扩大、教育结构日趋复杂、价值取向多元等制约因素，在学校管理方面仍然存在着校长对于学校的管理还停留在依靠职位权威、依靠死板制度管理的低级层面，对教师和学生管理的人文性不够等问题，而这一系列问题解决的关键就在校长。如何引导"中小学校长们批判反思学校内外管理方式，避免效率至上及技术理性的倾向，关注校长领导力的道德维度，发挥其道德示范和引领作用，明确学校的教育目的，真正做到以德立校和立德树人"，就成为当前最重要的研究课题之一。笔者认为道德领导能够帮助我们正确把握中小学校领导的本质内涵，是提高中小学校长领导力的重要抓手，是改变中小学校领导的不良现状、解决中小学校管理存在问题、重塑学校精神的基本要求。

2019年4月，笔者通过工作关系向全县各中小学、幼儿园学校领导班子成员发送《中小学校长道德领导调查表》，调查范围涵盖了全县所有中小学校和幼儿园校（园）长、副（园）校长、乡镇所在地小学校长，合计85人，收到有效调查问卷82份，范围涵盖9所县城学校、6所乡镇初中，29所乡村小学，30个教学点。2019年5月开始，笔者在工作之余对38位校长进了结构性访谈，其中正职校长24位、副职校长14位。从调查和访谈结果看，平顺中小学校长在道德领导上存在的问题主要有：

1.构建共同愿景不足，很少有校长能够清晰地说出自己对学校发展的期待，更不要说将这种期待转化为师生共同的行为了，甚至部分校长在工作中因各种原因而很难得到教师的信任，干群关系比较紧张，工作很难开展。

2.正职校长们忙于各种事务，对教育教学研究不够，个别校长进入课堂的次数很少，对教师和学生成长关注不够，对教师专业化成长缺乏系统性的规划，对学生成长的了解仅来源于成绩单。

3.决策的公平性不够，存在一言堂现象，校长在决策的过程中更注重班子成员的意见，对师生的意见关注不够。民主治校存在不足，多数学校民主治校制度形同虚设，教师代表大会召开次数比较少。

4.校长在具体落实立德树人根本任务过程中存在着重视文化成绩轻视学生品德养成的问题；校长在工作中不能完全做到不偏不倚，关系亲近的人得到的利益多一些。

5.多数学校没有构建自己的课程体系，没有明确而又有特色的适合自己学校的发展规划；部分校长对学校的课堂改革关注不够，更多关注的是课堂教学模式的改革或者课堂教学方法的改变，而忽视了课堂育人功能的提升，没有形成明确的课堂教学改善规划和计划。

6.极个别校长没有应有的牺牲精神和利他主义，不愿意为了学校的发展而采取一些冒险行为，甚至有的校长认为自己的利益要排在学校利益之上。

7.在对上级政策的落实上，首要目标是完成相应检查，很难做到结合实际进行努力。

三、校长道德领导的改善对策

一要以人为本，专业先行。教育要以人为本，校长在学校治理中要以师生为本，尊重师生的个体差异和个性需求。

以学生成才为本。雅斯贝尔斯认为"教育是人的灵魂的教育，而非理智知识和认知的堆积，通过教育使具有天资的人，自己选择成为什么样的人以及自己把握安身立命之根。谁要是把自己单纯地局限于学习和认知上，即便他的学习能力非常强，他的灵魂也是匮乏而不健全的"。对于学校和校长来说，首先要破除的思想就是一切只看成绩，要全面关注学生的成长，关注学生在学习习惯、学习方法、个人品行、道德修养等方面的成长和提升，校长要营造全面育人的校园氛围，引导过程性综合性的评价导向，关注学生的全面成长。其次是要尊重学生的个体差异。加德纳的多元智能理论告诉我们，每个孩子都是独一无二的，所谓学困生可能只是在成绩方面不突出而已，要善于发现孩子的特长和闪光点，善于发现并培养孩子的优势智能，这样才能实现每一个学生个性而又健康地发展。

以教师发展为本。习近平总书记说教育是党之大计、国之大计，而教育的根本还在于教师，教师是教育进步发展的直接推动力，在学校治理中，校长要首先关注教师专业化成长的共性需求，通过举办培训班、联谊活动、读书交流等形式多样的活动促进教师的专业化成长；其次要关注教师个性化发展需求，积极为教师成长找路子、搭台子；最后要认真倾听教师的意见建议，教师来自一线，他们的意见建议都是直指问题的，校长要敢于直面问题，善于倾听基层意见，主动改正，这样才能凝聚力量。

以校长成长为本。苏霍姆林斯基说："学校领导人只有不断完善自己既作为教师又作为教育者的技艺，才能充当教师和学生的优秀而有威信的指导者。

一个好校长，首先是好组织者、好教育者和好教师，不仅对上自己课的孩子来说，而且对全校学生和教师来说都应如此。"校长首先要加强自身专业知识的学习，要成为学校内本专业的权威，要树立自己的专业权威引领者形象；其次校长在学校治理中要与相关部门加强联系，建立支持指导的关系，尽可能协调好外部关系；最后在学校治理中要充分发挥班子成员作用，明确职责分工，不能大包大揽，更不能独断专行。

二要价值认同，改善领导。

第一，校长要有严格的道德自律，所谓"以身教者从，以言教者讼"（范晔《后汉书》），校长要在实际工作中模范遵守学校规章制度，待人处事不偏不倚，言行一致，率先垂范，用自身言行带动全校师生的变化，形成感召力、凝聚向心力，在师生中树立坚定的道德威信。

第二，校长要有明确的办学理念和学校发展规划，在结合学校发展历史，凝练学校核心价值观的基础上构建学校发展愿景，并在广大师生中不断宣传，达成共识。共享的学校发展愿景可以将师生团结在一起，在追求学校愿景实现的过程中释放无穷的创造力和动力。在打造学校发展愿景中要做到鼓励并支持教师个人发展愿景，不能以校长个人或者少部分人的发展愿景代替学校发展愿景，学校发展愿景要根据学校发展不断做出持续更新。

第三，校长要着力打造学习共同体，在工作中多角度、多渠道、多方式促进教师专业交流，组建课题研究组，借鉴项目学习路径，成立多学科研究组，提高教师交流水平。此外还要鼓励教师参加校际交流分享活动，为教师的专业化成长创造便利条件。

第四，校长在管理过程中要充分发挥民主集中制，增强服务意识，提高师生主体地位。一是在制度层面要重视教职工代表大会的作用，学校重大决策、重大支出、与教职工切身利益相关的事情必须经过教职工代表大会审议通过方可实行，要保证教职工代表大会的经常召开；二是班子成员之间要分工明确，校长要学会放权，要相信班子成员有能力处理好分管事项，调动班子成员的积极性和创造性；三是加强管理团队建设，要以专业的精神建设团队，以民主精神凝聚团队，以广博胸怀打造团队，充分发挥团队的作用。

第五，校长要处理好学生家庭和学校之间的关系，要加强家长学校建设，增强家校共育的实效性，定期召开家委会、家长会，向家长宣传学校的核心价值观等，让家长能更好地配合学校工作。

第六，校长要处理好与社区的关系，建立合作共赢的良性互动模式。一是学校要向社区开放，主动向社区提供图书阅览、电子借阅等便利，将学校发展融入社区之中；二是学校和社区资源要共享，社区可以利用学校场地开办文化活动，学校也可以利用社区的资源开展教育教学实践活动，学校也可以组织志愿服务活动参与社区建设。

参考文献

［1］檀传宝. 德育原理［M］. 北京: 北京师范大学出版社, 2010.

［2］檀传宝. 学校道德教育原理［M］. 北京: 教育科学出版社, 2000.

［3］张卓玉. 构建教育新模式［M］. 长沙: 湖南教育出版社, 2013.

［4］托马斯·J. 萨乔万尼. 道德领导及学校改善的核心［M］. 冯大鸣, 译. 上海: 上海教育出版社, 2002.

［5］李·G. 博尔曼, 特伦斯·E. 迪尔. 领导力: 卓越校长的名片［M］. 陈瑜, 高连兴, 译. 哈尔滨: 黑龙江教育出版社, 2016.

［6］内尔·诺丁丝. 学会关心: 教育的另一种模式［M］. 于天龙, 译. 北京: 教育科学出版社, 2003.

［7］富兰. 学校领导的道德使命［M］. 北京: 教育科学出版社, 2005.

［8］凯文·瑞安, 卡伦·博林. 在学校中培养品德: 将德育引入生活的实践策略［M］. 苏静, 译. 北京: 教育科学出版社, 2010.

［9］徐金海. 道德领导: 将价值与道德置于首位的学校领导框架［J］. 基础教育论坛, 2014(7Z): 42-44.

［10］石一. 论学校道德领导［J］. 教学与管理(中学版), 2004, 000(004): 3-5.

［11］冯大鸣. 道德领导及其文化意蕴［J］. 全球教育展望, 2004.

幼儿师范生就业实践基地内涵建设策略研究

长治幼儿师范高等专科学校　马越昆

【摘要】21世纪以来，随着时代的发展和全球化进程的加快，社会对教育在培养方向、培养目标、综合素质方面的功能提出了更高的要求。为顺应时代的发展，教育部提出《关于进一步加强高校实践育人工作的若干意见》，围绕实践开展教育的意义重大，影响深远。对于幼儿师范院校来说，就业实践基地是实践育人的主战场，是理论联系实际的主纽带。实践基地内涵建设的好坏关乎实践育人的实效和成败。因此，对幼儿师范生就业实践基地内涵建设策略的研究具有重要意义。本文通过对国内外就业实践基地建设的理论、模式的学习和国内幼儿师范院校运行现状的调研，结合在长治学院师范分院的工作经验，就幼儿师范生就业实践基地建设的价值和功能体现、制约内涵建设的因素、基地内涵建设的思路和策略进行了探讨和研究，提出了建构"3465"实践育人体系，即围绕三个维度，构建四个特征，强化五大保障，实施六位一体的建设思路。

【关键词】幼儿师范生；就业实践基地；内涵建设

当前，随着全球化进程的推进和世界格局的转变，作为全球化进程新的革新者，我国在世界大舞台上的角色越来越重要。中国以创新为驱动，正在引领新一轮全球化进程。在这新起点上，中国将深度融入世界，中国的发展将进入深水区。世界未来发展将是"科技创新"的竞争，更是"人才实力"的竞争，因此，培养创新型人才是推动我国教育发展的根本。

大力振兴幼儿教育，通过实践，不断提升教师专业素质能力是未来幼儿教师培养和发展的一条主线。所以，幼儿教师的培养不能在"象牙塔"里，应该恪守"实事求是"，在"实践"中去锻炼和淬炼，去激发创新动力。

幼儿师范生就业实践的本质是根据幼儿发育和发展的特点，结合幼儿教师工作的特性，将理论知识与实践技能统一、淬炼和创新的过程。这是对学校教育的一种锻炼和检验，也是熟悉行业和直通就业的重要途径。

作为一名就业工作人员来说，如何提高育人"质量"和如何确保学生顺利"就业"，已成为幼专院校亟待解决的重要问题。因此，探讨和研究幼儿师范生就业实践基地的内涵建设策略，创新幼儿园教师的培养模式，促进学前教育专业和事业的内涵式发展，具有重要指导意义。

一、研究幼儿师范生就业实践基地内涵建设的意义

实践教学是高职院校培养高素质、技能型、应用型、创新性人才的重要手段。大学生就业实践基地是把育人、教学和就业结合在一起的一个综合育人平台，是学校人才培养的重要载体，是衡量教育质量和落实培养目标的重要指标。从宏观讲，基地建设符合经济增长和社会发展的需求，有助于推动经济多元化和产业多方向发展，为实践育人基础工作提供了新平台。从微观讲，就业基地通过实际运作，对学生综合培训、知识提炼，经验提升、心理准备、促进就业都有积极作用，同时有利于用人单位了解个人，有利于转变用人单位选人用人的模式。

就业实践内涵建设即充分利用内部资源和外部条件，优化育人资源和实践系统结构，提高人才培养质量与效益。笔者认为幼儿师范就业实践基地内涵建设就是高校和实践基地"双联和双促"的最好载体，是"校内育人与校外成人"有效结合的最好途径，是培养创新型幼儿园教师的一项系统工程。

二、幼儿师范生就业实践基地内涵建设的功能

就业实践基地是幼儿师范生参加教育教学实践的重要场所，是理论和实践统一、学校和园（企）双促、传承和创新交汇的重要桥梁，是适岗和就业的前沿阵地。其主要功能一是通过就业实践，突出"实践育师"的本质，使参与者（包括在岗教师和幼儿师范毕业生）能够感知幼儿和学前教育的特点以及从业环境，了解园（企）的育人文化和办学特色，增强职业认同感，培养团队精神，缩短就业适应期，加速成师成才。二是突出"实践促教"的功能，起到对学校传统教育的检验、反馈和优化作用。突出"实践就业"的目标，是完成学业和实现就业之间的"直通车"。随着人才培养工程的逐步深入和深化，就业

实践基地的功能也不断调整，因此建设和探索符合新时代发展要求的幼儿师范生就业实践基地非常重要。

（一）突出"实践育师"的本质

师资水平的提升是一切教育活动、机构、事业借以存在的基点和根本，实现教师专业的快速、持续、稳健发展是教师教育制度建设与模式创新的终极使命，教师专业成长的需要、节奏、规律、逻辑是教师教育实践的元定律。教师专业成长问题是师范教育系统的原生点，能否促进教师专业的成长成熟是师范教育系统合理性、效能性的唯一判断标准。实践逻辑是其内生逻辑，是教师专业成长的逻辑基点。在理论逻辑强势的境遇中，教师教育实践常被忽视，视为沉默、温顺的"羔羊"，一切由教师与教育学者做主，专业知识与教育观念取代了专业"技艺"实践智慧，一跃成为教育世界的设计师和教育实践的总导演，成为教育实践效能的裁定者。基于教育理论授受的育师方式对教师专业成长的影响力和促动力是有限的。因此，只有充分让教师走下讲台，把"实践基地"变为"课堂"，才能最大限度地实现预期的教育效能。

（二）突出"实践促教"的功能

理论教学是"学校—学生学习—知识习得"的基础，实践教学是"行业—师生实践—技能习得"的途径。因此，要真正达到理论和实践两者完美结合，绝不能厚此薄彼或左右偏颇，不能因为有新的手段方法而抛弃传统，也不能因为有好的传统不引进新的手段。只有这样才能在育人体系中体现"在做中学、学中做"的学习理念；只有让教师融入实践基地，"在实践观摩中学习方法、在实践交流中提炼方法、在实践体验中运用方法、在实践反馈中改进方法、在实践拓展中内化方法"，才能真正让实践发挥促教的作用，才能真正培养知识渊博、技艺高超的双师队伍。

（三）突出"实践就业"的目标

当前，社会对幼儿师资的要求越来越高，对其就业能力也呈现出新的要求。对于幼儿教师的培养，如何实现育人和用人机制的无缝对接成为幼儿师范院校的一个难题。怎样做到师范教育与岗位对接、学历证书与资格证书对接、职业教育与终生学习对接，怎样使学生尽快到幼儿园去唱主角、挑大梁，这是幼儿师范院校深化教学改革的一个重要课题，也是幼儿教育工作者工作的重心所在。解决这一课题的有效途径就是通过建立有效的就业实践基地，为学生搭建"一站式"就业实践平台，为幼儿园搭建"一站式"用人选人途径，努力实现无缝对接。

三、幼儿师范生就业实践基地内涵建设策略

提升现有幼儿师范生就业实践基地内涵建设，根本的问题是完善实践育人的模式。根据学前教育人才培养的新要求，笔者认为应该围绕三个维度（全面育人、职业能力、社会责任），建构"3456"实践育人体系。即构建四个特征（全程化、全方位、全员化、协同化），强化五大保障（组织管理保障、协同培养保障、主体参与保障、资金投入保障、长效机制保障），实施六位一体（夯实德育实践、规范实践管理、强化科研实践、完善双创实践、丰富文体实践、拓展社会实践）。

（一）体现实践育人四个特征

1. 全程化

坚持实践不断线。将德育、教学、文体、创新、就业五项实践环节融会贯穿学生三年（或五年）的学习过程，前期侧重于学生素质、健康、能力培养，中期侧重于能力、技能、创新培养，后期侧重于实践、就业，努力实现实践育人的全程化。

2. 全方位

坚持系统整合、协同育人。设置"素质提升、专业应用、实践锻炼"三大实践模块。

素质提升。实践基地对于学生综合素质的提升有着至关重要的作用。特别是在实践环节，要注重过程中的教育渗透，结合专业特点，利用实践场景全面育人，从思想素养、创新意识、法制意识、行为规范等方面因势利导。不能只管知识和技能的教育，忽视育人的本质。就业实践就是让学生在知识和思想方面再次进行淬炼，从而达到育人的双赢。同时，还要在实践过程中，有意识地渗透自我教育，以自我管理为抓手，强调自我规范自我发展和自我实现，最终达到自我教育的目的，提升学生的综合素质。

专业应用。学科专业平台按照"分类创设、能力导向、强化实践、融合衔

接"的原则，设置实践课程。课程设置要有针对性和导向性，一要结合儿童特点，确定实践内容；二要按照实践目标，明确实践计划；三要强化实践应用，重视教育效果；四要根据实施情况，做好监督反馈。

实践锻炼。为学生搭建"基础实践、技能实践、特色实践"三个平台。"基础实践"重点让学生充分施展"学以致用"的实践能力，"技能实践"让学生充分锻炼"用以促学"的实践能力，"特色实践"让学生充分展示"个性发展"的实践能力。通过实践锻炼，让实践课程全方位、多维度实现实践育人的作用。

3.全员化

坚持全员参与，将"实践内容"纳入学前教育专业人才培养方案和评价机制，不断推进实践活动课程化、课程内容实践化，以及实施能力达标制度，确保全员参与。

4.协同化

有效融合、整合校基内外资源，推动素质教育和专业教育贯通融合，注重理论素养与专业技能的有机结合，以德育实践引领"师德"，以教学实践增强"师技"，以文体实践促进"师康"，以创新实践激发"师创"，以就业实践推动"师业"，以"五项实践"协同服务师生德智体美劳全面发展。

（二）强化五大实践育人保障

学校本着"双促+双赢"目标，优化实践育人体系顶层设计，改革管理机制，加强校基协同、加大经费投入、加强双向互动，狠抓质量监控，建构"实践育人体系—规划、实践育人资源集中调配、实践育人校基协同配合"的一体化运转机制，形成整体合力，确保就业实践顺利实施。

1.强化组织管理保障

成立"就业实践"领导小组，"一把手"总揽全局，明确分管领导职责分工、明晰相关处室工作职责，建立校基、部门协调互动机制。

2.强化协同培养保障

依托校内实践资源和校外就业实践基地，联建星标就业实践基地，统筹实践就业资源共建共享。开展幼儿教育互动论坛，实施实践环节"双回路"、育人育师"双导师"、科研课题"双主持"，实践成果"双推进"。继续深化校基合作内涵，实施学生实践"四岗"（试岗、适岗、顶岗、稳岗）模式，逐步完善实践教学体系及各环节的监控与评价。全面深化"产学研创就"深度融合，实施校企"双进"计划，聘请幼儿教育专家"进校"讲学和指导，鼓励学校教师"进园"参与实践，不断深化校基联合培养。

3.强化主体参与保障

加大《学前教育专业人才培养方案》中实践环节的权重，启动优师技能训练达标计划，制定《就业实践活动实施方案》和《实践成果评价办法》，探索技能测试、学科竞赛、汇报表演、成果展示等多途径考核模式，建立就业实践"双导师"等制度，将学生实践考核与综合考评有机结合，创设综合评价体系，依据学生参与实践活动的广度、深度、效度，有效评价实践育人成果。坚持教师和学生"实践"一起抓，努力培养学识渊博的"蒙师"、多才多艺的"萌师"、团结拼搏的"盟师"。

4.强化资金投入保障

就业实践基地的建设需要投入大量的人力、物力和财力，仅仅靠学校的单一投入远远不够。就业实践基地的经费投入已成为制约基地建设和发展的瓶颈。从对国内运营比较好的院校调研来看，笔者认为学校应该建立资金长效投入机制，确保资金的不间断投入。一是争取政府投入，包括政策扶持和资金支持；二是加大校本资金投入，即从学校现有运营经费中划拨一定比例的经费；三是增加经营性收入经费投入，即学校通过建立"幼教服务集团"，稳步增加校外经营性收入，确保基地后期资金的稳定投入；四是建立联投机制，即通过校基合作，校基共投共建的办法，逐年分批加大对基地建设的投入。

5.强化长效机制保障

围绕六项核心内容，坚持过程监督和结果评价相结合、常规和专项评估相结合，健全就业实践环节的评价制度，形成了一套以实践学分为基本评价依据，以活动参与、技能测试、考证考级、奖励荣誉、就业创业等实践育人效果为主要指标的综合性评价体系。

（三）创设六大实践育人体系

学校可通过优化校内实践资源，开拓校外实践基地，融通实践环节，丰富实践载体，促进基础理论与实践教学、必修课程与选修课程、实践课程与学生活动、内外协同与有机融合，创设完善实践育人六大实施体系。

1.夯实德育实践

重点依托思政课、大讲堂、教育基地、组织系统"四个阵地"，强化立德树人，推动优师人才培养工程，构建"大思政"教育体系，拓展德育实践途径。

2.规范实践管理

坚持分层见习、集中实践，重点完善学生就业实践统一化、教学方式多样化、技能学习多元化、岗证融合项目化等"四项制度"，确保学生就业实践能落实，专业技能能达标，能够获得1+X证书。

3.强化科研实践

实行建立校基项目平台、组建校基科研团队、组织校基技能竞赛、推进创新成果转化等"四项措施"，推进科研基地与实践基地双向融合，建立创新鼓励机制、科研管理办法、活动实施办法，鼓励实践技能方面的研究和成果落地。

4.完善双创实践

建立创新创业孵化中心，出台《创新创业教育实施方案》，依托学校"幼微+创新"平台、优师创新平台、1+1幼师就业直通平台、幼师优园创业扶持平台等"四大载体"，丰富育人体系，深入开展就业实践、就业考察、联盟就业等各项就业实践活动。

5.丰富文体实践

依托校基特色活动，开展"四项活动"，即幼儿体育活动、幼儿能力拓展活动、幼儿游戏活动、幼儿文化活动，努力营造积极向上、丰富多彩的育人氛围。

6.拓展社会实践

通过校基联合，推进幼儿爱国教育、幼儿社会实践、幼儿环创大赛、幼儿艺术展示等"四项实践"，培养儿童"童心向党、立志爱国"的精神，激发儿童参与社会活动的兴趣，增强儿童参与社会发展的动力，扩大校基育人的社会影响力，让学生在实践中得到全面锻炼。

参考文献

［1］舍恩. 培养反映的实践者［M］. 北京: 教育科学出版社, 2008.

［2］龙宝新. 论教师专业成长的实践逻辑［J］. 教育科学, 2012(04): 43-48.

［3］王惠芬. 幼儿园课程审议的实践策略［J］. 江苏教育研究, 2017: 112-116.

［4］巩建国, 李正祥. 西部高校实践教学基地建设的现状及思考［J］. 青海大学学报: 自然科学版, 2014: 94.

［5］杨艳秋, 李伟凯. 地方高校实习基地建设机制与实践教学模式创新研究［J］. 黑龙江高教研究, 2012: 157-160.

［6］王汉民. 学前教育专业实践教学基地内涵建设策略探究［J］. 贵州师范学院学报, 2016: 52-55.

［7］朱正伟, 袁侨英, 刘东燕. 加强实践教学基地建设的探索与实践［J］. 中国大学教学, 2009: 66-67.

［8］蒋洁. 高职院校实践教学基地建设探索［J］. 职业圈, 2007: 109-110.

［9］韩希昌, 张玉艳. 校企共建校内实践教学基地的探索与实践［J］. 沈阳工程学院学报(社会科学版), 2010: 243-245.

［10］王喜海, 武建芬. 本科学前教育专业实践基地建设的思考［J］. 幼儿教育: 教育科学, 2012(1): 50-53.

［11］赵友元. 高等教育内涵式发展的任务与实现路径［J］. 黑龙江高教研究, 2016(1): 20-23.

［12］李海雁. 学前教育专业实践基地建设探析［J］. 鞍山师范学院学报, 2012: 59-61.

［13］周京峰. 学前教育专业实践基地建设策略研究［J］. 淄博师专学报, 2015: 8-11.

城市学校转化农村"后进生"策略研究

长治市长子县第二中学校　常华女

【摘要】如何转化农村进城就读"后进生"是摆在我们这些教育工作者面前的一个突出问题。学校是教育实施的主体，本文重点从学校教育层面论述农村进城就读"后进生"的转化策略研究。本文以长治市长子县第二中学校（以下简称长子二中）的150名农村进城就读"后进生"为研究对象，概括描述了农村"后进生"的表现特征和心理特点，在学校教育层面分析了产生这些问题的深层次原因，并试图找到转化农村进城就读"后进生"的策略和方法。本文的研究成果在长子二中实践应用后，取得了很好的效果，农村进城就读"后进生"在一至两个学期内能够得到转化融合，有较大的实践推广价值。

【关键词】初中学校；进城"后进生"；转化策略；实践研究

一、核心概念的界定

"后进生"，国内一般指那些学习差、纪律差、行为习惯差的学生，有"后来进步"之意。需要强调的是，"后进生"不是指由于某些遗传或生理的因素造成的智力落后、反应迟钝、脑功能失调（多动症）等的儿童，也不是指已经走上犯罪道路、"反社会行为"的"问题儿童"，主要是指在教育的主导影响下形成的特殊学生，即所谓"学困生"或"双差生"（在品德和学业两方面都比较差的学生）。实质上"后进生"就是素质发展的某一方面或多个方面相对滞后的学生，是就某个学生群体而言的相对概念，通常情况下最突出地表现在品德和学业成绩等方面相对滞后。

农村进城就读"后进生"指的是原来在农村生活，现在城市学校就读的农村户口的"后进生"，他们的心理特点、形成原因及表现有别于城市"后进生"。

二、农村进城就读"后进生"的类别及表现

（一）德育"后进生"

农村孩子进入城市学校后，大多数适应环境慢，表达能力、交际能力等比不上城市孩子。再加上孩子们自我控制和约束能力较弱，又得不到家长科学耐心的引导和教育，这必然会导致他们在行为上逆反，由不适应环境而变得"破罐子破摔"，自控能力差，时常违反校规校纪，爱惹麻烦，被视为德育"后进生"。

（二）智育"后进生"

这部分孩子一是由于家庭教育缺失，从小没有养成良好的学习习惯，二是在农村上学，受环境和师资的影响，学习基础一开始就没打牢，进入城市后，随着科目的增多，知识的加深，学习上更无所适从了。和城市孩子相比，被视为智育"后进生"。

（三）德智双"后进生"

这种类型的"后进生"既有德育"后进生"身上的种种表现，也有智育"后进生"身上的不足。这类"后进生"转变难度最大。本课题主要研究的就是这部分德智双"后进生"。

三、农村进城就读"后进生"的归因分析

国内学者李洪元、于国良对差生的研究表明，"后进生"的形成有内部和外部两个因素，内因主要指学生自我因素，一般包括智力因素和非智力因素；外因包括家庭因素、学校因素、社会因素三个方面。学校是实施教育的主体，本文主要从导致农村进城就读"后进生"产生的学校因素角度进行分析。

通过分析发现导致农村进城就读"后进生"产生的学校因素有以下几方面：

（一）非智力因素培养的缺失导致部分学生成为"后进生"

非智力因素，指与认识没有直接关系的情感、意志、兴趣、性格、需要、动机、目标、抱负、信念、世界观等方面。这些非智力因素，在人才的成长过程中，有着不可忽视的作用。一个智力水平较高的人，如果他的非智力因素没

有得到很好的发展，往往不会有太大的成就。相反，一个智力水平一般的人，如果他的非智力因素得到很好的发展，就可能取得事业上的成功，做出较大的成绩。如果学生学习意志薄弱，学习动机不明确，学习兴趣不浓，性格有障碍，做事缺乏恒心，一定会沦为"后进生"。

调查中发现，关注"后进生"成长的班主任仅占10%，"后进生"有困难时，约有31%的学生没有感受到班主任及班干部的爱心与帮助。新课改课堂倡导小组合学，小组设置的标准是："组间同质，组内异质"，小组内的学生按照综合表现分为1号、2号、3号、4号四个层次，4号学生也就是我们所说的"后进生"，他们在学习上过分依赖1号和2号学生，自主学习的能力较差。有些老师教学视野狭窄，不能将书本知识和社会生活结合起来，单纯讲授知识，无法充分调动学生学习的积极性。在日常教学中不注意学生情感意志的培养，忽略对4号学生自信心的重塑和行为习惯的养成教育，不重视学生个性的发展，导致学生厌学情绪越来越重，学习效果也越来越差。

（二）德育工作的呆板滞后导致部分学生沦为"后进生"

学校德育管理是指学校管理者在遵循教育教学规律的前提下，以形式多样的活动为载体，为有效保障学校教育教学工作目标的实现而进行的一种组织活动。反思我校德育工作，更多的时候只是满足于发传单、做版面、听汇报，并没有考虑学生个体差异，缺少针对性和实效性。调查中发现，86%的班主任在对学生进行思想教育的时候是口头上的空洞说教，学生不能感同身受，更不要说付诸行动了。这样一来，学生的逆反心理越来越重，导致一些学生在思想上不求上进破罐子破摔，从而沦为差生。

由于初中学生世界观、人生观、价值观尚未成型，一些错误的思想观念很容易乘虚而入，影响青少年身心的健康发展。这时候就需要我们的老师防微杜渐，早发现早教育。但由于一些错误教育观念的影响，部分老师将精力都集中在优秀学生身上，而对一些差生则放任不管：学生迟到不管，不完成作业也不管，学生留长发、戴首饰不管，抽烟、酗酒也不管……相当一部分学生处在管理的真空中，这也是造成差生越来越多的原因。

（三）教育方法失当"逼"出了"后进生"

调查中发现，当"后进生"犯错时，83%的教师采取罚站或打扫卫生等简单粗暴的方法，而很少与孩子耐心交流，分析学生犯错的根源，在班级管理中不懂得发扬民主，一味地维护自己的所谓权威，要求学生无条件地服从自己。学生犯错时，处理方式简单粗暴，动辄让学生叫家长，这些方式方法严重地伤害了学生的自尊心，时间长了学生就会产生强烈的逆反心理，造成师生关系的紧张。有些学生经常会以各种反常的行为对抗班集体，最终发展成对任何事都无所谓，甚至有些"后进生"与社会上的不良少年混在一起，在学校敲诈、勒索甚至抢劫。

教育方法的失当、师生关系的不平等，导致学生厌学情绪增加，把部分学生"逼"成了差生，这不能不引起我们教育工作者乃至整个社会的关注。

四、学校教育对农村进城就读"后进生"的转化策略

针对以上导致农村进城就读"后进生"产生的学校因素，笔者研究探索出以下几种转化策略：

（一）加强学校的德育管理

党的十八大以来，党中央把"立德树人"作为教育的根本任务，并且始终强调要把德育工作放在首位，为学校开展德育工作指明了方向。学校的德育工作要围绕中学生的品德发展和社会性发展来聚合内容，从道德教育、行为习惯养成教育、国情教育等方面丰富学生品德发展的主题和内涵，从公民素养、心理健康教育、法律教育、媒介素养教育等方面完善学生社会性发展的德育教育。在方式方法上要改变以往以说教为主，形式呆板、内容空洞的做法，突出德育的实效性。尤其对待"后进生"，更应讲究德育的方式方法，致力于寻找学生的情感共鸣点，即"德育入心"，才可能使学校德育有实效。具体来讲有以下几种做法：

1.抓住教育契机，做好德育工作

所谓教育契机，是指教育学生的最佳时机，此时教育学生，更容易为学生所接受，教育效果最佳。对农村"后进生"的德育教育，更需要把握这部分孩子的畏惧、戒备而又渴望被认可的心理特点，在合适时机，用合适办法切入辅导与教育。比如可以利用新生入班、学期开始时对学生进行行为准则、学习习惯等方面的教育，因为孩子们会有在新环境、新起点中调整自己的欲望。同时

要在班级主题活动（如运动会）中或日常教学中善于发现"后进生"的积极行为而给予及时的鼓励和表扬，帮助其树立转化信心。

2.把"后进生"的德育纳入班集体之中

我们教育者要把"后进生"当作集体中的一员，并善于用集体的温暖、同学之间的真诚友谊去"感化"他们。如学习习惯不好的"后进生"，可以让优秀学生与他同桌，帮助他克服学习上的困难，为他树立学习的榜样。同时，要充分利用小组捆绑评价的方法激发"后进生"的进步与转化，通过设立"进步之星""合作之星"等奖项，鼓励"后进生"提高学习兴趣和信心。

3.准确诊断"后进生"的德育问题，对症下药

对于"后进生"身上表现出的种种问题，教师尤其是班主任应准确诊断，理性应对，避免将心理问题道德化或将道德问题心理化。比如"后进生"在家在校的种种"叛逆"表现，就是心理问题，是青春期孩子自我意识、成人感增强而又不能自主的表现，解决这个问题，教师、家长就不能给学生扣上"不听话，难管教"的道德评价，而应该用成人的方式理性地和孩子交流沟通，只有这样，方可达到事半功倍的教育效果。

（二）提高教师素质，转变教育观念

教师在实施素质教育中起着主导作用，教师的教育思想和教育理念直接决定着教育质量。一个好老师无论在教学方法还是育人方法上都会更让学生信服。2014年习近平总书记在考察北京师范大学时发表重要讲话，勉励广大师生做有理想信念、有道德情操、有扎实学识、有仁爱之心的"四有"好老师。这就要求我们广大教师不仅要做渊博知识的"经师"，还要做教育孩子健康成长的"人师"，更要做关爱学生的"仁师"。

著名教育家马卡连柯曾说："教师的心应该充满对每一个他要与之打交道的具体的孩子的爱，尽管这个孩子的品质已经非常败坏，尽管他可能给老师带来许多不愉快的事情，教师都要以自己美好的感情去教育他。"的确，教师对待学生要有一颗"公心"，要公平、公正对待每一名学生，不去体罚、侮辱学生，建立一个和谐而又快乐的师生关系。尤其对待农村进城就读"后进生"，更需要我们具备先进的教育理念和广博的教育情怀，要学会主动、耐心、细致地与他们沟通交流，想"后进生"之所想，急"后进生"之所急，不戴有色眼镜看他们，使他们能够充分享受到受教育的权利。其次，对"后进生"的转化

工作要充满"信心"。加德纳的多元智能理论为我们转换差生提供了坚实的理论依据和评价依据。教师要转变教育思想，不能再以单纯的学习成绩来看待和评价学生，要相信每一位"后进生"都有他的长处和闪光点，教师要善于发现和挖掘，促进学生的个性发展，对他们的进步要多引导、多鼓励、多交流，给他们改正的时间，帮助他们树立自信心。

（三）转变教育方式，提高教育实效

"后进生"的转化过程中，需要我们教育者付出更多的教育智慧，即所谓：我们不仅要有足够的"爱心"，还要具备更多的"爱能"。两年的实践与研究，课题组探索出"后进生"转化的"五多五少法"即"五心法"。

1.多博爱，少偏爱——向农村"后进生"倾注更多更真切的"爱心"

陶行知先生曾说过："谁不爱学生，谁就不能教育好学生。"顾明远先生也说："没有爱就没有教育。"爱是教育的灵魂，教师是人类灵魂的工程师，作为教师，我们绝不能只偏爱眼中的"好学生"，而对"后进生"采取鄙视的态度，不能因为他们学习差、纪律差等问题而经常批评不离口，错误地认为"后进生"就得严加管教，只要及时把"后进生"的缺点指出来，他们就乱不起来。其实，这样做往往事与愿违，只能拉大学生发展差距，造成两极对立。相反，我们更应该给"后进生"深深的爱，以理、以情感动学生，让学生体验到老师对自己的一片爱心和殷切期望，我们的教育才能够慢慢达到预期效果。

2.多交流，少指责——转化农村"后进生"要有足够的"耐心"

农村"后进生"的不良习惯不是一朝一夕养成的，而是长时间逐步积累成的，"转化"他们更不能一蹴而就说变好就变好的。大部分"后进生"的意志力不强，往往是一时或一事进步了，而没多长时间又会旧病复发。这时候班主任要用极大的耐心去包容"后进生"的反复行为，耐心分析原因，寻找对策，不断进行鼓励，帮助他们找回失去的信心。只要我们有足够的耐心，定会由量变的积累变为质的最后飞跃。

3.多闪光，少曝光——用"细心"洞察"后进生"，施以"赏识教育"

古人云："教也者，长善而救失其才也。""后进生"虽然有很多不足之处，加德纳的多元智能理论认为，即使成绩再差的学生也总有某方面的特长和优势。学习差的学生体育往往不错，或者在音乐、美术方面有特长。这方面的例子不胜枚举。作为教育者，我们要善于捕捉他们身上的闪光点，发掘其自身的潜能，要敢于充分肯定，不吝惜"好话"。积极的评价能使学生的进取之火燃烧得更旺，使"后进生"重新找回自我，获得克服缺点的勇气和信心，最后实现"后进生"的转化。

4.多尊重，少挖苦——怀着"同理心"去对待"后进生"

"后进生"也是一个鲜活的生命个体，他们也有"被尊重"的权利和愿望，尤其是农村孩子来到城市学校，无论从经济条件还是学识见识上，普遍都不如城市学生，他们中的"后进生"虽然成绩不好，卫生、纪律习惯也差，但他们更渴望得到老师和同学们的认可和尊重。工作中我们要多换位思考，站在他们的角度去面对他们的不良行为，循循善诱，在充分尊重其人格的基础上教育，力诫用"你真笨，你完蛋了"等讽刺挖苦的话语将他们一棒子打死。

5.多激趣，少说教——转化"后进生"须"走心"

农村"后进生"之所以成绩差，和农村小学枯燥单一的教学方式有关，长期的"满堂灌"说教式的教学习惯使学生越学越没兴趣。兴趣是最好的老师，苏霍姆林斯基在他的《给教师的建议》中谈到他转化"后进生"的办法——不惜精力，创设问题情境，用讲故事的方法激发学生的学习兴趣，让学生在听故事、想故事的过程中完成新知的学习。可见，农村"后进生"的转化需要我们真正地"走心"，怎样备课，怎样上课，各个环节都要考虑周全。

（四）建立多元化的评价机制

目前学校对学生的评价大多还停留在纸笔考试层面，不能够准确而全面地反映学生的整体情况。根据加德纳的多元智能理论，人的全面发展一定是多元化的发展，那么我们对学生的评价也应该是多元的，要把评价的价值取向定格为以促进学生发展为本，以培养创新精神和实践能力为核心，逐步建立起教师、学生和家长共同参与的、学生能够有足够机会发展自我、完善自我，最终实现全面发展的多元评价体系。

1.要坚持评价内容的多元性

考试作为一种评价方式有其自身优势，将在很长的时间内存在。我们要在纸笔测试的基础上，增加评价的内容，以期能更真实准确地反映学生的综合发展情况。评价可以从"五个维度""三个层次"展开，"五个维度"指：公民素养、学习能力、运动健康、艺术素养、劳动与创新实践；"三个层次"指：过程性评价、阶段性评价、标志性评价。我们要充分了解学生的优势智能，对学生进行多方面的评价，多一把尺子，就多一份成功的希望。农村进城就读"后进生"可能在家庭环境、学业水平等方面不如城里学生，但他们也有自身的优势，比如勤劳朴实、身体素质、动手实践等方面，通过评价内容的多元化，就会让更多的学生认识到自身的价值，体会到成功的喜悦。

2.要坚持评价主体的多元性

评价主体单一，很容易造成评价的以偏概全，不能正确反映学生的综合发展水平。我们要改变以往以教师评价为主的评价模式，将学生的自我评价、教师评价、家长评价、小组评价、社区评价等评价方式引入到评价体系中来。这样的评价才更能反映学生在不同时段、不同场合的真实情况，也更有利于发挥评价的诊断和促进功能，帮助"后进生"更好地完善自我，促进学生的健康成长。

五、结束语

经过近两年的探索和实践，学校在农村进城就读"后进生"的转化方面取得可喜的成绩：第一，学校的德育工作见了实效，校园里多了文明与礼貌，同学间少了矛盾与纠纷，学校德育处解决学生纠纷、师生纠纷的情况明显减少。第二，班风、学风明显好转，班级管理顺畅了很多。班主任一致反映现在的农村"后进生"越来越懂事了，都知学习、求上进了。第三，农村"后进生"的学习成绩明显提升，两年的跟踪调查发现，农村"后进生"在每学期的期末测评中总分平均分上升了27分，学校的平均分、低分率排名也因此在全市同类学校中进步了5个名次。学校初步形成了农村进城就读"后进生"转化的有效机制，得到了家长社会的广泛好评。

然而农村进城就读学生将伴随我国城镇化进程而长期存在，"后进生"的继续产生也将不可避免。所以，我们要充分认识到农村进城就读"后进生"转化的长期性和复杂性。每个学生都是具有生命力的鲜活个体，"后进生"转化策略也不可能千篇一律，要因人施教，灵活调整。这些都有待于今后的研究和改进。

参考文献

［1］苏霍姆林斯基. 给教师的建议［M］. 杜殿坤, 编译. 北京: 教育科学出版社, 1984: 19-20.

［2］赞科夫. 和教师的谈话［M］. 杜殿坤, 编译. 北京: 教育科学出版社, 1980: 34-38.

［3］加德纳. 多元智能［M］. 沈致隆, 译. 北京: 新华出版社, 1999: 20-35.

［4］刘京海. 成功教育理论与实践［M］. 上海: 上海教育出版社, 2002: 78-81

［5］俞国良. 学习不良儿童信息加工特点和影响因素研究［J］. 教育研究, 2003(10): 76-81.

［6］魏书生. 班主任工作漫谈［M］. 桂林: 漓江出版社, 1993: 56-58

［7］张大均. 教育心理学［M］. 北京: 人民教育出版社, 2004: 120-121

［8］李洪元, 陆世杰. 学困生的心理特点与教育［M］. 北京: 科学教育出版社, 1987: 89-92

［9］胡晓风. 陶行知教育文集［M］. 成都: 四川教育出版社, 2008: 124-128

［10］苏霍姆林斯基. 和青年校长的谈话［M］. 赵玮, 译. 北京: 教育科学出版社, 2009: 78-83

［11］范国睿. 教育生态学［M］. 北京: 人民教育出版社. 2000: 56-63

［12］刘京海. 刘京海成功教育随笔［M］. 上海: 上海教育出版社, 2008: 23-28

［13］吴鼎福, 诸文蔚. 教育生态学［M］. 南京: 江苏教育出版社, 2000: 99-105

［14］吴式颖. 马卡连柯教育文集［M］. 北京: 人民教育出版社, 2005: 421.

［15］刘博智, 柯进. 攻坚克难下好教育改革"先手棋"［N］. 中国教师报, 2019-1-23.

［16］马信行. 家庭文化背景与学业成绩的关系［N］. 普通教育研究, 1989(05). 中共中央、国务院.《中共中央国务院关于深化教育教学改革全面提高义务教育质量的意见》,〔2019〕26号.

小学生养成教育途径与策略研究

——以长治市实验小学校为例

长治市容海学校　乔元南

【摘要】小学生养成教育是素质教育的基本体现，是少年儿童在小学阶段的主要任务，而小学生养成教育的途径与策略又是小学生全面提升素质的重要方法和抓手。本文从小学生养成教育出发，从其概念内涵分析入手，从现代教育学、心理学、社会学、管理学和教育实践训练等角度对小学生良好行为习惯、优秀思想品格、心理健康成长养成教育的途径与策略进行研究。小学生养成教育的途径与策略主要有社会文化氛围和舆论信息引导、家庭和学校教育等方面，其中，学校是学生养成教育的基地。

【关键词】小学生；养成教育；途径与策略

小学生养成教育既是国家、社会、家庭和学校对儿童的要求，也是儿童个人成长的需要，实施养成教育是全面落实素质教育的关键所在。"养成教育"作为一种教育方式和路径的选择，重点不仅在于养成的结果，而在于养成的过程、养成的方法。养成教育要尊重、遵循学生身心发展规律，才能使其"成人、成才"；只有尊重、遵循学生身心发展规律，养成教育才能帮助学生实现本真的自己和优秀的自己。

一、儿童养成教育的途径

党和国家对素质教育提出了明确的要求，养成教育又是落实素质教育的重要体现，教育工作者、教师和家长应在素质教育政策的指导下遵循儿童生命特性发展规律，选择适当的途径、策略做好小学生养成教育工作。

（一）小学生养成教育的社会途径

社会学原理告诉我们，每个人的思想观念都是在特定的文化背景下形成的。达尔文认为，"经过长期实践后，一些合乎道德的行为趋向会成为遗传的品性"。我国的社会文化资源是非常丰富的，从历史的角度来说，在上下五千年的文明史中，创造了以儒家学说为代表的辉煌灿烂的文化，比如"卧薪尝胆""将相和""精忠报国""闻鸡起舞"等，这是我们成长的历史文化基础。从近现代来说，优秀的文化有"虎门销烟""井冈山精神""长征精神""延安精神""铁人王进喜""深圳速度"等，本土有"太行精神""申纪兰故事"等。对于小学生来讲，他们的养成教育处于社会主义精神文明建设的文化氛围之中饱受熏陶，在此基础上，进一步正面引导和规范小学生的言行，可以使他们的思想道德逐步成熟起来，养成比较固定的合乎时代要求的行为规范。

（二）小学生养成教育的家庭途径

家庭是社会的细胞，是小学生日常生活所在，是一个集物质环境、经济状况、父母职业、文化氛围和水平、生活习惯、兴趣爱好、父母的教育态度与教养方式、家庭的情绪气氛、家庭结构、亲子互动、父母自身言行等因素于一体的比较稳定的独特的个体社会化的重要场所。家庭教育在儿童养成教育过程中有基础性、影响深远等特点。正所谓，"三岁看大，七岁看老"。我国古代重视家庭养成教育的故事有"孟母三迁""曾子杀猪""孔融让梨"等。因此，作为孩子第一任老师的父母，应该责无旁贷地承担起教育、培养下一代的责任，为孩子系好人生的第一粒扣子。

（三）小学生养成教育的学校途径

学校是小学生养成教育的基地，它承担着学生德育教化、行为规范训练和心理健康成长等养成任务。学校养成教育是一个复杂而长期的过程，包括的具体途径主要有学校文化途径、课程教育途径、德育实践途径等。

1.学校文化途径

文化，特别是校园文化，在小学生养成教育过程中具有潜移默化的熏陶作用。首先，从时长来说，学生大部分的时间都在学校度过，这一时间跨度不但是一天中的从早到晚，而且是一生中对形成世界观、价值观很关键的整个青少年时代。其次，从人的社会性来说，学校的人文环境和课堂塑造了学生之间不同的角色关系。比如，在课堂上是同学关系，当听老师讲课时，是一个个独立思考的个体；讨论问题时又成了一对对合作的伙伴，时而互相启发，时而互相质疑；在运动会上就又变成了队友关系，他们为了集体的荣誉，团结拼搏、奋勇争先；在表演时，又变成了演员关系，每个人在努力演好自己的角色；在诗词朗诵中又成了协作关系，互相融合对方的状态；还有在组织这些活动中产生的师生关系。如果学校文化中充满了信任、鼓励、相互尊重与合作，那么学校文化就会成为一种潜在的、持久的、积极的力量，熏陶着小学生的情感和言行，对其良好行为习惯、优秀思想品格和心理健康成长养成产生积极深远的影响。比如，亲切的师生关系能培养学生的信任感，学校欢迎新同学的情景能让学生产生安全感和主人翁意识。

2.课程教育途径

中外伟大的思想家、教育家都非常注重课程教育在学生德育中的作用。社会的发展和进步需要人们完善自己以及改善自己与别人、自己与世界的关系的能力，而这种能力的变化与发展取决于德育教育和文化，这是文明的核心。长久以来，德育的目标都是帮助学生在心智、道德和社会性方面成长起来，使学生获得必要的知识、理解、经验以及过一种更丰富的生活的能力。因此，学校养成教育是学生本人和社会发展的重要途径，因而应更加重视和完善课程教育在素质教育中的地位和作用。

就小学生养成教育的课程教育途径来说，首先，要在课程中设置德育教育，可在思想品德课中讲授勤奋学习、勤劳俭朴、注重仪表、举止文明、尊师爱友等内容，使我国经典民族文化、优秀的外国文化、社会主义精神文明起到感染小学生的作用。其次，在专业课中进行养成教育，比如，在语文课教授中施以"文道统一"的道德教育；在数学、物理、化学等课程中培养学生逻辑、严谨、求真、创新的思想和精神；在音乐、美术课程中陶冶学生的高尚情操和培养学生的爱美之情；等等。总之，可以在每一门学科中融入德育的概念，让学生在课程教育中明白努力、勤奋、心智上的诚实、良好的判断力、勇气和坚毅等都是道德上的责任。

3.德育实践途径

德育实践是小学生养成教育的关键。孔子曰："学而不思则罔，思而不学则殆。"实践证明，头脑心灵和双手越是协同作用养成教育就越能得到完整的发展，因此，学生应该把理性反思与良好的习惯相结合，主动地把养成教育置于学习、生活更中心的位置，积极加以实践。而社会学、心理学研究证明，对于处于世界观、价值观等形成关键时期的青少年来说，他们具有发展奉献精神和理想主义的巨大潜能。他们对未来充满展望，乐观地对待前进中的苦恼。绝大多数的学生都渴望变得高尚起来，或者可以做一些英勇的事情，以投身到其心目中的理想当中。

（四）小学生养成教育评价途径

养成教育评价具有判定性，从而能引导、指挥、调整、改进小学生养成教育，是小学生养成教育目标得以顺利实现的重要手段。因此，运用好养成教育评价，正确发挥养成教育评价的积极作用，可以极大地推动小学生养成教育目标的实现，全面提升素质教育效果。

二、小学生养成教育存在的问题及成因分析

当前，在实际的小学生养成教育过程中，存在着一些不合乎国家要求，忽视儿童自身对于养成教育需求，不遵循儿童养成教育规律的做法。这导致了小学生素质教育不完善、不连贯，进而影响小学生完整人格的塑造，既降低了素质教育的效果，也违背了国家素质教育的要求。

首先，家庭养成教育水平随着时代的发展有了很大的进步，但也不同程度存在着一定的盲目性和片面性。有些家长对孩子良好学习习惯的养成注重得更多一些，认为学习情况好就是养成教育的成功。笔者对我市某小学200名家长和200名小学生分别进行了家庭教育"关注事项"相关问题的调查。调查结果显示，家长们最关注的是孩子的学习情况，而对孩子非智力因素方面的关心程度则排在后面，比如性格养成、情绪情感、兴趣爱好、人际关系等。从中可以明显地看出，除孩子的安全健康外，家长对学习情况的关注度排得较高，对于性格养成、情绪情感、兴趣爱好、人际交往等指标关注度较低。这说明家长在孩子培养过程中最关注的就是学习情况。

其次，学校教育中也部分存在片面突出"智育"发展的情况。学校看重的是学生的学业成绩，并努力通过各种办法提高学生的学业成绩，学生的一些业余时间被强制挤占用来提高学业成绩，导致学生活动、休息、娱乐的时间少之

又少。学习成为少年儿童生活的绝大部分内容，学生在养成教育过程中存在着素质发展不平衡的问题，影响了学生的身心健康。

再次，教师在养成教育中也有其作用发挥得不够充分的情况。笔者就小学生养成教育过程中教师的作用发挥问题，对某些小学的一些班主任进行了访谈。他们表达的看法主要有，一是教学任务重，班务事情多，精神压力大，有时无暇顾及学生养成教育的全面发展。当然，他们也认为应该顾及。二是关于素质教育的培训比较少，观念更新慢，再加上学校以教学成绩为导向的考核机制，导致教师在学生养成教育过程中作用发挥得不充分。我们应该：一，更加积极地提升自身修养，努力发展自己的品德，以身作则给学生展示出更好的形象；二，增强做好学生德育工作的能力，比如，教化、启迪学生既要在一些道德问题上明确自己的立场，又要在和别人交往时，走入其内心，理解别人；三，在班级中创建以高道德标准和尊重所有人为特征的人文环境的同时，也要重视小学生的审美养成教育。

最后，忽视学生的主体作用。小学生养成教育是一个长期的、连贯的依据儿童的身心发展规律，在一定指导和文化氛围熏陶中逐步完成素质教育的过程。在这一过程中，儿童是养成教育的主体，而不是其他的什么人，教师、家长应该是儿童养成教育过程中的引导者、组织者、合作者，而不是养成教育的主体。教师、家长应该培养、帮助这个主体形成自我教育的能力，这是素质教育的中心任务，而不是去包办、代替这个主体，甚至去强制、约束这个主体很快变成教育者希望的状态。

三、小学生养成教育的策略

养成教育的重点在于养成的过程。对于怎样养成，通过什么样的方式、方法去养成，应该是"关心"与"反应"。"关心"，是教育者对儿童的关心；"反应"，是教育者对儿童表现的反应，反应后应该继续关心。应该"关心"作为未成年的有儿童生命特性的小学生，应该尽可能地关注具有极强可塑性的小学生表达出的"需要"，进而进行恰当的"反应"。

（一）协调家长参与儿童养成教育

成立家校共育委员会或在已成立的家校共育委员会里列出小学生养成教育

的专门主题是可行的方法，家校共育委员会可以为校方协调家长积极参与儿童养成教育提供有效的平台和帮助。在家庭养成教育过程中，首先，要为儿童营造轻松、快乐、积极的氛围，让孩子在温暖、愉快的环境中受到人文环境的熏陶。其次，家长包括家庭每个成员都要为孩子树立榜样，在朝夕相处的生活中，模范带头行为可以起到潜移默化的影响作用，达到"近朱者赤"的养成教育效果。最后，要注意和孩子之间进行沟通。家庭心理学家和家长都承认，随着孩子年龄的增长和逆反心理的增强，保持和孩子之间的沟通会越来越难。越是难沟通，家长越要积极采取有效的方法和孩子进行沟通，这不但是做父母的责任，更是家庭养成教育的重要途径。积极地沟通，有利于和孩子互通信息，并及时调整、改进家庭养成教育的方式、方法，促进孩子健康发展。

（二）在学校营造和谐、积极向上的校园文化氛围

校园文化是学校养成教育的人文环境，是学生在学校生活和学习时的外在的客观因素，这一客观因素时时、处处、持续、深刻地影响着在学校的每一个学生。营造学校养成教育文化氛围，首先，要培养学生确立远大人生目标和脚踏实地、埋头苦干的精神，使学生懂得"万丈高楼平地起"的道理，使学生体验"不积跬步，无以至千里；不积小流，无已成江河"的情感。其次，教师要给小学生以足够的关心，并帮助其纠正错误，让儿童感到班集体的温暖和安全，从而在师生之间建立起紧密的关系。最后，鼓励学生做学校的小主人，在师生建立关爱和信任关系的基础上，积极增强学生的集体荣誉感，进而培养学生的主人翁精神。

（三）教师要发挥好灵魂工程师的作用

对于教师在小学生养成教育过程中的作用，列宁有句妇孺皆知的名言，那就是"教师是人类灵魂的工程师"。苏格拉底在他的"洞穴隐喻"中也强调了德育的唤醒精神，柏拉图的看法是，道德教育的目标就是引导灵魂（人的理性、精神和欲望）达到理智的和谐。因此，在小学生养成教育中，教师应该做的，就是努力调动起学生渴求知晓、理解和领悟的动机，让学生对成绩、荣誉有精神追求，满足学生对自己的行为渴望得到指导的需要。

罗伯特·科尔斯在他的《孩子的道德智慧》中总结到，孩子是个证人，是一直留心成人有无道德性的证人。孩子会去观察、寻找一个人应该如何行为的

线索，并发现它们是极为丰富的。当我们这些做父母或教师的开始过我们的生活，做出选择，对人讲话，用行动展示我们坚实的假设、欲望和价值观时，也是在告诉这些年轻的观察者更多的他们尚未知晓的内容。罗伯特这段非常有画面感的叙述，告诉了教育者应该在学习、生活的点点滴滴中为被教育者树立榜样。

在学生养成教育过程中，教师注意共性问题的同时，也要注意到存在的个性问题。我们教师大都有这样的经验，越是个性问题越应该引起教育者足够的重视，因为个性问题一般情况下是孤立的、隐蔽的。由于个性问题不容易得到响应，因此其常常需要一个人独立面对并承担产生的压力，使学生更容易受到伤害。对于这种情况，教师要认真对待，通过经常谈心等方法，和学生进行沟通，进而解决问题。

教师可以在班级中创建小团体单元的育人环境，营造出教师尊重学生，学生之间彼此尊重的氛围。培养学生在班级团体中建立基于相互尊重和信任的人际关系。在这种和谐的人文环境中，在老师的殷切期待和正确指导下，学生就会给自己确定更高的标准和卓越的目标，努力做最好的自己。

（四）重视小学生的审美养成教育，美育是素质教育的重要内容

鲁迅曾指出，美术可以辅翼道德。引导学生审美地对待社会，摒弃人与人是兽性的自然主义理论与"他人是地狱"的灰暗理论，以高尚的人道主义的审美态度关爱社会与他人；审美地对待自身、关心自然，注重心理发育，做到身与心、意与情的协调发展，培养提升人的情感力和文化品位。在教育实践中，可创造良好的教育环境以感染受教育者，增加青少年美好的情感，起到润物无声、潜移默化的作用。

（五）小学生养成教育要强化实践训练

小学生养成教育的发展目标，是培养社会主义现代化的建设者和接班人。小学生将来还是要成为一个"社会人"的。而实践训练是小学生养成教育的重要部分，可以说它是微观、局部、预设的"小社会环境"。在实践训练中，学生的知识水平、情感体验、坚强意志、思想道德等养成教育内容都可以得到强化和提高，这也符合实践论的观点。古希腊哲学家亚里士多德十分重视道德行为训练，他说："我们做公正的事情，才能成为公正的人；进行节制，才能成为

节制的人；有勇敢的表现，才能成为勇敢的人。"这一观点也说明了，实践训练是思想道德行为的体现，其反过来又可以促进养成教育。因此，为激发小学生良好的道德动机，增强小学生的德育自觉性，促进小学生从错误认识及不良行为习惯向正确认识及良好行为习惯的转化，教育者要切实重视和提高实践训练的实效。在指导学生进行养成教育实践行为训练时，需要做到明确目的，针对主体，认真指导、寓教于乐、评估准确、常抓不懈，全面提高小学生素质。

参考文献

［1］内尔·诺丁丝. 学会关心: 教育的另一种模式［M］. 于天龙, 译. 北京: 教育科学出版社, 2003: 13-16.

［2］凯文·瑞安, 卡伦·博林. 在学校中培养品德: 将德育引入生活的实践策略［M］. 苏静, 译. 北京: 教育科学出版社, 2010: 127, 162.

［3］谭兰. 养成教育:青少年偏差行为预防与矫治的路径选择［J］. 教育探索, 2006(01): 84.

［4］柳国强, 刘春魁. 论养成教育的理论基础［J］. 教育理论与实践, 2005(5): 46.

［5］林英典. 论青少年的养成教育［J］. 教育探索, 2003(01): 49-51.

［6］曾燕波. 从养成教育看青少年的素质提升［J］. 当代青年研究, 2004(5): 16-17.

［7］谭松贤. 养成教育初探［J］. 教育探索, 2001(6): 25-26.

家园协同培养幼儿责任心的有效策略

长治市康园幼儿园　韩仁玲

【摘要】责任伴随着一个人生命的始终，勇于负责是一种良好的美德。21世纪需要培养自立创新的人才，对于培养全面发展的人来说，责任心是必不可少的。本研究着眼于在家园协同教育背景下促进幼儿责任心的发展。首先通过以幼儿园教育为主，开展丰富多彩的责任心教育实践活动，提升幼儿的责任意识，强化幼儿的责任行为；再次通过多种方式转变家长的责任心教育观念，提高家长责任心教育培养水平，牵手家长，形成教育合力，有效促进幼儿责任心的发展。

【关键词】责任心；家园协同；培养策略

责任心是对自己、他人、家庭、集体、社会所负责任的一种认识、情感及其相对应的一种态度。从儿童心理发展规律看，3岁至6岁的幼儿可塑性极强，是责任心产生和初步形成的关键期，此时通过一定的方法培养幼儿的责任心会对幼儿产生长远的积极影响。《幼儿园教育指导纲要（试行）》中明确提出："理解并遵守日常生活中基本的社会行为规则；让幼儿能努力做好力所能及的事，不怕困难，有初步的责任感。"《3—6岁儿童学习与发展指南》也明确指出："幼儿应具有基本的生活自理能力，能自己穿脱衣服、鞋袜，能整理自己的物品；做到自己的事情自己做，不依赖别人。"

我园在家园协同教育理念下，从家、园两个角度入手，运用有效的策略，将影响幼儿责任心发展的两大重要因素形成正向合力，有效地促进了幼儿责任心的发展。

一、开展丰富多彩的责任心教育活动，培养幼儿的责任心

（一）借助绘本教学萌发幼儿责任意识，强化责任认知

绘本故事深受孩子们的喜欢，也是我园一直以来的特色教学辅助材料，我们利用幼儿的特点，借助绘本开展幼儿园责任心的培养，通过有趣的故事让幼儿认识什么是责任以及怎么样尽责任。围绕责任心主题，根据年龄特点选择适宜的绘本，通过听绘本、读绘本、说绘本、演绘本四个环节，促使幼儿规范行为、巩固强化责任心。首先是听绘本，教师选择生动有趣、图画鲜明的绘本故事，通过多种方式将绘本读给幼儿听，通过刺激幼儿的听觉，让幼儿在愉悦的氛围中明晰责任的概念，懂得怎么样是负责任，萌发责任意识；其次在听明白的基础上能读绘本，活动"我来读绘本"，通过多次读、多方式读，强化了幼儿的各种责任认知；再次，组织活动让幼儿围绕绘本故事内容说绘本，活动"我来说绘本"，让幼儿用自己的语言将故事中的人物角色对话、事件进行描述，再次对绘本情境进行梳理、思考；最后，演绘本，通过扮演、模仿故事中主人公的角色，深入判断责任行为、梳理责任认识。通过这样四个步骤，将绘本中的抽象主人公行为迁移到具体的生活中，能有效地诱发幼儿的责任意识，强化幼儿的责任认知。

（二）利用角色游戏促进幼儿从责任认知到责任行为的转变

《幼儿园工作规程》指出，"游戏是幼儿园的基本活动"，幼儿在游戏中学习，在游戏中成长。在游戏中，幼儿可以自主选择，主动与他人合作、交往，主动进行探索。幼儿是游戏的小主人、学习的主体，应当使他们拥有更多更大的自主权。我园充分利用角色游戏的真实性、趣味性、主动性、实践性等特点，创设各种角色区游戏，引导幼儿在真实的游戏场景中，将学到的责任认知和行为在游戏中使用和联系，达成幼儿从责任认知到责任行为的转变。在角色区游戏中，教师根据幼儿的生活经验创设适合幼儿的角色区，幼儿在角色游戏中使用各种工具、材料来模仿各种社会角色的语言、动作等，学演各种社会场景中不同角色的有责任的行为，教师给予必要的支持和鼓励。幼儿在模仿的过程中获得各种社会角色的体验和认识，对在绘本中学到的责任认知，运用自己的身体动作、语言等进行外化，重新梳理、重新认识，从责任认知转变为责任行为。

（三）利用随机教育巩固幼儿的责任行为

"一日生活皆教育"，在幼儿园的一日生活的各个环节中，有许多不确定性，而恰恰是这些不确定性也可成为培养幼儿责任心的良好契机。我们充分利用各环节的教育资源，针对幼儿一些负责任行为加大鼓励，不负责任的行为及时进行教育，培养他们养成对自己的行为负责的好习惯。如：幼儿来园时，教师要求幼儿把衣服叠放整齐并放在衣橱中，可是大部分幼儿不是随便一扔，就是由家长包办代替，更有甚者把衣服扔到橱子外面。于是，老师抓住这一问题对幼儿进行随机教育："哎呀！衣服怎么跑到地上来了，看来是在'家里'待够了。"小朋友听到这样有趣的话语，跑来说："不是它自己跑出来的，是某某小朋友把它扔在地上的。"老师接着说："这衣服真可怜，没有人来关心它，爱护它，应该怎么办呢？"老师的话引发了幼儿的大讨论："衣服是我们最好的伙伴，天气冷的时候能给我们遮寒，我们不能把它扔在地上。""我们应该把它叠放整齐"等。老师为了巩固幼儿的做法，又用"爱心提示语"的方法进行提醒，如在橱子上方贴上"小朋友叠放衣服"的图片、写有"请小朋友把衣服叠放整齐！"的字条等，这样一来，再也没有出现衣服随便扔的现象。在一日活动中类似这样随机教育的事例非常直观，而且具有情景，非常符合幼儿的学习特点，幼儿容易理解，也更容易接受，能够有效巩固幼儿的责任行为。

（四）开展责任心主题教育活动，有针对性地促进幼儿责任心发展

我园根据目标开展各种"责任心主题活动"，以弥补其他活动形式的不足。比如在全园各班级开展的主题活动"我是班级小主人"活动，让幼儿树立"我的事情我来做"的理念，强化幼儿对自己的责任感。"我是小主人活动"以幼儿园四大板块活动为维度（生活、运动、游戏、学习）来实践"我是班级小主人"的角色。生活板块聚焦幼儿一日生活中的自理能力、自我服务的能力，开展生活小主人活动，鼓励幼儿从来园开始自己的事情自己做，不会的事情学着做，得到进步的孩子就能得到生活小主人的称号。如日常生活中，我们在班级中设置了"整理小能手"称号，通过鼓励让幼儿对自己的物品进行整理，培养幼儿的个人责任感。在"整理小能手"提示卡中，图文并茂呈现"整理小能手"需要做的整理工作，提示幼儿及时整理好自己的物品。运动板块聚焦幼儿的健康体质、意志品质和在运动中的规则遵守、器械整理，我们每天还会选出运动小达人，如坚持攀爬到最高峰的，摔倒了还能坚持运动的，在运动中能自

觉遵守规则，不在成人提醒下能自觉整理运动器械的幼儿，等等。游戏板块聚焦幼儿游戏中的规则践行、主动交往等行为，在游戏分享时选出今天的游戏小达人。"今天你遵守班级的游戏规则了吗？""今天你有没有对伙伴说说好听的话，和小伙伴分享玩具了吗？"孩子都有自己心目中的游戏小达人。学习板块聚焦幼儿在集体活动和个别化学习中的兴趣和行为习惯，鼓励幼儿在学习活动中养成良好的倾听习惯，学会控制自己的行为。学习活动之后，由孩子们选出学习小达人。一系列的"我是小主人"主题活动引导幼儿从他律转化为自律，树立成长观，强化行为养成，提高对自己负责的能力。

在"我是班级小主人"主题活动的基础上还相继开展了"我是幼儿园小主人""我是班级值日生""我为幼儿园添光彩"等系列主题活动，在参与、体验中感受负责任带来的喜悦，也萌发团体责任感。

（五）用环境说话，让环境帮忙，全面渗透责任教育

"环境是幼儿的第三位教师"。幼儿通过对环境的观察，不仅能发现许多有趣的现象，更能产生许多有价值的探索点，教师积极发现和捕捉各类活动中责任心教育有价值的点点滴滴，并及时地转化到环境创设之中，使之在园内发扬、扩大。比如根据主题活动"我是班级小主人"创设"责任小明星"栏目，让幼儿随时看到同伴负责任的行为，并进行积极的模仿；还比如创设规则墙"班级公约我知道"，大家围绕班级应该遵守哪些规则进行讨论，将讨论结果张贴，提示大家为创设良好的班级一起尽责任；等等。通过将良好的环境引入幼儿的教育活动，在幼儿与环境之间的互动，能让每个幼儿在参与活动的同时，都感受到一种强烈的归属感和责任心。同时，幼儿给予教师的启发、启示，和教师帮助幼儿进行的知识经验的整合，又使教师与幼儿之间产生积极、良好的互动效应。在师幼互动中，教师要以身作则，要善于蹲下来倾听孩子的心声，多用鼓励的话语、肯定的语气与孩子交流，让孩子们感到为自己、为他人、为集体负责任是一种美好的情感。

二、牵手家长有效促进幼儿责任心的发展

父母是孩子的第一任教师，父母的言行、举止直接影响到孩子，幼儿园的教育是离不开家庭的配合的。美国著名心理学家托马斯指出：父母的身体力

行、言传身教所提供的外部经验将永久地记录在每个人的人格磁带上，他在人成长的过程中会自动播放这种具有贯穿人生始末的强大影响。幼儿园采用多种形式，牵手家长一起学习培养幼儿责任心的方法，形成家园协同教育合力，为幼儿责任心发展助力。

（一）在互动中牵手，转变责任心培养观念

围绕"责任心"主题，定期组织家长开展不同形式的育儿经验交流活动。如举办家教沙龙、家教俱乐部、家家乐等，还组织专题辨析会、成果推广会，组织家长针对研究中有困惑或有争议的问题进行分析、辨析，各抒己见，畅所欲言，在争论思辨中达成共识，在良好互动中获得教育信息、方法。通过教师及家长间的互动交流，搭建相互碰撞、学习的平台，引发家长对幼儿责任心教育有新认识、新定位、新思考。比如在家园互动主题活动"分享关于幼儿责任心培养方面的小方法"中，教师围绕事先确定的主题先抛出话题："你在培养责任心方面有什么小方法？"采用分组交流的方式，让家长先结合自己的家教案例分享自己在培养孩子责任心方面的小方法，以小组为单位梳理经验集体分享，主持人根据家长的经验结合理论进行有效回应，并积极回应家长在实践过程中的问题，最后形成具体的可操作的有效经验，并将这些经验通过多种方式在家长中交流、推广。通过类似这样互动交流的形式，家长们在宽松的氛围中不仅收获了培养孩子责任心的有效方法，而且增加了家长之间、家园之间的互动交流，更加重视配合幼儿园开展各类责任心培养的主题活动和亲子责任方案，家园协同，巩固了幼儿的责任心，营造了良好的家庭氛围。

（二）在对话中牵手，增进责任心培养互信

家访与约谈是教师与家长近距离、深层次的沟通与交流形式。每周确定主题，固定约谈或家访一定数量的家长，针对孩子的具体情况，教师通过围绕责任心发展的主题与家长面对面地对话交流，以期与家长达成共识，让家长了解幼儿园的责任心课程建设、进度，配合幼儿园实施有效策略，帮助孩子的责任感在转变中获得情感满足，为其良好的公民素质养成奠基。在沟通中我们提示家长要注意时刻以身作则，起到榜样示范作用；通过言传身教，引导孩子学会对生活负责，尊重孩子；善于沟通，帮助孩子树立起对家庭的责任心。

（三）在亲历中牵手，转变责任心培养角色

幼儿园在进行责任心主题活动时，邀请家长前来参加、观摩，让家长看到幼儿责任心发生的变化、感受幼儿责任心增强所带来的自信，并从中获取责任心培养的经验。

幼儿园积极邀请家长参与幼儿园的教育和教学过程，挖掘家长资源为责任心课程助力，使他们逐渐成为教育教学过程的积极贡献者、合作者。根据家长的特长，幼儿园为家长建立家长助教资源库，幼儿园将各班家长助教基本材料立档建库，打破班级局限，使家长助教资源达到全园共享。

鼓励并引导家长自主结对、轮流组织班级的大型节日主题活动、社会实践活动、家长沙龙活动，让家长成为活动的组织者，感受幼儿责任心教育成长中的主体责任。丰富多彩的"活动"符合幼儿学习的方式和特点，可以有效促进幼儿责任心的发展，幼儿园以各种活动为载体，通过家园协同教育有效地促进了幼儿责任心的发展。比如以社会实践活动为载体，引导幼儿在社会中践行社会责任；以重阳节、母亲节等为代表的节日活动为载体，引导幼儿在实践中践行家庭责任；等等。而这样的社会实践活动、节日活动就是家委会一起设计组织开展，通过组织活动中增进了家长与幼儿的感情、与教师的合作关系，增进了家长对幼儿园的了解。幼儿在参与活动的过程中增强了主人翁意识，在各种活动中集体责任感逐渐形成和发展。

（四）在成长中牵手，收获责任心培养成果

幼儿园选择适合的载体搭建练习和展示的平台，运用多种方式激励和鼓励教师、家长和幼儿，促进教师、家长和幼儿在责任心方面的成长和进步，充分展现教师、家长、幼儿在责任心养成方面的成果。比如我们每周以班、园为单位为幼儿设有"我是责任小达人"活动，每次活动都对家长进行"最具责任心家长"的评选表彰，为教师设有"最美责任人"荣誉表彰，等等。在这样多元的激励方式中，家长和教师在合作中感受集体荣誉感，感受到在幼儿责任心教育这条路上共同成长的快乐。

参考文献

［1］教育部基础教育司组织编写.《幼儿园教育指导纲要(试行)》解读 (第2版)［M］. 江苏教育出版社, 2002. 15-31.

［2］凯文·瑞安, 卡伦·博林. 在学校中培养品德: 将德育引入生活的实践策略［M］. 苏静, 译. 北京: 教育科学出版社, 2010. 211-223.

［3］卡伦·博林, 德博拉·法默, 凯文·瑞安. 在学校中培养品德: 品德教育实践导引［M］. 王婷, 译. 北京: 教育科学出版社, 2012. 65-81.

关于自媒体时代中学生的公民媒介素养研究

长治市第十六中学校　李文强

【摘要】自媒体时代的到来，正改变着人们的学习生活和工作方式，提高公民媒介素养迫在眉睫，中学生的公民媒介素养教育已经成为全球性的话题。笔者以长治市第十六中学校（以下简称长治十六中）的中学生为研究对象，对其公民媒介素养进行问卷调查，调查结果显示，中学生对媒介及信息的传播知识有一定了解，但不够深入；对自媒体内容无法进行有效分辨；对自媒体平台存在一定的依赖性，但参与能力与批判能力较低。针对中学生公民媒介素养中存在的问题，笔者提出了相应的中学生公民媒介素养培育建议，倡导通过学校、家庭、社会和自媒体等多方面的努力，加强中学生公民媒介素养的教育。

【关键词】中学生；媒介素养；培养途径

在信息全球化的背景下，随着互联网和信息技术的不断发展，报纸、广播、电视等传统媒体面临着空前严峻的挑战，以博客、论坛、微信、微博、抖音等平台为载体的一些自媒体悄然兴起，它们凭借着低成本、低门槛的特点，广受人们欢迎。在自媒体时代，了解和加强我国公民媒介教育，特别是提高广大普通中学生的媒介素养已经迫在眉睫。

一、自媒体时代

（一）自媒体的概念

"自媒体"英文为"We Media"，也被称为"个人媒体"。自媒体的概念最早在2002年由美国学者丹·吉尔默提出。2003年，波曼与克里斯·威理斯将自媒体定义为："是一个普通市民经过数字科技与全球知识体系相联，提供并分享他们真实看法、自身新闻的途径。"在我国，众多学者认为"自媒体是指传播者通过互联网，以一对一或一对多的形式，将自主采集或把关过滤的内容传递给他人的个性化传播渠道，又称个人媒体或私媒体。"

自媒体的主要载体为博客、微博、论坛、即时通信等，其中即时通信软件，不仅用于聊天，还可以传送文件、图片、视频等，这些传播载体的出现，让人人都成为记者、人人都成为媒体成为可能。

（二）自媒体的特点

1.平民化、准入门槛低。在互联网上的每个人都可以成为一个独立的自媒体，人们可以利用自己的手机、电脑、平板等设备在自己的"媒体"上发布自己的观点和看法。"你"象征着在互联网上的每个人，数字信息的每个使用者、传播者和创造者。

2.信息内容的多样化、个性化。我们身处世界的各个角落，每个人都可以通过发布文字、图片、音频、视频等信息，在自媒体平台上表达自己的所思所想。自媒体的产生方便了人们个性化的表达，使网络上信息内容也更加丰富多彩。

3.信息传播的高速性、时效性。互联网和信息技术的发展打破了自媒体信息传播中主体和受体之间的界限，形成了由点到点、点到面的一对一、一对多、多对一、多对多的网状传播方式。同时4G、5G和无线网络的覆盖使信息传播变成24小时全天候的，人们可以根据自己的时间和意愿随时发布、传播、接收信息。

自媒体在一定程度上颠覆了传统媒体的生产、制作和传播方式，它使新闻传播更加平等、自由。但无可否认，由于生产、制作新闻的成本较低，媒体公信力较低，新闻的碎片化影响信息内容的准确性，其真实性有待考究。手机、平板、电脑已进入寻常百姓家，学生每天打开微信、微博、抖音，面对着数以万计的信息，我们从大量的信息中提取较为准确的信息尚属不易，对于中学生来说，这无疑对他们的学习、生活产生了巨大的影响，因此，提高他们的媒介素养能力至关重要。

（三）媒介素养

"媒介素养"的这一概念最早由英国学者富兰克·雷蒙德·李维斯和丹尼斯·汤普森在1933年提出。美国媒介素养研究中心对媒介素养作出如下定义：媒介素养是指人们面对媒介所传播的各种信息时所具备的选择能力、理解能力、质疑能力、评估能力、创造和制作能力以及思辨的反应能力。我国学者卜卫发表了《论媒介教育的意义、内容和方法》，这篇论文被认为是中国第一篇系统地论述媒介素养教育的文章。他认为媒介素养教育包含四个方面：基础的媒介知识以及如何使用媒介；学习判断媒介信息的意义和价值；学习创造传播信息的知识和技巧；了解如何利用大众媒介发展自己。沈国麟、张志安将媒介素养定义为：是人们对各种媒介信息的解读和批判能力，以及使用媒介信息为个人生活、社会发展所用的能力。正如班建武教授所说，公民素养教育的主要目的是培养具有理性批判精神、公共参与意识和能力的现代人。学生公民媒介素养教育是培养学生的媒介批判能力，主张中学生在自媒体时代能够批判性地认识媒介及媒介所传播的信息，利用媒介进行学习，承担更多对于社会的责任。

（四）培育中学生公民媒介素养的意义

中学生正处于青春期，这是人一生中生理和心理发展的关键时期，是世界观、价值观、人生观形成的重要阶段。在自媒体时代，手机、平板、电脑等电子设备成为他们的标配，微信、微博、抖音等APP成为他们网络生活中不可缺少的一部分，时时刻刻影响着他们的学习和生活。在自媒体发展迅速的时代，信息发布门槛低，监管不严，虚假信息以及不良信息混杂其中，使缺乏媒介素养的中学生难以辨别，浪费他们宝贵的时间和精力，不仅无法获得真正有用的信息，甚至还可能会受到负面信息的影响，造成伤害。联合国教科文组织指出："我们应该让中学生学会怎样在这个由各种图像、文字、符号、音像等内容组件构成的世界里生活下去。"未来属于现在的青少年，自媒体还在不断发展，中学生应当也必须提高自身的媒介素养，以面对错综复杂的信息社会。总之，中学生媒介素养的培育至关重要，只有具备相当的媒介素养，才能够通过媒介积极主动地获取信息，正确地认识并理解信息，使媒介和信息为我所用，更好地完善自我，热忱地参与到社会中去，承担自己所需要承担的责任。

二、自媒体时代中学生公民媒介素养调查与分析

（一）调查问卷的准备与实施

1.调查问卷的设计思路

为了能够准确掌握中学生的媒介素养情况，以便于更好地找到中学生媒介

素养的培育方法与途径，笔者以长治十六中的中学生为对象，结合中学生特点设计了"自媒体时代中学生公民媒介素养调查问卷"。问卷主要包含以下四个方面的内容：中学生的基本情况；中学生对自媒体及自媒体平台的接触情况；中学生对自媒体内容的认识和传播情况；中学生对自媒体的创造能力与评价能力。

2.调查对象的选择

本次调查的对象为长治十六中的中学生。长治十六中共有学生1549名，初中每个年级6个班，共有18个班；高中每个年级8个班，共有24个班。为尽量少占用全校师生的宝贵时间，本次调查采用整班抽样调查，初中每个年级随机抽取3个班，高中每个年级随机抽取4个班，抽到的学生共有746名。

3.调查过程的实施

（1）笔者将设计好的调查问卷在"问卷星"上进行编辑并发布，生成问卷链接（https://www.wjx.cn/jq/62000676.aspx）和二维码海报。

（2）将生成的二维码海报发送到长治十六中班主任群，所有抽样班级的班主任再转发到本班班级群。

（3）学生填写并提交问卷。

（二）中学生公民媒介素养的调查分析

本次调查共有704名学生填写并提交了"自媒体时代中学生公民媒介素养调查问卷"。其中初中学段有290人，高中学段有390人，与该校目前初、高中学生比例基本一致。男生327人，女生341人，男女比例接近1∶1。

1.中学生对自媒体的认知

中学生对自媒体的认知主要体现在中学生对自媒体的了解、获取信息的主要途径、使用何种自媒体平台以及使用习惯之上。调查数据显示，有64.77%的中学生对"自媒体"这个词有基本的了解，27.7%的中学生熟知自媒体，仅有7.53%的中学生没有听说过自媒体这个词。在日常生活中，86.79%的中学生通过微信、微博等自媒体平台获取信息，13.21%的中学生通过报纸、广播、电视等传统媒体获取信息。超过4/5的中学生使用QQ（84.52%）、微信（89.91%），一半以上（54.61%）的中学生使用抖音，35.65%的中学生会登录微博，还有35%左右的学生采用博客及其他方式。一半以上（56.11%）的中学生登录自媒体平台的时间不固定，有17.61%的中学生只在无聊时登录，13.92%的中学生登录时间段相对固定，另外还有12.36%的中学生想起时就会登录。

由此可见，大部分中学生对自媒体时代有自己的认识，他们更倾向于使用自媒体平台获取信息，并且能够使用多种自媒体平台，多数中学生对待自媒体平台的使用没有固定习惯，这也和中学生本身的年龄特点和思维方式有关。

2.中学生的个人意愿

中学生对待自媒体的态度在一定程度上影响了中学生对媒介和信息的使用。中学生对自媒体的意愿主要体现在中学生接触到自媒体的方式、对自媒体大量存在的看法以及使用自媒体平台的目的之上。数据显示，30.4%的中学生通过主动寻找自己喜欢的自媒体接触到自媒体，34.23%的中学生是在搜索自己感兴趣的话题时接触到自媒体的，27.13%的中学生是在随意浏览时接触到自媒体的，8.24%的中学生是看完专业媒体发布的内容后，自媒体内容自动弹出的。4/5以上（81.11%）的中学生认为自媒体的大量存在有其合理性，另外，不到1/5的中学生认为不合理。33.24%的中学生使用自媒体平台的主要目的是进行相关知识的学习，28.14%的中学生是用来休闲娱乐打发时间，21.02%的中学生是用来了解新闻动态，关心国家大事，还有17.33%的中学生是用来关注亲朋好友的动态、记录自己的成长。

因此，中学生接触自媒体有一定的主动性，多数中学生对自媒体时代的到来表示认可，有一半以上的中学生能够意识到使用媒介完善自己、关注社会公共事务。

3.中学生对自媒体内容的认识和信息传播的参与度

中学生对自媒体内容的认识和信息传播的参与度主要体现在中学生对自媒体内容真实性的看法，对自媒体内容的评论、转发程度以及在信息传播过程中是否会注意到传播技巧和方法，谨遵法律法规，不传播虚假信息之上。65.06%的中学生认为被关注和被转发多的自媒体内容大部分真实，30.97%的中学生认为偶尔真实，还有接近4%的中学生认为不真实（1.99%）和完全真实（1.99%）。57.67%的中学生在面对自己感兴趣的话题时会偶尔发表评论，37.5%的中学生只是浏览自媒体内容，不会发表评论，有4.4%的中学生觉得大部分话题都和自己有关，经常会发表自己的看法，很少有人（0.43%）对所有话题都进行评论。69.46%的中学生会将自己看到的自媒体内容转发给其他人，26.56%的中学生不会转发，3.84%的中学生会经常转发，极个别（0.14%）中学生不加思考全部转发。74.43%的中学生对媒介知识有多多少少的了解，79.83%的中学生认为在传播信息的过程中，注意传播技巧和方法，97.44%的中学生能够做到谨遵法律法规，不传播虚假信息。

由此可以看出，中学生对于媒介所传播的信息存在一定的质疑能力和判断能力，很多中学生还无法真正地参与到自媒体平台中，对信息的传播较为谨慎，本身具有一定的公民媒介素质。

4.中学生对自媒体的创造能力和评价能力

中学生对自媒体的创造性和评价能力主要体现在中学生是否能够运用技术手段制作自己的自媒体作品、在自媒体平台上发布作品，是否能够意识到自媒体发布的内容是按照个人或某些机构的意愿生成的，自媒体时代的到来，对自己的学习生活影响程度，是否需要加强媒体的立法和执法程度，对自媒体未来发展的态度以及对自媒体时代公民媒介素养的看法和建议之上。53.84%的中学生能够使用技术手段制作自媒体作品，46.16%的中学生不能制作。一半的（50.99%）中学生不会在自媒体平台上发布自己的作品，43.89%的中学生偶尔会发，2.41%的中学生经常会发，2.7%的中学生只要做就发。77.56%的中学生能够意识到自媒体发布的内容是按照个人或某些机构的意愿生成的，还有22.44%的中学生意识不到。59.94%的中学生认为自媒体时代的到来对自己的学习生活影响程度一般，33.24%的中学生认为影响程度较大，6.82%的中学生认为没有任何影响。95.6%的中学生认为在自媒体时代应该加强媒体的立法和执法力度，4.4%的同学认为不需要。80.54%的中学生对自媒体时代未来发展持乐观态度，4.69%的中学生对未来自媒体的发展不乐观，还有14.77%的中学生没感觉。

由此可以看到，接近一半的中学生具有对信息的创造能力，可以推断出中学生对自己的作品有一定的保护意识。所以提高中学生对信息传播的专业知识至关重要，中学生对新媒介的接受能力和适应能力较强。在提高中学生公民媒介素养的同时，应该建立完善的网络规范。自媒体平台应该加大审核自媒体所传播的内容，给广大中学生以积极、乐观的影响。

三、自媒体时代中学生公民媒介素养培育

（一）中学生公民媒介素养的培育内容

针对自媒体时代中学生公民媒介素养现状和已经存在的问题，笔者认为，应该通过学校、家庭、社会和媒体等多种途径，对中学生公民媒介素养进行培育，培育的内容主要包含以下五个方面：掌握基础的媒介知识和信息传播知识；能够正确理解媒介和使用媒介，建设性地享用是媒体平台传播的资源；面对媒介所传播的各种信息时，通过各种方式能够较为准确地判断出信息的真实性，具有一定的质疑、思辨和评估能力；能够利用自媒体平台创造和制作自己的自媒体作品，学会利用媒介发展自己、完善自己，参与社会发展，承担社会责任。

（二）中学生公民媒介素养的培育途径

1.学校

在自媒体时代，中学可以结合中学生的特点对中学生公民媒介素养进行培育，进一步提高中学生的国民素质，促进中学生的全面发展。主要有以下几种方式：

（1）将公民媒介素养教育与语文学科相结合。媒介素养主要是指通过媒介对信息的获取、辨别、传播、评价和创造的能力，是现代语文教学素养中听、说、读、写能力的延伸。在语文教学过程中，教师可以通过一些网络文章，加强中学生对信息的提取、判断、评价和使用等能力的培养。

（2）把公民媒介素养教育与信息技术课程相结合。在信息技术课程教学中加入媒介基础性的知识，积极开展一些媒介综合实践活动，培养中学生对于媒介的认知能力、解读信息的能力、使用和传播媒介信息的能力。能够利用各种媒介资源完善自我，承担社会责任，参与社会活动。

（3）定期开展公民媒介素养教育讲座。学校可以在每学期设置公民媒介素养周，届时邀请新闻传播界的专业人士到校对中学生开展媒介基础知识讲座。中学生容易沉迷自媒体平台，专业的媒介知识既能让中学生对媒介知识充满兴趣，又能让中学生学会判断媒介所传播的信息的真实性，了解信息传播过程，意识到公民媒介素养教育的重要性。

2.家庭

家庭是孩子最温暖的港湾，也是孩子良好习惯和素养养成的重要场所。中学生在家里接触媒介的时间较多，因其处在公民媒介素养教育的重要时期，家长应该承担起相应的责任，以身作则，正确认识自媒体平台所传播的内容，不随意转发、评论不良信息，对社会公共话题主动参与、给出建设性的意见，提高自己的公民媒介素养。与此同时，在日常生活中家长应该能够正确引导孩子的媒介使用时间，适时监督孩子的媒介使用行为，走进他们的世界，用行动去关心自己的孩子，提高中学生的公民媒介素养。

3.社会和自媒体

社会和自媒体都有对中学生进行公民媒介素养教育的责任。政府相关部门应高度重视媒介素养教育，将媒介教育深入基础教育之中，积极为中学生公民媒介素养教育提供资金，设计和开发相应的媒介教育课程，建立完善的制度保障。还可以在休息日为各个社区举办公民媒介素养活动，印发媒介知识宣传手册。与此同时，还应大力完善网络媒介功能，建立较为规范的规章制度，提高对自媒体平台内容的监管力度。自媒体也应加强自身公民媒介素养，高要求地对待自己的作品，文明用语，既能将真实准确的信息传播给大众，又能体现出积极、乐观、上进的态度。

参考文献

［1］崔恒勇. 自媒体对出版品牌传播的影响研究［J］. 出版广角, 2014(8): 64-67.

［2］徐盼. 面向社交媒体时代的大学生媒介素养调查分析——以扬州大学为例［D］. 江苏: 扬州大学, 2015: 14-18.

［3］刘卫琴. 初中生媒介素养及媒介素养教育研究——兼论美国媒介素养教育对我国的启示［D］. 江苏: 苏州大学, 2015: 12-15.

［4］李清波. 探究大众传媒的教育功能［J］. 传媒, 2014(6): 73-74.

［5］靳书艳. 媒介素养教育融入大学生思想政治教育路径研究［D］. 甘肃: 兰州理工大学, 2017: 15-18.

［6］李兆锋, 秦小平. 中学生媒介素养调查及对策研究［J］. 软件导刊. 教育技术, 2013(4): 56-57.

学校和家庭协同教育的策略研究

——以长治市第八中学校为例

长治市沁县中学　张针鸿

【摘要】 随着我国经济的快速发展，对人才的渴求到达了历史最高点，如何更好地培育英才是当下教育亟须思考的问题。学生培养机制研究表明，家庭教育和学校教育相互配合，是构成教育合力的关键，也是当前学校教育的重点。本文通过问卷调查和访谈调查，在实践中观察学生、家长和教师的互动行为，并针对活动方法和过程进行剖析，了解学生、家长、教师的现状，归纳学校、家庭协同教育存在的主要问题，验证家、校以及社会协同教育的效果，进而提出合理化建议，以期促进学生个性化成长、学校特色性发展，为社会培育更多英才。

【关键词】 学校、家庭；协同教育；方法途径

随着我国经济的快速发展，对人才的渴求到达了历史最高点，教育自然而然成为当下社会广泛关注的焦点之一。学生培养机制研究表明，学校和家庭协作是构成教育合力的关键。协同教育不仅能充分保障家长对学校教育的知情权、监督权和参与权，而且能充分发挥家长的教育优势，有效协调和整合家庭教育力量，促进学校实现科学决策、民主管理和制度完善，让优势交互作用和补充，实现教育的最优化。新课程改革的推进，让教育行政部门和越来越多的学校、教师、家长逐渐认识到了家校合作的重要性和必要性。很多学校开始重视家校、家庭之间的沟通与交流，越来越多的家长愿意积极参与到学校教育活动中来。家长委员会、家长志愿者、丰富多彩的家长会、家长课堂、家长进课堂等一些举措也得到了家长的广泛支持与认可，为实现家、校协同教育搭建了很好的平台，奠定了良好的基础。教育改革的深入发展，让学生心理健康教育已成为学校教育与家庭教育中共同关注的问题。越来越多的家长认识到，不同

年龄段的学生，以及同一年龄但处于不同学习阶段的学生存在的心理健康问题是不同的，并且这些问题已成为影响学生健康成长的主要问题。但由于家长缺少科学系统的家教知识，在家教理念和方法上存在着许多误区，往往造成教育效果适得其反，向家长宣传科学的教育思想，提高家长科学育子的能力，使家庭教育和学校教育相互配合，形成教育合力，是当前学校教育的重点。那么，引导家长研究、分析学生在不同学习阶段存在的心理健康问题，分阶段、系统性地开展家长心理健康教育培训，对提高家长心理健康教育能力及家庭教育指导能力，进而促进学生的健康成长也就有着极其重要的意义。

一、研究对象

长治市第八中学校（以下简称长治八中）属市直全日制完全中学，位于长治市西郊的城乡接合部。学校在校学生2.3万余人，其中城中村学生、务工人员子弟和少数民族学生1400余人，占比60%。经过探索实践，学校协同育人取得了明显成效，学校的社会声誉有了显著提升。《德育报》《学习方法报》《长治日报》《上党晚报》和《长治教育》等刊物对八中"协同育人"工作相继进行了报道。学校荣获"全国家长学校实验学校"、山西省"最美家长"公益主题活动示范单位称号，被长治市妇联确立为市级家庭教育指导服务中心，2018年学校家校协同教育工作总结报告被教育部评为"全国中小学德育工作典型经验材料"。

二、研究方法和过程

1. 通过问卷调查、访谈，研究和分析教师、学生家长家庭教育指导现状。依据调查需要和实际情况，采用问卷和访谈两种调查法，共编制了两份调查问卷和一份访谈提纲。调查问卷分别为：《家庭教育指导现状的调查问卷》教师卷（80份）和家长卷（1120份）。本调查的目的是全面、系统、真实地把握当前家庭教育指导工作的实际情况。其中包括家长、教师对家庭教育指导的态度认识、参与现状、反馈期望和意见建议，以及学校对这项工作的管理现状，以期为本项研究提供事实依据。

2. 通过家长委员会、家长课堂、家长会、家长进课堂、教师家访、亲子共读、亲子心理拓展游戏、微信平台、为社区服务等形式，探索适合家庭、学校协同教育的有效途径和方法。

3.开发学校、家庭协同教育课程，形成校本教材。

三、学校在协同教育中存在的问题分析

协同教育是协同教育理论在教育领域应用而形成的新的教育理论，1997年中国家庭教育学会常务会正式引入协同教育的概念，认为协同教育是指在现代教育观念，特别是在素质教育观念的指导下，学校家庭社会等方面教育资源、也就是说，教育力量，彼此主动协调，积极合作，形成合力，实施同步教育的一种教育方式。也就是说，学校教育系统、家庭教育系统和社会教育系统中某一教育系统的要素或信息进入另一教育系统，并与该系统要素相互联系与作用，产生协同效应，影响该教育系统的功能，这种现象称为协同教育。

协同教育的目的是探究相互关联的学校教育系统、家庭教育系统和社区教育系统三个子系统，探究各系统如何发挥各自的正效能，并在一定的条件下，形成彼此间双向的动态协作，反馈、互补、整体的协同效应，从而使对人类整体教育达到最优化的教育效果。目前学校家庭和社区的协同教育已引起了各国学者的广泛关注，已成为世界范围内一项教育研究的重点。

（一）被调查的家长与教师的构成情况

长治八中教师年龄分布较为合理（如表1），主要集中在35岁至45岁之间，都是有一定工作经验和生活阅历的人，在知识储备上是有一定基础的，在实际交流中是富有经验的，比较容易被家长所接受。在26位班主任中，90%以上为本科学历，男女比例较为合理，但本校女教师多于男教师。女教师相对有其优势，她们充满热情，富有爱心，做事细心，能够敏锐地观察学生的心理变化，主动关心学生的成长，工作能动性更强。这些优势都有利于家庭教育指导工作的开展。

家长的年龄主要分布在35岁至45岁之间，占总人数比例的82%。这个年龄段的家长相对来说处于精力充沛、年富力强的阶段，有充足的精力来对子女进行教育。家长的职业除部分专业技术人员外大部分为商业和其他服备人员，能力层次相对较弱，沟通能力也有待提高。家长的学历更多处于初中文化水平，

对家庭教育指导的认识明显不足；家庭更多为多子女家庭，家长常会因为疲于为生计奔波而忽视对子女的家庭教育，这也是家庭教育指导工作开展不畅的主要原因。

（二）家长与老师主动联系的内容

从调查情况来看，家长会更多在孩子成绩下降或亲子沟通不畅快时主动寻求老师帮助（如表1），而老师们会更多在孩子状态不好和学生行为出现偏差时动与家长联系（如表2）。

以家长所需家庭教育指导内容调查为例。家长所需家庭教育指导内容调查如表1所示。

表1　你需要指导的家庭教育的内容是什么

	学习成绩与方法	心理健康	交流沟通技巧	其他
家长	62%	3%	33%	2%

以家长与老师主动联系情况调查为例。家长通常与老师主动联系情况调查如表2所示。

表2　你通常在什么情况下会主动联系家长

	行为偏差	状态不好	成绩变化	师生矛盾
教师	82%	10%	7%	1%

（三）家长希望开展家庭教育指导的形式及教师家庭教育指导效能情况

从调查情况来看，更多家长希望请专家做讲座或家委会联动（如表3），然而在调查教师家庭教育指导积极性的影响因素时，89%的教师选择自身指导能力有限（如表4）。此外，教师们希望继续学习学生的心理发展特点的知识、教育政策与法律和提高学生学习成绩的策略等，以便能更好地胜任家庭教育指导角色（如表5）。

以家长希望学校开展的教育指导方式调查为例。家长希望家庭教育指导方式调查如表3所示。

表3　你希望学校开展哪些方式的家庭教育指导（多选）

	家长讲座	家委会联动	请专家指导	其他
家长	54%	67%	87%	22%

以影响家长参与家庭教育积极性因素调查为例。影响家长参与家庭教育指导的因素如表4所示。

表4 你觉得哪些因素影响你参与家庭教育指导的积极性（多选）

	认识不足	学校监管不力	自我指导能力有限	学校激励措施缺失
教师	55%	47%	89%	70%

以家长需要提高哪些自身家庭教育指导能力调查为例。家长所需提高哪些家庭教育指导能力调查如表5所示。

表5 你认为你要提高自己哪些方面的家庭教育指导能力（多选）

	学生身心特点	提高学生成绩策略	教育政策与法律	其他
教师	92%	43%	22%	10%

学校家庭教育指导现状并不乐观，究其原因，主要为学校未认清自己负有的家庭教育指导工作的责任，领导还未意识到家庭教育指导的重要性，学校未能了解家庭教育指导的相关政策。此外，教师和家长对家庭教育指导工作的参与度不高，教师家庭指导能力不足等也是导致学校家庭教育指导不力的主要原因。

学生家长整体文化水平不高。其中在行政事业单位工作的比例很低，其他基本以农民、无业者居多，还有一部分进城务工人员。虽然大部分学生监护人为父母，但也有将近15%的学生为隔代养育或为其他监护人。

家长大都比较关注孩子的学习成绩，也认识到读书对孩子的影响，近一半的家长意识到家庭教育的重要性，意识到孩子的教育和成才需要家校协同教育，也越来越重视教育。约80%的家长意识到"只有改变自己，才能改变孩子"，70%的家长觉得应该重视自己的系统学习但很少学习，几乎100%的家长愿意参加学校举办的免费培训教子知识，但相当一部分推说"苦于没有时间"。

大部分家长也试图和孩子平等交流沟通，但近75%的家长认为和孩子交流困难。家庭教育模式还很陈旧，大部分家长打孩子，3.5%的家长经常打孩子，和孩子关系极其紧张。多数家长批评孩子还停留在逼着孩子认错或者讲道理阶段。约65%的孩子在家里没有养成主动学习的习惯，20%的家长孩子做作业时在家玩手机、上网甚至完全不管孩子，对孩子在学校的情况大都是通过考试成绩和孩子汇报来了解，只有不到15%的家长通过与老师交流来了解孩子在校的表现。

可以看出，家长在家庭教育方面问题较多——方法单一，效果较差——需要给予科学系统的指导。

四、学校、家庭协同教育的基本策略

苏霍姆林斯基曾说过："教育的效果取决于学校和家庭教育影响的一致性。"学校教育必须在家庭教育的配合下，以孩子为教育主体，相互配合，形成教育合力。家校协同教育就是打造家校共同体，通过建立沟通平台，采取有效措施，帮助家长转变教育观念，提高教育认识，改进教育方法，使学生家长成为懂教育、会教育、能教育好孩子的新时代家长，使家长和老师在教育内容、教育途径和管理方法上达到统一，使家庭和学校在教育目标和教育效果上达到统一，共同营造互动、沟通、协调、一致的家校和谐关系，形成同向、同步的教育合力，让家庭和学校成为学生健康成长和科学发展的坚强后盾和快乐场所，培养孩子健全人格，促进孩子各项素质的发展。

（一）搭建协同育人平台，拓宽育人渠道

1. 成立家长委员会

每学期，学校从家长中遴选代表，颁发聘书，成立学校、年级、班级三级家长委员会，制订工作计划、职责和章程，定期召开例会，解读和宣传教育方针政策，向家长通报学校管理举措和效果等，委员们积极对学校工作提出意见和建议，制定出改进措施，初步形成了凝聚学校和家庭教育合力，共同促进学生健康成长的局面。

2. 建立家长微信群

为打破以往传统沟通的局限性，学校开通了长治八中微信平台，以班级为单位建立了家长微信群，发布内容涵盖学校教育工作的各个方面，内容丰富，形式新颖。平台不定时与家长进行互动，内容聚焦于对学校办学理念的探讨，分享家庭教育经验等。现关注用户已达6000余人，初步达到了"服务学生发展，向家庭和社会辐射学校教育正能量"的预期效果。

3. 印制家校联系手册

为确保学生在校时间和周六日在家时间"5+2>5"，学校统一印制《家校联

系手册》，将周六、周日家庭作业布置情况、学生在校情况记录在册，周五发至学生手中带回。由家长督促孩子完成作业，并将作业完成情况、在家表现等在手册中认真反馈，周一学生统一交回。通过手册有助于家长及时了解孩子的在校情况，及时发现问题，与老师加强联系，从而更好地帮助孩子成长。

（二）丰富协同育人形式，夯实育人基础

1.家长培训

每学年开学初，学校都会举办新生家长培训。学校领导为家长阐述家庭教育的重要意义以及学校的各项规章制度，心理健康教育中心老师以体验式课堂的形式让家长深刻了解不同年级学生的心理特点和科学有效的教育方法。培训使家长了解了学校教育教学理念、办学思想和规章制度，充分认识到家庭教育的意义，增强了家长的使命感和责任意识。

2.学校开放日

学校以"三课两观摩"为主要内容，在初始年级以班级为单位开展"学校开放日"活动。一是校长课堂，由学校领导亲自为家长作讲座。二是家长课堂，让家长利用专业特长亲自为学生讲授一节课，体验老师工作的艰辛。三是感恩课堂，家长与孩子共同参与，让学生懂得知恩感恩。四是进行课间活动观摩，让家长走进学生的课余生活。五是参观学校心理健康教育中心，与心理辅导老师交流在培养孩子中遇到的困惑和问题，同时成立班级家长委员会。活动使家长们在学校管理、家庭教育等方面达成了共识。

3.智慧家长研修

学校与长治市妇联联合举办了智慧家长研修班，每年在新生家长中遴选代表，从家庭教育的方法、教育心理学、教育法律法规等方面开展系列培训研修活动。邀请著名专家到校作专题讲座。活动后，家长完成相应的作业，期满进行考核，发放结业证书。目前，第一期研修班120名家长参加12次培训，已圆满结业。第二期150名家长正在参加研修。

4.百名教师访千家

学校领导和党员干部与班主任、任课教师一起加入家访队伍中，全方位地对学生及家长进行引导和帮助，及时进行总结和反思。活动开展以来，学校对1000余个家庭进行了家访，参与人数1400余人次，切实了解到个别"问题孩子"背后的问题家庭，帮助不少家庭改善了家长和孩子关系，帮助学生解决了大量实际问题，为孩子的健康成长提供了保障，得到了家长和学生的肯定。

（三）充实协同育人内容，提升育人效果

1. 社会主义核心价值观教育

学校在重大节日和重要时间节点，都会邀请家长代表到校和孩子一起参加开学仪式、升国旗仪式、入团仪式、感恩仪式等形式多样的各类教育活动，以"书香校园""书香班级""书香家庭"创建活动为抓手，将传统美德、传统节日、民俗文化等中华优秀传统文化教育融入家校协同教育中。每学期举办"读书沙龙"、亲子共读、读书分享会等活动。扩大了思想道德教育活动的覆盖面，加大了思想道德体验活动的认知度，提升了道德实践活动的参与性，形成了以社会主义核心价值观为主导的校园主流文化。

2. 心理健康教育

为有效解决学生在成长过程中出现的心理健康问题，我校依托全国心理健康教育示范校的优势，将"协同育人"工作与心理健康教育相结合。通过不定期集体座谈、个案交流等形式引导家长研究、分析学生在不同学习阶段存在的心理健康问题，分阶段、系统性地开展家长心理健康知识培训，在中考、高考前组织初、高三年级家长进行考前心理辅导，举行大型亲子心理素质拓展训练，加强亲子沟通，增进亲子关系。

3. 课题研究

学校将"协同育人"作为科研课题来进行研究。学校申报的国家级课题《积极心理学背景下的初中学生家长课堂课程研究》，经中国教育学会专家组认定，荣获一等奖。《"数字化"背景下学校、家庭、社区协同教育的策略研究》课题成为中国心理学会心理学普及委员会科研规划重点课题。学校课题组在实践的基础上，总结提炼，出刊了《成长在路上》《探索的足迹》《八中教研》家校协同教育专刊等校本教材，与实践相互支撑，使"家校协同教育"工作向着更为科学规范的方向发展。

协同教育的目的是使教育形成一个合力，共同作用于学生，共同促进学生的健康成长。因此，引导学校、家庭共同营造一个良好的环境，注重学生人格的培养，特别是加强学生适应能力和自我调整能力的训练，有利于青少年儿童形成鲜明的个性特点和健康、积极的心理，在为人、为世、为学、为生活中全面发展。

参考文献

［1］刘纯姣. 学校家庭协同教育构想［J］. 怀化师专学报, 1996(3): 23-24.

［2］李运林. 协同教育是为了教育的主流［J］. 电化教育研究, 2007(9): 5-7.

［3］王宝祥, 刘宏博. 我国协同教育发展概况和促其健康发展的建议［J］. 教育科学研究, 1999(6): 82-88.

［4］李运林. 教育传播研究: 重要性与新领域［J］. 电化教育研究, 2009(3): 5.

中职学校德育课实施中的问题及对策探究

——以襄垣县职业学校为例

长治市襄垣县教育局　孙中

【摘要】德育课是学校德育教育的重要环节，它对于塑造学生良好的品德，培养学生适应社会的能力等方面有着不可或缺的作用。本文通过分析查找目前中职学校在开展德育课过程中的问题，并针对问题提出具体对策，以期为德育课开展提供理论及实践指导意义，充分发挥德育课的育人功能。

【关键词】中职学校；德育教育；实践研究

一、绪论

（一）问题的提出

职业教育作为中国教育的重要组成部分，担负着为国家培养社会主义现代化建设所必需的技术人才的重任，中职教育是职业教育的基础，也是技术类人才转型的门槛。目前，中职学校招生对象主要为初中毕业及同等学历社会人员，为了保证生源数量，中职学校大都采取了降低招生门槛的方式，招收的学生大多数都是中考选拔被筛选下来的，相当一部分学生基础差，学习习惯不好，理想信念缺失，缺乏正确的世界观、人生观、价值观引导，思想道德状况堪忧，给学校的教育教学及德育管理带来很大困难。另一方面，从中职学校来说，近年来职业教育发展现状不容乐观，教育理念落后，教学方式单一，德育教育管理水平亟待提高。

长治市襄垣县职业技术学校为落实《关于进一步加强和改进中学生思想政治教育的意见》和《中等职业学校德育大纲》，确立了"德育为先、育人为本、全员育人"的德育理念，开展了一系列德育教育活动课程，但是，由于认识不到位，组织不合理，导致出现的问题很多，在学校层面，对德育课缺乏统一、持续、有效规划，多为临时性安排；在教师层面，对主题活动课安排不明确，针对性不强，活动组织实施过程随意，课后评价监督不到位；在学生层面，认识不到德育课的重要性，更没有用心参与学习，很难达到主题教育的目的。本课题旨在通过对襄垣县职业学校当前德育课开展状况的实证性调查，采取问卷调查法和行动研究法等多种方式，对德育课存在的问题进行深入探究，并提出针对性的解决策略，推动学校德育课取得新突破。

（二）课题研究目的及意义

1.课题研究目的

本次课题的研究，旨在通过调查和行动研究等方式，对襄垣县职业学校当前的德育课现状进行研究分析，找出原因，并构建一套切合实际、行之有效的教育教学策略理论体系并开展教学实践，并且为德育主题教学活动提供科学的理论及实践指导意义，充分发挥德育课的育人功能。

2.选题意义

理论意义：通过本课题研究，理清襄垣县职业学校德育课的开展现状，在符合中职学生身心特点的基础上，结合调查研究，采用提出问题—分析原因—解决问题的思路框架，探究中职学校开展德育课的有效策略，为今后相关方向的研究提供理论依据及研究方法上的借鉴。

现实意义：立足于本次课题研究，对当前学校的德育主题教育进行分析和整理，并指出一些不足之处，以便加以改进，并制定适合学生学习的德育课程体系，从而完成德育教学的目标，有计划、有针对性地开展一系列德育主题活动教学，以此达到预期的德育效果，并通过德育课程教学改革提升职业教育的整体教学水平。

二、中职学校德育课开展现状及原因分析

（一）学生方面

1.多数学生对德育教育认识不足，德育课在学生眼中可有可无

中职生重技能，轻知识，尤其是德育方面知识，不少学生认为学不学德育知识、受不受德育教育都无所谓。这一方面显示了学生对德育知识重要性的认识不足，对德育教育在整个人生成长过程中起到的作用认识不到位。另一方

面，也与中职学校德育教学现状有关——学校以及教师对德育教学本身没有引起足够重视，进而使得学生对德育教育不够重视。

2. 少数学生中存在对德育课厌学现象

中职学生正处于青春叛逆期，传统德育课中对"世界观""人生观""价值观"的一味说教，会使学生产生逆反心理。另外还在于教师的教学形式单一，有的甚至将德育课开成班会课、说教课，布置落实各项工作，有限的德育课上教学过程以放任自学为主，单纯让学生看书了事，缺乏科学合理的组织，忽视了调动学生学习主动性和培养学生独立思考及处理问题的能力，学生的积极性受到极大影响，甚至产生厌学情绪。

（二）教师方面

1. 专业教师数量不足，兼职教师专业素质不高

目前，多数学校专业德育教师数量短缺，多由综合课教师、学校政教人员及学校领导兼任。以襄垣县职业学校为例，全校22个班级，只有专业教师1名，另外3名皆为兼职教师；兼职教师专业理论知识的缺乏导致其在教学过程中很难将理论知识、社会现象有效结合。

2. 教学方式单一枯燥，形式缺乏创新

教学是一个双向互动的过程，教师是输出方，学生为输入方。作为输出一方需要在最短时间内高效地将自己已有的知识及技能输入给对方，需要掌握一定的方式方法，也就是我们说的教学方式。灵活多变，形式多样、赋予创造力的教学方式能在最短时间内起到事半功倍的效果，但现实的情况却是大多数德育教师在德育教学中采用"填鸭式""说教式"的传统教学方式，以自我为中心，忽视了学生的主体地位，这样枯燥的教学模式很难对学生产生吸引力。

3. 对德育教学不够重视，课堂设计随意性较大

在德育课教学中，教师往往以教学大纲为指导，所用教材老旧，教学内容的滞后性和授课的教条性，导致学生对学习德育课的兴趣普遍较低。而且由于德育课不是一门主课，教师在备课、编写教案、上课等过程中随意性很大。还有一部分教师本身对德育课缺乏重视，甚至将德育课当成阅读课、班会课，随意更改教学内容，更谈不上对学生进行课后辅导以及课后追踪反馈。

（三）学校方面

1.学校对德育课重视程度不够

在学校，德育课程的开展始终处于边缘地带，学校对德育课重视程度不够，没有形成系统全面的课程体系，更没有专门的教学研究及考评体系。另外，中职学校专职德育教师短缺，现有德育教研基础薄弱，教师外出学习少，交流提升机会有限，教学方法也多靠教师个人去摸索，缺乏科学、系统的教学指导。

2.教学资源投入不足

德育课虽是中职学校的一门基础课程，但在现实的教学活动中，学校为德育课的教学所投入的教学资源，包括人力、物力、财力及重视力远不及对专业课教学的投入，这与中职学校"抓技能、重就业"的理念有关。学校往往只顾专业技能以及就业率，而忽视了对学生道德的培养，这与我国实施的素质教育不相吻合。

3.校园德育文化建设滞后

中职学校德育文化建设是学校文化建设的重要一环，也是学校德育教育的宣传阵地，对规范学生的行为认知，增强德育教学效果有重要意义。目前，多数中职学校在校园文化建设中对德育文化建设不够重视，有限的内容多以口号、标语形式出现，形式枯燥，缺乏内涵，德育文化氛围的营造有待提高。

（四）社会方面

1.网络信息带来的负面影响

互联网时代，信息交流便捷，极大地方便了人们的生活，学生一部手机就可进入网络世界，获得各种信息资源。与此同时，网络上一些负能量、不健康的东西也大量传播，中职学生缺乏对信息的正确识别能力，导致有意无意会受到这些负能量的信息影响，产生不良后果。另外，现在的网络游戏有很多的血腥暴力，不少中职生沉溺于其中不能自拔，形成了扭曲的价值观，有的甚至因此走上犯罪道路，给学生及学校教育造成了不良影响。

2.家庭教育的缺位

家长是孩子的第一任老师，家庭教育是孩子人生接受的第一堂教育，良好的家庭教育及家庭氛围对引导学生形成正确的价值观和良好的道德风尚发挥着积极作用。然而，现实中不少中职学生家庭教育存在缺位现象，家长忙于工作，缺少和孩子沟通，对孩子的日常生活疏于管理，导致孩子染上坏习惯。

三、开展德育课的有效策略探索

中职学校德育课的有效开展，不仅是老师的责任，更需要社会、学校和每个学生全力配合，只有各方协调发力，德育教育才能取得实效，德育成果才会惠及学生。

（一）社会方面

社会应该给予职业教育更多关注，着力为职业学校德育教育营造良好的社会舆论氛围。一方面，要加强对各类媒体的舆论监督和引导，在全社会营造积极、健康、向上的良好氛围，传播正能量，抵制负能量。另一方面，要加强对网络游戏，尤其是暴力血腥游戏的监管和治理。

（二）学校方面

1.科学规范德育课程体系

完整的课程体系是学校开展德育工作的重要抓手，是教师实施德育教学的基本依据，基于中职学校的学生特点，适时地开展法治教育、情感教育、职业生涯规划教育及社会主义核心价值观等教育能帮助学生树立正确的世界观、人生观、价值观及乐观向上、自信成功的人生态度。同时，课程体系的建设一定要分层、分阶开展，牢牢把握不同年龄、学段学生的身心特点。

基于分阶教育的理念和初衷，结合学生特点和教学需要设计出襄垣县职业学校的德育课程体系，如表1所示。

表1　襄垣职校德育课程体系表

学期	教育模块	主题内容	教育目标
第一学期	法规教育入学法律	新学校、新起点	认识新校园，激励学生树立自信，重新开始
		规则意识确立	熟悉学校校规校纪，各项管理制度
		生命安全教育	让学生懂得生命重于一切，增强安全意识
		法律法规教育	敬畏法律，做学法、懂法、守法好学生

学期	教育模块	主题内容	教育目标
第二学期	生涯规划教育	学业生涯规划	对自己三年的学业生涯精心规划，找准努力方向
		关爱情感教育	让学生理解"爱"的含义，激发学生爱祖国、爱家乡、爱学校的情怀
		务实态度培养	明确再高的目标都要脚踏实地去努力，抓住现在，珍惜今天
		职业生涯规划	引导学生对其生活进行预期和计划，找准岗位定向，有针对性地进行知识补充和能力培养
第三学期	道德修养教育	诚实守信教育	引导学生懂诚信、讲诚信，用诚信获得别人的信赖和尊重
		自尊自爱自立自强	树立独立意识，从而学会自尊、自爱、自立和自强
		责任感使命感教育	学会担当，树立责任意识、使命意识
		成熟心理个性完善	优化性格，走出性格阴影
第四学期	职业道德教育	爱岗敬业培养能力	让学生树立工作责任心，懂得爱岗敬业
		大局观念服从意识	学会与人相处，服从集体意志，顾全大局
		礼仪文明修养教育	让学生掌握工作文明礼仪，学会相互尊重
		时间管理能力教育	明白时间重要性，学会规划管理时间
第五学期	自我修养提升	交际能力培养	认识人际交往，提高人际交往能力
		学会恋爱的艺术	引导学生正确处理恋爱问题，树立正确的恋爱观
		健康身心教育	了解亚健康的危害，养成健康的生活方式
		自主学习能力培养	掌握自主学习能力，只有不断学习才能不断提升，实现心中的理想
第六学期	职业能力培养	团队意识培养	培养和增强同学们团队协作、相互配合、相互支持意识，掌握组建高效团队技能
		创新意识培养	启发学生在平凡的岗位上动脑动手，不断创新
		阳光心态塑造	培养面对就业的积极心态，面对就业压力的阳光心态
		做成功的自己	将正确的价值观和人生态度应用到追求美好人生中，做成功的人

2.严格配齐配足专业德育教师

中职学校应该严格配齐配足德育教师，目前，长治地区开展的深化基础教育十大行动明确了学校德育教师的配比，要求学校必须挑选一批思想素质过硬、工作业务能力强的专业教师组成德育教师队伍，开展德育教学工作，并且明确每个学校必须配备专职副书记，一定程度保障了学校的德育教师队伍建设。同时，学校也要建立配套的德育工作考核水平指标体系，让德育教师在评优评模、职称评聘、岗位晋级等方面与专业课教师享受同等待遇，避免把德育课教师与专业课教师区别对待。学校还应将德育教师队伍的培训提高作为一项经常性的工作列入议事日程，以确保这支队伍中的成员能与时俱进，不断提高自身的思想素质和业务水平。

3. 加强学校德育文化建设

加强学校德育文化建设，将德育文化融合进校园文化建设整个过程中，在学校规划、学校建设、师生交流、学习生活等各个方面发挥德育教育作用，让学生在潜移默化中受到积极影响，这样的影响延伸到课堂，帮助提升德育课堂教学效率。

4. 家校共建，形成德育合力

学校可采取"走出去、引进来"相结合的方法，与家庭形成德育合力。一是主动走出去，积极开展家访。适时恰当的家访能很快拉近老师与家长的距离，得到家长对学校工作的支持，增强教育效力。二是热情请进来，开办家长交流论坛，让专家或者优秀的家长分享教育经验，为广大学生家长提供科学有效的教育帮助。

（三）教师方面

1. 德育课教师要加强师德修养，提升自身道德形象

"亲其师才能信其道"，德育课教师必须热爱本专业，且具备较高的师德修养，这样才能更好发挥德育课在育人上的主体功能。学生认知模仿能力强，尤其中职生擅长察言观色，德育课教师要时时处处严格要求自己，塑造良好形象，以自己的人格魅力感染学生、影响学生，使他们喜欢上德育课，从深层次上增强德育课教学的吸引力和说服力。

2. 德育课教师要加强专业学习，提升业务素质和能力

调查结果显示，学生对目前德育课的开设状况认为满意的仅占24.3%，认为一般的占39.5%，不满意的占到36.2%。教师能力不足造成德育课内容的滞后性和授课的说教性，导致学生厌学情绪普遍，在职业教育领域尤其如此。如何解决目前存在的问题？教师必须加强专业学习，不断提高自身业务素质和能力，做到有计划、有目的、有步骤、有效果地进行教学，探索适合学情的有效

教学模式。

3. 德育课教师要紧跟形势，用好教材及编写校本教材

信息化时代，知识的传播快得超乎我们的想象，学生获取知识的渠道和平台较之以前有了很大变化。如何能让我们的课堂对学生产生深刻的吸引力？这就需要我们广大德育教师紧跟时代形势，紧紧把握时代脉搏，在保证教材主线的同时，不断根据社会发展和学生特点对教材进行改编重组。同时，要组织专业队伍编写校本教材，将社会热点、学生身边发生的故事、学生自己的观点等写进教材，把教学内容与生活实际结合，将书本知识和时代精神结合，真正起到教材育人的效果。

4. 德育课教师要重视教学研究，科学选取教育主题内容

问卷调查显示，目前教师在确定德育主题的过程中主要按照教材制定，内容单一，几乎不与学生商讨交流，没有照顾到学生的实际需求。另外，38.1%的学生认为教师确定的活动主题属于随机制定，毫无目的性。德育课教师应树立和强化教学研究意识，根据教学中出现的问题，通过教情、学情分析，根据学校学生自身特点和现实社会需要来进行科学的取舍，安排相应的德育主题活动内容。

5. 德育课教师要提高教学能力，运用多样化的教学形式

德育教师要不断学习，提高教学能力水平。学习对教材的理解、把控、处理能力，学习教学方式方法的选择运用能力。教师要积极尝试使用灵活的教学形式，紧紧抓住学生学习的兴趣点，尽量采用学生喜欢并乐于接受的诸如游戏竞赛、社会实践、表演展示等教学形式，同时配以多媒体等现代化教学手段，创设具体课堂情境，让学生在特定情境中学习，全面调动学生学习的积极性，促进教学目标的实现。

6. 建立有效的追踪评价体系

有效的追踪评价是课堂效果和质量的重要保证，也是一节完整德育课程的重要环节。评价包括两个方面，一方面是对课堂教学效果的评价，通过选取特定标准，由评价者对教学过程及效果评价。评价可由教师和学生共同参与，并将评价结果反馈给授课教师，从而帮助授课教师改进德育教学方法和手段。另一方面是对本节课德育教育效果的追踪评价，这部分评价需要学生和家长的参与。通过课后对学生的追踪评价检验主题活动课对学生身心发展的意义和作用，评价不对学生活动结果做出肯定或否定的结论，主要目的在于促进学生良好品德的形成，促进学生对德育知识进行内化，并将优良的思想外化为良好的行动，做到德育效果知行合一。

参考文献

［1］侯斌斌. 小学德育主题活动有效性研究［D］. 比较教育研究, 上海师范大学, 2016(04).

［2］郭辉. 提升中职德育教学有效性的良好措施［J］. 佳木斯职业学报, 2017(09). 100

［3］赵国军. 中职德育教学面临的困境及对策分析［J］. 中国教育技术装备, 2017(21). 106-107.

［4］徐春梅. 中职德育课教学现状研究——以淮阴商业学校为例［J］. 当代教研论丛, 2015(10): 133.

［5］雷成瑶. 中职德育课有效教学的实践［J］. 教育科学(全文版), 2016, (005): 150-150, 152.

［6］邵嘉宝. 如何实现中职德育的教学优化［J］. 课程教育研究, 2017(07).

［7］李霞. 中职德育课堂教学改革途径初探［J］. 数学学习与研究, 2017(23).

［8］内尔·诺丁斯. 学会关心：教育的另一种模式［M］. 于天龙, 译. 北京: 教育科学出版社, 2017. 31.

［9］凯文·瑞安. 卡伦·博林. 在学校中培养品德：将德育引入生活的实践策略［M］. 苏静, 译. 北京: 教育科学出版社, 2010. 89, 113.

普通高中"优秀"学生思想品德现状调查与对策研究

——以长治市第二中学校为例

长治市第二中学校　王强

【摘要】本文通过对长治市第二中学校（以下简称长治二中）的学业优秀生思想品德现状的调研及分析，阐述了加强高中学优生思想品德教育的重要意义，梳理出影响优秀学生良好思想道德品质形成的一些负面因素，并从学校、家庭、社会三方面提出教育对策，作为改善与加强普通高中"优秀"学生思想品德教育的思考和建议。

【关键词】"优秀"学生；思想品德；教育策略

作为一名一线教育工作者，我深刻地体会到普通高中"优秀"学生思想道德教育中存在着各种各样的问题，"一好遮百丑"的现象令人担忧。这些问题要根本得到解决，教师的教育观、学生的学习观、家长的"价值观"必须得到端正。

一、个案研究

笔者就长治二中的优秀学生思想品德状况进行了调查与探索，根据统计、对比，现分析如下：

（一）政治素质

从统计结果可以看出：我校绝大多数学优秀学生具有较高的爱国热情和很强的国家民族意识，同时表现出很高的国家认同感，政治立场比较坚定。少数学生政治敏锐性不够强。

（二）思想素质

从统计结果可以看出：当前我校优秀学生的思想素质总体积极健康，具有集体荣誉感。但由于社会上各种观念的影响，部分同学看待问题有片面性、表面性倾向，有多元化、务实化、功利化的表现，关注自我价值的实现。

（三）道德素质

从统计结果可以看出：当前我校优秀学生认知水平较高，对社会基本道德规范和中华民族的传统美德的认可度还是颇高的。但对现实社会道德状况又充满困惑，在认知与实践、观念与行为、意愿与能力之间还存在相当大的差距，有知行脱节现象。

（四）心理素质

从统计结果可以看出：当前我校优秀学生心理发展有不平衡性和动荡性的特点，具有较强的独立意识和竞争意识，但意志力薄弱，合作精神差，创新不足，特别是抗挫折能力差。大多学生喜欢受到表扬，害怕老师批评，喜欢在同学面前表现，认为自己有优越的地位，时时处处以自我为中心，考虑父母、老师、同学少。

二、教育策略

（一）学校

1.尊重教育规律

（1）确定合理的德育目标体系

德育管理的重要任务就是根据德育目的制定德育目标。在高中"优秀"学生的思想品德教育中，需要我们科学合理地确定层次分明、切实可行的德育目标。这就要求学生的德育管理必须坚持目标合理性的原则。在充分考虑学校、学生的实际情况下，确定合理的德育管理目标，并且做到逐步递进，分层实施。

（2）坚持全员育人

学校应该采取措施，鼓励全体教职员工积极行动起来，形成合力，构建全员育人格局。要充分发挥校领导、政教处教师、班主任、科任教师、教辅人员、学生干部的育人作用。学校德育领导小组要起决策作用，政教处起核心作用，德育科研团队起到参谋作用，班主任起到组织作用，学科教师起到主渠道作用，团学组织起到配合作用，行政人员起管理作用，学生干部起桥梁作用，全校上下，分工合作，充分做到教书育人、管理育人、服务育人。

（3）坚持德育实效性

科学地选择和创新德育内容、德育形式、德育方法、德育途径，可以提高德育的实效性。就高中"优秀"学生的德育来说，首先应该把"为了学生的终身发展"确定为德育目标，其次应该突出学生的主体性，最后应该让德育回归现实生活。

2.发挥教师的主导作用

（1）重视班主任队伍建设

班主任是学校思想道德建设教育的主要实施者。要注重加强班主任队伍建设，提高专业化水平，让他们做学生成长的引领者。班主任应该以自己过硬的政治觉悟、高尚的情操和良好的思想道德教育和感染学生。同时，班主任应团结科任教师，树立以人为本、德育为首、注重实效的基本观点，建设优良班集体，营造良好的班风、学风，形成班级教育合力。

（2）发挥教师的主导作用

推动教师专业化成长，教师不仅要会"教书"，还要能"育人"。教师要树立以学生为主体的教学服务意识、民主意识、为人师表意识，讲究教育艺术，注重因材施教，在尊重学生的前提下，抓好抓实学生的思想品德教育。

（3）发挥思想政治课教师的作用

高中思想政治课教师要进一步明确思想政治课的教育目标，注重思想政治课的教学效果。要大胆创新，积极探索思想政治课的教学方法，重视时政教育和实践教育，提高学生思想道德素质和科学文化素质，使思想政治课真正起到培养和提高学生思想品德的育人功能。

3.掌握"优秀"学生心理规律

我们不能把心理问题道德化。我们可以运用心理连动原理，扩大德育的影响，通过表扬一个人带动一群人，或者批评一个人教育一群人的办法去教育学生。同时要注意，对学生进行积极的心理干预和心理咨询，及时对学生进行疏导，力求把问题解决在萌芽状态。

4.丰富德育途径，创新德育方法

（1）加强对"优秀"学生意志力的培养

高中的这些"优秀"学生在初中时都是出类拔萃的，在高中的强强对抗中，一定会有落后者。班主任老师应该调节好学生的心理，及时地上好考后的总结课，帮助落后的同学树立信心，培养他们的意志力，使他们正确处理成功和失败的关系，让学生不断总结经验教训，给他们提出适合自己的目标。

（2）加强"优秀"学生情商的培养

教师要教育"优秀"学生肯定他人、尊重他人、欣赏他人，学会自我调节，找准自己在集体中的角色。同时还应注意培养学生的感恩之心，让尊敬师长、珍爱生命、见义勇为等正能量成为"优秀"学生发自内心的自然之举。

（3）加强对"优秀"学生的心理健康教育

学习优秀的学生因为总想成绩保持优异，相对其他一般学生，内心更容易有危机感，心理压力可能更大。同时，由于一直被"光环"笼罩，有的"优秀"学生可能存在性格缺陷，如以自我为中心、傲慢狂妄、冷漠自私、嫉妒心强、任性专横、虚荣心强等。因此，教师应加强对"优秀"学生的心理引导。

（二）家庭

1.提高家长的德育水平

（1）提升家长的素质和能力

家长应该有意识地提高自身的教育素质和教育能力，积极参加学校组织的家庭交流活动，在活动中，加强与老师和其他家长的沟通，以便更准确地把握孩子当前的生理及心理特点，及时对孩子加以正面教育，为孩子的健康成长引路。同时，家长也可以从其他家长那里学习经验，弥补自身教育存在的不足，适当地改善教育的方法和手段。家长还应该增强对理论知识的学习，把握家庭教育理论，将理论与实践有机地结合起来，确保家庭德育的科学性。

（2）发挥家长的道德引领作用

要想使家长的言行对孩子起到"润物细无声"的作用，就要求家长在孩子面前以身作则，"其身正，不令而行；其身不正，虽令不从"充分说明了榜样的示范作用。家长是子女模仿的对象，他们把父母作为榜样。因此，家长应该培养自己高尚的人格，用自己高尚的言行影响子女，切实对子女起到无声的教育作用。

2.优化家庭环境

家长要为孩子创设平等民主、互相尊重、开放和谐的家庭氛围。家长应该采用民主型的教养方式，为孩子营造爱的气氛，对孩子充分尊重与关爱，让孩子以家为乐土。

（三）社会

1.引导"优秀"学生正确认识和对待社会环境

社会环境是不断发展变化的，社会环境的变化是不能被学校所左右的，有其自身发展变化的规律。学校能做的就是引导青少年正确认识和对待社会环境的影响，借助社会环境中的积极因素引导青少年树立正确的人生观、世界观、价值观，抵御社会环境中的负面因素对青少年品德行为的影响。

（1）积极宣传党的教育理论。

思想品德和政治课由来已久，是一门具有中国特色的重要课程。我们要积极加强党的思想政治教育理论教育，结合现实，宣传学校德育的重点，加强对有关马列主义、毛泽东思想、邓小平理论、"三个代表"重要思想、科学发展观以及习近平新时代中国特色社会主义思想等相关内容的宣传，使青少年认识到中国共产党的执政地位是历史和人民的选择，充分认识党的先进性。通过对马克思主义相关理论的学习，揭示资本主义腐朽思想的实质，进而抵制西方思潮对青少年所带来的负面影响。

（2）大力弘扬中华民族传统美德

中华民族传统美德对于高中生而言，是珍贵的教育资源，要利用传统美德这一教育资源，使之与现代文明接轨，发挥传统美德对中学生的导向功能。中华民族传统美德表现在爱国、利他、友善、仁爱等方面。在大多数青少年都"以自我为中心"的今天，在人们的道德观念日益冷漠的今天，培养"优秀"学生尊重、感恩、理解、关爱的情感，中学德育责无旁贷。

（3）发挥典型事件对青少年爱国主义情感的激励作用

学校应该抓住各种对中学生具有激励作用的典型事件，提升中学生的社会责任感。例如在汶川地震发生后，在非典型性肺炎（SARS）、新型冠状病毒肺炎（新冠肺炎）疫情出现时，中华民族显示出巨大的凝聚力，在党和国家的带领下，全国人民众志成城，在抗震救灾的最前线，在防范疫情的第一线呈现出无数人民英雄，战胜了一个又一个令人常人难以想象的困难。这些典型事件充分显示了社会主义制度的优越性，应抓住这些典型事件，开展有效的德育活动，激发"优秀"学生的民族自豪感和自信心。

（4）发挥社会实践活动的作用

我们的教育只有走出课堂，让学生有更多的接近社会的机会，才能提高学生适应社会的能力，进而弥补学校德育的不足，增强学生的社会实践能力。学校可以通过开展志愿者活动，引导青少年参加为在校贫困生、孤寡老人、残疾儿童等弱势群体服务的活动，弘扬助人为乐的精神。在无偿的社会服务中，加强对青少年的社会责任感教育。

2.不断提高整个社会的道德素养

高中生正处在"三观"形成的关键时期，很容易跟着社会上的不良风气随波逐流，这就要求我们整个社会上都要加强职业道德修养，提高每个人的职业道德水平，树立文明形象，弘扬正能量，以适应当前学生思想品德教育的需要。

3.创造健康向上的社会环境

要在全社会提倡有利于"优秀"学生发展的教育观和人才观，减轻学业负担，改革中考制度和高考制度；大众传媒要用正确的指导思想宣传和反映社会，为"优秀"学生成人成才成功提供正确的舆论导向。

参考文献

［1］邱中华.尖子生是这样培养出来的［M］.长春:吉林大学出版社,2008.

［2］李秀芳."尖子生"心理教育不容忽视［C］.基础教育理论研究论文精选(上卷一)2004.

［3］蓝春.新英才教育主张［M］.上海:华东师范大学出版社,2013.

［4］班建武.学校德育问题诊断的基本流程［J］.中国教育学刊,2010(02):45-47.

［5］李迎春.优等生特点教育及对策［J］.现代教育科学:中学校长,2008(6):33-35.

［6］王一杰."好学生"也烦恼——优等生面临的潜在问题及教育对策［J］.考试周刊,2015,(042):160-161.

［7］陈少锋.中学绩优生心理问题初探［J］.当代教育科学,2003(10):49-50+63.

［8］薛建平.资优生德育:一个值得关注的课题［J］.思想.理论.教育,2004,(003):26-29.

［9］徐恒祥. 对优等生不能"无忧"［J］. 教学与管理: 小学版, 2013(5): 13-14.

［10］钱建明. 中学学业优秀生的心理问题与教育对策［D］. 南京: 南京师范大学, 2004.

［11］周宏斌. 普通中学优等生心理问题分析与纠正策略［D］. 苏州: 苏州大学, 2009.

［12］葛静. 初中学困生与学优生学业情绪特点的比较研究［D］. 南京: 南京师范大学, 2011.

高中学生干部自主管理能力的培养策略

——以长治市武乡中学校为例

长治市武乡县中学校　赵小玲

【摘要】本文以长治市武乡县中学校（以下简称武乡中学）为例，通过对学生干部在参与学校自主管理过程中表现出的各种现象进行分析，发现学生干部的自主管理能力是影响自主管理水平的重要因素。针对这一现状，本文尝试从细化职责、强化培养、压实责任三方面探讨培养学生干部自主管理能力的方式方法。

【关键词】学生干部；自主管理；培养途径

在教育改革的背景下，在大力提倡素质教育的今天，教育者们逐渐将教育管理转变为对学生自主管理能力的培养，从而实现学生自主管理，推动学生核心素养的提升。为了顺应时代发展，武乡中学从2017年秋学期高一新生入学开始，先后召开了年级组长会议、班主任会议、全年级学生会议，进行了广泛动员，初步统一了思想。一是班主任要放手，不能包办代替，要鼓励学生干部大胆工作，同时要投入大量的精力与时间去关心培养他们。二是各班学生干部要愿管、敢管、会管，分工明确，各司其职，保证班级各项事务顺利开展。那么，如何培养学生干部的自主管理能力以达成上述管理目标呢？以武乡中学的实践举隅。

一、细化职责

高一开学后通过公开竞选的方式产生学生干部，组建班级团委、班委、学委"三支"干部队伍，细化各自的职责，全面落实班级的各项工作，为学生干部自主管理提供可能。

（一）团委

团委由团支部书记、组织委员、纪律委员、宣传委员组成，全面负责班级德育工作。主要包括对班级学生干部的管理和监督工作；接受并宣传学校和年级组对班级和学生提出的要求；定期召开班级学生干部会议；直接管理本班的组织建设、干部任免、宣传思想、校规、班规等工作。

团支书全面负责班级团支部的工作，指导组织委员、宣传委员开展工作；关注本班学生的思想状况，经常了解同学各方面的思想动态；协助班主任对部分有不良思想倾向的学生做好帮扶教育。组织委员在团支书的带领下，观察、监督班内所有干部的工作情况，公开述职时要对干部队伍中表现突出的点名表扬，对责任心不强的点名批评；具体负责发展新团员的工作，负责对入团积极分子的帮助、引导，使之尽快达到团员标准；负责办理本班团员组织档案关系，收取团费。纪律委员协助班主任、班长抓好班级的纪律工作；积极组织本班同学进行《中学生守则》和《中学生日常行为规范》的学习；做好对班级日常纪律秩序的维持和检查，对课上、自习及课间一切不文明的违纪行为予以提醒、记录；及时向班主任、班长反映班内新出现的不良行为并商量解决对策；干部述职时要对近期纪律状况进行总结并提出具体要求。

宣传委员在团支书带领下负责本班所有宣传动员工作，对团员及同学中的不良倾向，要及时给予帮助和指导，并上报团支部书记和班主任；负责组织建设本班的班级文化，并进行管理；在干部述职时评价所有干部的工作特点（包括优缺点）。

（二）班委

班委由班长、副班长、学习委员、体育委员、卫生委员、生活委员、文娱委员及财产专员组成，除全面负责班级的班风建设之外，还负责沟通并协调各部门之间的工作有序高效进行，同时组织制定各项制度，以便执行。所有常规工作的督查班委学生干部要协作完成。

班长全面负责班级各项事务。代表班级安排完成学校、年级、班主任，科任老师布置的各项工作，配合班主任、科任老师开展工作；组织好班干部并督促班干部完成各项具体工作，但不得代替其他班干部完成具体事务。副班长协助班长开展班级的各项工作；班长请假或不在场的情况下，代理行使班长职责。学习委员全面负责班级学分的建设。卫生委员负责班内各项劳动和卫生工作，组织好全班大扫除；每天认真组织值日小组打扫教室、卫生区卫生，并随时保持清洁；负责检查本班学生的个人卫生及仪容、仪表，对违反学校规定的学生提出整改要求，及时反馈卫生考核数据。生活委员负责学生生活健康方面的管理和服务，关注和关心学生的日常生活；关注班级生病学生的健康状况，测量体温并作好记录；负责管理班费及物品采购，定期向同学们汇报班费的收入和支出情况；平时要关注和了解学生食堂的饭菜质量和价格，并参与学校组织的食堂评议工作。体育委员具体负责两操、体育活动课、运动会及各项体育活动的开展，负责组织各项体检活动，及时反馈体育考核数据。文娱委员组织好本班的各类文娱活动。

财产专员负责登记和管理班级财产，包括教室的各类设施设备、图书、多媒体（包括楼道的消防柜等）设备。

（三）学委

学委由学习委员、课代表、小组长组成，全面负责班级学风建设，确保班级学习氛围浓厚，学习效果明显。学习委员负责全班同学各科学习活动的组织、指导；负责指导各学科科代表和小组长开展工作；不定期对班内学习情况作出调查了解，及时向科任教师和班主任汇报；组织、督促和监督科代表、小组长的工作，组织学科代表和学习小组长对学习态度不端正的同学进行辅导和帮助。课代表负责本学科老师委派的任务，比如收发作业、试卷等；及时搜集同学们对教师教学的意见和建议，并及时向教师反映；协助老师调查、了解、分析本学科学习落后同学的困难、障碍，并尽力给予帮助；负责记录本学期历次考试成绩，并对成绩升降情况进行分析，给同学们以指导，给老师当好参谋，带动本学科学有所长。小组长全面负责本组成员每天的学习、纪律、卫生等常规工作；协调好组内成员之间的关系，充分发挥本组成员的特长与聪明才智，明确分工，调动其积极性，形成小组合力，共建优秀小组。

明确了各自的职责之后，通过三支干部队伍的分工合作，各司其职，共同实现班级的自主管理。

二、加大培养

一个班级选出来的学生干部不是天生就会管理班级，他们的自主管理能力是培养出来的，是在后天的具体管理实践过程中和同学们磨合锻炼出来的。因此，要定期或不定期地适时对他们进行必要的培养、培训和指导，教会他们一些基本的管理方法和策略，提升管理的科学和理性成分。同时，要有意识地让班干部队伍适时吐故纳新，始终保持一个动态的不断优化的过程，以增强团队的生机与活力，让学生的个性特长得到充分彰显，同时也给每个同学可能当班干部的锻炼机会，扩大培养覆盖面，增加班干部的危机感，促使其更加履职尽责。因此，为了提高学生干部的自主管理能力，充分发挥他们在班级管理中的作用，学校采取五项措施对学生干部队伍进行系统培养，提升学生干部自主管理能力。

（一）班干部述职制度

每月的第一周班会课由班长主持召开班干部述职主题班会，每位班干部就各自工作职责陈述近段工作取得的成绩、工作中存在的不足、班级现阶段存在的问题及下阶段需改进的措施或提升的方向。

（二）实行科代表及学习小组组长公开交流总结制度

每月的第二周班会课由学习委员主持召开科代表和学习小组组长公开交流总结主题班会，各科代表陈述近阶段本学科的学习情况（学生在课堂、自习或课外时间是否运用学习金字塔的主动学习部分来解决学习中或老师提出的问题，如何运用记忆曲线规律开展自主学习等）和小组在本学科学习中的表现。小组长陈述小组建设策略并对本小组成员近阶段的学习（学习金字塔的主动学习部分和记忆曲线规律的运用）、纪律等情况作总结，提出存在的问题及改进措施。

（三）开展弘扬美德与自我批评活动

每月的第三周班会课由团支部组织，将本班学生在日常的学习生活中表现出的思想上进、表现良好、乐于助人、拾金不昧等各类先进事迹在班内说明，公开推荐评选当月的"美德中学生"，并由宣传委员组织小记者撰写报道，报年级组审核。同时，开展自我批评活动，团支书预先与班干部、团干部及小组长沟通后，整理班级近几周学生思想、习惯、纪律等多方面的不良问题，与有关学生沟通后，鼓励在日常学习生活中有不良行为表现的学生要主动自我批评或小组长代理本小组作自我批评。

（四）学生干部工作汇报制度

每月每位学生干部至少要向班主任单独汇报一次工作，单独接受班主任的工作指导。同时，要加大和科任教师的交流沟通，及时发现问题，以便尽早针对性解决。

（五）组长跟踪指导、适时培训制度

每周主持班会的学生干部要邀请班主任及相关任课教师、分管年级组长参会，保证质量和效果并作好简要记录，会后由年级团总支干部收回报年级组。每次班会班主任要拍图片发班主任群，供存档使用；分管年级组长要定期督查开展情况和班会记录，并纳入班级考评。各楼层组长跟踪、督查各班学生自主管理情况，并就出现的问题进行指导；分管政教工作的年级组长每月召开一次班干部会议，各班班长汇报本班学生自主管理情况，并对出现的问题进行指导。

通过逐步培养，学生干部的主人意识、民主意识、责任意识、荣誉意识得到强化，使他们能够变他控为自控，变他律为自律，做好表率，发挥模范带头作用，去感染其他同学，自主管理能力得到很大提升，在学生心目中树立了好的形象，加大了学生对他们的认可度，使他们真正成为学校的"旗帜"，能出色地当好"旗手"。同时也为他们开展各项工作奠定了基础。

三、压实责任

学生干部明确各自职责后，在日常工作中具体落实自己负责的各项工作，同时分别有计划按时组织召开班级小组会议、班干部会议、主题班会、家长会、师生交流会"五个会议"，从而锤炼学生干部自主管理能力。

（一）班级小组会议

每周一次班级小组会议，并由正副小组长每周轮流向班主任汇报小组学生情况，加强班主任对班级学生的深入了解。

（二）班干部会议

每周由团支书、班长、学习委员召开三类班干部队伍会议（团委干部会议、班委干部会议、学委干部会议，包括各课代表和学习小组组长），并于班会课前汇报上周工作中存在的问题并设计好主题班会的内容。

（三）主题班会

根据上一周班级各方面的表现，学生干部预先将班会的主题、主持人、开展形式等作好规划并报班主任审核。充分利用好主题班会这一阵地，重点加强对学生理想信念、爱国主义、品德修养、奋斗精神等方面的教育，对学生进行思想教育，最终落实立德树人的根本任务。

（四）家长会

每学期开展两次家长会，及时与家长沟通学生在校表现、思想动态及回家后的学习生活情况。

（五）师生交流会

每月月考后，学习委员主持召开师生交流座谈会。首先，选取部分优秀学生进行经验交流；其次，各科课代表对学科考试存在的问题进行总结，并提出下段学习中的注意事项；然后，科任教师针对学生存在的问题给予学法指导；最后，学习委员对本次考试进行总结。

在具体工作中做到职责明确、层层包干、分工负责，促使班干部抓好自己的工作，坚持"具体负责到人"的工作要求，即每一项工作、每一次活动，都定出相应的负责人，一旦发现问题，即与具体的负责人联系，既能够及时地处理问题，又不至于全盘否定，还加大了管理的透明度。对于管理工作中的行为规范检查也一样，将检查工作落实到个人，对学生个人的行为习惯予以考核，对集体和个人来说，都能有所触动、有所推动、有所促进。

经过高一年级一年的探索与实践，学生干部队伍得到了较好的锻炼，他们完全有能力做得更好，渴望有更大的舞台。为此，在高二年级一开始我们就探索让学生干部参与到学生会管理当中。具体通过学生会五个部落实如下事项：纪律部在年级组指导下，对违纪学生进行常规巡查、登记与公示；考核部每天对各班卫生、宿舍、自行车摆放进行常规督查与公示；学习部联系考入重点大学的学长对全年级学生进行学法指导一次，动员全年级优秀学生进行学法指导两次；宣传部定期创办黑板报，每天中午、下午吃饭时间通过广播站对全校进行广播，文学社每月出版校报一份，组织一次学生元旦晚会；体育部在年级组指导下负责对课间操进行常规督查、考核、公示与管理，筹备、开展第二课堂活动，组织召开全校中学生运动会。

班级是学生的，学生才是真正的主人，只有让学生充分站到班级管理的前台参与组织和管理，才能真正体现学生的主体地位，才能很好地培养学生干部的自主管理能力。

　　通过两年多的探索与实践，大大提高了学生干部的自主管理能力，提高了班级管理效率和管理能力，增强了主人翁意识、集体意识、班级凝聚力、责任感和克服困难的决心，激发了蓬勃向上的决心和信心，调动了主动性和积极性，培养了主动思考和大胆创新的能力，真正实现了人的教育，真正践行了发展人的教育。

参考文献

［1］刘思群. 初中班干部自主管理能力培养实践四步策略［J］. 教育论坛, 2018(15): 18.

［2］刘伟, 张旭. 高中生班级自主管理能力培养研究［J］. 教育科学, 2011(01): 74-78.

［3］张旭. 关于高中生班级自主管理的现状调查及对策研究［D］. 辽宁师范大学. 2008.

［4］朱培红. 高中生自主管理能力培养研究［J］. 考试周刊, 2017(71).

［5］杨淑敏. 高中自主管理的实践研究［A］. 华东师范大学硕士学位论文, 2016.

第四篇

教师专业成长

初中语文教学高效课堂的策略研究

——以长治市壶关县龙泉镇城南初级中学校为例

长治市壶关县龙泉镇城南初级中学校　靳文军

【摘要】本选题以长治市壶关县龙泉镇城南初级中学校（以下简称城南中学）为例，结合自身工作与教学经验，通过访谈法及观察法对城南中学初中语文课堂教学现状进行研究，同时分析其低效性的成因，并以此为基础，提出针对性的改进策略：创新教学理念，革新教学方法，规范教学内容，调整评价标准，扩大教学视野等。旨在促进城南中学语文课堂教学效率的明显提升，并且为其他学校语文教学改革提供可借鉴的思路。

【关键词】初中语文；高效课堂；改进策略

在平常的教学和观课中，笔者发现好多语文课堂是低效的，甚至是无效的。鉴于此，本文以城南中学语文实际教学现状为例，对当下初中语文课堂进行观察和分析，通过查找国内外相关文献资料，以此为研究的理论基础和指导，提出具有针对性的优化措施。

一、确定教学目标

教学的目标是预期所实施的教学活动达到的结果，也就是说教育工作者通过实施一些教学活动，使得学生在情感、认知或者其他的方面朝着预想的方向发生转变，这种使得学生发生转变的预期就是教学目标。教学目标具有指向性，在教学内容、教学方式以及评价标准中居于首位。在日常的教学活动中，教什么相比于怎么教来说要重要得多，教什么是一个方向性的问题，但是这个不是指课文的内容那么简单，如果说教学内容是指课文内容，那么随着课文内容讲解的完成教学活动也就结束了，但是在这个过程中学生所获得的知识和学习能力几乎为零，是没有什么意义的。在教学的过程中相比于课本上的内容更重要的是要授予学生学习的能力，这样的过程才更有意义。有效的、合理的教学目标能够确保课堂有序进行，是提高语文教学有效性的一种重要手段。

二、革新教学方法

（一）创新教学理念

随着时代的进步，形成了新的课程背景，在此背景下实施有效的教学，这个过程需要有正确的教学理念。教学理念是教学活动中的思想观念和精神追求。对于教师来说，其应该具有的最基本的素质要求就是要有明确的先进的教学理念。教师在教学过程中，要改变旧的教学观念，以新的教材配合着新的教学观念，来达到有效教学的目的。所以在新的教育背景和新课程的环境下，教育工作者就应该以新的教育观念来实施新课程。在新的课程背景下，为了达到教学目标，就需要教师改变传统的教育观念、教育行为以及教育方式等。根据语文学科特有的特点，语文教师应该根据新课程的理念树立先进的教学意识，例如营造和谐的环境意识、积极的互动意识、善于倾听的意识等。所以，在教学过程中，教师应该常常参加新课程的培训，要与时俱进，更新观念。在教学过程中，教师需要认真总结自己的教学方法、方式，以更好的方法来达到教学的目的。在此过程中，教师也要慢慢地弥补自己的不足，平时也要加强对于教学理论的学习，形成一个完整系统的教学过程。教育工作者在教育过程中，必须加强教育理论的学习，在学科教研上有更深入的研究，在教学的各个方面都要下功夫，例如备课、上课等，同时也要在专业的发展上多下功夫，提高教育的教学水平和专业素质，进而实现有效的课堂教学过程。

（二）革新教学方法

教学方法是教师和学生以实现共同教学为目标，共同完成教学任务，在此过程中所运用的方法的总称。洛克曾说过，任何的东西都不能像良好的方法那样给学生指导，帮助学生前进。由此可见，选择好的教学方法是教学成败的关键。因此，为了提高语文课堂的教学效率，语文教师应该从以下几个方面革新教育方法。

1.实现多元解读

语文教材具有多元化的特点，具有很强的启发性和丰富的内容。不同的人对于语文教材的理解也是不一样的，甚至说，同一个人，在不同的时期，对同一种教材的理解也是会出现差异的。一千个读者就有一千个哈姆雷特，在教育过程中，教师就要激发学生的思维，允许学生有不同的想法，一定不要直接否定学生的想法，打击学生的自信心以及自尊心，要与学生有效地进行沟通，以激发学生的学习兴趣，进而提高课堂的有效性。

2.注重课堂导入

找准教学的切入点。语文课堂教学是富有诗意的，是充满灵性、激情的，所以语文课堂上好的切入点，会把课上得丰富多彩，学生也会更加有兴趣去学习。

3.把握时机互动

课堂的互动是师生双方或者学生之间的互动，在教学过程中，他们相互交流思想感情、传递信息并且相互影响相互促进。首先，在课堂上，我们应该在重难点上多加互动以加深理解。这需要我们老师精准把握教学的重点难点，根据学生现有的水平来提问，进而将学生往更深处引导，启发和培养学生解决问题的能力。其次，我们也应该多关爱学生，及时给予他们鼓励和信心，让学生在课堂上能够自主地进行发言，谈论自己的观点，这样也可以提高学生的积极性。

4.切忌漫谈、讨论

新的教育背景下，教师一味注重学生的自主发言，为了尊重学生，老师只是在结尾的时候做一个简单的点评，其实这样通常不会取得很好的效果，老师也不能够很好地掌控课堂。学生难免会有理解错误的时候，所以，教师在教学过程中给予学生话语权的时候也要有一定的限度，切忌在课堂上漫谈。教师可以提出一些关键的问题，让学生进行有效的讨论，切忌无效讨论的进行。我们老师要对学生进行有效的点拨，启发学生的思维。

5.根据学生的实际情况合理地安排教学内容

在教学过程中，出现的文章千千万，如果每一篇文章的学习方法都是一样的，学生就会产生一些厌倦的情绪，学习效率就会降低。为了防止这种情况的发生，我们就应该合理安排教学内容。

6.利用现代的一些先进的技术，增加学生的感官投入

随着技术的发展，多媒体逐渐被运用到教学过程中。多媒体是集图像、声

音、文字以及视频等为一身的，丰富了语文教学的内容，增加了教学的容量，同时也能够拓宽学生的视野，能够大大地激发学生的学习兴趣。

三、规范教学内容

有人觉得教材只是教学的引子，有的人认为语文随处可见，是很生活化的东西，在我们的生活中，到处都有语文，很多东西都是可以教的，例如，四大名著等。也有人觉得语文的学习是为了考试，只要会考就可以了。语文教学内容并不等同于课文的内容，且内容形形色色，不能完全丢掉教材，那么语文教学的内容应该怎样制定呢？

（一）对教材合理取舍

钱正权曾说过："根据语文学科的性质，教学内容包括思想内容与语言表达形式两方面，不能偏废。"当学习一篇文章的时候，首先应该先确定该篇文章的基础知识，再根据基础知识进行一些基础训练，以此对课时的目标还有单元的目标有一个大致的了解，据此再制定教学的内容。最后，根据学生的学习情况，区分哪些内容是学生已经掌握的不需要再重复的，哪些是学生有一些了解但是还需要巩固的，哪些是学生完全没有掌握的。这样才能有效地教学，不浪费时间，也能激发学生的兴趣，学生在课堂上出现的疑问又能得到很好的解决，这样才是比较高效的教学。

掌握课文里所蕴含的价值。我们学习的教材是传统民族精神的沉淀，汇集了我国由上而下优秀的文本，教师在教学过程中要教导学生吸收其所沉淀的精神，在解读的过程中不要为了凸显个性的多元解读进而忽视了它的价值。如果对课本所要表达的价值把握不到位，就会使文章变味，进而将语文课上成了其他课程，改变了语文课的初衷。

将教学内容与学生实际联系起来。中学生由于社会经验比较少，对于世界的认知还没有达到很高的境界，对很多的事物都不是很了解，所以，就要求教师在教学过程中通过理论与实际相结合的方法授予学生知识，提高学生的境界。例如，鲁迅的很多作品都出现在了我们的中学课本上，而且经常作为考试的重点，这是因为鲁迅是我国的文学泰斗，他在文章里表达的思想都比较深刻，对于现在生活在优渥环境里的中学生来说是很难理解的，此时如果能够将这些内容生活化就会降低理解的难度，所以讲内容生活化是非常有必要的。

教学内容需要与社会相联系。发展教育是为了培养对社会有益的人才，那么语文教育是必不可少的，语文教学内容的安排是要跟社会相适应的。《语文课程标准的总目标》说："具有口语交际的基本能力，在各种交际活动中，学会倾听、表达与交流，初步学会文明地进行人际沟通和社会交往，发展合作精神。"所以在教学过程中也要涉及这些内容，这样才能够学以致用。

（二）打破无用对话，挖掘深意

制定合理的教学内容解决了教学一个大难题，但是接下来就需要根据教学内容去进行对话。巴赫金最早提出来对话这一个理念，他认为对话是一种方式，人的思想是通过对话来发展的。目前对话教学还存在不少误区，在日常的教学中并没有得到有效的应用。现在人们只是把对话当作是语言交谈，于是在语文课堂上就出现了虚假对话的情况，就是说为了对话而对话，学生在此过程中很少去思考或者不思考，就失去了原本的价值。另一个误区就是对话教学已经完全代替了教师的讲授。讲授教学是目前比较常用的教学方法，这种方法有助于学生获取信息性的知识。在现在这个提倡师生对话的年代里，由于它被误解导致完全被放弃。但是学习过程中学生还是有很多的知识很难理解，这就需要老师来讲解才可以。如果没有老师的讲解、分析以及指导，课堂的气氛也会比较呆板，而且学生学习也只是停留在表面，不能得到深入的理解。要有效地教学就要明确课堂内容，剖析课文的深层含义，就要避免课堂说一些无关的话，要直接找准重点，经过老师的引导进行深层的对话。新课标中提出，要培养学生高尚的道德情操和健康的审美情趣。语文教学的重要内容是传达积极的人生态度和正确的价值观。这是必须要完成的任务，应该将此体现在日常的教学过程中。在精读的过程中，老师需要让学生记录一下自己记忆最深刻的地方，并且和同学一起交流。就像我们学过的《端午的鸭蛋》等内容，老师可以知道学生了解民族的文化，能够使得学生明白祖国的意义，不能只是明白习俗而不了解这背后的意义。要善于在课堂上通过学生的好奇心，引导学生展开讨论，激发学生学习的热情，使得学生了解到我国的文化，并且将这些运用到学习中去。

四、提升教师综合素养

有好的教师才能有好的教育，好的教师必须具有教师必备的专业素养。教师的专业素养是指教师具有带领学生进入教学情境的知识、信念的综合能力。教师的职责是要教书育人，所以要不断地完善自己的能力，提高自身的修养。

（1）提高专业的知识和技能。教师专业素质的基础就是教师的专业知识，教师平时应该多做题，从中得到经验传授给学生，并且介绍学生看一些比较好的书籍，平时也要深入地研究教材。教师为了传播文化，就要站在世界的前端，做到不断更新观念。

（2）积极思考，不断探索。教师素养的提高需要一个过程，不是一蹴而就的，所以需要我们不断探索、创新、改革，也要根据时代的进步来调整评价的标准，扩大教学的视野。在现在的生活中，我们学习是为了考试，但是试卷上面的成绩不能完全反映学生的语文素养，所以，我们应该拓宽我们的教学视野，在提高学生学习成绩的同时，也要注重培养学生的文化素养。

（3）塑造人格魅力。教师要想影响别人，自己也必须是崇高的。教师是学生的榜样，首先要养成好的性格，学生才能更好地学习到正确的东西。所以，老师要客观地认识自己的问题，及时改正自己的错误，并且在教学过程中要调整自己的情绪，不要将自身的坏情绪传给学生，要做到尊重学生、关爱学生。

作为一名语文教师，我们必须深入地了解课程标准的实质，更加深入地研究教学，提高自己的文化素养。在此过程中，还要不断地完善自己，不断地创新，在课堂上有效运用一些方法，为学生提高学习成绩创造条件，进而实现高质量的、有效的互动，实现语文的教学的有效性。

五、调整评价标准

在现在的教学过程中，有很多人都认为语文课堂的教学有效率比较低。那么，这个衡量的标准是什么呢？是学生考试的分数还是学生对语文知识的运用呢？本人认为人们之所以认为语文效率低是由于人们对语文的评价标准太单一，视野也比较狭隘。以传统的眼光来看，评价的标准就是考试的分数，如果分数高，就说明语文教育已经取得了成果，如果分数低，就说明没有什么效果。但是实际上，分数并不能完全反映学生的语文水平，就像考试的时候出现的低分作文，这些低分作文是跑题导致的，而从作文本身来看，是有一定的水平的，就是由于作文范围的设定和束缚，导致考试时的分数低。还有一些出题的学者，为了提高试卷的难度，就出现出歪题和偏题的现象。因此，试卷并不能全面反映学生的学习情况，分数的高低不能成为语文教育是不是高效的唯一标准。一系列的这种现象在向我们警示，应该制定合理的衡量标准，仅仅靠考试的评价机制是远远不够的。个人觉得学生对于语文的兴趣爱好可以看出一个人的语文水平，但是这也不是绝对的，很大一部分语文水平比较高的人是爱好语文的。这里所说的语文不仅仅是语文课，还有使用语言的能力以及对语文认知层次等方面都可以用来评价一个人的语文水平。最能衡量一个人的语文水平的是应对实际生活的综合素质。对语文的学习是一个长期的过程，在短期内的提升很缓慢，在这个过程中就需要日积月累，慢慢提高语文水平。

高效课堂的探索任重道远。我们会继续努力，和一线的老师一起探索提高初中语文课堂教学效率的策略与方法。

参考文献

［1］何玲玲. 语文课堂教学低效分析及应对策略［J］. 新课程(小学), 2015(3): 5-5.

［2］周成平. 试论语文课堂教学低效现象及对策［J］. 中国科教创新导刊, 2012(10): 140-140.

［3］夏小庆. 初探中学语文课堂教学存在的低效问题及解决途径［J］. 语文学刊(教育版), 2013(8): 173-174.

［4］王军华. 谈语文课堂教学的低效原因及应对策略［J］. 文教资料, 2012(8): 75-76.

［5］朱晓昀, 周园园. 初中数学课堂教学低效成因分析及策略探究［J］. 数学学习与研究, 2016(10): 21-21.

［6］土文浩. 高中语文教学低效的成因及对策［J］. 甘肃教育, 2017: 79.

［7］敖玉颖. 初中语文阅读低效教学的原因及改进策略［J］. 成功: 中下, 2018(1): 174-174.

［8］王金兰. 农村中学语文课堂教学低效的原因及对策［J］. 甘肃教育, 2016(23): 87-87.

［9］郭顶标. 语文课堂教学低效的原因及应对策略［J］. 中华活页文选(教版), 2012(3): 68-70.

［10］龙鹏. 浅析新课改下初中语文教学的低效现状分析和改进的策略［J］. 发现, 2017(8): 86-87.

乡村特岗教师专业成长状况分析

——以长治市沁县特岗教师为例

长治市沁县第五中学校　彭志飞

【摘要】 我国实施的"特岗计划"是乡村教育改革的重要举措之一。"特岗计划"在很大程度上改善了农村义务教育发展不平衡的状况，为农村义务教育注入了新的活力。作为农村义务教育发展的重要后备力量，特岗教师的专业成长直接关系到乡村教育的质量和乡村教育的振兴，值得我们深入研究。本文调研了山西省长治市沁县116名特岗教师的专业成长状况。研究发现，特岗教师在专业成长方面存在专业知识薄弱、专业技能不足、专业自我仍需塑造等问题。主要原因在于特岗教师培训体系不完善、新课改落实不到位、自我专业成长动力不足。

【关键词】 乡村教育；特岗教师；专业成长

一、特岗教师专业成长的基本现状

近年来，山西省长治市沁县先后招聘特岗教师116名，这批新入职的乡村特岗教师占比大，具有一定的典型性和代表性，值得深入调查研究。本文根据教师专业成长的内涵设计问卷，以沁县特岗教师为研究样本，对相关数据进行整理、归类、比较和综合分析，总结出特岗教师在专业成长方面的优势和不足，找到了产生问题的根源。

（一）基本状况

据统计，沁县特岗教师在学历结构上，本科学历87人，占比75%；研究生学历2人，占比1.72%；大专学历27人，占比23.28%，学历结构还有一定的优化和提升空间。在教龄结构上，任教1年42人，占比36.21%；任教2年27人，占比31.9%，大多数特岗教师还处在新任教师阶段，亟须获得专业成长。在职称结构上，未转正的新任教师101人，占比87.07%。在学科结构上，任教语文、数学、英语共有79人，占比68.1%，任教美术、音乐、体育共有26人，占比22.41%。而生物、地理、思想品德等无人任教，物理、历史、思想政治则仅有1人任教。由此看出，沁县的特岗教师队伍学科结构需要优化。

（二）基本能力与素养

乡村特岗教师作为乡村教育的主力军，急需更新教育教学理念，尽快提升教学基本能力与素养。在基本能力中的课程实施能力的相关测评里，数据表现最好的是解读并实施《课程标准》相关的问题。在相关的5个问题中，均有65%以上（其中最高82.76%，最低66.38%）的教师选择"完全符合"以及"大多数符合"两个选项。在习题、考题选编方面，该校教师也能够较好地完成。在教学风格、教学方式、教学手段等几个方面，至少有75%的教师选择"完全符合"和"大多数符合"两个选项。从学生的角度考察来看，课堂效果也颇为理想，76.72%的教师认为学生大体上或完全"喜欢上自己的课，经常被自己的授课方式或内容吸引"。有76.72%的教师认为"学生上自己的课时遵守纪律，课堂秩序良好"。

教师的教育教学能力不仅仅体现在课堂上，还体现在课下的交流、合作与反思之中。调研中发现，该县的特岗教师大都能做到"接受同伴的评议或批评，借鉴同伴的优秀之处"，"经常与其他教师交流，学习他人经验并提出合理建议"，"对同伴的课例从理论和实践角度分析，并提出见解"。在这三个问题上，选择"完全不符合"和"少数符合"选项的教师比例较低，分别为3.32%、1.72%、7.75%，在集体合作方面，该县特岗教师也具有较高的积极性。在"我按时参加备课组或教研组的集体活动，积极承担组内备课任务"这一问题上，有57人选择"完全符合"，占比49.14%，44人选择"大多数符合"，占比37.93%。在反思能力上，69.83%的教师能够做到"反思分析，写教学体会或经验总结，找出不足和提升方向"。上述情况表明，该县特岗教师具备基本的教育教学能力，拥有教育热情，能够自主地思考专业成长问题。

二、特岗教师专业成长中出现的主要问题

本文以沁县为例，整体研判该县教师在专业成长过程中所处的层次，并以

此为基础分析教师在哪一层次的成长遭遇困境。

（一）专业知识与技能提升不足

专业知识与技能的提升是教师专业成长升级的过程。一方面，其与最新的学术动态、政策信息乃至时代的发展方向紧密相关。另一方面，其充分锻炼了教师的创新力、领导力、学习力，能够开发教师的潜力，拓宽发展空间。在教师专业成长的第二阶段，本研究具体考察了教师的课程开发能力、课题引领能力、研发竞赛能力。

1.该县特岗教师的课程开发能力有待提升

教师作为课堂的关键人物，不仅担负传道授业解惑之职，还需要承担创新研发之责。其中，校本课程的开发与研讨既能够提升课程质量，还能够充分发挥教师的主动性与创新力，制定出科学合理、符合地方实际的课程，更与教师专业成长的要求与发展方向不谋而合。故关注教师的课程开发能力，可以探知教师的专业成长状况以及提升空间。经调查，在"我经常了解本学科前沿研究和学科教学发展的概况，并应用到课堂教学中"一题中，有1人选择"完全不符合"，10人选择"少数符合"，共占比9.48%。选择"大多数符合"47人，占比40.52%。选择"完全符合"36人，占比31.03%。另有22人认为"多数符合"。在其他同类型问题，如"我能不断修订和完善自己研发的校本课程，形成具有个人教学特色的校本课程内容"上，仅有25人选择"完全符合"，在"我能根据课程需要，结合现代科技、生活和生产实际等，设计切合学生发展实际的研究性课题"上，也仅有27人选择"完全符合"。

2.对学生课题的指导能力不足

新时代教育要求不断推陈出新，提倡中小学生参与课题研究，旨在培养学生的创新意识与科学精神。因此，对学生课题的指导与评价、对学生的分析与培育、与学生的沟通与交流是教师技能提升不可或缺的一部分。这些事项是教师实现专业成长的台阶，其不仅考验教师的领导力，更对教师的专业水准提出了更高的要求。在教学相长中，教师也能从中积累更多的成长经验。在"我能为学生提供可选择的研究性课题，并能指导学生的选题，帮助学生形成有效的课题研究方案"一题中，仅有28人选择"完全符合"，占比24.14%。9人选择"完全不符合"和"少数符合"，共占比7.76%。在"我能对学生的研究过程进行科学规范地评价，形成真实可信的学分认定"一题上，有31人选择"完全符合"，占比26.72%。10人选择"完全不符合"和"少数符合"，共占比8.62%。在"我能对学生的研究成果和终结性课题报告给予有效指导，并对学生课题研究成果的真实性负责"一题上，有35人选择"完全符合"，占比30.17%。11人选择"完全不符合"和"少数符合"，共占比9.48%。

3.该县特岗教师在研发课程试题、参与重点项目并取得成绩、分析教育教学问题并撰写报告三个方面的表现不够理想

首先，研究课题任务、试题研究任务参与度极低。尽管大部分特岗教师有过参与经历，但仍有8.62%的教师从未承担过一次以上的研究任务和校本课程研发和教学任务，有18.1%的教师未担任过校级或以上的统考试题研究任务。其次，该县特岗教师在参与重要教学研究、获得奖励等方面，整体表现较差。"研究教学和教育管理问题，并获得校级及以上奖励"者仅有21人，"至少参加过一个县级以上的教科研课题研究"者仅有17人，"至少有一篇科研论文获得市级以上奖励或发表过"的教师仅有10人。最后，该县教师在研究习惯与思维方面的表现也不尽如人意，仅有48人认为自己基本上或完全能够"分析研究教育教学的实际问题并提出解决措施，形成研究报告"。总体上看，该县特岗教师在研发性教学任务方面的能力缺失以及机会缺失不利于教师的长远发展。

除上述调查外，在"您最希望得到哪些专题课程的培训或支持"一题中，"授课技巧与能力提升"的平均综合得分最高，为7.7分。由此可知，特岗教师的专业成长要以教师专业能力提升为重点。总之，该县特岗教师在提升专业知识与技能的过程中面临着较多的问题，存在较大的进步空间。若忽视此阶段的重要性，教师的专业成长无法得到全面均衡的提升，特岗教师群体若无法实现全员进步，必将影响到乡村教育的可持续发展。从教师与学生个人来看，一味停留在旧的教学模式与方法上，会影响人才素质的培育和个人能力的发展。

（二）专业自我仍需塑造

教师的专业成长归根结底是"人"的成长，唯有教师能够在职业中获得成就感、幸福感、荣誉感等情绪与价值体验，才能激发教师活力，创造教育价值。专业自我是教师对自我工作的个体化体验，包括自我感受、自我效能、自我期待与理想等内容。实现专业自我是教师专业成长的内在动力与最高归向，

正是在这一维度，教师的专业成长能够实现小我与大我的结合。同时，专业自我也是"一个持续演变的过程，始终伴随着教师职业发展的轨迹，在职业生涯中不断向前变化和发展的"。故教师专业成长的培育值得长期关注。

从整体来看，沁县特岗教师中有73.28%的人认可教师这一行业，87.93%的人满意当前工作。而幸福感与压力感往往是职业体验中相对立又相伴随的情绪。在幸福感调查中，有93人认为幸福感达到了5分以上。而在压力感调查中，有71人认为压力感在5分以上。可见，特岗教师的幸福感不低，压力却并不小。具体来看，特岗教师的压力来源如图1所示。

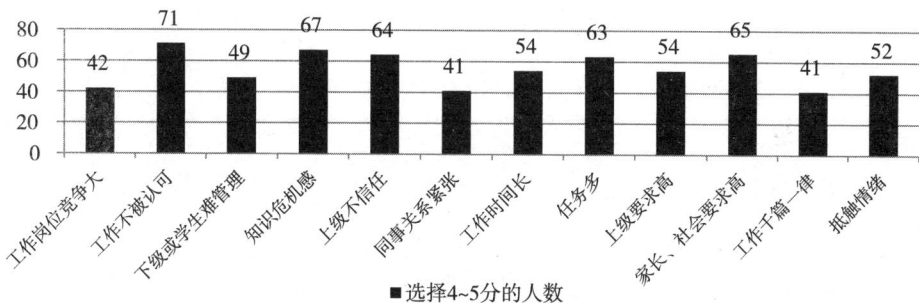

图1　特岗教师压力来源分析

在最易使人产生压力感的因素中，"工作不被认可""知识危机感""家长、社会要求高"位列前三，而"同事关系紧张""工作千篇一律""岗位竞争大"则居于倒数前三。由此观之，特岗教师对于克服工作内容、人际关系和工作竞争方面的问题较有自信，但更加注重自身工作效果、工作能力和外界要求，且在应对这些问题时容易产生焦虑情绪，产生压力。

职业倦怠是影响教师自我体验的重要内容，也是教师常有的心理现象和行为方式。但"职业倦怠的出现意味着教师活力和创造力的丧失，是教师专业发展过程中的不良征候与可持续发展的拦路虎"。本研究借此题进一步考察该县特岗教师专业自我的表现。具体来看，特岗教师的职业倦怠感表现如下页图2所示。

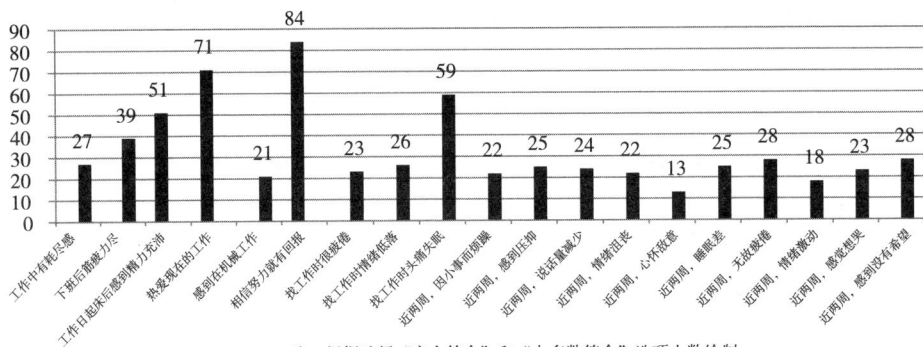

注：根据选择"完全符合"和"大多数符合"选项人数绘制

■积极情绪　■消极情绪

图2　特岗教师的职业倦怠感

在积极情绪的调查中，可以看到特岗教师具备专业成长所需的工作热情、精力投入以及健康心态。在消极情绪的统计中，可以看到特岗教师的倦怠因素多，其中，就业压力与业余生活的状况较差。可见，在自我体验上，该县特岗教师在一定程度上缺失专业自我。

特岗教师的专业发展规划能力不仅事关个人未来，还关系到"特岗计划"能否持续发挥价值，更关系到教师群体能否在变革中找到时代发展的方向与目标。而且"专业发展规划的制订不只是教师专业发展过程中的一个环节，对专业发展起一种引导、监控的作用，它本身就是一种非常重要、非常有效的专业发展活动"。在"我能在与周围同事的对比中认识到自我专业发展的基础和水平现状"一题中，共71.55%的教师选择"完全符合"或"大多数符合"。在"我有清晰的专业发展目标"一题中，76.73%的教师选择"完全符合"或"大多数符合"。整体上看，沁县的特岗教师基本上具备发展规划能力。

三、特岗教师专业成长出现问题的原因

（一）特岗教师培训体系不完善

要实现教师的专业成长，必须在专业训练上下功夫。但该县特岗教师明显缺乏相应的教育培训，亦无法获得提升机会。究其根本，原因有：

1.培训投入少

教师培训需要政府与学校的教育投入与支持，但现有投入无法支持特岗教

师参与研发历练，更无法获得职业荣誉。从政府来说，其培训投入缺失具体表现在经费投入少、师资（培训导师）不足、创设研创平台和举办专业赛事较少、组织参观交流缺乏等方面。从学校角度看，乡村学校缺乏自主研发课程能力和意愿，特岗教师往往面临着能力有限、机会少、意愿低等困境，与宝贵的研发经历失之交臂。

2.现有培训效果不佳

目前部分培训空有理论，但并不符合一线教学实际，导致教师接受困难。培训是一个系统工程，还需要相应的考核与管理机制，只有精细考量培训步骤，注重培训效果，从中分析经验，特岗教师才能够从中获得成长。

3.教师培训还需要从教师队伍内部挖掘师资潜力

培训队伍是教师专业成长的主体力量，一个稳定向上的师资培训队伍既能充分发挥优秀教师的带动作用，更能促进青年教师实现专业成长，从而在一定程度上弥补其他培训的缺失。

（二）新课改接受效果不佳

当前，我国基础教育新一轮课程改革和课堂教学改革已全面开展，特岗教师的专业成长必须紧跟新时代教育改革发展趋势，在新课改的要求下提升自身的能力与素养。

1.新课改没有完全落地，推行困难

在乡村地区，新理念与旧方式的冲突尚未消解。例如：传统讲授式与互动式教学模式无法达到应有的教学效果，自主合作探究的学习方法还没有完全普及，新课改的效果大打折扣，影响了新课改的推进和他们的专业成长。

2.新课改的推进过程存在不良现象

从社会与学校层面来看，新课改落实不到位，执行力度不够。从教师层面来看，教师自身的素质水平是推进课改的基础，但部分特岗教师的素质水平无法完全胜任要求更高的研发性任务。大多数特岗教师仅为大学毕业生，其自身的知识水平、教育经验、思维水平尚需历练。加之执教乡村，竞争压力相对较小，教师的学术敏锐度及热情难以长期保持。由此造成"教师在某种程度上对新课程不适应，出现了教师对新课程的'虚假认同''阻抗'等现象"。

（三）专业自我成长动力不足

特岗教师的专业自我既与国情社情相关，又受个人素质的影响。具体而言，专业自我成长动力不足的原因有：

1.部分特岗教师入职动机以利益诉求为主

"部分高校毕业生选择做特岗教师并非出于本意，而是由于缺乏在大城市生存的文化资本和社会资本，受现实生存条件制约作出的被动选择或权宜之计。"除此之外，教师个人对生活质量的追求以及需要面对的婚恋问题等都与特岗教师的现实状况之间存在矛盾。态度决定行动，部分教师入职动机不够端正，工作无法为其带去满足感，亦无法帮助其扎根农村，并从中获得精神养分。

2.部分特岗教师缺乏乡村文化认同感

乡村文化认同感是特岗教师成长必须具备的独特动力，只有热爱乡村、愿意扎根乡村、对乡村以及乡村教育充满激情，特岗教师才能真正成为乡村教育的生力军。但随着现代化进程加快，城乡发展差距加大，城乡教育资源配置不均衡，对乡村以及乡村教师的偏见等原因，以及乡村教师发展前景差、环境条件艰苦、福利待遇微薄等因素而无法获得职业认同，产生真正的幸福感。

3.部分特岗教师扎根乡村办教育的意志不够坚定

在新时代的大背景下，只有把握住个人的"小确幸"才能实现自我认同，获得良好的职业体验。就个人来说，大部分特岗教师所处年龄心性未稳，经验经历较少，但理想期待过高，无法积极接受理想与现实之间的落差，更不具备过硬的心态调节能力。从教师的工作境遇来看，教师、学校、家长三者之间的合作与理解往往不到位。同时，特岗教师的社会了解度不高，认可度较低，"使他们无法认识到自身的价值所在，被尊重的需要无法满足，无法正确认识教师职业，影响职业能力和职业归属感，最终影响他们对教师职业的认同度"。

特岗教师是乡村教育可持续发展的关键力量，研究特岗教师专业成长的现状、影响因素，不仅有利于指导特岗教师更好地进行职业定位，对其自身的专业成长意义重大，而且有利于县级教育行政部门采取更好的措施，加强特岗教师队伍建设，补齐乡村教育短板，进一步振兴乡村教育，为乡村教育的长远发展储备力量。

参考文献

[1] 许芳杰. 教师现场学习力的研究 [D]. 上海: 华东师范大学, 2019.

[2] 刘素玲. 初任教师的专业自主研究 [D]. 上海: 华东师范大学, 2019.

[3] 李娟娟. 特岗教师专业自我的现状分析与对策研究——基于河南省L县的调查 [D]. 开封: 河南大学, 2019, 6.

[4] 石中英. 教师职业倦怠的一种哲学解释 [J]. 中国教育学刊, 2020(1): 95.

[5] 王少非. 教师专业发展规划: 意义·内容·策略 [J]. 中国教育学刊, 2006(2): 63-66.

提升初中教师职业幸福感的途径研究

——以长治市实验教育集团为例

长治市实验中学　乔少东

【摘要】教师的职业幸福感是指教师在教育活动中，自我优势需要得以满足、个人潜能得以发挥、职业理想得以实现所获得的持续的个人体验。教师的职业幸福感不仅影响教育教学状况，也影响学生的成长发展。教师的职业幸福感受到自身、组织、社会等诸多因素的影响。本文立足从角色期待、自我调节、师生关系、职业尊严、学校管理、专业素养等方面入手，寻求提升教师职业幸福感的现实途径。

【关键词】初中教师；职业幸福感；提升途径

引言：孟子的教育之乐是"得天下英才而教育之"。孟子眼中的教育无关乎分数，无关乎升学，而只在乎"育之"这一过程。而现如今，学校对教师的评价起决定作用的却是升学率和分数，如果学生考得好，所带班级升学率高，那么教师的荣誉和物质奖励相应就高，反之就低。这样，导致许多教师疲于应付，不知教育乐从何而来，对此心存抱怨，更对自己年复一年的重复工作备感枯燥，每天的早出晚归使其身心交瘁。作为教育管理者的我们正是要改变这种教育现状，本着对教育本源的追求，尝试能把教育与教师的幸福生活联系起来，努力去打开教育的幸福之门，把增强教师的职业幸福感作为我们当务之急。

一、教师职业幸福感缺失表现及原因

目前对教师幸福感研究已成为全世界教育领域所共同关注的话题。幸福感与职业幸福感相对应，都是心理学名词，都属于心理学范畴。教师的职业幸福感是教师对自己职业生活的各个方面的主观心理体验。在我们的调查中显示，我校许多教师感觉自我价值无法实现、自身需求无法满足，工作中存在着明显的职业倦怠感，在日常的教育教学工作中体会不到幸福。其现实表现为：在工作选择上被动地接受选择成为教师；在身体上长期处于疲劳状态，工作压力大，工作机械琐碎，身体健康状况不容乐观；在内心感受上自信心受挫，工作预期和工作理想出现偏差，感到前途渺茫，缺乏工作的成就感和满足感；在经济收入上感觉付出与收入不相称；在人际关系上，缺乏有效的交流和沟通，出现了同事之间、师生之间的情感疏离。此外，学校片面地追求升学率，在教师的培养模式和评价体系上设置单一，也导致许多教师工作缺乏热情和动力；承担的社会责任巨大，社会大众对教师的期望过于理想化，把教师职业"神化"，使得许多教师承受着巨大的心理压力。

二、提升初中教师职业幸福感的有效途径

（一）建构合理角色期待

什么是职业，职业就是为人类的生存和发展提供的一种社会分工，简而言之，就是社会中的一个岗位、一种职位。教师这个职业也是一种分工、一种职位，只不过从事教师这一职业的人初衷各不相同，有的是自己主动选择的，有的则是被动接受。但无论是主动或被动，只要成了教师就必须有一颗平凡的心，一定要安于平凡、乐于平凡、甘于平凡。泰戈尔说过："花的事业是甜蜜的，果的事业是珍贵的，让我做叶的事业吧，因为叶总是谦逊地垂着她的绿荫的。"作为教师，就是要有叶子的精神，在平凡中见伟大，要拥有平平常常的心态，不需要轰轰烈烈只需要实实在在地去干事情，而不能通过赋予教师职业过高的角色期待，更不能用过高的社会价值取向来"神化"这个职业。

教师职业的本来面目是这样的，它不是经济型的"逐利"，亦不是权力型"谋官"，而是属于"群体"的社会型工作。陶行知先生对教师职业特征作分析得出："教育者应当知道教育是无名无利且没有尊荣的事。教育者所得的机会，纯系服务的机会，贡献的机会，而无丝毫名利尊荣可言。"现在，我们必须以实事求是的态度客观看待教师这个职业，不要想"神化"教师这个职业，这样做并不意味着降低对教师的职业道德要求，而是让社会真正理解这个职业性质，这样才能既符合教师自身的正当要求，又不违背教师的道德水准。

（二）重视自我调节力量

内因是影响事物发展的根本原因，教师的职业大多数是自己选择的，而作为工作的主体，教师在工作中的情绪变动也应该由自己来掌控。作为一名教师，其在职业中的幸福感并不是别人赠予的，而是自己争取来的，因此，教师应该重视自我调节的力量，改善自己的情绪管理，提高自己的心理素质，进而发现并感悟教育的幸福。教师在调整心态、感悟幸福的过程中，最重要的就是要正确理解自身的工作性质，调整自己的工作预期。

许多教师体会不到职业幸福感的一个主要因素，是对自身工作的定位较高。每个人都希望桃李满天下，每个人都想成名师，都想出人头地，成为大家关注的焦点，但是这并不是人生的唯一出路。尤其是身为一名教师，一定要有正确的荣辱观、名利观、事业观等，不去过高地评价自己；正确地看待晋升职称、福利待遇、学习机会等，不要过分强求。领导的赞扬，家长的肯定，学生的感恩，这些点滴的积淀都能使我们感悟教育的幸福。工作中要学会进行换位思考，也需要不断调整自己的奋斗目标，愿意接受有瑕疵、有遗憾的人和事，让自己尽情享受工作带来的满足感、成就感和幸福感。

（三）建立良好师生关系

我们知道，一个人的学生时代与老师相处的时间远超与父母相处的时间，因此师生关系不仅影响了学生的身心健康和学业成绩，还直接关系到教师职业幸福感的获得状况。

首先，要建立良好的师生关系。教师应当尊重学生的人格、个性和情感。作为教师应当时刻关注自己的言行举止，任何情况下都不要说过激的和侮辱学生人格的话，即便学生有这样那样的错误和缺点，教师也应以平心静气的说理为主；我们的教育旨在培养人的综合素质，更关注于学生的德、智、体、美、劳的全面发展。不把文化课作为衡量学生成长的唯一标准，当学生发展个性化的兴趣爱好时，只要是健康的，我们教师就应该积极鼓励，让学生充分展现自己的个性。另外，作为教师，不能用简单粗暴的方式来对待学生的情感问题，应当积极引导学生，让学生保持清醒头脑，让珍贵纯洁的情感向着有利于生活、学习，有利于身心健康的方向发展。

其次，要建立良好的师生关系。教师应当积极主动地与学生沟通交流，沟通交流时努力做到心心相印，有的放矢。师生的交流沟通是实现教育教学任务的一个基本途径，它应该是多样的、开放的、综合的交际，这种交流沟通既可以对有限的课堂教学进行及时的补充，又可以培养学生的独立思维能力、组织能力和表达能力，还可以培养学生面向未来社会的应变能力。师生正是在这种丰富多彩的沟通交流中获得彼此需要的有效信息，使"教"与"学"达到统一的目的的。

最后，良好的师生关系不仅维系着学校的和谐、社会的稳定、教育活动的有序进行，而且事关一个个鲜活的生命，不得不引起我们高度的重视。只有建立良好的师生关系，师生之间的心理距离才能拉近，我们的教育教学工作才会游刃有余。我们深信，师生之间应该是心相通、情相连的，教师的职业幸福感是建立在良好的师生关系的基础上的。

（四）重拾教师职业尊严

教师能否体验其职业的幸福感，关键在于教师要重拾职业尊严。教师在精神上获得的愉悦感，如职业满足感和职业成就感，都来源于教师的职业尊严。革命导师马克思在职业选择方面，曾经特别强调要能获得尊严："能给人以尊严的只有这样的职业，在从事这种职业时我们不是作为奴隶般的工具，而是在自己的领域内独立地进行创造"。叶澜将他的这句话理解教师——"只有用创造的态度去对待工作的人，才能在完整意义上懂得工作的意义和享受工作的欢乐"——着重强调了教师精神生命在职业生活中的激活与焕发。"只有认识到教师职业的本质是创造人的精神生命，才可能把创造还于教师职业"，"教师职业才会有内在的尊严"。教师在工作中由于感受到创造的重要性，而产生了职业自豪感；由于感受到育人的神圣性，从而感受到的成就和满足；由于打破陈旧的职业偏见和得到认可，而重拾职业自尊心等等；这些感受让我们的教师在他们在职业活动中愿意最大限度地发挥自己的潜能，实现自我价值，让自我尊严与职业创造之间实现完美的契合。

当教师胸怀要宽广，因为存在着许多不可能，例如学生不可能都不调皮，家长不可能都通情达理，领导不可能都绝对公平，同事们不可能都志同道合，等等。这就需要我们力争改变自己的思维，学会去接纳。快乐不在于你得到的多，而在于你计较的少。学生犯错时，冷静处置，委婉地、潜移默化地去影响他改变他，疾风骤雨固然猛烈但往往损人不利己。学校规章制度不合理时，不去过分抱怨，去抗争，那样往往使自己遍体鳞伤，要学会自我的约束和激励，让一切不合理失去其用武之地，让其形同虚设，最终这些不合理也只能废弃。做到了这些，心胸开阔了，心情舒畅了，自然心态也乐观了，幸福离你还远吗？

（五）努力优化学校管理

学校的管理是教师工作所面临的客观环境，而学校管理情况的好坏直接影响着教师对工作的评价，因此，在学校管理中，管理者应该坚持以人为本的理念，营造和谐氛围，为教师的职业发展创造各种条件。在教学管理中，管理者首先要坚持公平原则，尽力保证每一位教师的工作都能够得到认可，以提高其对工作的预期与规划；其次，要坚持互动原则，畅通教师与学校管理之间的沟通渠道，校领导要寻找各种机会与一线教师对话和沟通，不要让教师隐藏问题而激发矛盾，要把问题摆到明面上，及时发现和尽力解决。校长要主动与一线教师多谈心、多沟通，真诚地征求意见，以对问题达成共识相互支持。最后要努力去营造和谐的氛围，让教师把学校当成自己的家，从而产生归属感。

同时，学校管理者还应充分尊重教师，了解教师的日常生活、工作情况、思想动态等，时刻让教师感到自己的重要。管理上应该讲求一定的策略，借用管理学的名言："有能力的——放手让他干，没能力的——试着教他干，做不来的——就要管理他。"学校管理不能一竿子插到底，要分层次地艺术地去管，活一点，多一些宽容；粗一些，允许个性的张扬；文一些，时刻去关注生命；绵一些，要有春风化雨般的柔情。试着去欣赏每一位教师，不吝啬对他们的鼓励和赞美，乐于去帮助每一位教师成功并为他们喝彩，让每位教师感受到学校这个大家庭的温暖，让他们在学校的每一天都是心情愉悦的、心灵自由的、灵魂安宁的。只有做到这些，才能让广大教师切实感受到职业带给他们的自我的价值和地位，从而激发他们的工作的责任感和使命感，才能提高教师对学校的归属感。

（六）提升专业素质培养

教师这一职业是一项专业性极强的工作，如果在工作中，教师缺乏解答问题、应对教学变化的专业素养，自然会受到学校、同事、学生和家长的"差评"，进而影响其工作的信心；相反，如果一名教师知识渊博、思路清晰、方法熟练，那么必然会在工作中获得各方"好评"，进而提高应对工作的从容度，提高教师职业的幸福感。

针对促进教师专业成长的问题，我校采取了一系列措施提升教师专业素养，让老师们在专业成长的同时品味幸福人生。首先，"青蓝结对"，加速青年教师的成长。为了使青年教师尽快在讲台上"站稳脚跟"，帮助他们在专业发展的道路上健康稳定地成长，学校利用现有骨干教师的资源开展配对活动，让每位年轻教师与导师配对。我们采用递进层次的培养方式，全程关注青年教师的发展：要求青年教师与师傅每周至少互听一节课，并认真评课、研课、反思，以便形成自己的教学风格。其次，开展名师工程，开启教师专业成长成功之门。学校开展了"专家助成长，名师做引领"系列教育活动，为教师发展提供了与专家、名师面对面交流和学习的机会，使教师能够在名家的引领下，不断得到提升自己的专业知识素养，打造高素质的教师团队。通过"名师与教师"之间的"传、帮、带"及交流互动，能够进一步丰富教师自身内涵，扩大教学效果，修正教学偏差，提高教学品质。"名师做引领"为教师们提供了不出校门就能领略名师风采的机会，为教师们树立了榜样，激发教师们积极向上的教育热情，树立勇于进取的信心；使老师们掌握了最前沿的教育理念在课堂教学中的实际运用。最后，课堂磨砺，学科团队引领骨干教师提升技艺。为了能分享一年多来的研修和指导成果，一年来，长治市实验中学的三位正高级教师（王兰芳、郑宇红、马玉林）分别用课堂示范、案例讲座、研课说课等形式展示对初中课堂教学的探索和实践，定期向全体老师推出一年多的外出学习、研究与实践的成果，提升了我校学科领头人的学科素养。同时，通过指导教师的带教展示，也加速了我校学科的建设和教师的专业成长。

在对调查问卷的梳理中，我们发现大部分教师对自己的工资薪酬和福利待遇存在看法。以长治市实验中学教师月平均实发工资与年终福利为例，大家普遍认为福利待遇偏低，自己生活质量的幸福指数不高。"清贫"，是社会给教师职业打上的又一印记。中华人民共和国成立以来，我们的党致力于改变教师清贫的生活现状，重塑教师职业幸福感，并于1994年1月颁布了《中华人民共和国教师法》（简称《教师法》)，《教师法》的第二十五条明确规定教师的平均工资水平应当不低于或者高于国家公务员的平均工资水平，并逐步提高。后来《教师法》几经修订，最近于2019年再次明确教师的平均工资水平应当不低于或者高于国家公务员的平均工资水平，并逐步提高，建立正常晋级增薪制度。各级政府也在尽自己所能不断落实国家提高教师待遇的号召，我们相信在不久的将来教师工资一定会有一个大幅提升。而关于福利待遇，因各校的具体情况不同教师的福利也有所不同，比如，为我们的教师在生日到来时送上生日蛋糕，当我们的教师生病时送上温馨的问候，在端午、中秋、新年等节日送上我们最真挚的祝福。更为主要的是我们增多了教育工作（包括教学成绩、各类文体比赛、社团活动等）的各种奖项和加大了各奖项的奖励幅度，让老师真正感觉到付出有所得，学校对他们的付出是非常认可的，真正让我们的教师精神物质双丰收，让他们沐浴在幸福的阳光里。

三、结语

著名学者檀传宝说过："教师的职业幸福是教师职业道德的出发点和归属。"从根本上来看，教师的幸福是实现教育目的和教育本质的必然需要。目前我国初中教师的职业幸福感整体水平偏低，而长治地区由于所处地理位置、生存环境和经济条件的限制，初中教师的职业幸福感更显不足。因而，学校在教学管理中，应探寻教师职业幸福感的来源，改善导致教师职业幸福感缺失的原因，落实提升教师职业幸福感的举措；而教师也要主动出击，努力提升自己的专业素养和心理素质，培养自己多方面的兴趣，内外结合，创设更多的职业幸福体验。

参考文献

［1］陶玉侠.有效提升教师职业幸福感［J］.北京市宣武区红旗业余大学学报,2011(02):47-50.

［2］张荣伟.当代教育改革［M］.福州:福建教育出版社,2007:205-206.

［3］许琼华.教师职业幸福感从哪里来［J］.教育科学研究,2005(06):15-16.

［4］曹俊军.论教师的幸福追寻［J］.教师教育研究,2006(05):37-39.

［5］陈艳华. 谈教师的幸福［J］. 济南大学学报, 2003(01): 45.

［6］邝红军. 论教师幸福及其实现［J］. 教育科学研究, 2008(06): 55.

［7］葛晨红. 哲学视野中幸福的理念［J］. 人民论坛, 2005(01): 37.

［8］刘铁芳. 试论教育研究中的人文关怀［J］. 高等师范教育研究, 1997(04): 10.

［9］鲁子问, 靖国平. 新教师成长中的困惑与解读［M］. 长春: 东北师范大学出版社,
2011: 28

新课程理念下高中语文课堂导入的对比研究

——以长治市潞城区第四中学校为例

长治市潞城区第四中学校　王丽

【摘要】本文以长治市潞城区第四中学校（以下简称潞城四中）为例，对新课程理念下高中语文课堂导入进行对比研究。在对高中语文课堂导入的基本原则及基本方法阐述的基础上，通过问卷调查和案例研究的方式，对教学过程中的课堂导入进行总结和思考，针对各种不同类型、不同文本、不同体裁的语文课堂导入进行案例研究和对比研究，希望引导高中语文教师对课堂导入进行新的开发和尝试，进一步完善各类语文课堂的导入方式和路径，并提高高中语文课堂导入的有效性和科学性。

【关键词】新课程；高中语文；课堂导入；实践研究

新一轮课程改革呼唤高效课堂、优质教学，而教学的主阵地是课堂。在高中语文课堂教学中，课堂导入作为课堂教学的第一个环节，其作用不可忽视。课堂导入是上好一堂课的必备因素之一，它融知识性、思想性、趣味性于一体，如同一座桥梁，有效沟通了学生与文本内容的关系。因此，高中语文教师在课堂上就要做好导入教学的设计，以精心设计的导入教学，力求使学生获得最佳的学习效果。好的课堂导入不仅能有效提升课堂教学效果，还能陶冶学生情操，更能促进教师专业水平的提升。

一、不同课型的课堂导入对比研究

（一）新授课与复习课的导入对比

新授课的导入，就好比演奏家定弦、歌唱家定调，音调定准了，就为整个演奏和歌唱奠定了基础。教师可以运用各种巧妙的能激起学生对文本、对课堂兴趣的导入方式。比如在上《逍遥游》一课时，C老师觉得学生对于《庄子》文本内容及庄子的思想在理解上还是有一定的难度，所以首先要把学生引到文本中来。C老师首先播放了康震老师的视频"我最喜欢《庄子》"，先把学生吸引到庄子的身上。之后的文本学习又以"我也说庄子"进入课堂，先谈了我眼中的庄子，再让学生结合文本谈谈自己眼中的庄子，课堂果然比想象得轻松得多。

对于复习课的导入，一定要目标明确，有讲有练。教师要明白这是一种从已有知识入手，由已知引向未知的导入，新旧知识的衔接自然、贴切，不仅使学生巩固了旧知识，也为接受新知识作好了铺垫。复习课一般在高三年级较多，第一建议专题复习，在导入时，要以专题性的知识考点简明扼要地概括导入，让学生明白这节课的教学目标是什么。不要上来就开讲，学生也不在状态，这样的复习课是无效的。

以新授课与复习课导入环节为例作比较，如表1所示。

表1　新授课、复习课对比表

新授课	课堂导入形式较多，教师要注重把学生引进文本中，通过巧妙合理的导入让学生"动"起来，让课堂活跃起来。
复习课	课堂导入要做到简明扼要，目标明确，师生心中均有谱，才能把复习课上成复习课。

新授课与复习课的导入都有其共性，就是定调要准，导入要紧扣课堂内容。新授课导入时一定要做到"新"，做到推陈出新，别具一格，便能收住学生的心；而复习课的导入要做到"凝"，知识要成系统，概括要凝练。

（二）试卷评讲课与常规课的导入对比

试卷评讲课首先是要让学生对所做题目进行自我检查，并且作出总结。老师精心准备的评讲对于答对了的学生来说是浪费时间，做错了的学生核对答案后也不用专心听讲，只有一小部分实在不懂的学生才需要认真听。如果老师讲得太快他们会无法理解，更别说老师不做评讲，只张贴答案或为评讲而评讲、就题论题等做法了。学生从试卷评讲中收获并不多。鉴于此，教师的准备工作便是很好的导入，一是对试题本身的知识点和分布情况进行统计分析，对试题的难易要有个恰当的定位；二是对学生的答题情况进行统计分析，包括学生整体水平的分析、学生答题的错误率、之所以产生这种错误的原因，以及分析学生的解题思路。教师的课堂导入可以在对以上工作做了充分准备的基础上用多媒体表格展示学生答题情况的分析，使之一目了然。

而常规的语文课在课堂导入上就灵活许多，教师可以根据所要讲授的文本特点采用适合的、能激发学生学习兴趣的导入方式。

以试卷评讲课与常规课导入环节为例作对比，如表2所示。

表2　试卷评讲课、常规课对比表

试卷评讲课	课前准备要充分，导入要针对考试进行简要的概括分析。
常规课	根据所要讲授的文本特点采用适合的、能激发学生学习兴趣的导入方式。

试卷讲评课重点在"评"，在导入时要以评价为定位，对试卷的评析、对学生答题的评析，要简明扼要，以数据形式呈现，还是很抓心的；常规课的导入方式就比较多了，教师可以运用形式喜欢的、自己擅长的导入方法。

（三）作文课与常规课的导入对比

写作一直是语文教学的一大难题，一直以来，学生的写作普遍存在作文素材少、选题不新颖的问题，作文课就成了相当一部分学生发愁的课。加上我们学校是半封闭管理，住校生占了2/3，学生平时学习紧张，没有太多时间进行大量课外阅读来提高写作素材的积累，这成为写作训练的又一拦路石。学生没有时间了解最新发生的课外素材，这就需要我们教师在导入时把这些素材短小精干地讲给学生，既做到了课堂导入，又拓宽了学生的知识面，给他们的写作提供了课内知识以外的各种新颖素材，不断提升学生的写作水平。

而常规语文课的课堂导入相对于作文课就简单得多，教师只需要根据所要讲授的文本特点采用适合的、能激发学生学习兴趣的导入方式。

以作文课与常规课导入环节作比较，如表3所示。

表3　作文课、常规课对比表

作文课	作文课的课堂导入对教师的要求比较高，需要教师首先对写作材料有所把握，能结合所给材料的构思和立意准确导入。
常规课	常规语文课的课堂导入相对于作文课就简单得多，教师只需要根据所要讲授的文本特点采用适合的、能激发学生学习兴趣的导入方式。

作文课与常规课的区别是在导入时，教师要充分考虑如何引起学生写作的兴趣。考虑到大部分学生对写作的不积极状态，这个导入在时间上可以比常规课长一些，结合议论文是学生在写作中特别是考试中选用频率较高的一种文体，所以在导入时要结合所学过的文本和新近素材，归纳议论文写作方法来进

行，切忌面面俱到，可以一次训练一个点，比如论据。

二、不同文体的课堂导入对比研究

（一）记叙文

记叙文的课堂导入或以叙写的侧重点（写人、写事、绘景、状物）来进行，或以记叙文六要素作为切入点来导入，一般来说，记叙文的导入方式很宽泛，教师可以根据自身需要来确定。可以以文章的题目导入，也可以设置问题或让学生提出问题，也可以加入悬念，吸引学生深入文本，同时让学生对故事情节有个整体的把握。

（二）说明文

说明文内容比较枯燥，在课堂导入时能实物导入的可以尽量用实物导入（比如《南州六月荔枝丹》），不能用实物展示的可以借助多媒体播放相应的图片；还有一些说明文中会有相关的传说，在导入时可以延伸到课外，拓宽学生视野，增强学习的趣味性。

（三）议论文

对于议论文，学生一般都觉得枯燥无味，要让学生愉悦地进入文本，就必须在导入时下一番功夫，要激起学生的学习兴趣。在讲《拿来主义》时，又是鲁迅的文章，学生更是觉得索然无味，我采用了讲故事的导入法，讲了著名作家冯骥才（适时加入我们还会学到他的《高女人和她的矮丈夫》）到法国访问时面对外国记者的故意刁难的巧妙回答，这个故事通俗易懂，又切合文章内容，完全符合学生实际。课堂上再让学生以小组为单位用思维导图的方式展示大家阅读文本的成果，课堂效果比想象得还好。

（四）诗歌

诗歌鉴赏课的导入一定要注重创设教学情境。无论是一首音乐还是一段影像，若能很好地创设出与古诗词内容相吻合的情景气氛，就会迅速集中学生的注意力，调动学生的鉴赏兴趣，尽快融入诗词的意境。比如我讲柳永的《雨霖铃》，作者通过凄冷的秋景描写抒发了自己在与红颜知己离别时的万般愁苦。依据这种情绪，我用了李叔同的《送别》音乐作为配乐，导入新课，学生的情绪瞬间被激发了出来，整节课对词的情感分析就容易多了。

（五）小说

小说阅读的教学中，在进行导入时可以就小说的三要素进行定向导入，比如以人物导入，抓住一个主要人物。以《林黛玉进贾府》这篇课文为例：一个集才气、灵气和傲气于一身的林黛玉，心较比干多一窍，病如西子胜三分，今天我们就跟随她走进大观园，去感受那刻在石头上的故事。这篇课文其他老师还用到了音乐导入，用一首凄切哀婉的《枉凝眉》导入，同时多媒体展示林黛玉的画像和歌词，更加直观，加深印象。

综上所述，高中语文教学中的文体多样，决定了语文教学方法的多样性，同时也决定了课堂导入的灵活性。虽然"导无定法"，但是不管怎样，课堂导入是否高效直接关系到课堂教学的效率。因此，教师应当在教学实践中，不断积累、不断改进，使课堂导入在教师主"导"之时也能让学生参"导"、师生合"导"，让学生成为课堂的主人，这也是体现语文新课程标准的精神理念。

三、不同教龄老师的课堂导入对比研究

我把本校的语文教师分为三类，六年以下教龄的、七至十五年教龄的、十五年以上教龄的，我主动走进他们的课堂，主要听课堂导入的环节，观察他们是否进行课堂导入，如何进行课堂导入，然后在列表汇总，进行分析。

（一）六年以内教龄教师的课堂导入

我听了年轻教师H老师在高217班的新授课《诗经·氓》，她在导入时借用了《三生三世十里桃花》的主题曲《凉凉》，并结合PPT展示唯美桃花的影像，一下子就把这节课的氛围调动起来，学生参与课堂的积极性大增。课后，我就这节课的导入向她取经，因为我在上这课时，是这么导入的：男尊女卑是中国古代的一个普遍现象，这是糟粕，应该摒弃，如今，女权的复兴就是社会文明的进步。虽然也切合主题，但是平平淡淡，怪不得学生听完毫无反应。而我顺着这个导入，一节课讲成了"怨妇悲歌"，气氛压抑。可见，一个有"情调"的导入也是一节课的催化剂。

在高215班我听了同样是年轻教师G老师的《诗经·氓》，她采用了这样的导入：播放《梁祝》小提琴曲，这正与诗中的故事情节感情基调是一致的，给课堂营造了恰当的氛围，也为学生准确理解文本内容做了铺垫。

两位年轻教师在讲授《诗经·氓》时，都采用了歌曲导入，只是H老师借用的是《三生三世十里桃花》的主题曲《凉凉》，G老师播放了《梁祝》小提琴曲，但是高215班学生的情绪调动没有高217班那么饱满。课后，我在两个班随机抽调10名学生，把这两种导入摆到他们面前，和他们探讨。学生表示更喜欢H老师的导入，原因一是学生更喜欢《凉凉》这首曲子；二是H老师比较活泼，喜欢融入学生中间，特别是在播放歌曲时能和学生一起和唱，善于调动学生的情绪。

（二）七至十五年教龄教师的课堂导入

青年教师Q老师，比我早入职两年，经验也比我丰富，教学成绩更是拔尖的，我们在同一个年级，所以听她的课是常态。她这么导入《劝学》一文："才需学也，非学无以广才，非至无以成学。"紧接着，她让学生来解释这句话，之后又接着导：我们只有通过学习，才能增长见识，才能完善自我。然后让学生表达。之后又导：荀子也认为"学不可以已"，那他是怎么劝人向学的呢？Q老师这个导入，以文言文导文言文，而且和学生进行互动，考查了学生的语言表达能力，同时显现了这节课的教学设计主调"学情引导课堂，问题引领学生"。

我在上《劝学》课时，因为又是班主任，加上文本的主旨教育意义，导入直接就变成了"心灵鸡汤"，可以说是老生常谈，借以教育本班学生在学习上的态度。不用说，课堂气氛压抑，虽然也完成了教学目标，但是一节课下来感觉很累。但是我在另一个班却不自然地换了导入方式：人类从茹毛饮血、洞居穴藏的原始社会发展到今天，靠的就是不断积累的知识；"知识改变命运"，无论是国家还是个人，学习是获得知识的唯一途径；人在学习中从蒙昧走向智慧，从孤陋寡闻走向博学多才，由自然人成为社会人，成为有教养的人，今天我们一起学习荀子的《劝学》，一起来感受学习的重要性和学习的方法。一节课下来，这个班学生的表现明显要好于我班。我觉得班主任的课，一定要把自己从角色中解放出来，让自己在课堂上以学科老师的角色和学生交流，而且头一定要开好，整节课才会在轻松愉悦的氛围中完成教学目标。

（三）十五年以上教龄教师的课堂导入

K老师上《咬文嚼字》这一课时，先是提问"咬文嚼字"这个成语的意思，然后又用多媒体展示了几个引用"咬文嚼字"的句子，让学生判断正误；接着又给出三组诗句，比如"落霞与孤鹜齐飞，秋水共长天一色"与"落霞孤鹜齐飞，秋水长天一色"你更喜欢哪一句，直接切合了将要学习的朱光潜先生的《咬文嚼字》，还落实了诗歌鉴赏中的语言考点，同时又让学生在分析中欣赏了名言名句，可谓一举多得。

R老师是我的"师父"，作为有着三十多年教龄的老教师，R老师一直是我们语文学科的"领头羊"。在讲《咬文嚼字》时，一站上讲台，R老师张口就来："好句不厌百回改，妙语自从锤炼来。李商隐的'黄叶仍风雨，青楼自管弦'，王之涣的'羌笛何须怨杨柳，春风不度玉门关'，柳宗元的'孤舟蓑笠翁，独钓寒江雪'，无不诠释着诗人锤炼语言的精妙。看来要创造出足以'泣鬼神'的佳句，还真得好好地'咬文嚼字'。那么，什么是'咬文嚼字'呢？今天我们就来一起学习朱光潜先生的《咬文嚼字》。"R老师边说边写，学生专注度也很高，R老师又把题目进行了一番"咬文嚼字"，可谓是导入就很有深度。当然，一节课下来，听课老师也是纷纷点赞：不愧是老教师，就是有深度。

表4　不同教龄的教师课堂导入对比表

教龄	导入对比
六年以内	导入使用材料较新，符合学生年龄，易于互动。但是同样是年轻教师，由于水平不同，性格不同，语言表达能力也有所区别，在学生的接受程度、喜欢程度上也有所区别。
七至十五年	注重衔接，严谨通俗，和学生互动有效。这部分老师在业务能力上还是有层次感的，所以对文本的把握深度有区别，在导入时就会出现和文本衔接不紧密的现象，容易出现导入和文本分析"两张皮"。
十五年以上	知识量大，灵活把握，注重落实，有深度，衔接较好。

四、同一教师同一文本在不同班级的课堂导入对比研究

潞城四中的语文教师基本上都是两个班的教学工作量，为了进行对比研究，老师们选取同一篇文本，在不同的班级以不同的方式导入，然后我对学生进行回访。

（一）《春江花月夜》的课堂导入

W老师在高205、210班讲授《春江花月夜》。这是选自《唐诗宋词选读》中

"风神初振的初唐诗"中张若虚的一首诗。W老师在高205班授课时是以"月"导入的：多少文人墨客，对月或倾注了他们的爱恨情仇，或寄托了他们的悲欢离合，在群星璀璨的唐代诗坛，就有这样一位诗人，因为一首明月诗而成就千秋美名。W老师在高210班则借"小桥流水人家"这句诗的意象组合写法，延伸到题目"春江花月夜"是由春、江、花、月、夜五个意象组合而成的，然后再据此进入文本，从意象入手分析文本，水到渠成。

课后，我在高205、210这两个班随机各抽取了5名学生就W老师的导入进行了交谈。高205班学生只记得W老师的导入是说了一段很优美的话，只有少数学生记得大概；但高210班大部分学生能完全记得W老师在这节课上的导入。不是高205班的学生不认真，而是W老师在高210班授课时的导入方式一开头就很抓心，知识迁移，新旧结合，学生当然记得更清楚。

（二）《我心归去》的课堂导入

Z老师在高206班和高211班讲授《我心归去》。在高206班，Z老师以歌曲《故乡的云》导入，歌词内容"天边飘过故乡的云，它不停地向我召唤，当身边的微风轻轻吹起，有个声音在对我呼唤，归来吧归来哟，浪迹天涯的游子"和文本主题很贴切，导入受学生喜欢且有效；在高211班授课时，Z老师换了一种课堂导入模式：多媒体展示电影《我和我的祖国》的经典镜头，一言未发课堂气氛已是情感涌动，Z老师也适时地用"树影再长也离不开树根，雁飞再远也忘不了起点，人走天边也牵挂着祖国。爱国的话题，是永恒的话题"作了导入升华，课堂自然是流动的、饱满的。

（三）《想北平》的课堂导入

L老师在高200班和高203班讲授《想北平》。高200班是个优班，刘老师采用了诗词"露从今夜白，月是故乡明"导入，营造情感氛围，在分析文本时，也抓住了"想"来引导；在高203班，L老师直接破题，让学生就题目自问自答，一时间就把学生的思维拉进文本中，整节课很顺畅，做到了"以生为本"，达到了"教师导、学生入"的效果。

课后和老师们教研的时候，老师们也谈到，在不同的两个班讲同一篇文本，采用不同的导入方式，同学们的表现自然不同，关键是自己的体会也不一样，如果导入导得巧妙、有趣、得法，自己一节课的讲解也很顺畅，心里也是欢喜的。其中一个老师作了比喻：这就像我们今天做了个新头发，换了件新衣服，整个人一天都是"看哪哪顺眼，干啥啥能行"。

五、同一文本不同教师的课堂导入对比研究

学校利用"师徒结对""青蓝工程"的平台，就同一篇文本由不同的教师讲授，对其课堂导入进行对比。

A老师（师父）和B老师（徒弟）在"师徒结对"汇报课上分别讲授《琵琶行》。A教师采用多媒体导入，播放了一段琵琶曲，让学生进入情境，感受音乐之美，然后再引出作者白居易也是被琵琶女的琴声所吸引，写下《琵琶行》，才有了流传千古的"同是天涯沦落人，相逢何必曾相识"。B老师采用标题分析法，通过和学生互动，提出问题、解决问题，进入文本。A老师和B老师的课堂导入都是可选的，只是A老师的导入法需要更强的驾驭能力，学生进入音乐情境再走出来，这个转换要拿捏好；B老师能做到以生为本，自如性更强，容易收放自如，但是比起A老师一个有经验的老教师来说，在深度和广度上还是有所区别的。

X老师和Y老师是"青蓝工程"的结对老师，年龄和教龄相当，结对子是为了能相互学习、相互促进。X老师和Y老师在"青蓝工程"汇报课上分别讲授《谏太宗十思疏》。X老师平时比较严肃些，课堂导入也是一板一眼，直接从题目入手，逐字解释，学生本身对文言文学习兴趣就不太高，这样的导入不能很好地激起学生学习的兴趣。而Y老师则是给学生播放了《甄嬛传》中三阿哥因不能深谙《谏太宗十思疏》一文而被皇上责骂的情节，借此导入，学生自然被吸引。从两节课的课堂导入对比可以得出，年龄、教龄相当的教师，在业务能力上还是有所差距的，在课堂导入上也能有所体现，当然这和本人的性格及用心程度也是有很大关系的。

课堂导入的案例观察和对比研究，在学校取得了较好的效果。一是提高了学生学习的兴趣，提高了学生和老师对语文课堂导入的认识。学生的学习兴趣由原来的59%上升到79%，有95%的学生认为课堂导入非常重要，老师运用课前导入由原来的59%，上升到95%，不常用的由30%下降到5%。二是学生积极参与到老师的课堂导入当中，体现了学生的主体地位。在课堂导入过程中，由

10%的学生常向老师提出参与课堂导入上升到了30%，并且老师让学生经常参与的由16%上升到40%，大多数的学生都能参与进来，说明老师和学生在课堂导入的环节上有了交流和互动。三是带动了潞城四中语文老师关于语文课堂导入研究和实践的热潮，并形成定期教研交流会，借鉴和吸收其他老师的经验，分享自己的研究成果。

参考文献

［1］王悦.教学方法与艺术全书［M］.北京:中央民族大学出版社.1998.

［2］李森.现代教学论纲要［M］.北京:人民教育出版社.2005: 248.

［3］李兰.语文课堂教学语言之导入语的艺术性设计［J］.云南财经大学学报(社会科学版), 2010, 025(001): 139-140.

［4］于敏.高中语文的导入艺术［J］.中国教育技术装备, 2009, (16).

［5］李丽, 王大鹏.高中语文课堂教学导入方法探究［J］.中国培训, 2015, (09): 278.

［6］田现召.浅谈高中语文课堂教学的问题设计［J］.学周刊, 2012(22): 168-169.

［7］冯现冬.语文课堂教学导入环节的唤醒策略［J］.语文建设, 2012, (010): 36-38.

［8］柏喜娜.高中语文课堂导入初探［J］.才智. 2016.

［9］史文蓉.浅谈高中语文课堂导入的艺术［J］.中学课程辅导, 2017. (14).

［10］李慧超.解读语文课堂教学导入艺术［J］.语文教学与研究(大众版), 2010, (004): 95.

初中化学概念教学中的思维导图运用研究

长治市第三中学校　王奋红

【摘要】本文从有效突破初中化学概念教学的难点，发展学生思维，提高化学教学质量的角度，在化学概念新授课与复习课教学中深入研究思维导图的有效运用，积极探索突破化学本身规律特性的策略与途径，使化学概念学习达到条理化、网络化、系统化。

【关键词】初中化学；概念教学；思维导图

一、研究背景

（一）新课程改革要求

新课程改革倡导学生主动参与、乐于探究、勤于动手，提高学生搜集和处理信息、获取新知识、分析和解决问题的能力，以及交流与合作的能力。学生是学习的主体，教师是组织者、引导者、合作者、激励者，在教学中要培养学生的学习能力和学习习惯，让学生感受到主动探究、合作学习的快乐，激发学习化学的兴趣，掌握学习化学的方法，提高思维能力，并学会构建系统化的知识体系。

（二）化学课程标准要求

在2011版化学课程标准中要求，教师要设计情景，激发学生学习化学的兴趣，引导学生主动进行科学探究，加强学生动手实践能力的培养，提升学生创新思维，逐步认识物质世界的变化规律，理解微观世界的本质，形成化学基本观念，提高化学核心素养。

（三）初中化学概念的特点

化学是进入初三年级新开设的一门课程，是学科的启蒙阶段，但是化学概念多，如物质的性质、用途、制法，元素符号、化学式、化学方程式等，每一概念细化分类与分支也多。化学概念很分散，呈现出的显著特点就是"形散"，许多概念不好理解，初学者很难将其归纳成完整的知识网络而把握住重点。同时，初中化学学习时间短、任务重，上下两册的新课教学内容在五个月左右完成，然后进入中考复习阶段。

（四）初中学生思维的特点

初中学生的思维虽然有了一定的归纳总结能力，有一定的逻辑性，但都处于不稳定的阶段，还存在一定的离散性，在遇到复杂问题时，思维还不成熟、不深刻，缺乏严密的条理性。虽然有一定发散性思维，但是目的不明确，处于散漫的状态，经常顾此失彼，在化学学习中经常用其他学科的思维来考虑问题。抽象的化学概念不能很好地理解，概念之间的联系不能彻底搞清楚，学生往往知难而退，很容易挫伤学习积极性。

（五）在初中化学概念教学中运用思维导图的必要性

思维导图又称心智地图、概念地图，是一种图像式思维的有效工具。在接触思维导图后，我们认为应该把化学学科特点与学生思维特点有机结合起来，在化学概念教学中运用思维导图，这样可以帮助学生整合知识、构建体系；可以帮助学生找到化学概念间的彼此联系，把孤立的概念串起来，达到网络化与系统化；可以帮助学生对系统化的概念教学理解与记忆，达到事半功倍的效果。因此，在初中化学教学中运用思维导图，帮助学构建知识脉络，提升思维能力，笔者认为很有必要。

二、研究意义

（一）理论意义

通过本课题研究，可以丰富对现有建构主义理论、学习策略理论、信息加工理论的认识，提供对上述理论的实践支撑。

（二）实践意义

通过本课题研究，对丰富初中化学概念的教学策略，提高化学教学成绩，发展学生思维能力有着重要的意义。

三、理论基础

（一）建构主义理论

建构主义理论认为学习不是由教师把知识简单地传递给学生，而是由学生自己建构知识的过程。学生不是简单被动地接收信息，而是主动建构知识，这种建构是无法由他人来代替的。在学习时，在一定的情景中，可以运用思维导图把原有的旧知识与新学的知识有机融合、建立联系，建构成系统化知识，让学习真正有效果。

（二）信息加工理论

信息加工理论从行为水平上将人脑与计算机进行类比，把人脑看作类似于计算机的信息加工系统，人的认知过程就是对零散知识的加工，使得知识间实现结构化与逻辑化的过程。在教学中运用思维导图在关键词之间建立逻辑关系，从一个概念联系到另一个概念，不仅有利于记忆，更有利于知识结构的构建。

（三）学习策略理论

学习策略指在教学中教师为了提高学生的学习效率，实现核心素养有效提升，主动为学生创设一定的学习情境或活动，让学生学会学习、学会思考，调整和控制学生学习方法与途径的使用与选择，也就是为实现有效学习而采取的程序、规则、方法、技巧以及调控的方式与途径。在初中化学概念教学中，运用思维导图是很好的学习策略，它可以实现学习效率的明显提升。

四、运用策略与途径

笔者在初中化学概念教学中作了许多研究，积极探索有效学习的策略，激发学生学习化学的兴趣，帮助学生正确认识物质世界的变化规律，逐步构建初中化学的基本观念，大胆尝试在教学中运用思维导图，有效克服化学概念多，而且比较零散、难理解、易混淆等困难与问题，不断提升教学质量。

基本思路：课前运用思维导图预习（教师备课时也要用思维导图备课），课堂上运用思维导图交流探讨学习内容、记笔记（教师引导点拨，答疑解惑），课后再次运用思维导图进行知识梳理记忆。

（一）在新授课中运用思维导图归纳化学概念

1. 教学作用

新授课中运用思维导图，可以实现化学概念的教学从点到面，从部分到整体，不断归纳构建出一个完整的思维导图，帮助学生对所学内容有一个整体认识；在学习中学生能更好地理解抽象的化学概念，建立起比较系统的化学概念框架，有效整合学习内容。

2. 教学策略

在新课开始时，学生自主运用思维导图复习已学过的相关概念，认识到新学概念所在的位置、来源以及与以后知识间的关系，建立新旧概念的衔接，然后，在教师的引导下运用思维导图一步一步深入开展探究活动，同学们积极参加小组活动，教师对新概念进行精讲点拨，从已知到新知，从部分到整体，把抽象的概念逐步归纳出系统化的知识脉络，帮助学生获得总体认知，有助于突破难点，达到理解与记忆。教学过程就是：创设情境，引入新课——构建新旧知识的衔接；明确任务，探究学习——展示假设检验的过程；归纳总结，练习强化——将化学新概念引入学生的认知结构；反思提高，完善提升——整理本节教学。

3. 教学案例：《化学方程式的书写与应用》

【教材分析】

本节是沪教版化学第四章第三节《化学方程式的书写与应用》第一课时的内容，化学课程标准要求：能正确书写简单的化学方程式，能说出其表示的意义，同时学会利用化学方程式进行简单计算。本节主要学习《如何正确书写化学反应方程式》。

【设计思路】

《如何正确书写化学反应方程式》新授课的教学设计思维导图如图1所示。

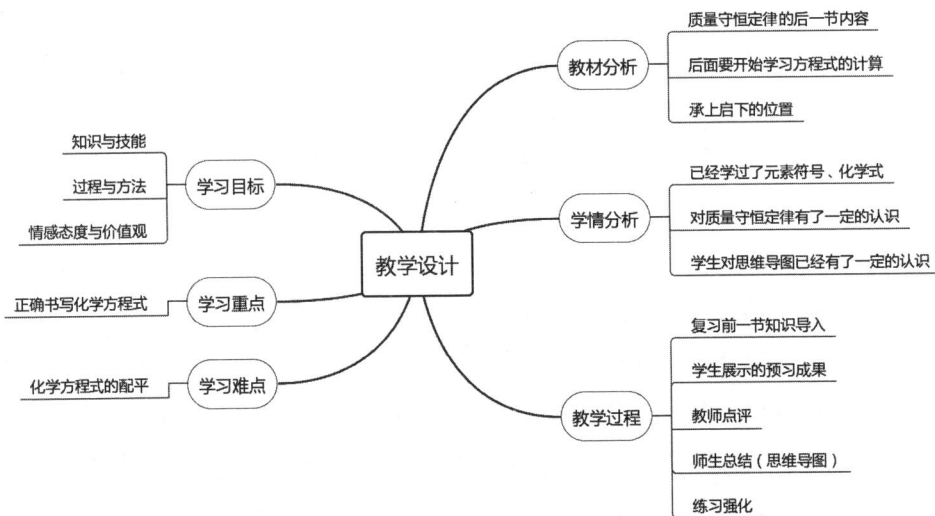

图1 思维导图——《如何正确书写化学反应方程式》新授课教学设计

【教学目标】

化学方程式的正确书写方法思维导图如图2所示。

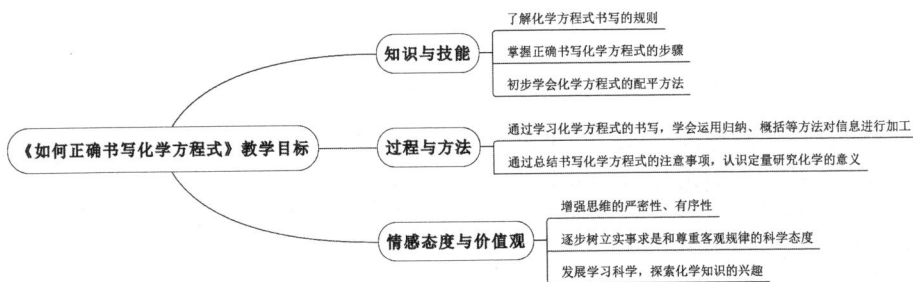

图2 思维导图——《化学方程式的正确书写方法》教学目标

【教学重难点】

教学重点：化学方程式的书写步骤

教学难点：化学方程式的配平方法

【教学过程】

教学过程中所使用的思维导图如图3、图4、图5所示。

教师活动	学生活动	设计意图
复习导入： 请同学们回忆一下上一节质量守恒定律中有哪几个微观不变。 **图3 思维导图——宏观与微观下的质量守恒** 思考：如何用符号表达式表示三个微观不变呢？（PPT） 用化学式与系数来表示化学反应的式子叫化学方程式 $3Fe + 2O_2 \underset{}{\overset{点燃}{=\!=\!=}} Fe_3O_4$	让一位同学回答：三个，原子的种类、数目、质量不变。 学生思考： 回答： 必须用等号，左右两边原子数目、种类相等。	运用最近发展区理论，复习旧知，引出化学新概念的学习。 运用思维导图来梳理已学概念
教学环节一： 教师引导学生完成课本上"活动与探究"，学习如何书写化学方程式。以磷在氧气中反应为例示范化学方程式的书写及配平。 $P+O_2 \longrightarrow P_2O_5$ $4P+5O_2 \longrightarrow 2P_2O_5$ $4P+5O_2 \overset{点燃}{\longrightarrow} 2P_2O_5$ $4P+5O_2 \underset{}{\overset{点燃}{=\!=\!=}} 2P_2O_5$ **图4 思维导图——以磷在氧气中反应为例** **示范化学方程式的书写**	学生先阅读教材，看老师示范，然后练习： ①水的分解反应。 ②二氧化碳与氢氧化钙的反应。	老师引导示范，给予方法指导
教学环节二： 安排自主学习任务。给大家5分钟时间，根据刚才书写化学方程式的过程，独立思维导图的方式画出化学方程式的书写原则、书写方法、配平方法以及书写的注意事项，5分钟后组内交流。	学生独立画出思维导图，5分钟后开始在组内交流。	学生是课堂的主人，在老师引导下自主学习、合作学习。
教学环节三： 老师组织，各小组选出优秀的成果在班内展示。	每个小组依次展示自己小组的成果。	让学生主动参与。

教师活动	学生活动	设计意图
教学环节四： 师生总结，用思维导图（PPT） 如何正确书写化学方程式要点归纳总结如图5所示。 **图5　思维导图——如何正确书写化学方程式要点归纳总结**	学生进一步修改完善自己的思维导图，让新学习的概念系统化。	运用思维导图明确化学方程式的书写方法，把知识系统化，便于理解记忆。
教学环节五： 老师布置课堂练习强化，课本上99页的习题。	学生写出并配平化学方程式	归纳总结，巩固提升。

【观察与评价】

成功方面：从本节课的教学效果来看，基本上实现了学习目标，学生学会了化学方程式的书写，课堂学习氛围活跃，通过绘制思维导图使知识达到了系统化，促进了理解与记忆，通过自主学习、合作学习、展示交流等环节，提高了学习效率，促进了学习目标的达成。

存在问题：从教学过程来看发现存在以下不足：（1）学生预习情况一般，导致课堂时间紧张；（2）学生自主学习的兴致有待提高，创作思维导图的意识不强，制作思维导图内容不太全面；（3）小组合作学习应加强流程意识的引导。

教学反思：（1）绘制思维导图需要提前进行指导，让学生清楚任务要求与标准；（2）教学中应加强学生思维能力的培养，加强方法指导，提升学生对学习任务的理解；（3）课堂教学流程需要细化，进一步提高小组合作学习的效率。

（二）在复习课中运用思维导图演绎化学概念

在以往的复习课中，教师起主导作用，系统对化学规律、概念进行总结，经常重复性讲述概念，很少与学生进行互动，由教师在黑板上复习所学概念的整体脉络。运用思维导图教学实现了学生为主体、教师作引导的新课改理念，学生学习的主观能动性和创造天赋被充分发挥了出来。在运用思维导图概念教学的过程中，教师的作用主要体现在课前的准备，如设计复习流程，作好预设等方面，也体现在课堂上的引导，指导学生完成学习任务，对课堂上生成的问题及时点拨讲解。师生间是友好互动的学习氛围，教师为学生搭建更大的发展舞台与空间，学生运用思维导图独立绘制化学概念的一体化网络。

在复习教学过程中，学生在教师的点拨引导下，运用思维导图概括整理学过的化学概念，演绎概念间的规律，复习强化所学的知识，按照认知结构来构建知识网络，从一级关键词到二级关键词，把学到的化学概念演绎出来，逐步细化展开、整理、总结，从不同的视角演绎学过的化学概念、原理，使之成为系统化的知识网络，达到系统化，实现理解与记忆。通过交流展示自己的思维导图，取长补短，共同提高，从而形成自己的知识体系。

策略一：上复习课时，教师把要复习的化学概念分解任务，让学生以小组为单位进行分工复习。教师进行方法指导并规定时间，各个小组整合相关概念画出一张"小"的思维导图，从而达到对所学概念巩固提升的效果。制作思维导图时，小组内分工合作，与教师进行交流，让教师及时了解学生的困惑与问题，及时点拨指导，提高针对性。在每节课总结提升阶段，教师整合各小组思维导图，制成一张系统化的思维导图，提炼复习的重点内容，达到脉络清楚、要点突出、提升复习课的效果。例如，在复习氢氧化钠的变质问题时，就按小组分解任务，最后在教师引导下完成思维导图的绘制。

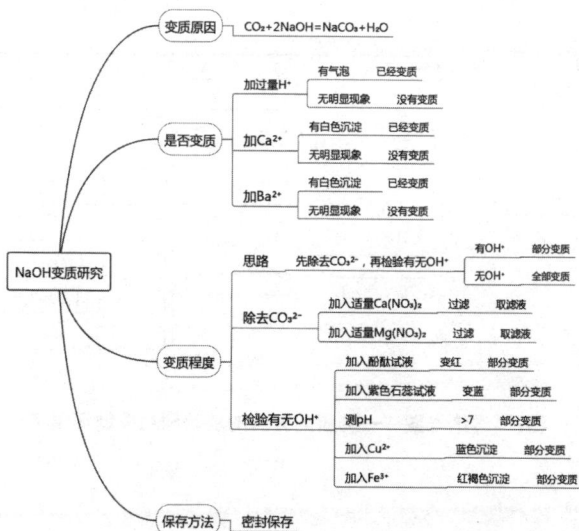

图6　思维导图——氢氧化钠的变质问题研究

策略二：上复习课时，首先，教师先安排每名学生自主制作思维导图，利用思维导图完成知识框架图。然后，教师可以让学生在制作思维导图后进行交流讨论，在交流中发生思维碰撞，相互补充自己的思维导图。例如，在沪教版《常见的金属材料》复习教学时，我们可以先引导学生利用各种不同的纯金属与合金为关键词进行思维导图设计，然后组织交流讨论，以此提升化学教学效率。

策略三：在课堂的开始，教师把此部分知识预先设计出中心主题和一级主题的内容，其他次级主题也设计好，但内容是空白的，让每一名学生独立完成，不必画出分支，只须添加相应的内容。在师生交流讨论环节，教师可以安排学生阅读思维导图，再回答相应问题，让学生运用思维导图强化概念的复习，帮助学生梳理概念，找出概念之间的层次与包含关系，并在复习的过程中形成联想思维与记忆，养成良好的学习习惯。思维导图以"树"的形式使分支的小点与主干概念建立联系。能够实现将复杂的概念细化，主要用于分组或分类。在制作"树"的过程中，能够对概念进行概括总结，并使整个概念体系系统化、条理化。学生制作"树"的过程，也是将化学概念内化的过程。例如，在复习物质的分类时，我们就采用把关键词空白，让学生填空的做法进行复习。

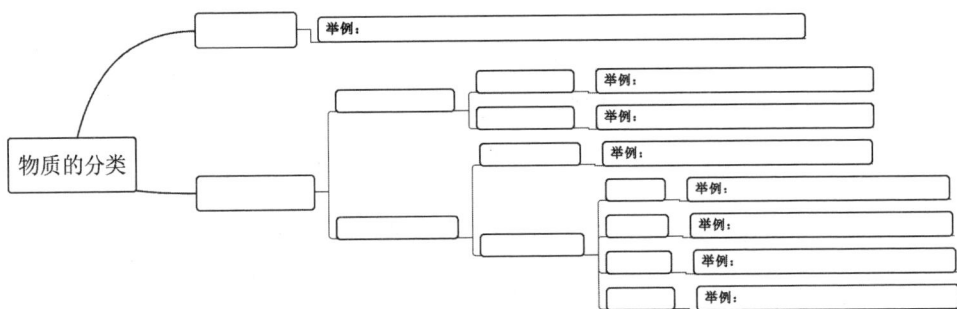

图7　思维导图——物质的分类的复习利用关键词填空

五、总结与反思

（一）总结

1.思维导图是化学概念教学的有效工具

在行动实践中充分说明，思维导图在化学概念教学中，可以训练学生的发散性思维；思维导图是一种提高教学成绩的化学教学策略；思维导图是一种教师备课的有效工具，可以达到思路清晰，结构条理。

2.思维导图是提高学生化学学习兴趣的策略

在化学概念教学中运用思维导图，能突破概念多而散的特点，绘制出系统化的思维导图，突出重难点，让学生很容易理解与记忆，从而激发学生学习化学的兴趣，让学生感受到学习化学的成就感与幸福感。

3.思维导图是促进学生思维能力提升的途径

化学概念教学中运用思维导图后，深受学生喜爱，促进了小组合作，在组内合作、组间竞争的学习氛围中，锻炼学生的逻辑思维、发散思维、创新思维。

（二）反思

1.思维导图在化学概念教学的运用模式还需进一步细化

笔者在化学概念教学中，主要尝试了新授课与复习课运用思维导图，收到了一定的效果，但是运用的模式还不具体，归纳与演绎的流程不细致，操作性不强。在运用思维导图之前需要制定简易教程对学生进行系统的绘制思维导图培训，让学生掌握绘制的方法与要领，提高运用思维导图学习的能力。不同的教学环节运用思维导图还需要进行探索研究，如预习、备课、上课、复习、练习等环节运用模式需要再细化、再具体，同时在不同的化学概念教学中也需要分类研究，结合学情找到适合运用思维导图的方法。

2.思维导图在运用过程中需要注重有效评价

在化学概念教学中运用思维导图，有效提高化学教学质量，就必须跟进配套的评价制度，在不同教学环节、教学内容运用思维导图的过程中注重评价引导，加强过程性评价，以评价促进运用思维导图的效果，以评价激发学生运用思维导图学习化学概念的兴趣，让学生在评价中提高绘制思维导图的水平，提高理解、掌握化学概念的程度。因此，在今后的化学教学过程中，需要积极探索运用思维导图的评价制度，建立一套行之有效、操作性强的思维导图评价标准。

参考文献

［1］中华人民共和国教育部. 义务教育化学课程标准［M］. 北京: 北京师范大学出版社,
　　2011.

［2］东尼·博赞. 思维导图大脑使用说明书［M］. 张鼎昆, 徐克茹, 译. 北京: 外语教学
　　与研究出版社, 2005.

［3］邱德华. 思维导图在初中化学教学中的运用［D］. 贵州师范大学, 2018(05).

［4］刘濯源. 思维可视化: 减负增效的新支点［J］. 中小学管理, 2014(006): 10-13.

［5］王扣梅. 初中生化学思维的培养［J］. 文理导航, 2016(11Z): 61.

［6］周爱云. 思维导图应用于初中化学教学的探索［J］. 中国科教创新导刊, 2013(024):
　　100-102.

［7］李明山. 浅谈思维导图在初中化学教学中应用的几种类型［J］. 化学周刊,
　　2017(18).

专业学习共同体视角下学科教研组建设的策略研究

——以长治市上党区第一中学校英语学科教研组为例

长治市上党区第一中学校　　冯伟

【摘要】从专业学习共同体角度看长治市上党区第一中校（以下简称上党区一中）的学科教研组建设，无论老师和学校都有这方面的意识，日常教学研究中也具有专业学习共同体的特征和表现，但在专业学习共同体内涵上的发展方面还有很多不足。主要原因在于：学校对学科教研组建设缺乏足够的重视和有效的监督管理方式方法；学科教研组组长缺乏专业引领和协调组织能力；学科教研组的组员对学习资源共享和分享认识存在较大的差距，导致不均衡、不平等现象的发生；教师对学科教研组的认同感不强，合作精神匮乏，缺失凝聚力。因此，为发挥学科教研组在学校教学研究和管理中的应有作用，学校层面要在完善学科教研组管理机制的基础上推行一些激励学科教研组组长和全体教师进行教学研究的方法，并加强学科教研组组长的责任心、领导力、协调能力的培训，同时在教研组及其成员层面，明确个人学习和发展目标，实现教研组由学校组织运转向自发运转改变，真正变成具有专业学习共同体特征的组织，提升教师专业素养的主阵地，教师寻找和解决问题的心灵家园。

【关键词】中学教师；学科教研组；学习共同体

学科教研组具有一定的教师专业学习共同体的特点和功能，既是教师专业成长的主阵地，也是学校改革发展的主要抓手。本文从建设有效教师专业学习共同体的角度，调查上党区一中英语教研组的运行现状和内涵发展特点，分析学科教研组的现状，探究具有教师专业学习共同体特征和功能的学科教研组的运行策略。

一、调查研究

本次调查问卷共发放32份，回收32份，回收率为100%，且全部是有效问卷。访谈了3名学科组长和6名外语教师，也获得了直观的有效信息。

对调查问卷的数据，使用数据软件进行了统计分析，并将访谈的数据进行了文字录入处理。整体上对教研组的现状形成了初步的框架。

二、学科教研组现状总体情况分析

（一）共享的"领导"

教师专业学习共同体视角下的学科教研组现状的五个因素得分中，教师在共享的"领导"这一因素上的均值最低（1.52）。

1. 学科组长是学科领头人，难以实现竞聘上岗

大部分英语教师承认学科组长的专业领导角色，认为其是学科领头人（80.5%）。"学科组长是选举产生的"这一项上的得分普遍很低，99.3%的教师持否定态度，访谈时部分英语教师表示，"学科组长一般都是按照教龄或者教学成绩产生的""学科组长是年级主任提名的""学科组长一般不存在轮换，一干就是三年"。

目前学校的学科组长基本都是各年级主任直接任命的，更多的是考虑学科教研组工作的开展，也有部分学科的学科组长是由选举产生的。距离竞聘学科组长还需一定的时间酝酿和引导。

2. 教师基本不参与组内决策

在学科教研组人事参与方面，不同的教师有不同的回答。英语学科组长表示能参与到学科组的事务当中，而普通英语教师大多表示很少参与。从访谈中能够看出，年龄偏大的教师由于不太认可学科组长而不参与学科组事务，年龄偏小的教师则不太敢参与到学科组事务中。从问卷中看出，89.7%的教师认为学科组长"考评教师和监督教学质量"、78.3%的教师对"学科组内教师共同讨论确定活动内容"和"学科组的工作计划由教师讨论产生"两项持否定的态度，这说明教师基本不参与或者不一定参与组内事务决策。

（二）共同的愿景

胡惠闵指出，一个"群体"能否真正促进"个体"的专业成长，最关键的

并不在于有或没有合作型组织，而在于这些组织是否具有共同的目标，以及实现目标的有效的运行机制。教师业务学习共同体视角下的共享的愿景要落脚到学生的学习上和教师的专业成长上，并在教师共同协商和研讨的基础上形成。总体来看，学科组共享的愿景方面得分较低，人均得分2.35分。这也从另一个侧面说明，学校学科组仍停留在"聚会式"活动阶段，距离"团队式"活动还有一定的距离。

1. 学科组基本没有共同的愿景

从问卷的"我所在的学科组有明确的发展目标"和"教师共同讨论确定备课组的发展目标"两项上看到，选择同意和非常同意的比例分别为9.6%和4.8%。访谈中也发现，很多一线教师并不清楚学科教研组的目标。当问到一个老师所在学科组的发展目标时，受访者往往会愣神或者反问什么是发展目标，多数老师的表述存在着很大的差异。当问到学科组长这一问题时，他们要么回答说："学校没有定。"要么则是拿着听课笔记本前言说："这就是教师的发展目标。"综合这些调查结果可以多角度说明学科教研组没有共同的愿景，即没有教师专业成长的规划和要求。

2. 教师的愿景主要局限于学生的学习成绩

从问卷的"学科组的发展目标要集中在学生的学习上"一项中有93%的教师表示"同意"和"非常同意"可以看出：英语教师基本认为学科组的工作应该重点关注学生的学习。再如问卷中"学科组的目标要集中在学生的全面发展而不是考试分数上"一项只有6.7%的教师选择了"非常同意"。另外在教师访谈中也表示，自己非常重视学生的学习成绩，关注如何提高学生的考试成绩和提高升学率，教师也主动阐述了主要来自两方面的压力：一是学生的成绩将直接影响教师的绩效工资和职称的晋升；二是学校领导和学生家长对成绩的过分关注，直接决定教师的工作导向和目标追求。

（三）合作性学习

教师对合作性学习都持非常正面的态度，从问卷的"学科组内教师经常讨论学生的问题并相互给出帮助建议"一项有85.6%的教师选择了"非常同意"可以看出：教师对合作性学习持肯定态度，尤其是近几年刚参加工作的青年教师，认为学科组活动的开展对自己的帮助很大，极大地缩短了自身的成长周期。

1. 学科组活动形式单一，计划性和针对性不强

访谈中发现教师举出的活动形式主要是集体备课、听评课、学情分析、试卷编制等，问卷中80.3%的教师认为学科组的主要工作是集体备课和听课，71.3%的教师认为学科组要求我们定期对自己的工作情况进行总结。定期的工作汇报和总结是教师考核的重要手段。此外，回答"同意"或"非常同意""教师共同讨论确定学科组的教研主题"的，仅有9.5%和1.9%。这些都表明学科组活动内容多为学校安排，内容泛化，很少从教师的专业成长和学校的长远发展角度设计，缺少针对性和计划性。

2. 活动记录不完善，没有形成集体认知

问卷中"学科组对每一次教研活动都进行记录、归档"一项上持肯定态度（同意或非常同意）的教师人数占到35.3%，说明学科组活动记录并不完善，更谈不上形成共享性的集体知识。访谈中也有教师提到："其实学科组的资料可以汇总后转到下个年级用，下年级修改使用后再转到下下个年级，这样久而久之就可形成一套完整的属于自己学校的知识体系。"

（四）分享个人实践

访谈中发现分享性活动存在形式化问题，比如听评课活动的评课环节大部分老师是以表扬和学习为主，只说优点，缺点要么不提，提也是轻轻带过就完了。另外从问卷中"我总是积极主动地参与教研活动并可以毫无顾忌地发言"一项教师选"同意"和"非常同意"仅有15.3%和9.8%，也说明教师在分享个人实践方面存在虚无现象。

（五）支持性条件

从问卷调查和教师访谈中发现，支持性条件对教师专业学习共同体视角下学科组教研活动的开展程度有重要影响。

1. 支持性制度不全面，评价和奖励机制不够合理

英语教师普遍认为学科组有自己的组织制度，但在访谈中发现大部分教师并不能明确指出学科组有什么制度，当问到有没有学科组活动规划和激励评价制度时又说不知道。总体来说，学校对学科组教师的考核评价，仍以简单的的出勤率作为唯一的标准，并没有考虑到教师参加活动的积极性、投入度等内容。

2.学校为学科组提供的资源存在盲目性和随意性

问卷的"学科组定期邀请校外专家为我们进行讲座和培训""学科组为我们提供培训和进修机会"两项中，教师持肯定态度的分别占85.6%和78.3%，说明学科组比较重视教师的专业成长。其中学科组长培训进修机会多于普通教师。而在"学科组会不定期地了解我们存在哪些学习需求"这一项上，只有14.3%和16.2%的教师选择同意和非常同意，一定程度上说明学校学科组在提供资源时有一定的盲目性和随意性，并不具有针对性。

三、影响学科组教师专业学习共同体的原因分析

通过对英语学科教研组的现状分析，基于相关理论，参照相关研究性论文论著，发现影响学校学科教研组转变为真正意义上的教师专业学习共同体主要受到以下因素的影响：

（一）学校考核过度强调竞争，无助于教师形成合作关系

分享与合作是教师专业学习共同体的核心内容，有效的合作性学习不但能够弥补教师个人能力的不足，而且能够引发教师的个人反思。在这个过程中，教师既应该客观地正视自身的不足，虚心地接受其他教师的帮助，还应该大方地与其他教师分享自己的教学心得。然而，现实情况是教师不愿分享、拒绝分享，害怕别的教师超过自己，给自己带来更多的竞争压力，更怕分享后影响到学校对自己成绩的评定，进而影响评优、评模、职称晋升等个人荣誉，甚至影响到社会、家长对自己的认可和赞誉。可见，怎样有效地减小或规避"学校对教师个体成绩的考核"对教师之间的分享和合作的影响，能够在异常竞争激烈的环境下，竞争与合作共生，就成为加强"教师专业学习共同体建设"的突出问题。

（二）作为合作组织的学科教研组的领导力欠缺，无助于教师开展合作

学科组长的领导力重点体现在本身的专业引领水平和协调组织能力上。专业引领水平将直接决定学科教师对组长的信服度和认可度，组长只有能时常提出具有学科性讨论和研究的话题，才能把更多学科教师吸引到自己的周围，才能激励教师发自内心地参与到学科研究中。协调组织能力将直接决定学科组活动开展的实效性和活动的氛围。学科组长不是领导，但要有高超的领导水平，

协调组织能力本身就是领导者的基本素养，学科组长通过沟通交流使学科教师愉快地接受和执行就是领导力。如何提升学科教研组组长的专业引领水平和协调组织能力将是教师专业学习共同体建设的首要问题。

（三）学科教研组提出的研究问题难以激发教师间的合作和研究的热情

只有是结合教育教学实践和高考考纲要求而提出的具有合作性和研究型的学科问题，才能使教师产生参与的欲望，并积极与其他人沟通交流，分享认识。设计的问题不能是学术问题，而应是以课堂教学和其他各种教学活动中产生的困惑或形成的反思为基础派生出来的。提出这样的问题，既能对教师的日常教学有补漏作用和指导作用，又能使学科教师做到既有的放矢又生动活泼，也能使科任教师感受到分享的意义和体会到分享的愉悦。如何指导老师们发现并提出具有讨论价值和研究意义的问题，将是提升教师专业学习共同体建设的重要依托。

（四）教师的工作负荷过重，难以有精力和心情开展合作学习

教师因素是有效教师专业学习共同体建设的重要影响因素。中学教师，特别是农村中学教师，面对过大的班容量和升学压力、学校硬件落后的基础条件，唯有投入更多的时间才能适度提升教学质量。以我校教师为例，工作时间一般从早上六点持续工作到晚上十点，班主任要延续到十一点以后，上课、备课、辅导、批改作业、值研将分去教师绝大部分精力，过重的工作负荷使教师很难再有精力和时间热衷于学科教研组的相关活动。

四、教师专业学习共同体的学科教研组建设的策略

教师专业学习共同体的学科教研组是教师专业成长和素养提升的主要阵地，具有专业学习共同体的学科教研组也是提升教育教学质量的重要抓手，优生质量和名校数量的提升是依托于高效性和针对性强的教研工作来实现的，好的教研工作需要一个具有专业学习共同体特征的学科教研组才能得以开展，也就是指由一群具有共同的愿景、能够共享领导的决策、分享个人实践、合作学习的教师组成，并致力于教师个性发展和学生健康成长的学习型团队。当前我认为学科教研组建设主要应从以下三个方面入手。

（一）制定能够推进合作性学习的管理方案

构建教师专业学习共同体的学科教研组必须加强制度建设，有时一些适度的约束反而容易帮助教师养成习惯和掌握必要的工作流程，保证教师专业学习共同体各项活动的持续、有效开展。比如2019年，秋学校为了提升集体备课质量和效率，养成合作性学习和分享个人实践的习惯，特制定了集体备课流程。

流程实施以来，教师学科组的归属感越来越强，活动时不愿发言的教师发言的积极性有明显的提高，很多教师都能做到畅所欲言，挑毛病和谈新做法的声音越来越多，集体备出的课的质量也稳步提升。

（二）准确定位，赋予责权

目前大多数高中学校都实施年级组管理模式，在一定的时段里，这种模式极大地提升了学校的教育教学质量，同时也忽视了学科教研组的管理和建设。正是由于缺失了专业组织的建设，导致教师更多的是单兵作战，缺失了合作性学习和分享个人实践，使教师队伍的专业成长变得缓慢或停滞不前，导致学校的发展也逐渐走入瓶颈。改变现状的最好方法，是把教师专业学习共同体的学科教研组建设摆到正确的轨道上来。一方面学科组的建设是为年级组提升教学成绩服务的，不会冲淡年级组的管理，年级主任是学科组长的直接领导，教师专业学习共同体的建立可以有效促进年级团队的建立，强化年级教学研究工作，提升优生和边缘生的辅导方法和手段；另一方面要赋予学科组长一定的权力，有权才有责，只有学科组长具有一定的领导权，才能有效组织学科组教师开展有效的教学研究活动和制定相应的教学研究方案和学科组工作要求，最终推动教师专业学习共同体的建立和落实年级布置的各种教学研究工作。

（三）强化专业培训，提供有力支持

教师专业学习共同体的学科教研组的建立不仅要有制度作保障，还要不断提升教师的思想觉悟和调动教师的工作积极性。

1. 开展好学科组长和教师的培训工作

要加强学科组长的领导力和教研组管理艺术的培训，提升学科组长的管理技巧以及学科组长的执行力。要加强教师专业知识和专业素养的培训，以建立教师的共同愿景和调动教师分享个人实践的积极性，为建立具有专业学习共同体特点的教研组作好应有的思想保障。培训的方式可以采用"走出去"和"请进来"相结合的模式，当然也要充分利用网络资源进行培训。培训内容既要结合学校本土特点，也要兼顾当前的教育大形势，针对性和有效性都不可忽视。

2. 提供一定的资源支持

学校要每年给教师添置一定图书、杂志等，也要鼓励教师个人征订一些报纸杂志。另外，学校还要购买些优秀的网络资源供教师查资料和编制导学案及组试题服务。学校还要给每位教师配备电脑、U盘等相应的必备的教学办公硬件。当然，在资源支持下要作好民意调查，杜绝盲目性和随意性。

3. 提高教师福利待遇

教师的工作特点比较特殊，在校时间比别的单位长，特别是农村中学的教师，付出的会更多。额外付出就要让教师有额外回报，以便使他们对高负荷工作能够安然接受。另外要适度调整学校的安排，尽可能减少教师工作量，向教师的工作效率要质量。给教师以更人性化的管理也是一种很好的福利。教师生活有质量，教师工作就有激情，学校成绩才有希望。

教师专学习共同体的学科教研组的建设过程，就是由"聚会式"教研活动向"团队式"教研活动的转变过程。这个过程不是一蹴而就的，需要我们不断地探索方法和改进措施。让我们携手为教师专业学习共同体的形成砥砺前行，越是艰险越向前。

参考文献

［1］佐藤学. 学校的挑战: 创建学习共同体［M］. 上海: 华东师范大学出版社, 2010.

［2］郭婧. 教师专业学习共同体视角下的备课组研究［D］. 山西师范大学. 2017.

［3］阴祖宝. 基于专业学习共同体的教研组变革策略研究［D］. 西南大学, 2014.

［4］胡艳. 专业学习共同体视角下的教研组建设——以北京某区中学教研组为例［J］. 教师教育研究, 2013, 06: 76-80.

［5］李俊. 专业学习共同体视角下我国高校教研室建设策略［J］. 信阳师范学院学报(哲学社会科学版), 2017(5).

［6］单志艳. 走向中国特色教师专业学习共同体的教研组变革［J］. 教育研究, 2014, 035(010): 86-90.

［7］方凌雁. 走向专业的校内同伴互助研修［J］. 上海教育科研, 2014(03): 49-51.

中等职业学校教师职称晋升
对教师工作积极性的影响因素

——以晋东南幼儿师范学校为例

晋东南幼儿师范学校　　杨凯

【摘要】职称的晋升制度是验证教师作为专业人员，从专业思想到专业知识、专业能力、专业心理品质等方面由不成熟到比较成熟的发展过程，也是教师从一个新手发展成为专家型教师或教育家型教师的发展历程的有效手段与评价标准之一，而这个重要因素也很大程度地影响着教师的工作积极性。研究结果表明职称晋升对教师生活、心理及工作中产生积极影响的同时也可能挫伤教师的工作积极性。笔者运用问卷调查、访谈等方法对学校教师工作积极性、教师职称晋升存在的问题等进行数据收集，整理数据发现：教师职称晋升对教师的工作积极性存在直接、间接的积极影响及一定程度的消极影响。因此，笔者结合实践工作进行探究提出：在教育教学管理中管理者可以有效运用这些因素，采取妥当措施有效激发教师的工作积极性。

【关键词】中职教师；职称晋升；工作积极性；影响因素

　　笔者通过阅读文献及调查研究发现，影响教师工作积极性的主客观因素是多方面的，主要表现在对需求的满足、思想认识水平、生存环境等。为了能够更清晰地了解到职称晋升对晋东南幼儿师范学校教师工作积极性的影响，采用了调查研究与访谈相结合的方法收集数据并进行数据分析，研究职称晋升对教师工作积极性的影响。

　　本研究向全校98名专职教师发放调查问卷98份，其中高级职称20人，中级职称47人，初级职称31人，收回有效问卷90份，问卷内容涉及教师的基本情况、职称晋升的影响因素、职称晋升对个人的影响、影响个人工作积极性的因素、职称晋升对个人工作积极性的影响等多个方面。根据数据分析显示职称晋升能够激励教师主动承担教学工作、克服困难创新工作方法，并且可以提升教师自我认同感、工作幸福感，对教师具有激发工作积极性的作用，同时职称晋升压力过大、不能顺利晋升职称等原因也会对其工作积极性产生消极影响。

在发放调查问卷的基础上笔者选择不同职称等级的教师进行了访谈，笔者选取高级职称8人、中级职称20人、初级职称10人为访谈对象，并对不同职称层次访谈对象的年龄层次进行控制，针对职称晋升对教师工作积极性的影响进行深入探讨，收集数据。访谈结果显示：大家一致认为职称晋升对教师工作积极性的积极作用大于消极作用，但同时表示，职称晋升过程中存在诸多影响这种积极作用发挥的因素。

一、职称晋升对教师工作积极性的直接影响

（一）主动承担教学工作，工作主动性提高

在调研报告中有近90%的教师表示，为了顺利晋升，他们会将晋升条件当作工作目标，面对教学工作量的要求，教师会主动承担较大的工作量，并且愿意花费比其他工作更多的时间和精力投入其中，且95%以上的教师对问卷中"职称评定与聘任、职称晋升对工作积极性的影响程度"的选择是"非常重要"。马斯洛的需要层次理论告诉我们，"人的一切动力来源于对其需求的满足"，教师对需求的期望就是他们对满足需要的基本要求，这一要求的规格是教师主观意识对客观条件满足的可能性的反映。而调研结果分析表明大多数教师认为通过职称晋升可以满足他们目前的主要需求，即专业技术能力的认可。

（二）勇于挑战困难，工作更富有创造性

中华民族是重视德育且志趣高尚的民族。"立德"是我国古代"三不朽"之一，《左传》载有"太上有立德，其次有立功，其次有立言，虽久不废，此之谓不朽"。党的十八大报告也明确指出：要"立德树人"，必须坚持德育为先。"德为才之帅。"德是做人的根本，更是一个人成长的根基。而德育工作却并不是那么容易完成的，德育甚至成为教师工作中的一大难点，面对德育很多教师都费尽心思，而做好德育工作正是我们考核一个教师是否合格、能力是否出众的首要指标，职称晋升德育一票否决，是目前学校职称晋升的硬性规定。

职称晋升是教师职业生涯追求的重要目标之一，德育能力的考核要求对教

师工作具有一定的导向作用，激励教师为之不断努力。对教师来说，当获得了某一职称后，不仅获得了相应的利益，同时也激发了其相应的责任感、使命感。教师在晋升到高一级职称后更有能力也更愿意主动承担学校的德育、学生管理工作等。并且，为了做好这些工作，许多教师也会努力创新方法，破解难题，使得德育工作登上一个新的台阶。

（三）增强自我认同感，激发工作积极性

专业技术职务是教师知识水平、工作能力和学术地位的标志，中高级专业技术职务结构比例是有限制的，职称数量有限，只有优秀者才可能获得较高级的任职资格。在当今社会，所谓职业的好坏，主要看从事这一职业的人们拥有的"社会资本"和"经济资本"。从职称晋升制度本身来看，它隐含着通过职称晋升来提升教师"文化资本"，从而使"文化资本"转化为"社会资本"或者"经济资本"，进而提升教师社会地位。因此，职称的晋升，不仅带来了工资收入的改善，同时也意味着社会地位、名望等的提高，满足了教师的成就需要，不断提升教师对自我的认同感，降低懈怠心理，进而激励教师不断努力，提高教师工作积极性。

访谈过程中受访教师也明确表示：职称晋升能够给自己带来更多满足，提升自己的"社会资本"，进而提高工作积极性。

教师A：职称没有晋升前，都不好意思跟朋友们谈及自己的工作，晋升之后好像不太回避这些话题了，虽然各方面可能还是没有朋友们好，但感觉没有那么尴尬了。

教师B：有没有积极性其实受很多因素影响，比如工作环境、同事关系、师生相处得是否融洽等。当然职称也是一个重要因素，自己感觉并不比别人差却没法评上职称，心里还是会介意的，有时候工作上也会因此而懈怠。

二、职称晋升对教师工作积极性的间接影响

（一）对教师工作能力的认可

笔者调研过程中发现，86%的教师认为职称提升是对自己工作态度、专业水平以及工作能力的肯定。在"关于中级职务的评聘，您认为以下哪些因素对教师吸引力较大"这一题目中，100%的教师选择了"评上中级职称是对我

的业务能力的认可"这一选项。可见经历重重选拔获取职称晋升所带来的种种"实惠"无疑是对教师工作能力的有力认可，更是调动教师工作积极性的重要手段。教师职业生涯往往从低层职称开始，沿着职称等级阶梯从低到高不断晋升。工资收入与职称挂钩，每晋升一个等级，都伴随着工资收入的增加以及其他待遇的提升，如住房、科研经费、课时津贴、差旅费报销标准等的改变。而且，在职称晋升阶梯中，越接近塔尖，对知识、技能和水平的要求越高，亦能进一步激发教师继续努力学习、工作的积极性。

（二）生活水平提升，增强幸福感

职称晋升与教师利益息息相关，直接影响到教师的生活水平，从而影响到教师的工作积极性。笔者调研数据显示：75%的教师在谈到职称晋升问题时会关注到工资的调整，访谈中教师们也多有谈到职称晋升带来的"经济实惠"可以缓解其经济压力，减少工作上的"后顾之忧"。晋升至更高一级职称最直观的好处便是工资的增加，教师各方面待遇的提升。这既是对教师工作能力的认可又是对教师辛勤工作的回馈，因而职称顺利晋升在一定范围内可以改善教师的生活状况，进而促进教师工作积极性的提高。相反，如果职称无法顺利晋升，不仅在情绪上会受到打击，更直接的是会影响到生活水平的提高，因而也会在一定程度上影响教师的工作积极性。

（三）获得成就感，心情愉悦，心理更健康

教师心理发展成熟度、成功期待及其总体心理水平与其积极性之间呈显著的正相关。特别是成功期待及其总体心理水平与其工作积极性的相关，分别达到0.96和0.9491，$p < 0.01$，这直接反映出教师心理发展越成熟，成功期待水平越高，教师的工作积极性就越高。因此，能够晋升职称会使得教师对成功的期待需求得到满足，促使其在人际交往过程中积极乐观，心情舒畅，建立良好的人际关系，获取更多的信心和鼓励，促进其工作积极性的提升。特别是师生交往过程中能得到学生的积极回应，更能激发教师关爱学生、解决困难，创造性地解决各种教学问题的动力。

三、职称晋升对教师工作积极性的消极影响

晋升职称能够发挥激励作用是显而易见的，但职称晋升过程中的干扰因素

在一定程度上，也阻碍了优秀人才的脱颖而出，挫伤了教师的积极性，也严重地削弱了职称晋升的激励作用。

（一）为晋升而被动实施德育，导致德育缺乏实效性

在现行的专业技术评价指标体系中，评委关注教师获得多少奖励、发表几篇论文以及公开课的数量等可以量化的考评指标，远远多于教师在教学中的情感付出、师德培养以及学生思想道德素质等不可量化指标。在这样评价体系影响下，许多教师的工作参照"考核"展开，忽略了正常的教学工作和教学质量，与立德育人、积极敬业的师德背道而驰，慢慢变成了"功利性"的工作态度，对以求真、求善、求美为本质的教育事业造成了侵蚀。传统的职称评审指标体系，对论文数量、荣誉数量等能够量化的指标过分关注，忽视了教师职业的内隐性，忽视了教师对学生的情感付出，以及对学生思想道德素质、目标理想以及人生观世界观的培养。缺乏对教师的定性考核，不仅会形成教师行业的不良风气，打击优秀教师教书育人的积极性，还会使教育教学视野下的人才培养导向产生偏差，有悖于对学生全面发展的培养，缺乏德育工作实效性。

（二）工作能力得不到认可，工作态度懈怠

在长期的实践工作中，教师职称评定的价值"变味"了，职称评定更多的牵扯到教师利益和所处地位。很多教师错误地把职称评定当成赚取个人利益和个人提升的方法，刻意忽略了其激励教学进步的本质。部分优秀教师为了职称晋升，耗费了大量的时间、经历去关注教学以外的事情，论文、工龄、资历等成为他们的工作重心，不仅影响正常的教学工作，还容易滋生学历造假、论文抄袭等负面后果。一旦评选成功，又会因"考聘分离"制度无法进入相应的专业岗位，打击了教师的工作积极性，反过来对职称评定的价值产生怀疑。而评选失败，则难免会产生失望、泄气等负面情绪，影响工作积极性和主动性；同时，学校内部的恶性竞争，很大程度上造成老师之间的嫌隙，影响团结和学校的发展，参评教师的工作能力也无法得到正确的评估。因此，职称评定在某种程度上不仅失去了原有的激励功能，反而使得教师们对职称评定中对教师工作能力产生怀疑，甚至忽略了教师真实的工作能力，而是将目光放在教学素养之外的因素上。长期如此教师们对待教学工作的心态便会发生变化，工作态度懈怠，影响教学效果。

（三）自我认同感下降，缺乏幸福感

职称评定空间受到限制，教师进取心不强。职称晋升进步的有限空间，不仅使一些获得职称的教师产生惰性心理，还会使无法晋升的教师怀疑自己的职业愿景，因为职称不能晋升的挫折导致其缺乏自我认同感，工作中更是缺乏自信，逐渐形成恶性循环，最终工作幸福感大幅下降。

影响教师的工作积极性和主动性的因素有很多，职称晋升是其中不可忽视的一个重要因素。深入了解职称晋升对教师工作积极性的影响，有助于教育管理者有的放矢，采取有效措施激发教师们的积极主动性，有效加强学校教师队伍建设，提升教育教学质量。

参考文献

［1］张园园. 小学教师职称评审制度的问题与透视［D］. 山东: 山东师范大学, 2014(21).

［2］方苓苓. 高校教师晋升制度研究——基于教师专业发展的视角［D］. 山东: 山东师范大学, 2017(6).

［3］王茜. 高校教师职称分类评审制度对教师的激励效应研究 ——以湖北为例［D］. 湖北: 武汉科技大学, 2016.(10).

［4］郑颖超. 东风小学教师工作积极性问题与对策研究［D］. 河南: 河南财经政法大学, 2016(10).

［5］井光进. 潍坊市中小学教师职称制度改革的现状、问题与对策［D］. 山东: 山东师范大学, 2011(6).

［6］杜海林. 我国高校教师职称评聘制度的历史沿革与对策研究［D］. 福建: 厦门大学, 2007(5).

［7］游美琴, 胡长和. 高职教师职称晋升制度探讨——基于新加坡等国"高职"教师职称制度的启示［C］. 2011年教育科学与管理工程国际学术会议.

［8］叶芬梅. 高校教师职称制度功能探讨: 一个制度分析的视角［J］. 黑龙江高教研究, 2009(09): 123-127.

［9］郝立杰. 高校教师职称制度实施的困境与对策［J］. 新西部旬刊, 2017, 000(012): 110-111.

［10］葛丽.中小学教师职称晋升应"评""考"结合［J］.教学与管理, 2008(19): 45-46.

［11］孙美, 陈旭东. 高校的激励机制与教师积极性调动［J］.科学学与科学技术管理, 2002, 023(009): 42-45.

［12］唐毓新.浅谈农村小学教师积极性的激励与调动［J］.小学教学参考, 2010(21).

［13］代福全.浅谈如何调动教师积极性［J］.科学咨询(教育科研), 2016, 484(06): 21.

普通高中青年教师专业发展中存在的问题与提升策略研究

——以长治市Z中学校为例

长治市第五中学校　张强国

【摘要】青年教师是学校发展的未来，从某种程度上说，一个学校青年教师的质量决定着一个学校教育教学的质量。本文对高中青年教师专业发展现状进行调查研究，找出青年教师在专业发展中存在的问题，结合青年教师特点，探索破解之道，尝试为高中青年教师的专业发展提供改进策略。

【关键词】青年教师；专业发展；高中；问题；提升策略

教师是立教之本、兴教之源。在2019年由中共中央、国务院印发实施的《中国教育现代化2035》中，明确将"建设高素质专业化创新型教师队伍"确定为面向教育现代化的十大战略任务之一。教师是学校质量之本、教学质量之源，教师水平高，学校水平才能高，反之亦然。

一、选题缘由

中国社会与经济飞速发展又充满挑战，急需担当民族复兴大任的复合型、战略型、创造型人才。人才培养质量的提升对教师素质提出了越来越高的要求。

高中教育处于义务教育与大学教育的衔接处，高中教学既要关注基础性知识技能的巩固提高，还要关注独特性特长爱好的发掘培养；既要帮助学生多学科全面发展提高素质，又要引导学生认识自己的优势，确定未来的发展方向或可能。

作为高中学校持久有效发展的力量储备，青年教师的专业发展是教师队伍发展主要且重要的组成部分，是高中办学水平提高主要且重要的助力催化，是高中学生成长成才主要且重要的基本保证。

二、研究设计

通过对相关文献的搜集整理，笔者发现虽然青年教师的专业发展得到了教育界的普遍重视，但是相关的深入调查研究却并不多，至于进一步的策略研究和方法指导就更少了。基于这样的现状，本研究把长治市Z中学83名青年教师作为研究对象，采用文献法、问卷调查法、案例研究法和访谈法进行研究，探讨普通高中青年教师专业发展存在的问题及原因，并提出相应的对策。

三、青年教师专业发展现状

（一）青年教师专业发展的优势与问题

通过研究，笔者发现长治市Z中学青年教师专业发展中既有优势又有问题。优势有三点：

1.自身素质起点高

Z中学青年教师大多毕业于一本或二本的高等师范院校或师范专业，近几年还有不少部级、省级免费师范生加入，全日制和在职研究生人数占到总人数的24%，为他们在工作中的专业发展奠定了坚实的知识基础和能力保障。

2.有专业理想

青年教师初入职场、初登讲台，自然希望表现优秀，得到领导、同事、学生家长的认可和赞赏，他们也愿意为此付出更多的时间和精力。

3.有创新意识

Z中学95.2%的青年教师经常从网络资源中筛选备课上课资料，自己动手做课件、微课并进行多媒体教学。这与他们的出生年代、成长年代、教育环境等都有密切关系。思维灵活，敢想敢干，学新用新都成为他们的特点。

当然也存在问题，问题有四个：

1.专业情结有待提高

从调查数据看，有的青年教师选择教师职业是看重教师工作的稳定，仅把它当作谋生工具；有的是迫于就业压力，考上了就来了。总之，职业选择偏于被动。

2.专业知识不够全面

Z中学青年教师比较重视积累学科知识与教学法知识，而对教育学、心理学知识的关注相对较少，更广泛领域的知识了解得更少，知识不够广博、丰富。

3.专业能力存在不足

在课程管理能力方面，有一半的青年教师不认为自己具有很好的课程意识并能根据实际情况合理利用和开发课程资源。在教育科研能力上，也有一半的青年教师认为自己不善于发现教育过程中的问题并以此为切入点展开研究。

4.专业发展意识仍然缺乏

有32.5%的青年教师表示自己并不经常思考自己的专业发展问题，50.6%的青年教师对自己未来的专业发展缺少规划，对提升自己缺乏主动性。

（二）青年教师专业发展影响因素分析

从中分析青年教师专业发展的影响因素有两个：个人因素和学校因素。其中个人因素有三个：

1.个人从业动机

选择教师职业是源于热爱还是被迫谋生，这直接决定工作的积极性和投入度，毕竟教育是一项长期而艰苦的事业。在繁重工作和心理压力下，热爱教师职业的青年教师更有激情更能持久，反之则可能懈怠应付甚至消极逃避。

2.个人知识结构

每一个青年教师都是一个独特的个体，都有自己独特的知识结构。真正登上讲台后，之前学习的学科专业知识如何有效地传授给学生，教育学心理学等知识理论如何指导教育教学实践，每个青年教师的处理都是不同的。可见，个人知识结构的内容组成、排列勾连、外化显现等方面都会对青年教师的专业发展产生重要影响。

3.个人能力素养

当教师之前是学生，自己学好就好，当教师之后却得想如何让学生学好。教学需要语言表达、师生相处、课堂组织、知识传授、重难点突破等各种能力，这些能力很重要也最难快速提高。唯一可称得上捷径的就是经常及时地进行教学反思。

学校因素有三个：

1.专业发展规划

青年教师的专业发展需要个人做出规划，但学校的宏观指导和监督可以给青年教师提供更加明确的方向和对照标准，可以促进青年教师分层分阶有序有效地快速成长。

2.专业发展途径

校内有学科组教研、教学技能比赛、专题专家讲座、青蓝工程等；校外有国培计划、游学研学、校级帮扶等；网络有继续教育、优课微课评选、网校资源共享等；在职有学历学位论文发表等。

3.评价激励制度

评价激励制度是教师专业发展的外部动力，对教师客观公正的评价与科学完善的激励制度可以给青年教师专业发展提供动力。

四、青年教师专业发展提升策略

在以上分析的基础上，笔者提出了高中青年教师专业发展的提升策略。

（一）个人层面

第一，合理规划，有序促进专业发展。规划是指导，也是督促。教师职业生涯规划，关乎教师的教育教学质量和自我专业发展。青年教师应该充分考虑自身特点，结合学校环境制定出属于自己的长短期职业生涯规划，然后按照规划内容有序推进，慢慢向优秀教师靠拢。

第二，加强学习，提升专业知识和能力。对年轻教师而言，要提高自己的教学专业水平，首先就要从提高自己的学科知识入手，努力寻求帮助学生扎实掌握学科知识的有效方法，还要从提高自己的专业能力入手锻炼自己教的能力，培养学生学的能力。

第三，主动参与，提高教育科研水平。对青年教师而言，教育教学过程中必然会面临很多问题和困惑，这时，教育科研就可以成为首选办法，从科学研究中认清问题的实质，借助理论学习、调查研究等方法尝试解决遇到的问题，还可以借鉴前人的研究成果加速自身专业发展。

第四，注重反思，从经验教训中成长。"君子博学而日参省乎己，则知明而行无过矣。"教师成长过程中，反思也是不可或缺的重要手段。回头看，发现自己的优处和不足，思考更有效的课堂组织方式；听人评，得到课堂设计的新灵感，明确文本结构的重难点。二者结合从而实现自身专业上全面、协调、可持续的发展。

（二）学校层面

第一，高度重视青年教师专业发展。青年教师的专业发展是一个缓慢的、持续的、动态的过程，它不仅需要青年教师发挥自己的主观能动性，主动学习、自我反思、总结积累、自我调整，更需要外界各种条件因素的支持，共同帮助青年教师实现"质"的改变，尤其需要学校的高度重视。

第二，指导青年教师进行职业规划。通过师生讨论梳理出教师专业发展的不同阶段，以及不同阶段的不同特点和不同需求。在此基础上，把学校指导与教师的个人发展计划相结合，确定他们的发展方向和目标，制订持续性的、切实可行的职业发展规划。

第三，引导青年教师树立终身学习的观念。时代瞬息万变，教师也需要与时俱进。国内国际的先进教育理念，优秀教育实践，高效教育模式，都可先大胆拿来。从理论上学，从实践中学，在同行中学，在自我反思中学，在师生合作中学，使自己的教学方法成为不断发展的教学艺术。

第四，搭建青年教师多渠道成长平台，包括校本培训和专家引领两个部分。

校本培训主要针对青年教师专业成长过程中的共性问题，涉及岗前培训和岗中培训、学科培训和非学科培训。岗前培训主要包括学科知识测验、教育学心理学知识测验、学校制度介绍、优秀教师经验分享等；岗中培训主要包括反思总结交流、教师技能指导、学科组座谈等；学科培训主要包括学科知识阶段性测验、高考真题分析、教材知识系统构架、学科教法实践等；非学科培训主要包括研究课题的选定和实施、校本课程的开发和使用、听评课效果迁移、课堂管理等。

专家引领主要针对青年教师专业成长过程中的个性问题，包括青蓝工程改进升级和组建名师工作室。青蓝工程改进升级，试行"一师多徒""一徒多师"制。在青年教师对本校优秀骨干教师和学科带头人教育教学特点和风格有一定了解的基础上，学校给予青年教师根据自己发展需要来选择师傅的适度自由，允许师徒结对突破学科的限制、年级的限制、一对一数量的限制。组建学校名师工作室，以名师团体引领青年教师团体，名师以本校优秀教师为主，以校外各级各类各学科优秀教师为补充。通过面对面交流、入校讲座、网络直播、视频会议等多种渠道实现对青年教师的指导和帮助，促使青年教师从多位名师身上找到与自己契合的特点，并以之为榜样不断努力提高。

提高青年教师教育科研水平。一是计划制度有保障，如时间保障机制、经费保障机制、评价激励机制，这些需要从学校层面做出整体规划，给予青年教师教育科研有利的制度环境。二是集体备课有效果。借助同课异构、异课同构等活动对教学问题开展深入探讨和研究，寻求教学问题的有效解决途径，探索教学方式的灵活变通。三是合作科研经常化。合作可以取长补短，集思广益，科研可以攻坚克难，攀越高峰，合作科研结合了双重优势。以优秀教师为核心，以青年教师为主要成员形成科研合作小组，搜集青年教师专业发展中的突出问题作为研究课题，开展长期深入的研究和探索，并在教育教学中试验策略方法的有效性，同时借助网络实现经常化教研。四是教研学习共同体。以教研组为单位实现共同学习，对青年教师的评价注重结果性与过程性的结合，以结果反映过程，以过程促进结果，同时注意教研组学习共同体中个体与个体之间的影响，以及团体对个体的塑造。五是抓好监督和引导。从常规教学中看教研实效，备、教、批、辅是否到位，是否有效；从同学科、跨学科听评课中看教研实效，切磋教学技艺，交流教学思考，扩大教学视野。结合个人优势和学校优势，开展课题研究，以教育教学思想指导教育教学实践，以教育教学理论解决教育教学问题。

参考文献

［1］赵康.专业、专业属性及判断成熟专业的六条标准——一个社会学角度的分析［J］.社会学研究, 2000(05): 32-41.

［2］荀渊、唐玉光. 教师专业发展制度［M］.北京: 教育科学出版社, 2011: 38.

［3］饶从满、杨秀玉、邓涛. 教师专业发展［M］.长春: 东北师范大学出版社, 2005: 40.

［4］教育部师范教育司. 教师专业化的理论与实践(修订版)［M］.北京: 人民教育出版

社, 2003: 25.

［5］叶澜, 白益民, 王枬, 陶志琼. 教师角色与教师发展新探［M］. 北京: 教育科学出版社, 2001: 267.

［6］陈嶬. 中学青年教师队伍建设研究［D］. 华中师范大学. 2011.

［7］汤兴虎. 中学青年教师激励中的问题与对策研究——以 J 市R区为例［D］. 山东师范学. 2018.

［8］李银玲. 中学青年教师专业素质及提升研究［D］. 陕西师范大学. 2016.

［9］冯海洋. 中小学教师专业发展影响因素之探析［J］. 教师教育论坛. 2014. (2): 32-36.

高中数学形式逻辑思维教学策略的研究

长治市屯留区第一中学校　周伟

【摘要】形式逻辑思维是一种抽象思维，涉及思维内容、思维形式、思维品质三个方面。要使学生善于进行形式逻辑思维，必须重视思维内容、思维形式、思维品质方面教学策略的研究。高中数学形式逻辑思维内容教学策略的研究分为：数学思想的教学策略、数学知识的教学策略和数学方法的教学策略。高中数学形式逻辑思维形式教学策略的研究分为：演绎推理的教学策略、归纳推理的教学策略及分析思维的教学策略三个部分。高中数学形式逻辑思维品质教学策略主要是：思维的深刻性、思维的严谨性、思维的灵活性、思维的敏捷性、思维的批判性、思维的独创性等六方面的教学策略。

【关键词】高中数学；形式逻辑思维；内容、形式与品质

一、高中数学形式逻辑思维内容的教学策略

高中数学形式逻辑思维内容包括数学思想、数学知识及数学方法。形式逻辑思维是一种抽象思维，是对数学知识及解题方法的深度认知。要使学生善于进行形式逻辑思维，必须重视基础知识和方法的学习，没有扎实的双基，思维能力是得不到提高的。

（一）数学思想的教学策略

高中数学思想分为理论类思想和实践类思想。理论类数学思想包括：函数思想、方程思想、几何公理思想、解析思想、统计思想、或然思想、极限思想，可以说一种理论类数学思想就代表数学的一个分支，故理论类数学思想需要构建对应知识体系。实践类数学思想包括：一般与特殊思想、转化与化归思想，分类与整合思想、数形结合思想、数学建模思想，可以说一种实践类数学思想就代表数学的一个方法体系，故实践类数学思想需要掌握实施流程。

结合个人在一线的数学教学经历，现将数学思想的教学策略汇总如下：

1.在数学教学中，强化数学思想的教学意识。

2.为学生适当讲解数学科学的发展历程，并补充数学史的相关知识。

3.注重高中数学思想的类型及各种思想内涵的讲解。

4.掌握与各类高中数学思想对应的高中数学知识载体。

（二）数学知识的教学策略

1.知识的简单性

简单性指事物结构层次、组成因素的可分性、单一性、事物运动变化规律的必然性等，与复杂性相对。简单是建立自然科学理论的原则之一。

在数学教学中，需遵循简单性原则，尽可能选择较简单的背景或例子对知识进行解读，化复杂为简单，从而让学生更好地掌握所学知识，构建思维，形成能力。

以下通过具体案例，对知识简单性教学策略进行研究。

案例1：

张老师，男，任教十年，以下为其讲《条件概率》第一节新授课时的部分听课记录。

在讲解条件概率公式时，张老师选择的例子如下：

例1：三张奖券中只有一张能中奖，现分别由三名同学无放回地抽取，问最后一名同学抽到中奖奖券的概率是多少？

例2：三张奖券中只有一张能中奖，现分别由三名同学无放回地抽取，已经知道第一名同学没有抽到中奖奖券，问最后一名同学抽到中奖奖券的概率是多少？

例1的分析：如果三张奖券分别用甲、乙、丙表示，甲表示中奖奖券，那么三名同学的抽奖结果共有六种情况：甲乙丙、甲丙乙、乙甲丙、乙丙甲、丙甲乙、丙乙甲。已知最后一名同学抽到中奖奖券的概率为1/3。

例2的分析：如果三张奖券分别用甲、乙、丙表示，甲表示中奖奖券，若已经知道第一名同学没有抽到中奖奖券，那么三名同学的抽奖结果共有四种情况：乙甲丙、乙丙甲、丙甲乙、丙乙甲。已知最后一名同学抽到中奖奖券的概率为1/2。

总结：例2中，知道第一名同学没有抽到中奖奖券，等价于知道该事件一定发生，导致可能出现的结果必然在该事件中，从而影响最后一名同学抽到中奖奖券的概率。进一步，张老师引出了条件概率的计算公式。

通过课后调查，班级内理解并掌握条件概率计算公式的同学达2/3。

案例2：

王老师，男，任教十七年，以下为其讲《条件概率》第一节新授课时的部分听课记录。

在讲解条件概率公式时，王老师选择的例子如下：

例1：口袋中装有白、蓝、黄三个球，现由一名同学任取两球，问该同学取到白球的概率是多少？

例2：口袋中装有白、蓝、黄三个球，现由一名同学任取两球，已经知道该同学一定取到黄球，问该同学取到白球的概率是多少？

例1的分析：同学的取球结果共有三种情况：白蓝、白黄、蓝黄。已知同学取到白球的概率为2/3。

例2的分析：已经知道该同学一定取到黄球，则取球结果共有两种情况：白黄、蓝黄。已知同学取到白球的概率为1/2。

总结：例2中，知道该同学取到黄球，等价于知道该事件一定发生，导致可能出现的结果必然在该事件中，从而影响取到白球的概率。

进一步，王老师引出了条件概率的计算公式。

通过课后调查，班级内理解并掌握条件概率计算公式的同学达4/5，课堂效果要好于其他班级。比较两位老师的课堂效果，王老师要优于张老师。就教材的处理，两位老师都很好，产生区别的主要原因在于所选例题的难易。张老师的中奖问题在学习时，要对抽奖人及奖券的顺序均进行合理考虑，部分学生不易理解，导致对条件概率公式的掌握产生问题。王老师的取球问题，对象明确且无顺序要求，学生极易理解，为进一步学习条件概率公式奠定了良好基础。

综上，教学中对知识处理的简单化，也就是常讲的深入浅出、化难为易，是极为重要的一条教学策略，一定程度决定学生能否掌握所学知识，进一步建立思想，并形成思维。

2. 知识的清晰性

清晰本指观察事物清楚明晰，此处引申为教学中知识的具体、直观、清楚、明白。也就是说：必须把要说明的知识说清楚，不要含糊，以免让学生产生误解或无端的猜测。

在教学中必须坚持知识的清晰性原则，尤其对概念、公式、定理等知识进行讲授时，要通过教师的帮助，让学生形成对所学知识的清晰印象。另外，通过概念情景化、抽象具体化等手段，使学生能够正确理解教材知识并发展认知能力。

接下来通过具体案例研究知识清晰性这一教学策略。

案例：

李老师，女，任教十九年，在其讲《事件的相互独立性》第一节新授课时，她选择下边例子进行讲解。

例1：从一号、二号、三号三个袋子里各取一球，一号袋有A、B两个球，二号袋有C、D两个球，三号袋有E、F两个球，问：

（1）三号袋取到E球的概率。

（2）在一号袋取到A球的前提下，三号袋取到E球的概率。

容易求得两问题的概率均为1/2。

进一步，李老师提出"事件的相互独立性"的定义，并形象地指出：独立概型的特点是多袋取球，条件概型或一般概型的特点是单袋取球。同时，李老师提出：研究独立概型的事件必须在"多袋"的高度，整体考虑；但是，计算相关事件概率时，在"单袋"内研究即可。

《事件的相互独立性》较为抽象，学生学习时较为困难，但是，课后调查发现，百分之九十的学生都能掌握所学知识。

通过以上案例可发现，李老师并没有完全按照教材的内容进行讲解，而是经过自己的加工，使知识非常清晰具体，从而学生能够轻松掌握相关知识。

3. 知识的系统性

知识的系统性是基本教学原则之一，要求教学必须循序、系统、连贯进行。由于高中数学知识具有内在的逻辑联系，若不考虑知识的系统性，学生就只能获得一些零散、片段的知识，无法获得对这门学科整体上的规律性认识。

知识的系统性要以学科体系为主，在此基础上根据学生知识掌握的情况，进行合理迁移与整合，实现知识的系统性。另外，知识的系统性应突出重、难点。在知识系统性的基础上，学生可以从学科高度，宏观上掌握所学知识，并进行高效的记忆。同时系统性的知识也便于学生检索和使用。

综上，教学中对知识处理的系统性，是帮助学生建立知识框架，进而形成知识体系的重要手段，可让学生从整体上把握数学知识，并形成宏观认知，为进一步提炼数学思想奠定重要基础，并保证思维的正确性及有效性。

4. 知识的凝练性

数学教学中，在知识系统性的基础上，必须保证知识的凝练性，其重在语言表达的凝练，也就是用精练浓缩的语言将琐碎繁杂的知识进行明确的表达。尤其对知识进行抽象概括时，干脆利落，不要反复啰唆，要善于抓重点、核心。这对于学生记忆并掌握所学知识，会有很大的帮助，具有事半功倍之效。以下通过案例，研究知识凝练性的教学策略。

案例：

李老师，女，任教十九年，以下为其讲人教版高中数学选修2-3教材第三章《统计案例》复习课时的部分听课记录：

（1）两个板块：可以概括加工为，"正"统、系统。

（2）单总体的五个特征：可以概括加工为频数平方（"数"指众数、中位数），简称为，五数；双总体的两种关系：可以概括加工为名分，简称为二关。

（3）三个环节：可以概括加工为抽样、析样、用样，简称为三环。

（4）抽取样本三种方法：可以概括加工为系统随机分层，简称为三抽。

（5）分析样本六个工具：可以概括加工为一线两表三图，简称为六析。

（6）使用样本三种方法：可以概括加工为估计回归独立，简称为三用。

那么，高中数学的统计板块知识就是：正统五数系统二关，三环三抽六析三用，简记为：523363。

经过以上的处理，李老师班级的学生大部分都能准确记忆统计相关知识，为进一步理解并掌握知识奠定了坚实基础。

（三）数学方法的教学策略

数学方法是指用数学语言表述事物的状态、关系和过程，并加以推导、演算和分析，以形成对问题的解释、判断和预言的方法。数学方法是思维的路径或程序。

1.方法的程序性和普适性

方法的程序性是指方法使用时的步骤性或流程性，它可使方法在使用时有章可循，具有更强的可操作性。在保证步骤性的基础上，准确揭示方法的使用前提也是方法程序性的关键环节，每一个步骤的完成需要什么条件支撑必须明确。另外，方法的程序性要进行可行性验证。

在进行方法教学时，方法的程序性是很重要的原则。它可使学生在遇到问题时，按照固定的流程去处理，而无须再进行刻意研究，从而提高学习效率。同时，通过方法的程序可让学生更好地理解方法的内涵，进一步掌握对应数学思想，更好地形成数学思维。

普适性：是指某一事物比较普遍适用于同类对象或事物的性质。方法的普适性就是说在同类问题中，不论如何设问，方法均可使用。

在教学中教师常常重点关注各类题目的具体解法与技巧，并在局部与微观层面进行针对性的归纳，方法使用的局限性较大，导致学生对问题缺乏整体、宏观上的思考，从而间接影响学科思维与学科素养的形成，故方法普适性的重要性显而易见。

方法普适性的教学策略重在：立足学科高度、紧扣模块特点，淡化章节属性，力求多法归一。另外，应遵循由特殊到一般的认知规律，由特殊入手，通过抽象概括，反思归纳，升华至一般性高度。

2.方法的实用性

方法的实用性指方法的实际使用价值较高或实际使用效果较好，方法是否具有实用性在于方法是否能够有效地充当解题的工具并作出所希望的结果，它重在方法的实际操作性，要避免华而不实，浮于理论层面。方法的实用性强调方法来自理论指导下的数学实践，是对实践的抽象概括及升华，故实现方法的实用性关键在于以经验为指导。

二、高中数学形式逻辑思维形式的教学策略

形式逻辑思维形式主要是演绎推理和归纳推理。另外，分析思维是使用最多的辅助思维方式。以下就它们的教学策略进行研究。

（一）演绎推理的教学策略

演绎推理俗称"三段论"，由大前提、小前提、结论三部分构成，它是高中数学思维的核心思维形式。

演绎推理的结构可以解读为：审题、判型、定法三步。结合以上三步，演绎推理的结构可以进一步具体解读为三环七步推理：

第一环：审题。一步通晓题意，二步整理信息，三步挖掘信息。

第二环：判型。四步判定宏观方向，五步判定具体类型。

第三环：定法。六步确定方法，七步确定写法。

（二）归纳推理的教学策略

归纳推理是一种由个别到一般的推理，由关于个别事物的观点过渡到范围较大的观点，由特殊具体的事例推导出一般原理、原则的推理方法。传统上，根据前提所考察对象范围的不同，把归纳推理分为完全归纳推理和不完全归纳推理。完全归纳推理考察了某类事物的全部对象，不完全归纳推理则仅仅考察了某类事物的部分对象。

通过访谈数位资深教师，再结合个人在一线的数学教学经历，归纳推理的教学策略主要是：（1）强化归纳推理意识；（2）提炼归纳推理技巧；（3）进行归纳推理示范；（4）对接常见数学问题；（5）关注归纳推理证明；（6）注重归纳演绎过渡。

（三）分析思维的教学策略

分析思维形式的培养，重在掌握高中数学问题分析的常用技巧，如：同向、简向、定向、顺向、逆向、双向、反向，转向等八个技巧，简称为八向分

析。以下逐一进行解释：

同向：重在设法使题目信息与数学公式、方法保持一致；重在设法使题目中的数学语言保持一致。

简向：即简单原则，使已知和未知的结构尽可能趋于简单。如，减少变量个数，降低变量次数，简化式子结构等。

定向：也就是定式思维。

顺向：即综合法，或说因果思维，由因到果，由已知到未知的分析方法。

逆向：就是逆向思维，由未知到已知的分析方法。

双向：即分析综合法。

反向：也就是补集思想或说正难则反的分析方法。

转向：就是说善于改变分析方向，善于调整解题思路。

三、高中数学形式逻辑思维品质的教学策略

（一）思维品质的类型

思维品质也称智慧品质，指思维能力的特点及其表现。人们在思维活动过程中表现于不同方面的特点及其差异，就构成其思维品质。思维的主要品质有：思维的深刻性、思维的严谨性、思维的灵活性、思维的敏捷性、思维的批判性、思维的独创性。

（二）思维品质的教学策略

针对以上六种思维品质在学习中的具体表现，设计了《思维品质水平调查问卷》，主要包含六个问题：一是回答问题的反应快慢和准确与否；二是作业完成数量与质量；三是解答问题的条理性和简捷性；四是考试时能否按时完成试卷；五是考前的复习与考后的分析是否到位；六是对于新问题能否给予正确解答。

以上边问卷调查结果为依据，笔者分别访谈了八位20年以上教龄的资深教师，研究访谈记录，结合个人在一线的数学教学经历，总结出提高思维品质的教学策略主要是：（1）创设文明、友善的课堂氛围，让学生敢想、敢说；（2）构建民主、平等的师生关系，让学生放下包袱、敞开心扉；（3）积极尝试变式教学、启发式教学；（4）鼓励学生多反思、多质疑；（5）注重双基教学及

例题教学；（6）端正学生学习态度，养成良好习惯。

四、结论

通过前面的研究，笔者认为，高中数学形式逻辑思维教学策略主要是：形式逻辑思维内容的教学策略、形式逻辑思维形式的教学策略、形式逻辑思维品质的教学策略。

（一）高中数学形式逻辑思维内容的教学策略

形式逻辑思维内容的教学策略分为：数学思想的教学策略、数学知识的教学策略、数学方法的教学策略。

1.数学思想的教学策略主要是：（1）强化数学思想意识；（2）了解数学发展历程；（3）注重思想内涵讲解；（4）掌握数学知识载体。

2.数学知识的教学策略主要是：（1）知识的简单性；（2）知识的清晰性；（3）知识的系统性；（4）知识的凝练性。

3.数学方法的教学策略主要是：（1）方法的程序性；（2）方法的普适性；（3）方法的实用性。

（二）高中数学形式逻辑思维形式的教学策略可分为：演绎推理、归纳推理的教学策略以及分析思维的教学策略。演绎推理的教学策略可使用三环七步推理法，分析思维的教学策略可使用八向分析法。

（三）高中数学形式逻辑思维品质的教学策略主要是：

（1）创设文明友善氛围；（2）构建民主平等关系；（3）积极尝试变式启发教学；（4）鼓励反思质疑推广；（5）注重双基教学例题教学；（6）端正态度养成习惯。

另外，培养学生思维还必须在教学设计中纵观全局，根据整体知识进行某一知识点的单元教学设计、板块教学设计，甚至学科教学设计。而以上教学设计是以逻辑思维为基础的，从而使知识从整体到部分充分逻辑化，进一步在课堂教学中使学生的逻辑思维得以培养。

综上，基于当下新高考背景，固有的教学方式必须改变，必须对创新能力和逻辑思维给予足够重视，才能让学生成为真正对国家和社会有用的人。

参考文献

［1］彭漪涟, 马钦荣. 逻辑学大辞典［M］. 上海: 上海辞书出版社, 2010.

［2］于惠棠. 辩证思维逻辑学［M］. 济南: 齐鲁书社, 2007.

［3］弗兰克·梯利, 西方哲学史［M］. 贾辰阳, 解本远, 译. 北京: 光明日报出版社, 2014.

［5］刘云章, 赵雄辉. 数学解题思维策略: 波利亚著作选讲［M］. 长沙: 湖南教育出版社, 1992.

以校本研修促高中教师教学能力提升的行动研究

——以长治市第十七中学校为例

长治市第十七中学校　申雷波

【摘要】当下的教育大环境是被新课程和新高考改革所包围的，所有的教育教学工作都必须适应这新一轮的课程改革，而教育教学的实践者、改革的关键活动者就是教师，这时就需要教师有高素质和专业化水平，其中的核心体现是教师的教学能力。因此，提升教师教学能力是很有必要的。

近几年，我们学校一直在开展校本研修的工作，实践中发现，制约我们教师教学能力的瓶颈，主要是校本研修的方式、策略及效果等问题。基于以上学校教师发展遇到的难题与问题，笔者结合个人多年的教学实践、所在学校教师发展的现状及近两年多的学习和实践，在导师们的引领下深入地开展了研究。笔者采用访谈法、观察法、调查法和案例分析法等多种方法，分析了学校不同阶段的多位老师们的发展和进步历程，获得了一些新的认识。本文围绕"以校本研修提升高中教师教学能力"的实践操作和行动研究来审视提升老师们教学能力的策略和方法，就如何进一步探讨和研究好的提升教学能力方法展开，以为广大教师的专业发展助力。

【关键词】高中教师；校本研修；提升能力

一、以校本研修促高中教师教学能力提升的基本情况

课题研究中发现，长治市第十七中学校在提升高中教师的教学能力方面有一些好的做法还是值得借鉴的。具体如下：

（一）以教研组为单位，每学年每周以定时间、定地点、定内容、定主讲人的方式进行组内教研活动

通过组内同学科、同头课的集体备课和教研，老师们相互之间互通有无，

彼此分享教学中的好做法和心得体会，同伴互助的作用得以更好地发挥。尤其是对老师们教学设计、问题引领和驾驭课堂、辅导学生等教学能力的提升很有帮助。

（二）积极参加市级以上教育行政部门组织的大教研和各类培训

通过学习和领悟，拓展了老师们的教学思路，开阔了教学思路，获得了好的教学方法。与外校的专家和名师对话，能更好地提升老师们的教学能力。

（三）长期开展青年教师汇报课，中级职称教师示范课和高级教师观摩课

要求全体老师认真听课、评课、议课，在全校形成很好的比学赶帮超的业务提升氛围。

（四）实施集中听课和随机推门课相结合的听课制度

学校领导、教学教研干部及教研组长不仅要参加各类集中性的听评课，还要坚持每周两节以上的推门听课和走课、观课。通过听课，及时发现老师们教学中的亮点和不足，表扬先进，鞭策后进，帮助老师们调整自己的教学策略和方法，不断提升教学能力。

（五）建立教师专业成长发展档案

帮助老师们积极规划自己的职业生涯，记录老师们成长的点点滴滴。同时也为老师们的厚积薄发做好资料储备，为职称评定积累素材。

（六）开发并使用好教师研备手册，老师们人手一本

以学期为单元记录老师们日常的教研活动和集体备课情况，让老师们随时进行教学反思和总结。

（七）积极做好教学骨干、学科带头人和教学能手的培养和推优工作，充分发挥"领头羊"的示范带动作用

一方面立足校情，通过说课、赛课、评课及其他相关考评加大校内骨干教师的培养力度；另一方面，在此基础上积极参加省市学科带头人和骨干教师、教学能手的推优工作。

（八）组织保障有力，工作机制较为完善

学校一把手亲自抓教师成长工作，注重教师队伍建设；分管领导和教务

处、教研室负责教师的培养和能力提升；教研组负责日常老师们的教研活动；同年级设备课组，做好同课异构工作。此外，还建立了相应的量化考核和表彰激励机制。

二、以校本研修促高中教师教学能力提升中的主要问题

笔者在课题研究中还发现，在以校本研修促高中教师教学能力提升方面存在一些问题，大概总结如下：

（一）教师培养层次还不够分明

1. 目前学校对于教师的管理仅限于年级组和教研组的团队建设，主要以职称序列实施培养。没有明确的三段论即"新手型教师、成熟型教师、专家型教师"的层次划分；也没有区分教学新手、熟手、能手、高手和圣手，培养的梯队不明确。

2. 特别是在省市级学科带头人、骨干教师、教学能手的考核管理和示范带动作用方面有所欠缺，不能凸显他们的优势和引领作用。

3. 至于名师培养工程，是盲点。

（二）校本研修的策略和方法需要改善和加强

1. 校本研修的顶层设计里面研修主题和内容缺乏体系和连贯性，致使很多工作出现"虎头蛇尾"，实效性也打了折扣。

2. 校本研修工作机制有待创新。尽管做到了责任到人，但是工作依然停留在上支下派的表面性、事务性的多，创新的独特的敢闯敢试的人少。工作中的创新意识、创新能力还很缺乏。

3. 集体研修和自我研修契合度不高。往往出现集体教研和备课时，同组教师一起讲讲教学方法、教学设计和相关教学能力提升的事情；个人研修的准备和展示不足，集体备课结束后各干其事，没有形成共识和群体行为。

4. 问题引领式教研活动效果需要提升，特别是学校的小课题研究缺乏足够的数据和理论支撑，其实际效果也不太好。

5. "青蓝工程"实施的效果和日常的管理不足。师徒之间真正的、连续的、可追踪的教研实践缺乏，徒弟与师父间的互帮互学和听评课指导不够。

6. 创新举措不多，没有新的教研手段。建立在省市学科带头人和骨干教

师、教学能手辐射作用下的校级名师工作室还没有设立。充分、全面进行个人素质展示的教师论坛急需开设和完善。

（三）促进教师教学能力的原动力需要增强，鼓励和支持力度不够大

1. 教师自身发展规划和落实不够明显，有强烈愿望要把自己打造成省市教学骨干的人不多，"教书匠"多于教育者，更谈不上教育家。

2. 日常教研和教学工作中常规性的多、杂事多，理论提升和总结拔高的时候少；埋头苦干的多，抬头看路、专研理论和自身提升的少。突出体现在开发校本课程的人少，开发出来的课程也少，能将课程开发与社团活动结合起来去做的人更少。

3. 限于学校现有的财力和物力，在促进教师成长方面，精神鼓励和制度层面表彰的较多，在专项资金和物质奖励上较为缺乏，激励机制反馈时间较长，不能做到经常性刺激和奖励，导师教师个人进取心不能充分表达。

（四）老师们读书著术的氛围不浓，能看能写的人不多

如今是学习型社会了，但是受到新媒体的影响，老师们碎片化阅读有一些，大部头读书的人较少。虽然学校每月都有推荐教学教育理论的书目，但是老师读书篇目、篇幅和撰写的读书笔记内容少且比较简单。通过读书和理论学习，再结合教学实践写论文、写随笔的人更少。

三、以集体研修和个人研修相结合提升高中教师教学能力

影响教师教学能力提升的因素很多，从实践中通过观察和访谈、个案分析，可以概括为外在因素和内在因素。就校本研修而言，主要就是集体研修和自我研修两个方面。集体研修重在提供平台，营造氛围，同伴互助；自我研修重在自觉主动地"提升愿望和意识"。

（一）营造良好的集体研修环境

1. 创设成长环境

学校民主、开放、和谐，管理有科学规范，评估机制公平透明，工作环境宽松，领导重视教师教学能力的提升，这样的氛围才利于教师成长发展。同时，应增加教师专业发展和教学能力提升的资金投入，不仅注重精神鼓励与表彰，还要增加发展基金和物质奖励。长治十七中领导高度重视师资队伍建设，

教师成长规划和激励制度完善，教师队伍素质高。

2. 师徒结对子

"青蓝工程"助力年轻教师的教学能力提升。年轻教师在成长过程中，如果有师傅引领和指导会发展得更快更好。学校要充分发挥校内外现有省市骨干教师的作用，以名师的示范带动引领青年教师在专业成长方面加快进步，扎扎实实开展"青蓝工程"，选拔一批专业发展需求强、动力足，有较好基础的省市骨干教师、学科带头人、教学能手纳入名师培养梯队，让他们加入校级及市级以上名师工作室，作为重点培养对象。学校安排这些名师来做青年教师的师傅，为学校可持续发展发现和培养教学新秀。

徒弟要明确自己的发展方向，在师傅指导下制定好个人发展规划，要坚持阅读教育教学理论书籍，在阅读中生成智慧。要参加各种学术报告和讲座，领悟专家思想，了解新的教学理念、新信息，开阔自己的视野，从理论的高度审视自己的教育教学工作。师傅要认真帮助徒弟制定专业发展规划，重点指导徒弟备课、上课，指导徒弟学习教育教学理论，培养教学反思能力，学习撰写论文，参与科研课题研究。

师徒结对子作为一种促进教师成长的手段和方法，是一个非常好的传统。有经验的老师带领青年教师成长速度快，少走弯路。高一级职称教师指导下一级或下两级教师的过程中更好地实现了交流和互动，也在提升自己。

3. 公开课历练

扎根课堂，提升老师们的教育教学能力。顾泠沅认为："真正的名师是在学校里、课堂里摔打出来的。"课堂教学是教师专业发展最根本的着力点和抓手。要想成为教学的行家里手，就必须从三尺讲台上开始摔打和磨炼。学校要坚持抓住课堂这一主阵地，有意识地利用关键事件，特别是高级别的大赛来激发教师的斗志，给年轻教师压担子，"逼"着他们去挑战高峰。只有在真实的教学实践中历练自己，教师才能提高自己的教学水平和技能，提升专业素养、专业能力，发展自己。

多少年来，每周的教研组活动即集体备课一直坚持。通过集体备课，组间互动，同伴相助，非常有利于老师们的发展与进步。学校自己组织的各类公开课又为外出参赛培养了人才，塑造了一批骨干教师和教学能手。

4.专家引领

通过"请进来""走出去"方式开拓老师们的眼界。当今时代是一个开放的时代、信息的社会。多元的校园文化背景和富有特色的办学实践，导致不同学校有不同的方法来提升教师们的教学能力，在不同层面涌现出很多行家里手。通过"请进来"和"走出去"的方式，把高手请到学校，讲好专家的故事，透视高手的成长，领悟自身的能力提升及发展是必要的措施。

同时，要建立学校名师工作室。名师是一面旗帜，是一盏明灯，具有榜样效应和辐射作用。学校省市骨干教师、高级教师把引领、指导年轻教师专业发展作为自己责无旁贷的任务。他们经常开设讲座和报告，给中青年教师传经送宝。

5.加强集体备课

同伴互助是校本研修的重要途径，也是提高教师教学能力的重要方法。同伴互助经常表现为进行教学研究。教学研究是用教育理论去分析教育现象，探索新的未知的规律，以解决新问题、新情况。教学研究活动聚焦教师自身和学生，换言之，就是研究教师怎么教，学生怎么学，最终的归属是改进学生的学习。

同伴互助的教学研究常用的形式就是教研组的集体备课。通过集体备课，教师要认真学习教育教学理论，用理论指导自己的教学实践，要不断对自己的教学实践进行反思，找出自己教学不足，分析原因，加以改进。反思的过程就是学习、总结、提高的过程，将反思的结果写成教学心得，在此基础上撰写成教学论文，形成课题加以研究。教师的教育科研素养提高了，教学技能和水平才会得到提高。

6.深化评课议课

课堂是教学的主阵地，是教师们教学能力水平展示的最佳场所。根据生源和教学实际情况，学校继续坚持课堂模式改革。要改变传统的教师为主体，一言堂的授课模式为"学生为主体、教师为主导、师生互动的启发式、探究式、讨论式课堂"，同时鼓励老师作专题讲座。在这个过程中，更能提升教师驾驭课堂的能力。与此同时，要加强评课和议课，增加沟通和交流，以他山之石，攻自己之玉。不断检视自己教学中存在的问题，借鉴别人好的经验和办法，提升自己的教学能力。

7. 持续开展读书活动

读书使人进步。作为知识分子的老师也必须多读书、读好书，养成好读书的习惯。在今天的信息时代，学习革命一再深入发展，终身学习已成潮流，知识更新一日千里。老师要胜任新时代"四有好老师"的要求，必须读书。最少每月读一本名著或者教育教学理论著述，以滋养学识，增加见识。学校每学期公示推荐书目，每个月收集一次读书笔记，每周利用教师论坛安排老师们谈读书心得或分享读书体会。

8. 开设教师论坛或教学沙龙

当今社会是一个注重分享的社会，开放包容的合作环境更有利于教师的成长和进步，这也符合新时代发展的共享理念。同时，老师们也要敢于亮相，把最美的自己呈现给团队。除了公开课的历练以外，学校要专设每周一次的"教师论坛"或者"教学沙龙"，每次论坛可以安排3到5名教师进行现场演说、演讲，或名段赏析，或经验分享，或交流得失。这里本身就是对于教师语言表达能力和组织能力的提升和展示，同时大家分享的内容又给别的老师以借鉴。长期坚持，相互学习，共同进步，也凝聚了团队精神和合作意识。

（二）强化自我研修能力

任何一个教师的教学能力的提升都是自我研修和集体研修共同的结果，源自教师自我驱动力量的自我研修则是内在因素。笔者通过对学校的省市骨干教师、教学能手、最美教师的个案分析，发现他们身上的共同点就是非常注重自我研修。具体有以下几点：

1. 注重师德自我修养

一个好老师、一名优秀的老师，一定是"学生的楷模"。首先是品行的楷模，师德的典范。纵观学校的省市骨干教师、教学能手，无一不是遵守师德的榜样、依法治教的楷模和廉洁从教的典型。注重师德自我修养，一方面要严格要求自己做一个高尚的人，另一方面对自己的业务要求要高，要不断自我提升教学能力。

2. 注重自觉主动学习

"老牛亦解韶光贵，不待扬鞭自奋蹄"，更何况要做新时代有理想信念、有道德情操、有扎实学识、有仁爱之心的"四有好老师"，更需要不断地学习。

教学能力强的老师，他们往往具有崇高的职业理想和强烈的"主动发展"意识。要提升教师的教学能力，越发需要自觉主动地学习。既要学习党的政治理论，明白培养什么人，为谁培养人，怎样培养人的教育方向，明确政治站位，又要学习信息时代下的新的业务和技能，努力做到双学习，双提升。通过学习，不断地增强提升自我的内驱力。观察身边的教学高手、圣手、能手，可以发现他们不仅参加全员培训，还参加短期培训班，参加专题会议。无论线上还是线下都能严格要求自己努力学习，不断进步。

3.注重职业生涯规划

"凡事预则立，不预则废"。做教育是一辈子的事情，做教师不仅仅是职业，更是一种事业。提升教学能力要有动机和方向，做好教师职业生涯规划既是方向，也是必不可少的条件。身边优秀的老师们，无论年龄、职称、性别和学历，凡是有所进步与发展的、教学能力强的老师们都有极强的执行力和上进心。他们对于自己职业生涯规划非常清楚，阶段性清晰，任务驱动明显。故此，在提升自己教学能力的时候很用心、很积极，效果很好。

4.注重总结和反思

社会在发展，教师也要与时俱进，现在是终身学习的时代。一个注重自我提升的好老师既要务实，也要务虚。他们总是能将实践与理论很好地结合起来，尤其注意写教学反思和教育随笔，不断进行总结，久而久之形成理论性的小文章或者学术论文。观察周边优秀的老师，他们的理论成果丰富，经常有省市级甚至国家级论文获奖或者发表。

5.注重德育与教学结合

有人说，"不做班主任的教师，职业生涯是不完美的"。发现困难学生，并与之沟通、帮其进步是老师们的必备能力之一。而做好班主任工作，把德育工作做好，能更好地实现教学目标，提高教学成绩，提升教学能力。学校优秀的教师，教学能力强的教师同时也往往是优秀的班主任，德育工作先进个人，最美教师称号的获得者。

参考文献

［1］李平. 深化校本研修 促进教师专业成长［J］. 基础教育参考, 2018(16): 13-15.

［2］牟秀仁. 加强校本研修 促进教师专业发展——骨干教师成长的有效路径研究［J］. 辽宁教育, 2018(14): 63-64.

［3］黄兆全. 引领教师在校本研修中成长［J］. 教书育人, 2017(26): 45-46.

［4］汤丰林. 有多少所学校就有多少种校本研修模式［J］. 北京教育(普教版), 2017(09): 45.

［5］王忠. 认真开展校本研修 有效提升办学品质［J］. 教育科学论坛, 2016(14): 77-80.

［6］于香伟, 王永刚. 校本研修: 农村中学校长的角色意识与实践引领——吉林省松原市乾安县水字镇中学校本研修综述［J］. 基础教育研究, 2015(05): 15-18.

［7］刘光余. 校本研修: 新课程背景下教师能力的生成路径［J］. 教育科学论坛, 2015(04): 24-28.

［8］唐曼芬. 推进校本研修进程中的得失思考［J］. 科学大众(科学教育), 2014(09): 27-28.

［9］李拴伍. 学校要找准校本研修的主题［J］. 教书育人, 2014(12): 30.

［10］肖英. 在校本研修中形成"自发展力"［J］. 北京教育(普教版), 2014(06): 72.

［11］施彩芬. 提高校本研修实效性的实践与探索［J］. 宁波教育学院学报, 2014, 16(02): 35-36.

［12］刘悦红. 有效确定主题 提高校本研修的质量［J］. 辽宁教育, 2013(11): 10-11.

［13］董玲. 浅谈校本研修过程中存在的问题及对策［J］. 长春教育学院学报, 2013, 29(04): 90-91.

［14］李剑. 不同职业生涯阶段教师的专业发展［J］. 教育理论与实践, 2009, 29(26): 36-37.

［15］王嘉毅, 魏士军. 影响中小学优秀教师成长的因素分析——以30位优秀教师的成长经历为样本［J］. 当代教师教育, 2008(03): 32-36.

［16］窦桂梅. 我生命中的"重要他人"［J］. 人民教育, 2015(09): 33.

［17］李群. 中小学教师专业乐观及其相关因素调查研究［J］. 中国特殊教育, 2015(08): 81-87.

一位高中班主任专业成长的教育故事

长治市第六中学校　武斌

【摘要】高中班主任专业成长会对其整个职业生涯的发展产生深刻影响，会对高中学生的健康成长起直接作用，也会间接影响学校的办学水平和可持续发展。本研究基于社会声誉、同事认可、学生认同、工作业绩四个方面谨慎选择M老师为研究对象。本文从倾听本人讲述、查阅工作记录和观察工作过程获取基本信息，尽可能全面地认识M老师的真实生活，在真实情景中探究M老师班主任专业成长的历程，形成研究对象的教育故事。本文参照班主任专业成长的相关生涯理论，将M老师班主任专业成长经历按摸索阶段、成长阶段和成熟阶段展开叙事。因考虑本文研究对象的求学经历对其专业发展产生极大影响，故在教育故事中增加了入职前的求学经历。通过研究M老师在不同阶段的教学、育人目标、育人措施、育人思想等方面的发展变化，从个人、学校、社会三方面分析提炼出影响班主任专业成长的因素。希望为高中班主任专业成长理论提供一个真实的案例，为班主任岗位的教师提供一些经验，为班主任教师的培养和专业能力的提高提供参考和借鉴。

【关键词】高中教师；专业成长；影响因素

一、求学经历培育教师品质

我出生在一个偏远的小山村，全村有四十几户人家，两百多口人，一直以来是个极其贫困的村子，小学一至四年级就在村里的学校读，五个年级一共有32名学生，所有课程都是W老师一个人教。因为我在这个小群体里学习成绩算好的，W老师建议我去外面读书，五年级时，跟随舅舅到他所在的化肥厂子弟小学上学。小学毕业时考上了联校的初中，在这里，一间宿舍两个炕，20个孩子睡两个大炕，不能翻身，不能起夜，一起夜回来就没睡觉的地方了。洗漱和洗碗用的水，要轮流到很远的河里用砂罐打。冬天宿舍取暖，需要轮流值日，依靠大火炉供暖。由于都是孩子不会用火炉，所以几乎没看到过火炉里的火苗。冬天穿棉袄，里面没有衬衣、秋衣等内衣，寒风可以直接从袖口、领口钻进衣服里，真的很冷。早上和晚上的饭都是稀得可以直接喝到肚子里的小米饭，中午饭是清汤里漂着几片很厚但是不用嚼入口即化的面片，一日三餐每人每顿饭一勺，饭里面漂个虫子、苍蝇、老鼠屎等等，是再平常不过的事儿。父亲偶然一次赶着毛驴车到学校为我交口粮时，看到我挨饿受冻的情景，心疼我，通过多方努力将我转入县一中的初中。在这里各方面条件好太多了，伴随新的烦恼也更多。这里大部分是县城的孩子，我在人群里显得更加寒酸，更加土气，成绩当然也很落后。凭着自己的倔强和努力，考上高中，最后考入运城高专。我升入大学在我们只有两百多人的小村子里引起了轰动，因为我是第一个女大学生，是穷山里飞出的"金凤凰"，村子里的大喇叭反复地广播了好几天。

那个年代农村重男轻女现象严重，女孩子能读书不容易，我能读书首先感恩父母的支持，他们说不出一句教育的话，却默默地用自己的辛劳支持我读书，是他们朴素的开明改变了我人生的命运！感恩小学的W老师，是她的建议，才有了我去村外读书的机会。感恩舅舅，当时还是单身的他却要照顾十几岁上学的我。感谢高中时两位同学和她们的家人，她们知道我在学校吃不饱又没钱买，就经常邀我去她们家吃饭，当时的饥饿战胜了女孩子的面子，一去就是好几年。正是这么多人给予我无条件的支持和帮助，使我的求学虽然清寒和艰苦，却充满了满满的爱的回忆，正是受这些经历的影响，自己参加工作后，时时敬畏遇到的每一个老师和学生，习惯性地追求学习和提高，力所能及地关爱和帮助每一个学生，发自内心地享受做这一切的幸福和快乐。

（根据访谈整理摘录）

在讲述求学经历的过程中，M老师的眼角数次闪出幸福的泪花，没有自己的努力，父母再支持也不会有她的今天啊！可是她只字不提自己的付出，只有对别人深深地感恩。人的求学阶段正处于世界观、人生观、价值观形成的关键时期，M老师的求学经历对其人生观和价值观的形成产生了重大的影响，正如采访中M老师反复提到的，父亲在贫寒环境下对教育的重视，努力为其改善教育环境的努力，能长时间不受身边环境影响，摆脱重男轻女思想的束缚，坚定地支持M老师上学，都对M老师参加工作以后的思想品质产生了积极的、潜移默化的影响。小学班主任对她的欣赏、鼓励，对她参加工作以后站在教师的位置上对待自己的学生树立了良好的榜样。这些在M老师的求学中经历的人和事，对M老师入职后形成稳定的职业心态、树立积极向上的人生态度、建立和谐信任的师生、同事关系都起到了关键的作用。

二、初当班主任摸索前行

2001年9月，我开始担任高一年级班主任和物理课教师，当时的年级部主任是我们现在的副校长，当时的年级部书记是L老师，我非常感谢他们对我的信任、帮助、指导和肯定，对刚刚入职的自己，领导的认可是最好的鼓励和上进的动力。

初当班主任的三年，是熟悉业务的三年，听了组内所有老师的课，做到了先备课再听课再备课。三年时间，慢慢习惯了高中班主任的生活节奏，从早到晚，每天看着孩子们学习、玩耍、打闹，他们的喜怒哀乐成了我生活的全部，每天享受着这个小世界带给自己的幸福！

当时班里有个耳疾导致听力受损的孩子叫C，父亲瘫痪在床，母亲一边伺候父亲一边在饭店打零工，姐姐早早辍学嫁人，导致其特别敏感自闭。还有一个学生叫L，家庭十分困难，他让我想起了自己高中饥饿难耐时期两个同学对我的接济。通过多次家访，我用女性特有的耐心和温柔，慢慢打开了这些孩子的心扉，他们渐渐在我面前不再敏感，开始把烦恼告诉我，我真的成了他们的姐姐。现在C在北京上班，买了房子，把父母接到了身边。L考上了国防生，现也在北京工作。每次回来，他们总是第一时间来看我，L结婚时，我以贵宾的身份出现在比我们村还小的村子里，婚礼上看着他给我行军礼，我莫名的就哭了，好像看到了我自己的样子！

后来，是文理分班后，从高二年级开始，我担任393班班主任。中间接替班主任对我是新挑战，从那时候开始，每天和最少一名学生谈话成为我当班主任的习惯之一。考试后根据考试结果反映的问题，进行分批分类的谈心，分析问题、寻找对策、疏导心理、重树信心。每份练习都要做到有步骤得分和总分，都要有批语，情况严重的要单独谈话，了解原因，认真改正，所有的作业要批改到无一点错误为止。就这样，从班级的一日常规到一个学期周会课的安排，从班级的纪律、卫生到集体活动的组织安排、实施、最后的总结，从学生的学习状态、精神面貌到心灵的陪伴交流，从周练考到月考、期考，我花了大量的时间去琢磨和实践，逐渐形成自己的一套规范管理班级的办法。

没有学生觉得我有多严厉，有多少妙招，但是无论是品学兼优的通常意义上的好学生，还是学习成绩较差、习惯不好、性格古怪、行为顽劣的所谓差学生，都愿意主动找到我，告诉我学习上的困惑、心理的秘密、成长的烦恼、家庭中的烦心事、同学中的小矛盾等，我总是和他们一起面对、一起探讨、一起解决。在学生的眼中，我就是一位知心的姐姐，我也总能走进学生的心里，了解学生的所思所想，与学生同怒同喜。与其说我是在管理和教育学生，不如说我是在与学生分享我的观点看法中与学生共同成长，我甚至觉得班主任工作就是自己正常的生活内容。

（根据访谈整理摘录）

M老师一点不作秀，她在工作中是发自心底的知足和幸福！在此心理基础上，这个阶段的M老师总是处在对工作的高度热情中去追求自己和学生的积极转变。通过主动的请教、听课、备课等使其很快学习掌握了教育教学的基本知识、技能和技巧。熟练应用这些完成课堂授课只是教学的开始，通过形成习惯的与学生的谈话交流，使她能准确地把握每名学生的个体差异性的问题，保证了M老师对每一名学生采取的教育措施，都是针对其本人的具体情况量身定制的专用办法，这种"对症施治"取得高效的同时，也是和全体学生建立和谐的师生信任关系的基础。彼此信任是老师准确把握学生实际的前提，准确把握学生实际是保证给予学生适宜教育举措的基础，适宜的举措是学生发生正向改变的保证，发生改变返回来更加促进师生的彼此信任，形成师生关系的良性循环。通过两届班主任工作的实践经历，M老师逐渐形成了自己以面向全体学生，把握学生个体差异，形成互信师生关系基础上的有效规范的班级管理办法。

三、提高阶段全面提升

2013年开始，我担任魁星班班主任。这个班学生已经具备良好的学习生活习惯和规范的自我管理能力，他们是我们这个地区比较优秀的一个群体，当他们的班主任，需要我成为一个文化的传承者，需要我点燃学生心中理想的火种，树立正确的理想信念和责任担当，以此为引领和规划自己的学习和生活，描绘自己的未来和人生。从第一次班会开始，我有计划地把"青年中国说""开讲啦"这两个优秀栏目分期让学生观看，潜移默化地感染孩子们，让他们学习这些当代优秀人物的思想和经历，更让学生明白，我们每个人活着的样子，就是我们班的样子，就是长治Y中的样子，就是我们国家的样子！通过这样的教育，学生们从最初的学习生活的规范，开始慢慢向卓越和极致的追求中过渡，看着孩子们把自己的人生理想与国家的前途命运有机融合，我自己被深深感动。我一直以为国家离我们很远，当我和孩子们一起建立起我们的样子就是祖国的样子的信念时，瞬间我们有了为理想而奋斗的激情和无穷的动力！

学习是学生时代永恒的主题，高中三年的学习常常被形容成一场战争——班主任担任总指挥，全体同学亲自上场的没有硝烟的战争。在起始年级，我通常要做几件事。一是举办一个"励志青春、我心飞翔"为主题的班会。在班会中，安排学生代表说自己的梦想、心中向往的大学、为梦想奋斗的计划。二是收集北大、清华、浙大、北航等几所名校的影像资料，名人逸事等。三是找到自己心目中的大学和照片，照片背面写下喜欢它的理由等。四是以谈话的方式根据每位学生的实际情况，针对本人的目标和计划，给每位学生提出我的建议。五是楷模激励，请清华大学等校友和大家做零距离的交流，讲述他们高中时候的亲身经历、经验教训和进入高校的所见所闻。通过这个过程，使学生们建立起的理想信念和责任担当，转变成为具体的一个个阶段性目标，变成详细的时间规划和学习计划。实践证明，这个过程非常必要也非常有效！

高度重视考试的测试功能和激励作用。我觉得学生很在意成绩，很在意老师特别是班主任对他的评价，每次考试就是一次心理的考验，也是一次难得的育人机会。所以每次考试后，我通常会做以下五件事：一是在班内举行隆重的表彰大会，二是和优秀生、进步生、退步生、倒数十名的学生分类分内容谈话。三是选出问题较大的学生与六位任课教师进行面对面交流。四是第一时间给全班同学写一封发自肺腑的、有针对性的公开信。五是板报布置。左边是写给全班同学的公开信，右边是每次考试的光荣榜，凡是受到表彰的同学都在上面，一直到下次考试。

（根据访谈整理摘录）

这个阶段M老师将教育学生树立正确的理想信念，勇于承担当代中学生的历史使命，从国家发展和时代主题的格局思考和规划自己的人生，在此思想基础的指引下，通过学习国家级优秀青年代表的榜样示范、身边优秀学长讲述发生在自己身边的人和事，将抽象的理想信念结合熟悉的人和事，将人生阶段性目标的大学梦具体为生活和学习的目标和计划，最后落在一次次的课堂、一次次的测试、一个个的课程活动、一天天的生活之中。从这个阶段访谈可以清晰地感知到，M老师将为国家培养社会主义事业的建设者和接班人融入自己日常工作的全过程。

四、成熟阶段提炼教育思想

2016年，我担任539班的班主任。这个班由学校拔尖的一批学生组成，这些学生基本学习习惯和自我管理能力较强，对老师的建议和指导会作理性的思辨，提出的问题也具有一定的深度，倒逼我在教学业务和班级管理工作上形成了自己的一些想法。

警醒自己的三句话：第一是定位教与学差异，无论是老师教还是学生学，产生结果差异的本质是实现教学目标和学习目标耗时的差异，研究教和学的本质应该是不断缩短这个耗时。第二是定位自己，自己和学生相比，自己是"五流"的教师，面对的是"一流"的学生，要时时抱着敬畏的心，面对我们的职业、我们的学生。第三是定位教育环境，因为当下的学生所处的社会环境特征，导致学生的人生目标、价值观取向多元，需要我们主动认识，积极地融入，理性提炼主流教育素材。

关于人生终极追求和价值取向问题，人生除了对生命的追求外，终极追求应该是幸福和快乐，幸福和快乐的来源是成功的体验，如果把这种幸福和快乐分级的话，那么做成功一件事需要付出的劳动量越大，劳动强度越高，劳动周期越长，能完成的人越少，做成功这件事收获的幸福和快乐的等级就越高。高中阶段需要完成的主要事情就是国家、地方和学校提供的各类课程，通过完成这些课程，培养和提高自己核心的能力和品质。我们要培养学生追求成功带给自己幸福和快乐的理念，并在实践自己实际正向的变化的过程中体味自己的幸福和快乐。不同的起点有不同的成长和提高，有不同的幸福和快乐，最后都将收获属于自己的幸福和快乐的人生。我给学生传递这样的观念，我在教育教学中用这样的规范来要求学生，所有的学生在各个方面都有了自己清晰的努力方向，起点高的有自己的提高空间，起点低的也能享受到自己的幸福和快乐，整个班级形成积极向上的氛围。

关于培养目标的问题，从国家层面思考，学校教育是通过课程的实施，完成知识、技能和情感态度价值观的教育任务。从个人成长和发展角度分析，是通过完成学校的课程和活动，培育学生追求极致和卓越的品质，和与之相应的的学习能力。国家通过考试的方式，考查学生学习掌握知识技能的程度，选拔不同程度的学生进入不同的大学，最终用人单位从中选择适合自己行业需要的人才充实人才队伍，完成学校教育与社会就业的衔接。国家组织实施学校课程，高校依据掌握这些知识的程度，选拔进入不同层次的高校，用人单位据此来选拔人才进入自己的团队，形式上考查的是他们掌握这些知识和技能的程度，本质上考查的是这些人在学习掌握这些知识和技能的过程中，是否和多大程度地形成了追求极致和卓越的品质以及高于同龄人的学习能力。凡是人才，不一定在所有的学业中都表现优秀，也不一定都在高考中出类拔萃，不一定全部接受过超一流的大学教育，但他们一定具备超一流的学习能力，具备超一流的追求卓越和极致的品质，具备享受追求理想过程中快乐和幸福的习惯。

关于面向全体学生组织集体授课的问题，班级体集中授课模式下的课堂教学，面对不同认知和知识基础的教学对象是一个客观的现实，如何将不同认知和知识基础的学生通过课堂教学组织，使他们思维专注于课堂教学内容，参与教学内容的展开，积极活跃的建构知识体系，是课堂中学生知识、技能、情感态度价值观发生正向改变的过程，也应该是课堂教学的追求目标。学生接受和处理信息的方式大概有阅读、收听、讨论、讲解、思考、记忆、练习，等等。学生学习的过程要经历别人说服自己、自己说服自己和自己说服别人的三个过程。教师要充分发挥课堂教学主导作用，根据课堂教学内容和学生认知及知识基础，选择适宜学生接受和处理信息的方式和学习过程差异性应用，使不同认知和知识基础的学生，在课堂教学过程最大限度实现大脑的活跃状态，最终实现全体学生就某个具体问题，可以使用规范的学科语言说服别人的程度。

关于训练和考试的问题，学习的实质是把不知道的变成知道，把不懂的变成懂的，把不会的变成会的过程。训练和考试的实质是在规定的时间内，学生就一定数量的问题，用规范的学科语言说服阅卷老师的过程。我们通过训练和考试能够实现提高学生成绩的目的，是因为在训练和考试的过程中，可以发现在规定时间，就一定数量和难度的问题，使用规范语言说服阅卷老师的过程中存在的问题，解决这些问题是提高学习成绩的唯一途径。每名学生在具体的某一时间段都存在最突出的问题，或者说有限的时间内提高成绩最经济的问题。逐级地解决这些最突出的问题对一名具体的学生，就是最有效的提高成绩的规划。对每一名具体学生的具体问题，应该对应针对性措施和办法，将这些措施、内容、办法和完成时间，规划到一日的具体时间段，学生将各科老师会诊后就具体学生的具体问题制定的解决最急迫问题的计划，按时按量保质地完成，是提高学习成绩的真实高效的过程。因为学生总是处在解决自己最突出问题的状态里。学习成绩提高的幅度，取决于学生能解决多少这样的问题，取决于其本身的学习能力的起点。

通过这些思想观念在日常教育教学实践中的渗透，经过半个学期的适应，学生们养成了自主学习和自主解决问题的习惯，预习、思考、讨论、练习、讨论、单独求教老师、汇总共性问题、老师点拨、整理问题集等，成为学生学习的常态。以学生课堂上对课堂内容的学习状态决定学习进度和决定组织形式，大大地提高了学生课堂思维活跃程度，因为完全专注于课堂内容达到忘我的状态，经常就一个问题争论得面红耳赤经我裁决后又眉目舒展，等等。这种观念和实践的转变，真正实现了学生在学习中的主体位置，教学进度提速，教学效果最终在高考中实现翻转。在班级管理方面，从日常纪律、卫生、作业布置收缴、收费、考场布置等，到大型的艺术节、运动会、单项竞赛、文艺汇演等，都由学生干部负责组织实施，我的任务就是对方案总体把关。在运动会中，班干部将全班同学按需要分成了竞赛组、后勤组、统计组、宣传报道组、拉拉队等，整个运动会期间学生们各司其职、取长补短、运转有序、齐心协力，表现出了远远超出我预期的组织能力。毕业后，这个班自发组织向母校捐赠两棵树，希望将全班同学对学校的留恋和热爱永远留在母校，并茁壮成长。在升入高校后，这个班一半以上的学生在学校竞选成功班干部和校学生干部。他们自发地建立了"地表最强539"微信公众号，将这个班的每位成员当作永远的亲人，不定期地分享自己在祖国各地的所见所闻所思所想。我也从原来对他们的指导者，变成了现在从他们那里获取更广阔信息的收获者。

（根据访谈整理摘录）

育人的着力点一定是育心，积极的思想和主流的价值观成为思考问题、解决问题和指导行为的心理基础，朝着正确的方向成长和改变就成为一个人积极和主动的行为。M老师通过自己提炼出的思想观念和价值取向，分析班级体生活具体内容，潜移默化地将这些思想转变为本班的集体文化，学生在这种文化的熏陶下，愉快地享受自己的成长和进步带给自己的快乐和幸福，学校的育人目标和学生自我理想的追求融合一致，班主任工作内容逐渐变为对班级生活中不同事物的文化解读。在M老师的工作中向学生"咨询"怎么办？为什么这么办？课堂教学中学生"帮"着她才能完成分析和讲授，是她的工作习惯和常态，正是在这种班级文化熏陶下，学生最大限度地自主完成学校生活中，有效地实现了学生的全面发展和终身发展的育人目标。

通过梳理M老师的专业成长经历，提炼出影响班主任专业成长的主要因素有三个方面：

（一）个人方面

积极的职业心态、主流的职业价值观、追求进步的自觉、勤于反思的习惯、找准学生现实需求、适宜的工作方法。

（二）学校方面

师生关系的融洽、适合工作环境、清晰的培养目标、准确的评价标准。

（三）社会方面

启蒙的关键人物、优惠的教育政策、积极的家庭影响、和谐的老师学生家长的信任关系。

参考文献

［1］肖自明. 教育叙事研究：引领教师专业成长的有效路径［J］.黑龙江高教研究, 2008(7): 5-8.

［2］林建华, 曹树. 中学班主任与心理指导［M］.南京: 师范大学出版社, 1999: 3-6.

［3］杨慧敏. 美国中小学的辅导教师［J］.上海. 外国中小学教育, 2003: 7.

［4］项纯. 日本小学教育班级负责制的特点与启示［J］.中国德育, 2010: 6-7.

［5］文星. 农村初中班主任专业发展研究［D］.湖南师范大学, 2012.

［6］叶文梓. 教师专业化制度建设的进展、问题与策略［J］.教育研究, 2006: 25-27.

［7］教育部师范教育司. 教师专业化的理论与实践［M］.人民教育出版社, 2001: 33-34.

［8］杨连山. 班主任专业化成长策略［M］.重庆: 西南师范大学出版社, 2013: 20-22.

［9］班华. 专业化—班主任持续发展的过程［J］.人民教育, 2004(15): 10-11.

［10］马瑞. 中学班主任专业发展的现状、问题及对策研究——基于甘肃省五所田家炳中学的调查［D］.西北师范大学, 2011.

［11］林崇德. 发展心理学［M］.北京: 人民教育出版社, 2008: 34-36.

［12］刘霞. 初中班主任专业成长的叙事研究［D］.四川师范大学, 2013.

［13］张蕾. 一位中学语文教师专业成长的叙事研究［D］.辽宁师范大学, 2009.